60 Jahre Wagenbach

60 Jahre Wagenbach

Almanach zum Jubiläum

Der *unabhängige* Verlag
für *wildes* Lesen

Verlag Klaus Wagenbach   Berlin

Wir bedanken uns herzlich für die jahrelange gute Zusammenarbeit
und die großzügige Unterstützung dieser Publikation bei:
der Druckerei Pustet, Regensburg, für Druck und Bindung
und bei SCHABERT für das Einband- und Vorsatzpapier f.color

MIX
Papier | Fördert
gute Waldnutzung
FSC
www.fsc.org FSC® C014889

Wagenbachs Taschenbuch 872

© 1984, 1989, 1994, 2004, 2014, 2024 Verlag Klaus Wagenbach
Emser Straße 40/41, 10719 Berlin   www.wagenbach.de
Umschlaggestaltung: Julie August. Gesetzt aus der Futura und Garamond
Gedruckt auf Munken Print Cream und gebunden bei Pustet, Regensburg
Printed in Germany. Alle Rechte vorbehalten
ISBN 9 783 8031 2872 0

Was vor Ihnen liegt   9

1964–1966: Wie alles anfing   13

Kurt Wolff   *Vom Büchermachen*   23
Ingeborg Bachmann   *Berlin*   24
Johannes Bobrowski   *Mäusefest*   25
Hedwig Rohde   *Interview mit Klaus Wagenbach*   28
Erich Fried   *17.–22. Mai 1966*   31

1967–1969: Überraschendes Verbreiten am notwendigen Ort   33

Erich Fried   *Höre, Israel*   42
Giorgio Manganelli   *Verschiedene Arten des Absteigens*   43
Volker von Törne   *An Attila Jozsef*   44
Günter Bruno Fuchs   *Geschichte von der Ansprache
anläßlich einiger Vorfälle in der Innenstadt*   45
Aimé Césaire   *Über den Kolonialismus*   46
Ernst Jandl   *Drei Sprechgedichte*   47
Wolf Biermann   *Drei Kugeln auf Rudi Dutschke*   49

1970–1973: Der Traum vom Kollektiv   51

Ulrike Marie Meinhof   *Mädchen im Heim*   61
Peter Rühmkorf   *Aus dem Kindermund gezogen*   62
Peter Schneider   *Beat*   63
Kurt Bartsch   *Sozialistischer Biedermeier*   64
RAF   *Revolution und jugendliche Gesellschaft*   65
Klaus Wagenbach   *Warum entstand die RAF?*   67
Volker Ludwig   *Doof gebor'n ist keiner*   69
Die Verbreitung von Büchern und die Legalität   70

1974–1978: Zensur von außen und innen   75

Richard Schmid   *Nicht Mord sagen*   86
Rudi Dutschke   *Zusammenspiel*   87
Klaus Wagenbach   *Grabrede für Ulrike Meinhof*   88
Pier Paolo Pasolini   *Herz*   91
Eine Arbeitsbeschreibung   93

1979–1987: Verschwinden, Erscheinen – zwei Furien   95

Klaus Wagenbach   *Über einige Absichten des Verlags*   106
Stephan Hermlin   *Wie ich einen Freund verlor*   110
Peter Brückner   *Über Zivilcourage am unsicheren Ort*   112
Erich Fried   *Was es ist*   113

Peter Burke   *Ein anderes Bild der Renaissance*   113
Alexander Kluge   *Das Politische als Intensität
alltäglicher Gefühle*   115
Barbara Sichtermann   *Fetisch Verständlichkeit*   116
Carlo Ginzburg   *Das Indizenparadigma*   118
Gianni Celati   *Vogelfrei*   119
Javier Tomeo   *Ratschlag eines älteren Herrn an seinen
Diener Bautista über den Umgang mit Frauen im allgemeinen
und Doña Beatriz im besonderen*   121
Lothar Baier   *Die neue Unschuld*   122
Edith Sitwell   *Ein sportlicher Gentleman*   124

1988–1995: Vom Geist der Zeiten   127

W. Montgomery Watt   *Die Araber, das Papier und
die Kunst des angenehmen Lebens*   134
Luigi Malerba   *Die Sünde der Wollust*   135
Norberto Bobbio   *Rechts und Links*   137
Natalia Ginzburg   *Mein Vater: Simpeleien*   139
Jurek Becker   *Gedächtnis verloren – Verstand verloren*   140
Klaus Wagenbach   *Meinung und Kontinuität*   142
Horst Bredekamp   *Winckelmann*   145
Djuna Barnes   *Gegen die Natur*   146
Michael Krüger   *Flüchtig*   147
Dora Diamant   *Kafka und die Puppe*   148

1996–2001: Unabhängig ins Jahrtausend   151

Andrea Camilleri   *Die Hure von Sciacca*   156
Natalie Zemon Davis   *Elternschaft*   157
Gianni Rodari   *Die falsch erzählte Geschichte*   158
Michel Houellebecq   *Beim Psychiater*   160
André Schiffrin   *Die Notwendigkeit der Bücher*   161
Totó   *Die Instruktion*   162
Wolfgang Ullrich   *Deutsche Kunstbetrachtung*   163
Stefano Benni   *Melinda, du diabolische Wespe*   164
Heinz Berggruen   *Ein Fahrstuhl mit gepolsterten Türen*   166

2002–2007: Generationswechsel   169

A. L. Kennedy   *Gespräch unter Liebenden*   178
Hans Aschenwald   *Im Hochwald*   180
Ricardo Piglia   *Die Geschichte von der
Cabaret-Tänzerin Coca*
Ulrich K. Preuß   *Der Krieg. Ein völkerrechtliches Institut*   181
Sergio Pitol   *Mordgedanken*   183
Alan Bennett   *Die Überraschung*   184

Tiziano Scarpa   *Verliebte in Venedig*   185
George Tabori   *Damenwahl*   186
Dieter Richter   *Der Berg als* spectaculum   188

2008–2013: Groß und Klein   191

Daniel Alarcón   *Norma*   200
Emmanuelle Pagano   *Meine Nachbarin*   201
Lucía Puenzo   *Die Puppe*   202
Vittorio Magnago Lampugnani   *Die Stadt im 20. Jahrhundert.*
Visionen, Entwürfe, Gebautes   204
Michela Murgia   *Maria*   206
Ein Blick in die POLITIK bei Wagenbach   209
Milena Michiko Flašar   *Taguchi Hiro*   211
Andreas Tönnesmann   *Die Stadt, das Kapital und das Glück*   213
Susanne Schüssler   *Mehr Gelassenheit, liebe Buchfreundinnen,*
Büchernarren! Das gedruckte Buch wird nicht aussterben.   214

2014–2017: Ausweitung des geografischen Raums   219

Ryad Assani-Razaki   *Toumani*   226
Wolfgang Ullrich   *Kontrolle*   227
Patrizia Nanz/Claus Leggewie   *Generationengerechtigkeit*   228
Peter Burke   *Wissensformen*   229
Jonathan Crary   *Warten*   230
Tanguy Viel   *Handschellen*   231
Salvatore Settis   *Venedig ohne Bürgerschaft*   232
Saphia Azzeddine   *Lange Ferien*   233

2018–2023: Ausweitung des ästhetischen Raums   235

Horst Bredekamp   *Michelangelo*   246
Hans von Trotha   *Dringlicher Auftrag*   248
Andreas Beyer   *Zeuxis' olympischer Auftritt*   249
Lothar Müller   *Allesfresser*   250
Finn Job   *Pack*   251
Francesca Melandri   *Attilio Profeti*   252
Katharina Mevissen   *Musik*   254
Fernanda Melchor   *Saison der Wirbelstürme*   255
Giulia Caminito   *Der Krumenbub*   256

Susanne Schüssler   Buchstäblich Bücher   258

Verzeichnis aller im Verlag erschienenen Bücher   266

WAS VOR IHNEN LIEGT

Dieses Büchlein erzählt nicht nur (obwohl hauptsächlich) die Geschichte eines Verlags, sondern auch die der politischen, ökonomischen und vor allem literarischen Umstände, unter denen er arbeitete und arbeitet.

Wie schön wäre es, beispielsweise, gewesen, wenn der Verlag auch nach 1965 ein Verlag für ost- wie westdeutsche Literatur hätte bleiben dürfen, und wie nützlich hätte er dann 1989 sein können. Wieviel Glück und Überlebenswillen hat den Verlag in den siebziger Jahren davor bewahrt, dass ihm eine aufgehetzte Berliner Staatsanwalt- und Richterschaft den Beruf verbot. Oder wie wirkungsvoll hätten die politischen Bücher der neunziger Jahre sein können, wenn ihnen nicht schon in den achtziger Jahren so viele Leser davongelaufen wären (erst 2008 haben wir mit der Wiedererweckung der Politischen Reihe geantwortet). Ganz zu schweigen von den schwankenden Produktions- oder Rezeptionswellen für italienische, spanische, französische, ja selbst englische Literatur.

Da arbeiten immer zwei Dinge gegen- oder miteinander: der Geist der Zeiten und die bestimmten Absichten eines nicht nur unabhängigen, sondern von dieser Unabhängigkeit auch Gebrauch machenden Verlags. Der Überzeugungstäter im Gezeitenwechsel – ein immer aufregender, nie ganz gelingender Drahtseilakt.

Denn der Geist der Zeiten ist keineswegs ein Nachtgespenst: Da regierte, beispielsweise, noch in den sechziger Jahren die »Aktion Saubere Leinwand« und das »Kuratorium Unteilbares Deutschland«, da wurden noch in den siebziger Jahren Studenten ins Gas gewünscht und in den achtziger Jahren eine moralische Wende herbeigeredet, die auch in den neunziger Jahren

nicht kam. Vielmehr wurden die alten Einteilungen der Welt fragwürdig, geographisch wie politisch. Das neue Jahrtausend zeigte
sich in der Fratze von Glaubenskriegen, und die Hoffnung auf
Annäherung wurde enttäuscht.

Was aber kann ein Buchverlag tun, der Polarisierung entge-
genzuwirken? Kann er überhaupt demokratisches, zuhörendes
Denken stärken? Oder bleibt er mit seinen Anregungen in der
Blase gefangen?

Um dieses Für und Wider deutlich zu machen, wurden die
60 Jahre des Verlags in elf sinnvolle Zeitabschnitte aufgeteilt, in
denen jeweils zunächst die Verlagsgeschichte erzählt wird, danach folgen charakteristische Lesestücke aus in diesem Zeitraum
veröffentlichten Büchern. Die Verlagsgeschichte der Jahre 1964
bis 2001 wurde von Klaus Wagenbach verfasst, die der Jahre
2002 bis 2023 von Susanne Schüssler.

Wie Geschichte geschrieben wird (WAT 326), ist eine Frage der Methode, des Standpunkts, auch des Gewissens (Lucien Febvre), und wie dieses Büchlein zeigt, eine Frage des Zeitpunkts: Die erste Fassung erschien 1984 mit dem Titel *Fintentisch*, die zweite 1989 hieß *Das schwarze Brett*, es folgte 1994 *Wieso Bücher?* und zum 40. Jubiläum des Verlags kam 2004 *Warum so verlegen?* heraus. Für diese Ausgabe nun wurde die Festschrift zum 50jährigen Bestehen des Verlags, *Buchstäblich Wagenbach*, um die letzte Dekade erweitert. Zahlen der bisherigen Abschnitte wurden aktualisiert, auf Veränderungen wurde hingewiesen. Die Rechtschreibung der abgedruckten Texte entspricht jeweils den zugrunde liegenden Büchern.

»Alle Kürzungen im Text, Stilbrüche, Geschichtsfälschungen und Irrtümer sind dem Herausgeber [also Klaus Wagenbach] anzulasten«, hieß es 1984. Der kritische Historiker von 2024 könnte zudem die ein oder andere Gewichtsverlagerung im Laufe der Jahre entdecken. Aus der Rückschau verliert manch aufgeregte Diskussion an Bedeutung. Zählebigkeit und Glanz von Büchern hingegen zeigen sich erst im Lauf der Zeiten.

Susanne Schüssler und Klaus Wagenbach
2004, 2014, 2024

VERLEGER ZWISCHEN OST UND WEST (von links nach rechts): Johannes Bobrowski, Klaus Wagenbach und Günter Grass bei der Eröffnung des Wagenbach-Verlages, Jenaer Straße 6. (Zu unserem Artikel)

Photo: Köster

Verleger zwischen Ost und West

Premiere bei Klaus Wagenbach

Sogenannte Buchpremieren, wie sie in New York, London oder Rom feierlich begangen werden (man erinnere sich an eine Szene des Films „La Notte"), sind bei uns zulande noch immer eine große Seltenheit. Kunststück: die deutsche Jahresproduktion an Büchern beläuft sich auf rund 25 000 Titel. Das wären etwa 680 Premieren am Tag; eine Feier ohne Ende.

Noch seltener sind darum Verlagspremieren, wie am Sonnabend in der Jenaer Straße 6 eine begangen wurde. Dr. Klaus Wagenbach, Verfasser einer Kafka-Monographie und auch sonst im literarischen Leben kein Unbekannter, einst Cheflektor bei S. Fischer, hat den tollkühnen Sprung in die Bücherflut gewagt, die er um zunächst sechs „Quarthefte" vermehrte. Zur Premiere bei Schnaps, Bier und einem Kuchenkranz in Form eines großen Q (= Quarthefte) fand sich viel Prominenz aus West und Ost ein: Grass, Höllerer, Hans Werner Richter, Uwe Johnson, Bobrowski, Hagelstange, Meckel, Röhler, Stephan Hermlin. Der Klaus Wagenbach Verlag ist ein Verlag der Autoren. Da ein (siehe oben) enormer „Ausstoß" an Büchern einen ebenso enormen Apparat voraussetzt mit viel Parkinson dabei, sehnen sich viele Autoren nach jenem guten, alten Verleger individueller Prägung zurück, wie es etwa Kurt Wolff war.

Seine Erinnerungen — der Tagesspiegel brachte kürzlich einen Auszug — machen dann auch den Auftakt jener aparten, billigen, schwarz-weiß eingebundenen Ausgaben, unter denen sich auch Ingeborg Bachmanns Berlin-Bericht „Ein Ort für Zufälle" befindet (illustriert von Günter Grass, der in dieser Reihe eine Neubearbeitung seines Stücks „Onkel, Onkel" vorlegt), ferner Bände von Richter, Bobrowski, Meckel. Sie alle kennt man bislang von anderen und größeren Verlagshäusern, bei denen sie — mit Ausnahme von Bobrowski — auch bleiben wollen. Eine sympathische Starthilfe, die es dem Ein-Mann-Verleger ermöglicht, sein Programm jetzt auszuweiten und auf individueller Basis fortzusetzen, unter anderem auch mit Übersetzungen und essayistischen Werken. „Der Verleger ist nicht anonym, sondern synonym mit seiner Tätigkeit", heißt es im Verlagsprospekt. Das klingt fast schon provokatorisch in unseren Ohren. Das Wagnis eines einzelnen in der Massenzeitalter, noch dazu unsubventioniert: goldene sechziger Jahre!

H. O.

Der Tagesspiegel, 6.4.1965

1964–1966

WIE ALLES ANFING

Verleger fallen nicht vom Himmel, sie bleiben besser auf der Erde, in meinem Fall war es ein Stück hessische Erde, auf das ich als Vierzehnjähriger in den Kriegswirren geraten war und das die amerikanischen Truppen im März 1945 befreiten. Ich empfand sie durchaus als Befreier, schon wegen des (von den Nazis so genannten) »Niggerjazz«, den sie mitbrachten, aber auch, weil man jetzt alles lesen konnte, was vorher verboten war: Das gab es nun, auf furchtbar schlechtem Papier gedruckt, aber spottbillig, bei Rowohlt (*Rowohlts Rotations-Romane*) und S. Fischer (*S. Fischer Bibliothek*). Ein schöner Beruf, so aufregende Inhalte auf diese Weise zu demokratisieren. Dachte ich, und bewarb mich als Lehrling im »Suhrkamp vorm. S. Fischer Verlag«, wurde angenommen, erlebte 1950 meine erste Verlagsspaltung (Suhrkamp / S. Fischer), blieb nach der Lehre und während des Studiums noch einige Jahre Hersteller bei S. Fischer.

Nach der Promotion 1957 war ich zwei Jahre Lektor im Modernen Buch-Club und kehrte danach als Lektor für deutsche Literatur zu S. Fischer zurück. Einige Jahre später wurde der S. Fischer Verlag von dem durchaus liberalen Ehepaar Bermann Fischer – die dem jungen linken Mann ziemlich freie Hand ließen (von Christa Reinig, Christoph Meckel oder Johannes Bobrowski bis zu zwei Anthologien zur jüngsten deutschen Literatur, *Das Atelier*, und zu einer eigenen Buchserie, *Fischer Doppelpunkt*) – verkauft an den durchaus konservativen Holtzbrinck-Konzern, der den jungen linken Mann ziemlich schnell feuerte, im Frühjahr 1964. So weit, so klar; wer libertäre Meinungen verbreitet in unserm Land, der muss mit ein paar Kurven in der Biographie rechnen, und die führen mit einer gewissen Logik zu einem Punkt,

Der Anfang: Klaus Wagenbach (KW) und Hans Werner Richter

Ingeborg Bachmann, 1965

Johannes Bobrowski, Walter Höllerer, Katharina Wagenbach

von dem an man solche Meinungen nur noch auf eigenes Risiko vertreten kann.

Viel später sah ich dann deutlicher, dass dieses inhaltliche Interesse oft begleitet war von einem technischen. Wie schön darf ein Buch sein, wie angemessen muss es sein, vor allem aber: Wie macht man es möglichst billig? Die List, die ältere Kollegen in dieser Hinsicht anwandten, hat mich selbst erst zum Leser (und später zum Verleger) gemacht – insbesondere die schon erwähnten *Rowohlts Rotations-Romane*, 1946, und die *S. Fischer Bibliothek*, 1948, ebenfalls im Rotationsdruck hergestellt, aber großformatig und gebunden, sowie natürlich der Geniestreich des jungen Kurt Wolff, die Broschürenreihe *Der jüngste Tag*, 1913.

Bis heute überrascht mich immer wieder, wie viele meiner Kollegen die Schrift, in der ein Buch gedruckt wird, für beiläufig, Format und Papier für eher nebensächlich halten. Womit ich nicht dem wieder aufkommenden pseudohandwerklichen Schnickschnack (Büttenpapier mit eingeschöpften Blüten der Provence in lassogejagtem Oasenziegenleder) das Wort reden, sondern aufmerksam machen will auf den Widerspruch zwischen der unser Metier bestimmenden industriellen Produktionsweise und der Individualität des Produkts, der oft nicht einmal gesehen, geschweige denn ausgehalten wird.

Bevor ich im August 1964 beim Gewerbeamt ein stehendes Gewerbe eintragen ließ, überlegte ich mit einigen Autoren (Ingeborg Bachmann, Johannes Bobrowski, Günter Grass, Hans Werner Richter), wie sich diese Absicht ausdrücken ließe. Der Verlag begann mit folgenden Arbeitspunkten:

* Alle Autoren erhalten innerhalb der Serie das gleiche Honorar, sind nicht mit Optionen gebunden, haben Einfluss auf Typographie und Informationstexte.
* Autorenverträge können nicht übertragen werden, die Honorare sind höher als üblich (letztere edle Idee musste freilich schon bald als zu kostenträchtig aufgegeben werden).
* Die Bücher müssen billig sein.
* Die Leser sollen nicht nur durch Texte über die Bücher, sondern auch durch Auszüge aus den Büchern informiert werden, mit einem kostenlosen jährlichen Almanach (*Das schwarze Brett*, später *Zwiebel*).
* Die Arbeit des Verlags dient nicht dem Profit, sondern folgt den inhaltlichen Absichten.

Gute Vorsätze, fehlten noch das Geld und die Werbung. Ich hatte das Glück, dass ich eine Wiese, die mir mein Vater geschenkt hatte, günstig verkaufen konnte, samt einigen beweglichen

Das erste Quart*heft*   Kurt Wolff, 1952

zusammengestellt
von
deutschen
Autoren

Aichinger Kaschnitz Seghers Sachs Reinig Koeppen
Grass Bobrowski Bloch Heckmann Fried Rühmkorf
Biermann Hildesheimer Fichte Höllerer Härtling
Weiss Schallück Hermlin Stomps Meckel Zuckmayer
Richter Herburger Artmann Bächler Bieler Cramer
Jens Huchel Kunert Nossack Krolow Berger Eich
Delius Lenz Zweig Fuchs Fühmann Schnabel Böll

Verlag Klaus Wagenbach Berlin

Buchmesse in Frankfurt, 1966
Das erste gebundene Buch des
Verlags, 1965

Gütern eines Lektorenhaushalts; es kamen etwas mehr als hunderttausend Mark zusammen. Das reichte genau für die reinen Herstellungskosten der ersten elf Bücher und des kleinen Verlagsalmanachs. Miete und Gehälter, Vertriebs- und Vertreterkosten waren in der Gesamtrechnung nicht vorgesehen, so dass der Verlag Ende 1965 eigentlich hätte in Konkurs gehen müssen, wie es mir auch ein erfahrener Buchhändler vorgerechnet hatte. Meine Gegenrechnung war aber: Die Bücher erscheinen in einer Serie, die in Format und Farbe stark von anderen abweicht (so kam es zum Quartformat, aus dem der Reihentitel Quart*hefte* abgeleitet wurde, und zum schwarzen Umschlag), und die ersten Titel blieben den bekannteren Autoren vorbehalten, beginnend mit den Erinnerungen von Kurt Wolff, gefolgt von Prosabüchern Christoph Meckels und Johannes Bobrowskis und je einem Buch von Günter Grass, Hans Werner Richter und Ingeborg Bachmann, die sich gerne an diesem Projekt eines alternativen Verlags beteiligten.

Meine Rechnung, in die auch der Erscheinungstermin – März 1965 – gehörte, ging auf: Die großen schwarzen Bücher fielen auf, die Buchhändler mussten zumindest die Bücher von Ingeborg Bachmann und Günter Grass einkaufen, die aber Nummer 6 und 4 einer Serie waren, die man vielleicht doch besser komplett vorrätig hielt – worauf der Verleger dann im Herbst zurückgreifen konnte, mit Numero 7–9, drei Büchern von vollkommen oder fast unbekannten Autoren (F. C. Delius, Stephan Hermlin, Wolf

Biermann), die wiederum mit dem Geld gedruckt wurden, das auf die im März ausgestellten Rechnungen eingegangen war, dank der Nachsicht der meisten Buchhändler mit einem jungen Verlag. Zwar wurde dieses Verfahren schnell erkannt und auch öfters öffentlich gerügt, aber da waren die Quart*hefte* schon in den Regalen.

Sicherheitshalber haben Günter Grass und ich im März 1965 auf einer gemeinsamen Lesetournee noch einmal nachgeschaut – wo etwas fehlte, ergänzten wir aus dem Kofferraum. Wo immer wir erwünscht waren, hielten wir an und sangen: Grass für die SPD im Allgemeinen und den Verlag im Besonderen, ich für die Literatur und ihre Einbindung in schwarzen Karton.

Dafür habe ich dann, eingeladen von Günter Grass, im Sommer 1965 einige Wochen im Wahlkontor deutscher Schriftsteller mitgearbeitet, als Schatzmeister (da Besitzer einer Rechenmaschine) und Redenschreiber.

Viele der weiteren politischen Auseinandersetzungen ergaben sich sozusagen von selbst, aus dem Zusammenstoß von editorischen Absichten und deutschen Zuständen. Den ersten Eindruck davon hatte ich schon 1961 erhalten, als mich der S. Fischer Verlag zwang, aus der Anthologie *Das Atelier* die Texte von DDR-Schriftstellern zu entfernen, die sich zur Berliner Mauer geäußert hatten. In diesen Jahren, in denen der Kontakt zur DDR absolut tabuiert war, habe ich viele Autoren der DDR kennengelernt: Manfred Bieler, Johannes Bobrowski, Franz Fühmann, Günter Kunert, Christa Reinig, Stephan Hermlin. Bobrowski und Hermlin wurden 1965 dann Autoren, Ratgeber, Freunde des Verlags.

Johannes Bobrowski, dick und freundlich, mit großem Appetit, Durst und den furchterregendsten Literaturkenntnissen, ein Liebhaber bizarrer Späße und zärtlicher Freund des Volksmunds, hat mir (er war gleichzeitig Lektor in einem Ostberliner Verlag) auch manchen technischen Rat gegeben. Bobrowski machte gern Unbekannte miteinander bekannt, ein geselliger Gründer von

Freundschaften, dessen überraschender Tod im Spätsommer 1965 viele dieser mühsamen Verbindungen zwischen Ost und West wieder abreißen ließ; der *Atlas*, das erste größere Buch des Verlags, ist ihm gewidmet.

Hatte Bobrowski viele Freunde, so hatte Stephan Hermlin stets viele Feinde; auch ich, als ich ihn zum ersten Mal sah, wunderte mich ein wenig über diesen gesitteten, seriösen Herrn mit den ironisch melancholischen Mundwinkeln und der ewigen Pfeife. Das soll ein Kommunist sein, fragte ich mich (selber schlecht frisiert und etwas abgerissen), und was tut der in diesem Langweilerstaat (vergessend, dass die Bundesrepublik nun auch nicht gerade zu den aufregendsten Staaten zählte)? Dieser Widerspruch zwischen politischen Überzeugungen und Bildungshorizont samt Auftreten war es wohl, der manche Leute über die Maßen skandalisierte. Ich gewöhnte mich schnell daran, weil sich dahinter Unabhängigkeit, Kunstverstand und Uneigennützigkeit verbargen – es gab kaum einen jüngeren Schriftsteller in der DDR, dem Hermlin nicht geholfen hat, von den vielen unbekannten, die er als Sekretär der Akademie der Künste öffentlich vorstellte (und dafür seinen Posten verlor), über sein Eintreten für Peter Huchel, die Erklärung

Der erste Stand der Buchmesse, 1965

zur Zwangsausbürgerung Wolf Biermanns bis zu seiner Rede *In den Kämpfen dieser Zeit*.

Hermlin spielte mir zum ersten Mal Tonbänder mit Liedern Wolf Biermanns vor, es wird 1962 gewesen sein, denn ich musste ihm gleich bekennen, dass mir solche Texte (wie auch die seinen) im S. Fischer Verlag gewiss nicht gestattet würden. 1964 erinnerte ich mich sofort

KW mit Wolf Biermann, 1965

dieser Lieder, besuchte Biermann und bot ihm eine Veröffentlichung an. Biermann saß maulfaul in seiner mit seltsamsten Musikinstrumenten vollgestopften Wohnung, redete druckreif und bedeutend und spielte das düstere Genie. Ich kann nicht sagen, dass er begeistert von meinem Vorschlag war, aber da er inzwischen Ablehnungen von Suhrkamp und Rowohlt erhalten hatte und ich ihm versichern konnte, in den Quart*heften* würden auch Bobrowski (zustimmendes Murren), Hermlin (respektvoller Augenaufschlag) und Grass (strahlende Begeisterung – damit hatte ichs getroffen) erscheinen, gab er mir zwei schwarze Klemmordner mit, aus denen ich dann eine Auswahl traf und ihr den Titel *Die Drahtharfe* gab. So beiläufig geriet der Verlag in eine existenzbedrohende Situation …

Denn zwar wurde die *Drahtharfe* das erfolgreichste Buch des ersten Jahres (mit einem Verkauf von 14 000 Exemplaren), aber es kam dem Verlag, für fast zehn Jahre, teuer zu stehen, in der Gestalt des jungen Journalisten Klaus Höpcke (später stellvertretender Kultusminister der DDR), der mir zu Silvester 1965 vertraulich bedeutete, es sei besser für künftige Beziehungen, mit dem Nachdruck der *Drahtharfe* nicht weiter fortzufahren, was ich ablehnte. Die Folge war der Abbruch sämtlicher Projekte durch die DDR und ein Einreiseverbot, dem Ende 1967 ein Durchreiseverbot folgte, so dass ich (bis 1973) Westberlin nur mit dem Flugzeug verlassen konnte. Die Rezension der Bücher des Verlags in den Medien der DDR, im *Neuen Deutschland* oder dem *Deutschlandsender*, hörte abrupt auf. Meine Pläne, in stärkerem Maß auch Literatur aus der DDR zu veröffentlichen, waren gescheitert.

Was blieb, in unseren Medien, war der Hautgout des »kommunistischen« Verlags, und da legte ich, im zweiten Jahr, 1966, mit drei Büchern noch einmal kräftig nach: mit Aimé Césaires Theaterstück über Patrice Lumumba, mit der »Dokumentar-Polemik« über einen CDU/CSU-Wirtschaftstag von F. C. Delius und mit Erich Frieds Gedichtband *und Vietnam und*. Für die Ökonomie war das nicht klug (der Jahresumsatz sank von 232 000,– DM im Jahr 1965 auf 164 000,– DM im Jahr 1966), für den Seelenfrieden eines finster entschlossenen Jungverlegers aber sehr.

Gegenüber den Büchern von Césaire und Delius hielt sich die Kritik noch vergleichsweise zurück, über Erich Frieds Gedichte hingegen fiel man ziemlich hemmungslos her – freilich handelten sie davon, wie die Demokratie vom größten westlichen Industriestaat »verteidigt« wurde, auch in unserem Namen. Es dauerte sieben Monate, bis Peter Rühmkorf mit einer Rezension im *Spiegel* (das leistete der sich damals noch: die Rezension eines Lyrikbandes!) die Gedichte – und die gesamte geschmähte Gattung des Protestgedichts – verteidigte und dem Quart*heft* über die erste Auflage von 4000 Exemplaren half. Ein großer Erfolg ist dieses Pilotbuch freilich nie geworden, in den ersten zehn Jahren wurden 12 000 Exemplare verkauft.

Dafür handelte ich mir einen der liebenswürdigsten Autoren ein, und zwar auf dem Hinterhof der Berliner Akademie der Künste peripatierend, wo mir Erich Fried schlurfend und mit schlenkernder Plastiktüte erklärte, dass er für seine Vietnamgedichte keinen Verleger finden könne. Mit Händen gestikulierend, die wohl eher Händchen waren, aber mit einer Bassstimme, die ein Organ zu nennen eher eine Untertreibung ist. So also, lauthals und zugleich in sich gekehrt, erklärte er mir seine Lage und die der Welt. Seine Lage sah ich sofort ein, über die der Welt blieben wir in Verbindung bis zu seinem Tod (1988), mit drei Dutzend Büchern. Der große Erfolg kam übrigens erst mit dem zehnten Buch, 1979, den *Liebesgedichten*, von denen bis heute 510 000 Exemplare in 55 Auflagen verkauft wurden.

Neben solchen politischen und literarischen Erfahrungen machte ich in den ersten beiden Jahren auch ein paar verbreitungstechnische. Zum Beispiel die, dass Design-Ideen des Verlags hemmungslos kopiert wurden. Oder ein großer Verleger, Ledig-Rowohlt (der seinen Verlag später verkaufte), bereits damals den gesamten Typus meines Verlags zur Vergangenheit zählte: »Die bisherige Funktion des kleinen ambitionierten Verlags kann durchaus in einem Großverlag aufgefangen werden.«

Freilich auch Gegenbeispiele: Giangiacomo Feltrinelli erklärte mir, warum man auf den Antwortpostkarten die Anrede vordrucken müsse (»Sehr geehrter Herr Wagenbach,« – mit dieser Methode habe ich jahrelang die heitersten Morgenstunden gehabt), und holte mich auf der ersten Buchmesse vom Verlagsstand ab, um einen Tag lang alle seine Freunde mit dem Neuling bekannt zu machen. Auch mit den Vertretern, Dorothee von dem Knesebeck, Jörg Wallenstein und H. U. Zbinden, habe ich großes Glück gehabt: Sie brachten mir früh bei, dass man darauf achten muss, seine

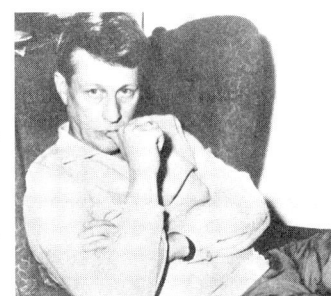

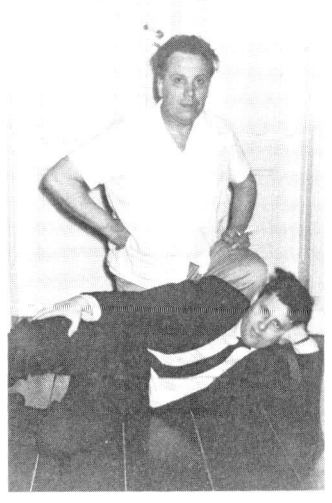

Stephan Hermlin
Erich Fried im Garten
Johannes Bobrowski und KW (liegend)

Absichten auch zu verkaufen – durch Höflichkeit, List, Heiterkeit und alle möglichen Verkehrsformen, die nicht immer unbedingt die bürgerlichen sein müssen.

Zudem war der Verlag schon am Anfang alles andere als ein Einmannbetrieb, weil das erste Domizil, ein wilhelminisches Ensemble in der Jenaer Straße 6 in Berlin-Wilmersdorf, zudem als Wohnung diente. Meine damalige Frau Katia, gelernte Buchhändlerin, war sozusagen in allen Zimmern gleichzeitig tätig; Helga Scheller, zuvor meine Sekretärin im S. Fischer Verlag, arbeitete nicht nur im Verlag, sondern wohnte auch mit uns; durch sämtliche Räume tobten drei Töchter und bald dazu ein Lehrling – mit insgesamt sieben Personen in acht Räumen machte der Verlag zwar keinen besonders professionellen, jedenfalls aber einen ziemlich kommunikationsfrohen Eindruck, was ganz nach meinem Gusto war:

Es ist eine Sache, sich sein Urteil selbst zu bilden, eine ganz andere aber, sich dabei etwa nicht beeinflussen zu lassen.

Ein Däumling macht von sich reden. Der neue Ein-Mann-Verlag Klaus Wagenbach weckt große Hoffnungen. Der Berg des deutschen Verlagswesens hat gekreißt. Mit viel Mühe und anstrengenden Wehen. Die Maus, die herauskam, wurde bestaunt, belächelt (viele lachten auch) und schließlich, da sie ein wenig schwach auf den Beinen war, die Stunde ihres Ablebens vorausgesagt. Übrigens, sie heißt Klaus Wagenbach und verkörpert Deutschlands jüngsten, winzigsten und zugleich prätentiösesten Verlag. Allgemeine Zeitung, Mannheim, 27.11.1965

KURT WOLFF   Vom Büchermachen

Die allgemeine Vorstellung des Laien, wie der Verleger seinen Beruf ausübt, ist erstaunlich primitiv: Man meint, er lese Manuskripte oder lasse sie lesen (diese Manuskripte kommen anscheinend in Mengen von selbst), dann schickt er dem Drucker, was ihm oder seinen Lektoren am besten gefällt. Damit das Buch auch anziehend ausschaut, sucht er sich einen Graphiker, der Einband und Umschlag zeichnet. Erfolg oder Mißerfolg sind Glückssache.

Die Wirklichkeit ist etwas anders, aber es ist schwer, deutlich zu machen, wie immens komplex dieser Beruf ist, wie viele Elemente zusammenkommen müssen, um dem Begriff *Verleger* einen wirklich legitimen und positiven Sinn zu geben.

Bevor hier aber weiter vom Verleger, seiner Berufung und seinem Beruf die Rede ist, wäre zu sagen, daß ich persönlich den Begriff des wahren Verlegers nur innerhalb gewisser Größenordnungen zu sehen vermag. Ein Unternehmen, das jährlich 100 bis 400 neue Bücher herausgibt (und deren gibt's ja zahlreiche in der Welt), mag sehr respektabel sein, kann auch gute Bücher unter den vielen haben – der Ausdruck einer individuellen Verleger-Persönlichkeit kann es natürlich nie sein. Man wird im allgemeinen feststellen – wenn's gelegentlich auch Ausnahmen gibt –, daß die Bücher der großen Autoren nicht bei den Monster-Unternehmungen erschienen sind und literarisch wichtige Bewegungen von kleinen Firmen, das heißt von individuellen Verlegern getragen und entwickelt wurden.

Ein Autor vertraut sich einem Menschen an, von dem er sich verstanden fühlt, nicht dem Direktorium einer Gesellschaft, die im Französischen die sehr zutreffende Bezeichnung Société Anonyme führt. Der Verleger ist nicht anonym, sondern synonym mit seiner Tätigkeit.

Man verlegt entweder Bücher, von denen man meint, die Leute sollen sie lesen, oder Bücher, von denen man meint, die Leute wollen sie lesen. Verleger der zweiten Kategorie, das heißt Verleger, die dem Publikumsgeschmack dienerisch nachlaufen, zählen für uns nicht – nicht wahr?

Autoren, Bücher, Abenteuer, 1965

INGEBORG BACHMANN   Berlin

Berlin ist aufgeräumt. Die Geschäfte sind übereinandergelegt, geschichtet zu einem Haufen, die Schuhe und Zollstöcke, etwas von dem Reis und dem Kartoffelvorrat und Kohlen natürlich, die vielen Kohlen, die der Senat gespeichert hat, liegen deutlich erkennbar am Rand herum. Der Sand ist jetzt überall, in den Schuhen, auf den Kohlen. Die großen Schaufenster, obenauf die mit den Geheimnamen *Neckermann* und *Defaka*, sind als Glasdächer über allem, man sieht durch, kann aber nur wenig erkennen. Eine Kneipe in Alt-Moabit hat darunter noch offen, niemand versteht, wie das möglich ist. Es ist doch schon aufgeräumt. Der Wirt schenkt doppelte Doornkaats ein, er gibt selber einen aus, seine Kneipe ist die beste gewesen, die älteste, immer voller Leute. Die Leute sind aber nicht mehr in Berlin.

Im Kommen ist jetzt der Kreuzberg, die feuchten Keller und die alten Sofas sind wieder gefragt, die Ofenrohre, die Ratten, der Blick auf den Hinterhof. Dazu muß man sich die Haare lang wachsen lassen, muß herumziehen, muß herumschreien, muß predigen, muß betrunken sein und die alten Leute verschrecken zwischen dem Halleschen Tor und dem Böhmischen Dorf. Man muß immer allein und zu vielen sein, mehrere mitziehen, von einem Glauben zum andern. Die neue Religion kommt aus Kreuzberg, die Evangelienbärte und die Befehle, die Revolte gegen die subventionierte Agonie. Es müssen alle aus dem gleichen Blechgeschirr essen, eine ganz dünne Berliner Brühe, dazu dunkles Brot, danach wird der schärfste Schnaps befohlen, und immer mehr Schnaps, für die längsten Nächte. Die Trödler verkaufen nicht mehr so ganz billig, weil der Bezirk im Kommen ist, die *Kleine Weltlaterne* zahlt sich schon aus, die Prediger und die Jünger lassen sich bestaunen am Abend und spucken den Neugierigen auf die Currywurst. Ein Jahrhundert, das sich auch hier nicht zeigen will, wird in die Schranken gefordert. An einem Haustor, irgendeinem, wird gerüttelt, ein Laternenpfahl umgestürzt, einigen Vorübergehenden über die Köpfe gehauen. Es darf gelacht werden in Berlin.

Ein Ort für Zufälle, 1965

JOHANNES BOBROWSKI   Mäusefest

Moise Trumpeter sitzt auf dem Stühlchen in der Ladenecke. Der Laden ist klein, und er ist leer. Wahrscheinlich weil die Sonne, die immer hereinkommt, Platz braucht und der Mond auch. Der kommt auch immer herein, wenn er vorbeigeht. Er ist hereingekommen, der Mond, zur Tür herein, die Ladenklingel hat sich nur einmal gerührt, aber vielleicht gar nicht, weil der Mond hereinkam, sondern weil die Mäuschen so herumtanzen auf den dunnen Dielenbrettern. Der Mond ist also gekommen, und Moise hat Guten Abend, Mond! gesagt, und nun sehen sie beide den Mäuschen zu.

Das ist aber auch jeden Tag anders mit den Mäusen, mal tanzen sie so und mal so, und alles mit vier Beinen, einem spitzen Kopf und einem dünnen Schwänzchen.

Moise hat eine Brotrinde vor seine Füße fallen lassen, da huschen die Mäuschen näher, ein Streckchen um das andere, einige richten sich sogar auf und schnuppern ein bißchen in die Luft. Siehst du, so ist es. Immer dasselbe. Da sitzen die beiden Alten und freuen sich und hören zuerst gar nicht, daß die Ladentür aufgegangen ist. Nur die Mäuse haben es gleich gehört und sind fort, ganz fort und so schnell, daß man nicht sagen kann, wohin sie gelaufen sind.

In der Tür steht ein Soldat, ein Deutscher. Moise hat gute Augen, er sieht: ein junger Mensch, so ein Schuljunge, der eigentlich gar nicht weiß, was er hier wollte, jetzt, wo er in der Tür steht. Mal sehen, wie das Judenvolk haust, wird er sich draußen gedacht haben. Aber jetzt sitzt der alte Jude auf seinem Stühlchen, und der Laden ist hell vom Mondlicht. Wenn Se mechten hereintreten, Herr Leitnantleben, sagt Moise.

Der Junge schließt die Tür. Er wundert sich gar nicht, daß der Jude Deutsch kann, er steht so da, und als Moise sich erhebt und sagt: Kommen Se man, andern Stuhl hab ich nicht, sagt er: Danke, ich kann stehen, aber er macht ein paar Schritte, bis in die Mitte des Ladens, und dann noch drei Schritte auf den Stuhl zu. Und da Moise noch einmal zum Sitzen auffordert, setzt er sich auch.

Jetzt sind Se mal ganz still, sagt Moise und lehnt sich an die Wand. Die Brotrinde liegt noch immer da, und, siehst du, da kommen auch die Mäuse wieder. Wie vorher, gar nicht ein bißchen langsamer, genau wie vorher, ein Stückchen, noch ein Stückchen, mit Aufrichten und Schnuppern und einem ganz winzigen Schnaufer, den nur Moise hört und vielleicht der Mond auch.

Und nun haben sie die Rinde wiedergefunden. Ein Mäusefest, in kleinem Rahmen, versteht sich, nichts Besonderes, aber auch nicht ganz alltäglich. Da sitzt man und sieht zu. Der Krieg ist schon ein paar Tage alt. Das Land heißt Polen. Es ist ganz flach und sandig. Was soll man da noch reden? Die Deutschen sind gekommen, unzählig viele, einer sitzt hier im Judenladen, ein ganz junger, ein Milchbart. Nun kommt man also in der Welt herum, wird er denken, jetzt ist man in Polen, und dieses Polen hier ist ganz polnisch.

Der alte Jude lehnt an der Wand. Die Mäuse sind noch immer um ihre Rinde versammelt. Wenn sie noch kleiner geworden ist, wird eine ältere Mäusemutter sie mit nach Hause nehmen, und die anderen Mäuschen werden hinterherlaufen.

Weißt du, sagt der Mond zu Moise, ich muß noch ein bißchen weiter. Und Moise weiß schon, daß es dem Mond unbehaglich ist, weil dieser Deutsche da herumsitzt. Was will er denn bloß? Also sagt Moise nur: Bleib du noch ein Weilchen.

Aber dafür erhebt sich der Soldat jetzt. Die Mäuse laufen davon, man weiß gar nicht, wohin sie alle so schnell verschwinden können. Er überlegt, ob er Aufwiedersehen sagen soll, bleibt also einen Augenblick noch im Laden stehen und geht dann einfach hinaus.

Moise sagt nichts, er wartet, daß der Mond zu sprechen anfängt. Die Mäuse sind fort, verschwunden. Mäuse können das.

Das war ein Deutscher, sagt der Mond, du weißt doch, was mit diesen Deutschen ist. Sag mir bloß nicht, der Junge ist keiner, oder jedenfalls kein schlimmer. Das macht jetzt keinen Unterschied mehr. Wenn sie über Polen gekommen sind, wie wird es mit deinen Leuten gehn? – Ich hab gehört, sagt Moise.

Johannes Bobrowski
Mäusefest
und andere Erzählungen

Quarthefte   Verlag Klaus Wagenbach

Es ist jetzt ganz weiß im Laden. Das Licht füllt den Raum bis an die Tür in der Rückwand. Wo Moise lehnt, ganz weiß, daß man denkt, er werde immer mehr eins mit der Wand. Mit jedem Wort, das er sagt. Ich weiß, sagt Moise, da hast du ganz recht, ich werd Ärger kriegen mit meinem Gott.

Mäusefest und andere Erzählungen, 1965

HEDWIG ROHDE   Interview mit Klaus Wagenbach

Die Jenaer Straße ist eine ruhige Wilmersdorfer Wohnstraße mit soliden bürgerlichen Mietshäusern. Nr. 6: unauffällig modernes Schild »Verlag Klaus Wagenbach«. Das Arbeitszimmer des Verlegers: überraschend groß, hell, warm, unterteilt durch quergestellte überfüllte Bücherregale. Schreibtisch und Fensterbretter begraben unter Papieren. Jetzt schiebt sich auf leisen Sohlen jemand durch die riesige weiße Altberliner Flügeltür, zusammengekrümmt, als wollte er sich sofort wieder zurückziehen. Kommt dann doch langsam aufs Fenster zu; Haltung miserabel, hätte mein Vater gesagt. Liebenswürdige Redensarten sind fehl am Platz, die Zeit drängt, der Mann ist überhäuft, stürzen wir uns auf den Fragebogen:

HR: Sie haben erklärt, daß Sie den jüngeren deutschen Autoren eine Alternative bieten wollten. Sie sehen den kleinen, persönlich geführten Verlag als Abweichung gegenüber den anonymen Konzernen. Sie sind sich klar darüber, daß Sie damit einen Schritt getan haben, der Sie außerhalb der Gesamtentwicklung des Verlagswesens stellt?

KW: Die Wirtschaft hat eine Marschrichtung, die Literatur aber nicht. Wenn man will, ist mein Verlag insofern konservativ.

Ich habe nichts gegen Apparate. Ich habe Erfahrungen mit großen Apparaten und kenne deren Schwächen, ich habe jetzt meine Erfahrungen mit dem kleinen Apparat und kenne auch dessen Schwächen.

HR: Besuchen Sie selber auch Buchhändler? Halten Sie das für wichtig bei einem neuen Verlag?

KW: Ja, weil der Buchhandel individualistisch ist, und Individualismus ist meiner Meinung nach wichtig zur Verbreitung von Literatur. Bücher sind keine Eisenwaren. Die

Anforderungen an Wissen und Bildung sind viel höher als anderswo und bringen weniger ein. Wenn man Bücher nicht mit Leidenschaft macht, erträgt man keine Verluste. Mache ich ein Buch aus Überzeugung und es geht nicht, dann bleibt mir eins: Da hast du immerhin ein schönes Buch gemacht.

Ohne die Buchhändler wäre ich nicht an die Leser gekommen, die nun umgekehrt den Verlag stützen, indem sie fragen: Was macht der Wagenbach Neues? Die Absatzziffern, geordnet nach Städten und nach der möglichen Effektivität, beweisen genau, daß ein Buchhändler sehr viel zu tun hat, entgegen allem Geschwätz, daß man nichts tun könne. Es ist vorgekommen, daß ein dem Umsatz nach kleiner Buchhändler in derselben Universitätsstadt 250 Quart*hefte* verkaufte, in der die »führende Buchhandlung« nur 21 Exemplare absetzte.

HR: Sie haben von Anfang an öffentlich erklärt, was Sie vorhaben, Sie haben einem Skeptiker angeboten, Ihre Bilanz anzusehen. Glauben Sie, daß diese »offene Tür« für den Aufbau des Verlags nützlich war und ist? Oder haben Sie jetzt nicht das Gefühl, doch etwas zu – sagen wir ruhig: naiv an die Sache herangegangen zu sein?

KW: Ich bin (lacht) als keusche Jungfrau bezeichnet worden – wegen meiner sogenannten idealistischen Vorstellungen. Dabei vergißt man, daß ich fünfzehn Jahre im Buchhandel gewesen bin und von der Pike auf gelernt habe. Da ich etwas Bestimmtes vorhatte, sah ich keinen Anlaß, das zu verschweigen, was ich wollte. Selbst für den Laien ist errechenbar, daß mit 5,80 DM (damaliger Ladenpreis eines Quart*hefts*) keine große Gewinnspanne möglich ist.

Aber im Prinzip hat sich die Richtigkeit meiner Theorie erwiesen: Man muß Erstauflagen möglichst billig machen.

HR: Sie müssen also nicht täglich einen Kampf zwischen Ideal und Praxis führen?

KW: Mein Schreibtisch, wie Sie sehen, ist ganz verwüstet von diesem Kampf. Ich führe ihn mit diesem kleinen italienischen Rechenautomat – eine der ersten und teuersten Anschaffungen für meinen Verlag. Ich rechne viel. Was sich da stapelt, sind Kalkulationen. Und dazu gehört, dass ich mich und meine Familie mit anderen Arbeiten ernähre, ich schreibe für Funk und Zeitschriften. Sonst würde ich den Verlag gefährden; denn das Kapital ist klein, es gibt keine Teilhaber.

HR: Sie sind deshalb nach Berlin gegangen, weil hier Ihre wichtigsten Autoren wohnen. Wie steht es mit dem direkten Kontakt im Fall der Autoren aus dem Osten?

KW: Der ist im Moment erschwert dadurch, daß ich seit Januar keine Einreisegenehmigung nach Ostberlin habe. Über dem angeblichen Affront der Biermann-Veröffentlichung vergessen manche Leute in Ostberlin, was es hier bei uns heißt, einen Kommunisten zu verlegen. Das ist ein gesamtdeutsches Vergessen, auch bei uns vergißt man, was das heißt. Ich halte diese Sperre für vorübergehend. Es liegt mir daran, deutsche Autoren zu publizieren, ohne auf den Paß zu sehen.

HR: Würden Sie auch das Wort des von Ihnen verehrten und verlegten Kurt Wolff unterschreiben: »Die Beziehung zum Autor muß von des Verlegers Seite eine Liebesbeziehung sein, die nichts fordert, die schon im voraus verziehen hat«?

KW: Ich halte nichts davon, Autoren unter Druck zu setzen. Meine Verträge enthalten keine Optionen. Entweder versteht man sich oder trennt sich. Optionen sind Unsinn, Vorschüsse auch. Beide Parteien sind dadurch gefesselt, nicht mehr frei in Entschlüssen und Kritik.

HR: Als Walter Muschg die Traditionslosigkeit der deutschen Literatur beklagte, haben Sie die jüngeren deutschen Autoren gegen seine Vorwürfe verteidigt. Wie stehen Sie selber zur deutschen literarischen Tradition?

KW: Die Schwierigkeit mit den jungen Autoren ist die: ich habe selber als Kritiker, mit meinen Freunden zusammen, dafür gekämpft, wieder die Prävalenz des Stils zu fordern. Das Merkwürdige ist nun, daß wir heute praktisch an die jungen Autoren, die den Stil überraschend gut, ja glänzend handhaben, die Oberschülerfrage wieder stellen müssen, die wir damals abgelehnt haben: Was will der Autor sagen? Ich würde nie ein Buch verlegen, in dem die literarische Verantwortung auf die Typographie abgeschoben wird. Das war vor zehn Jahren nicht erkennbar; damals konnte man voraussetzen, daß ein Autor politische Meinungen hatte, die Realität sah, eine Beziehung zur Umwelt besaß. Mittlerweile gibt es Autoren, die wissen, wie sie schreiben, aber nicht was. Das halte ich für eine gefährliche Entwicklung. Ein Autor muß wissen, was er mit seinem Buch will. Ob das erkannt wird, ist eine andere Frage, aber er muß es wissen.

Buchmarkt 1, 1966

ERICH FRIED   17.–22. Mai 1966

Aus Da Nang
wurde fünf Tage hindurch
täglich berichtet:
Gelegentlich einzelne Schüsse

Am sechsten Tag wurde berichtet:
In den Kämpfen der letzten fünf Tage
in Da Nang
bisher etwa tausend Opfer

und Vietnam und, 1966

Im großen Zimmer des ersten Verlagsdomizils in der Jenaer Straße 6
Von links: Eberhard und F. C. Delius, KW, Franz Greno, Wolfgang Dreßen,
Johannes Tranelis, Helga Scheller, Katia Wagenbach

1967–1969

ÜBERRASCHENDES VERBREITEN
AM NOTWENDIGEN ORT

Es war leider so, dass nach dem Ein- und Durchreiseverbot der DDR auch im eigenen Staat Handel und Wandel schwieriger wurden. So hatte beispielsweise der Schallplattenkonzern Philips, bei dem Wolf Biermann unter Vertrag stand, es abgelehnt, die neue Platte Biermanns zu veröffentlichen, und der Verlag musste einspringen. Stein des Anstoßes war offensichtlich das Lied *Drei Kugeln auf Rudi Dutschke*, insbesondere die Bezeichnung des seinerzeitigen Bundeskanzlers Kiesinger (eines salbungsvollen Schwätzers, ehemals Mitglied der NSDAP) als »Edel-Nazi«. Der Stein des Anstoßes zog Kreise: Nachdem bereits die ersten Exemplare der Quart*platte* mit den *Vier neuen Liedern* Biermanns die Pressfabrik der Deutschen Grammophon verlassen hatten, erhielt ich ein Schreiben, dass man den Produktionsvertrag kündigen müsse »wegen Bedenken strafrechtlicher Art, nachdem wir Kenntnis über den Inhalt der Platte bekommen haben«.

Der Fall begann mich zu interessieren: Ich schickte das Gedicht an fünf Tages- und Wochenzeitungen mit der Bitte um Vorabdruck, und siehe, dieselben Leute, die sonst alle paar Monate anriefen mit der dringlichen Bitte, ein Gedicht des allseits beliebten DDR-Kritikers Biermann vorabdrucken zu dürfen, fanden nun leider gerade für diesen Text keinen Raum in ihren Spalten (so wie wir nur mühsam eine unabhängige Schallplattenpressfabrik fanden …).

Das alles war im Frühjahr / Sommer 1968. Wie man überhaupt eine Schallplatte herstellt, hatte ich gerade noch rechtzeitig erfahren, einige Monate vorher, im Herbst 1967, als sich die ersten Schwächen eines so kleinen Verlags zeigten: Der Verleger war zwar da, aber er hatte nur ein Telefon, nur zwei Hände, und reisen konnte er auch kaum. So entschuldigte ich mich bei Freunden und Buchhändlern mit einer kleinen Schallplatte (*Acht Autoren lesen aus ihren* Quartheften, *angesagt vom Verleger*), aus Jux Quart*platte* genannt, versehen mit einer bukolischen Grafik von meinem Freund Günter Bruno Fuchs, einem herzlichen, stets leicht besäuselten Dicken voller Spruchweisheiten, Schnurren und melancholischer Einsichten in den Zustand der Welt (die unter anderem in das Quart*heft Zwischen Kopf und Kragen* eingingen). Von meinen Töchtern wurde er bei seinen Besuchen immer jubelnd begrüßt und allgemein »Kuchenfuchs« genannt, weil er meist große Mengen Gebäck mitbrachte, hauptsächlich die begehrten Liebesknochen. Aus dem Umschlag der Quart*platte* hat Günter Bruno Fuchs dann das Verlagssignet entwickelt. Einige Buchhändler wollten diese Schallplatte dann verkaufen. Normalerweise wäre mir die Umwandlung einer nur für Freunde hergestellten Quatsch- und Quarkplatte in ein krudes Kommerzobjekt als zu geschäftstüchtig erschienen – wenn sich nicht (neben der Philips-Affaire) noch etwas anderes ereignet hätte:

Während eines »Dichterforums«, November 1967 in Frankfurt, fand eine der Lesungen in einer Fabrik statt. Die Dichter zogen zeitgemäß (aber zur Überraschung der Arbeiter) unter Absingen der Internationale ein und lasen zeitgemäße Texte. Nur ein Autor, rundköpfig und soigniert, wenn auch schwer schwitzend, las mit strenger Stimme »Sprechgedichte« vor, sehr ungewöhnliche, heitere, absurde und experimentelle Texte, die er *Laut und Luise* nannte. Das Echo war niederschmetternd: Ein Teil der Zuhörer lachte (und genierte sich dessen sofort), ein anderer fühlte sich veralbert, ein dritter hielt solche Texte für konterrevolutionär. Der gesunde Menschenverstand erhob sich, in Form des Betriebsratsvorsitzenden, und tadelte streng solchen Jokus

Ein »Ur-Hörbuch«, erschienen 1967

Der »Ur-Wagenfisch«,
gezeichnet von Günter Bruno Fuchs 1967

von »Herrn Jodl«. So lernte ich Ernst Jandl kennen. Als Buch war *Laut und Luise* längst erschienen, und da niemand anderes eine Schallplatte machen wollte, machte ich sie, mit großem Erfolg übrigens, nicht zuletzt bei Kindern. Die ersten drei Quart*platten* waren beisammen – immerhin: Hörbücher *avant la lettre*.

Ebenfalls auf einem Poetentreffen habe ich Giorgio Manganelli kennengelernt, es war eine Versammlung (in Reggio Emilia) des *gruppo 63*, einem Kreis junger Autoren, die der Langeweile des ordentlich gezimmerten neorealistischen Romans überdrüssig waren und zusammentrafen, um über ihre Texte zu diskutieren. Die Formen, in denen das geschah, waren allerdings weit entfernt von den mir vertrauten altpreußischen Ritualen der Gruppe 47: In einem größeren Raum las jemand vor, einige hörten zu, andere unterhielten sich, gingen raus, kamen rein, winkten sich zu, begrüßten Neuankömmlinge und beteiligten sich dennoch an der anschließenden Kritik des vorgelesenen Textes, wobei der betroffene Autor die kassierten Invektiven kräftig zurückzahlte – insgesamt ein erheblicher Geräuschpegel, der abends mit einer improvisierten »Schwarzen Messe« im Haus des Bürgermeisters eher noch zunahm. In diesem Tohuwabohu stand nun öfters ein etwa vierzigjähriger Herr auf, gelassen, misanthropisch, eher düster, der ziemlich leise die listigsten Sottisen und Paralipomena mit stilistisch derartiger Raffinesse vortrug, dass ihm bald alle zuhörten. Auf der Rückfahrt informierte ich mich bei Giangiacomo Feltrinelli, und er gab mir Manganellis kurz zuvor erschienenen Erstling, allerdings mit der väterlichen Ermahnung dergestalt, dass er zwar meine Begeisterung teile, mir aber von einer Übersetzung abrate, denn er habe vom Original nicht mehr als ein paar hundert Exemplare verkaufen können. Das Buch hieß *Hilarotragoedia*, war fast nicht zu übersetzen – das heißt nur mit Hilfe der wunderbaren Wortfindungen Toni Kienlechners – und erschien als *Doppelquartheft* mit dem Titel *Niederauffahrt*.

Neben Césaire und Manganelli erschienen dann noch andere fremdsprachige Autoren: die bösen Satiren Boris Vians, ausgewählte Gedichte von Marina Zwetajewa in den schönen Reimen von Christa Reinig und die Gedichte des von den Putschisten inhaftierten großen griechischen Lyrikers Jannis Ritsos. Der Verlag veröffentlichte weiter deutsche Autoren – auch unbekannte wie Volker von Törne oder Johannes Schenk –, aber er begann sich zu entprovinzialisieren. Und zu vergrößern – ohne dass ich es so recht wahrnahm, entwickelten sich 1968 vier andere Reihen: die schon erwähnten Quart*platten*, der *Tintenfisch*, das *Lesebuch* und die *Rotbücher*.

Der erste *Tintenfisch* erschien im Mai 1968, wenige Tage nach dem Beginn des Pariser Mai. Ein Zufall, natürlich, allerdings eher aus heutiger Sicht; denn für die damaligen Leser und

Das *Lesebuch*   Der erste *Tintenfisch*   Frühes *Rotbuch*   Schwarzes Brett

Rezensenten war es konsequent: erst Cohn-Bendit und dann das. Konzipiert wurde der *Tintenfisch* natürlich wesentlich früher, im Sommer 1967, bei einem Besuch von Michael Krüger in Berlin. Krüger war zu der Zeit etwa so lange – drei Jahre – Lektor im Hanser Verlag wie ich Verleger. Er, 24 Jahre alt (konnte nach damaligen Maßstäben also noch knapp als jung gelten), ich 37. Er, ein ästhetischer Jodler von mitreißender Misanthropie, ich, ein politischer Knurrer von hemmungslosem Optimismus.

In der Betrachtung des zu jener Zeit herrschenden literarischen Überbauzaubers waren wir ziemlich einig: gleich übellaunig sowohl gegenüber einer sich förmlich zu Tode formulierenden abstrakten Fliesenlegerei wie auch gegenüber einer grundlos vollmundigen Korrektheit, einem Realismus der kleinen Schritte. Und übellaunig gegenüber zahlreicher werdenden Sprechchören: Die Literatur habe ausgedient, sei als reines Produkt des Bürgertums tot oder doch zumindest so schnell wie möglich abzuschaffen. Die Chöre standen linkerhand, wir ebenfalls. Die Chöre wollten statt »schöner Literatur« die politische Wirkung, wir hielten das für keinen Widerspruch.

Zu diesen Kriterien traten noch drei eher technische, wenn auch nicht ohne Folgen für den Inhalt: Erstens sollte der *Tintenfisch* Texte aus dem gesamten deutschsprachigen Raum sammeln – das war damals noch ziemlich anstößig (nämlich am »innerdeutschen« Punkt: Die DDR hieß damals noch überwiegend SBZ). Zweitens sollte eine Bibliographie alle wichtigen (ebenfalls: deutschsprachigen) Neuerscheinungen des jeweils vergangenen Jahres enthalten – das schien uns wichtig als praktische Bekämpfung einer immer saisonaleren Literaturrezeption. Und schließlich sollte das Ganze – obwohl wesentlich umfangreicher – nicht mehr kosten als damals ein Quart*heft*, also DM 5,80.

Kurz: Der *Tintenfisch* war ein in vieler Hinsicht defraudantisches Unternehmen. Die Kapitaldecke war zu kurz, der Umfang zu gering (so kamen wir zu den »Fußnoten«: kurze Textausschnitte auf dem übrigbleibenden Raum an den Textenden; weißes

Volker von Törne
Christoph Meckel
Boris Vian

Papier – das wäre doch Verschwendung gewesen), die Auswahlkriterien zu breit, die politischen Meinungen zu radikal, die Machart zu konservativ. Ein Jahrbuch für Literatur in eher unliterarischen Zeiten.

Die Aufnahme hat uns dann allerdings doch überrascht: Die (für die damaligen Verhältnisse des Verlags enorme) Erstauflage von 10 000 Exemplaren war in wenigen Wochen vergriffen; insgesamt erschienen 83 Rezensionen.

Darunter eine in Springers ›Welt‹(sie fragte, »ob Informationen Geschmackssache sind«, freilich blieb ›Die Welt‹ aber von da an ihren Lesern jede Information über alle weiteren *Tintenfische* schuldig) und eine im ›Rheinischen Merkur‹, die von den Autoren des *Tintenfisch* behauptete: »Sie schreiben in Reih und Glied. Sie stehen Gewehr bei Fuß und schießen auf Leute.« Der Rezensent verwechselte Ursache und Wirkung: Was da in »Reih und Glied« Staub aufwirbelte seit Dezember 1966, das war die Marschsäule einer Großen Koalition, jener Karikatur einer Regierung aus Kiesinger und Brandt, Strauß und Wehner. Darauf, auf diese Provokation einer Volksgemeinschaft von oben, reagierten die Schriftsteller (und nicht nur sie) in der Tat ziemlich einhellig. Das *Lesebuch* wurde aus ähnlichen Motiven konzipiert wie der *Tintenfisch*: Man kann sich heute kaum noch vorstellen, auf welche Widerstände die jüngste deutsche Literatur damals traf – das Wort vom »ganz kleinen Pinscher, der in dümmster Weise kläfft« (des seinerzeitigen Bundeskanzlers Erhard über Schriftsteller), war ganze drei Jahre alt. Einen sehr sichtbaren Begriff von den Schwierigkeiten der Verbreitung hatte mir ein Experiment gegeben: der nochmalige Abdruck von *Meine Ortschaft* (eines von Peter Weiss für den

KW, Peter Bichsel, Otto F. Walter auf der sogenannten »Prügelbuchmesse« 1968

Aus Protest geschlossen, Buchmessenstand 1968

Atlas geschriebenen Textes über Auschwitz) im Verlagsalmanach mit dem Angebot an Deutschlehrer, ihnen kostenlos Klassensätze zu liefern. Es meldeten sich Hunderte, viele von ihnen halfen mir dann bei der Zusammenstellung des *Lesebuch*.

Das Echo aus den staatstragenden Lehrerzimmern war negativ: »Seichtes Revoluzzertum … lieber den Mund halten … erinnert an Krawallsituationen« (so die ›Blätter für den Deutschlehrer‹) und »Bis zum Überdruss wird dargestellt, wie schlecht die Deutschen vor 1945 gewesen sind … Verkennt die Aufgabe des Deutschunterrichts« (so die ›Mitteilungen des Philologenverbandes‹). Der Erfolg war dennoch außerordentlich – mit über 200 000 Exemplaren ist das *Lesebuch Deutsche Literatur der sechziger Jahre* eines der erfolgreichsten Bücher des Verlags. Erfolgreich war es auch in anderer Hinsicht: Da wir die Autoren honoriert hatten, mussten die Schulbuchverlage einige Zeit später ihren Widerstand gegen die Honorierung der Autoren aufgeben. »Umstritten« blieben die Texte und ihre Zusammenstellung freilich lange – noch über ein Jahrzehnt nach dem Erscheinen wurde das Buch wegen angeblicher »Pornographie« der Geschichte *Ein Liebesversuch* von Alexander Kluge in Baden-Württemberg unterdrückt; »umstritten« blieben auch die nachfolgenden *Lesebücher* zur Weimarer Republik, zur Literatur zwischen 1945 und 1959 und zur Literatur der siebziger Jahre.

Die ersten Pläne für eine politische Buchserie reichen zurück bis 1966, wurden aber zurückgestellt, als die »linke Welle« in allen Verlagen genügend Publikationsmöglichkeiten zu bieten schien. Das begann sich bereits 1968 zu ändern, so dass dann doch eine »ausschließlich der Neuen Linken und der außerparlamentarischen Opposition gewidmete Buchreihe« gegründet wurde, der ich den Namen *Rotbücher* gab, in Anspielung auf ein halbamtliches denunziatorisches Kompendium über linke Intellektuelle. Die ersten Titel hatten ein kämpferisches Design und ein ungewöhnliches Format (genau doppelt so hoch wie breit – wir kamen später, mit der Serie *SVLTO*, darauf zurück). Die Sammlung *Rotbücher* war als Buchserie eines dem SDS angeschlossenen Instituts geplant, als dessen Delegierter Wolfgang Dreßen in den Verlag kam. Freilich ging das Institut kurz darauf in einer der damals beginnenden Spaltungen innerhalb der Linken unter, und wir führten die *Rotbücher* auf eigene Faust fort. Was ich daraus hätte lernen sollen, nämlich weniger Satzungen und Verträgen zu trauen als vielmehr Inhalten und Menschen, habe ich damals nicht gelernt, im Gegenteil: Im Herbst 1969 entstanden die ersten Umrisse einer »Verlagsverfassung« – es begann die schöne Zeit des »Wagenbach-Kollektivs«.

Der Verlag hatte sich bis dahin so weit konsolidiert, dass er ein solches Experiment auf sich nehmen konnte: Der Umsatz war

Vier Titel der mit einem graphischen Umschlag erschienenen Shakespeare-Übersetzung

von 1967 auf 1968 um 65 % gestiegen, im folgenden Jahr nochmals um 73 %, zwei in der Verlagsgeschichte nie wieder erreichte Steigerungsraten, die es gestatteten, 1969 endlich die von verschiedenen Verlagen abgelehnte Gesamtausgabe der Shakespeare-Übersetzungen von Erich Fried zu beginnen.

Allmählich zeichnet sich der Umriß eines Programms ab, das literarisch-politische Züge aufweist, das durchaus die persönlichen Neigungen Wagenbachs erkennen läßt, ohne indes die Mindestspannweite zu entbehren, die nun einmal der geschäftliche Zwang einem Verleger auferlegt. Wagenbach beherrscht diesen Balanceakt zwischen Geist und Materie, er macht nicht Bücher für viele: doch von der Minderheit, an die er sich wendet, werden viele sie lesen (oder sollten, könnten, müßten es).   *Weser-Kurier, 19.6.1967*

ERICH FRIED   Höre, Israel

Als wir verfolgt wurden
war ich einer von euch
Wie kann ich das bleiben
wenn ihr Verfolger werdet?

Eure Sehnsucht war
wie die anderen Völker zu werden
die euch mordeten
Nun seid ihr geworden wie sie

Ihr habt überlebt
die zu euch grausam waren
Lebt ihre Grausamkeit
in euch jetzt weiter?

Erich Fried, Radierung von
Alfred Hrdlicka

Den Geschlagenen habt ihr befohlen:
»Zieht eure Schuhe aus«
Wie den Sündenbock habt ihr sie
in die Wüste getrieben

In die große Moschee des Todes
deren Sandalen Sand sind
doch sie nahmen die Sünde nicht an
die ihr ihnen auferlegen wolltet

Der Eindruck der nackten Füße
im Wüstensand
überdauert die Spur
eurer Bomben und Panzer

Anfechtungen, 1967

GIORGIO MANGANELLI
Verschiedene Arten des Absteigens

 Manch einer stürzt in senkrechter Linie: zischt und schlägt ein wie ein Meteorit; sogar noch direkter, denn dort, wo er herkommt und hin will, gibt es keine Krümmung des Raums; sondern die Gerade ist gerade. Dieser ist ein Mensch, der, ohne einen Zweifel an seinem unterweltlichen Los, sich dieses vor Augen hält; er geht mit ihm um, ohne sich vor seinen schwefligen Umrissen zu fürchten; betrachtet es, versunken, wie einen Abgrund der Düsternis und gelben Fackellichts: blickt hinein und zuckt mit dem flinken Nacken, wie die schwindelfreie Schlange mit ihrer Zunge.

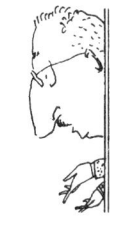

Andere sinken spiralig: knicksend vor dem Schicksal, werbend um Wiedergeburt; Geduld der Agonie, verschobenes Todesgelüst, bedachtsame Wollust des Selbstmords, bewußt hinausgezögerter Hadesdurst; Bedachtsamkeit der Bewegungen, Vornehmheit im Todeskampf, rhythmischer Sinn im Absturz; Bewegung geeignet für Lurche, für Scheinfüßler, Kralle des einziehbaren Kopulationsfußes; mit dem Schwanze sich lüpfend, in der Schwebe gehalten nicht durch Flügel, sondern durch die Eleganz unbewegter Ruderschwinge, genau nach der graphischen Entwicklungstafel.

Andere fluktuieren; unregelmäßig, umherirrend, nicht abgeneigt den schuldhaften

Zeichnungen
von Tullio Pericoli

Genüssen der Annäherung; unbe-
rechenbar auch für sich selbst; nun
hält er sich in der Schwebe auf aus-
einanderstrebenden Fingern, auf
parallclcn Luftkuppen, wie Blatt
oder Folie in windstiller Luft; es
genügt ein Hundesatz, Katzenpiß,
Frauendüfte – und es stürzt der
flüchtige Zögerer.

Niederauffahrt, 1967

VOLKER VON TÖRNE   An Attila Jozsef

Sohn einer Waschfrau, Schweinehirt:
Häng uns die Wahrheit um
wie einen Wolfspelz! Hör nicht hin, wenn sie sagen:
Geh doch nach drüben.

Bleib bei uns, Bruder, sieh: Unterm erkalteten Himmel
fahren die Monde dahin, hier,
wo wir singen, mit unsern Kindern,
in der Dunkelheit.

Leg dich zu uns, Bruder:
Während wir wachen
gärt der Wein im Dunkel des Kellers, verwandelt der Wind
die Steine in Brot.

Hör zu, Bruder: Der Armen Armut
hat ein Ende! *Auf Lilienfüßen das Blutmeer durchschreitend,*
holt uns die Zukunft heim
mit Singsang und Gelächter.

Wolfspelz, 1968

GÜNTER BRUNO FUCHS
Geschichte von der Ansprache anläßlich
einiger Vorfälle in der Innenstadt

Jeder Hauswirt ist unentbehrlich. Wie ein Keller unentbehr-lich ist. Und auf Häuser können wir nicht verzichten. Ohne Häuser, das reizt nur zum Widerspruch.

Jede Prostituierte trifft uns empfindlich. Jeder Hergelaufene ist wie ein Haus ohne Hauswirt. Raus.

Beachten wir: Was sich auf Ruhestörung beruft, soll uns im Auge bleiben. Die Bezeichnung Nachbar ist keine Bezeichnung, sondern ein Ausweis, der keiner Zumutung auszusetzen ist.

Das Land. Das hat sich nicht vorgestellt, was es hier mit-macht. Es versteht keinen Spaß. Jeder soll, wo seine Eltern aufgewachsen sind, hingehen. Ja, da ist auch Platz für den. Die dorthin nicht gehen wollen, verschwinden. Es ist so. Der Hauswirt ist Dach und Keller in einer Person. Dazwischen le-ben wir. Wir wollen wieder in ruhigen Etagen leben. Es ist so.

Gerade jetzt auch einstimmig.

Zwischen Kopf und Kragen, 1967

Selbstportrait als Katze

AIMÉ CÉSAIRE Über den Kolonialismus

Die Kolonisation arbeitet daran, den Kolonisator zu *entzivilisieren*, ihn im wahrsten Sinne des Wortes zu verrohen, ihn zu degradieren, verschüttete Instinkte, die Gewalttätigkeit, den Rassenhaß, den moralischen Relativismus in ihm wachzurufen. Es wird sich zeigen, daß damit die Zivilisation eine Erfahrung macht, die wiegt, und daß am Ende all dieser Vertragsbrüche, all dieser Lügenpropaganda, all dieser geduldeten Strafexpeditionen, all dieser gefesselten und »verhörten« Gefangenen, daß am Ende dieses angefachten Rassenhochmuts das Gift in die Adern Europas infiltriert ist und die langsame, doch sichere Verwilderung des Kontinents ihren Lauf nimmt.

Und dann wird eines schönen Tages die Bourgeoisie durch einen gewaltigen Gegenschlag geweckt: Die Gestapo wird geschäftig, die Gefängnisse füllen sich, die Folterer werden erfindungsreich und diskutieren rund um die Folterbänke.

Man wundert, man entrüstet sich. Man sagt: »Wie sonderbar! Ach was! Das ist der Nazismus, der wird auch wieder

Rotbuch 3, 1968

vorbeigehen!« Und man wartet, und man hofft, und man verhehlt sich selbst die Wahrheit, daß das wohl eine Barbarei, doch die Vollendung der Barbarei ist, die Krönung, das Resümee all der täglichen Barbareien; daß es der Nazismus ist, ja, aber daß man, bevor man sein Opfer wurde, sein Komplize gewesen ist, daß man diesem Nazismus Vorschub geleistet hat, bevor man von ihm heimgesucht wurde, daß man ihn freigesprochen, daß man beide Augen vor ihm zugedrückt – daß man ihn legitimiert hat, weil er bisher nur auf nichteuropäische Völker Anwendung fand; daß man diesen Nazismus kultiviert hat, daß man dafür die Verantwortung trägt und daß er durch alle Risse und Sprünge der westlichen Zivilisation sickert, tropft und quillt, ehe er sich in seinen blutigen Fluten verschlingt.

Über den Kolonialismus, 1968

ERNST JANDL   Drei Sprechgedichte

fragment
wenn die rett
es wird bal
übermor
bis die atombo
ja her pfa

falamaleikum
falamaleikum
falamaleitum
falnamaleutum
fallnamalsooovilleutum
wennabereinmalderkrieglanggenugausist
sindallewiederda.
oderfehlteiner?

Laut + Luise, 1968

ottos mops
ottos mops trotzt
otto: fort mops fort
ottos mops hopst fort
otto: soso

otto holt koks
otto holt obst
otto horcht
otto: mops mops
otto hofft

ottos mops klopft
otto: komm mops komm
ottos mops kommt
ottos mops kotzt
otto: ogottogott

hosi und anna, 1971

Der Mops neben Ernst Jandl war einer von vielen, die sich für das Foto beworben hatten, aber er war der schönste (und geduldigste).

WOLF BIERMANN Drei Kugeln auf Rudi Dutschke

Drei Kugeln auf Rudi Dutschke
Ein blutiges Attentat
Wir haben genau gesehen
Wer da geschossen hat
    Ach Deutschland, deine Mörder!
    Es ist das alte Lied
    Schon wieder Blut und Tränen
    Was gehst Du denn mit denen
    Du weißt doch was Dir blüht!

Die Kugel Nummer Eins kam
Aus Springers Zeitungswald
Ihr habt dem Mann die Groschen
Auch noch dafür bezahlt
    Ach Deutschland, deine Mörder!

Des zweiten Schusses Schütze
Im Schöneberger Haus
Sein Mund war ja die Mündung
da kam die Kugel raus
    Ach Deutschland, deine Mörder!

Der Edel-Nazi-Kanzler
Schoß Kugel Nummer Drei
Er legte gleich der Witwe
den Beileidsbrief mit bei
    Ach Deutschland, deine Mörder!

Drei Kugeln auf Rudi Dutschke
Ihm galten sie nicht allein
Wenn wir uns jetzt nicht wehren
Wirst Du der Nächste sein
    Ach Deutschland, deine Mörder!

Es haben die paar Herren
So viel schon umgebracht
Statt daß sie *Euch* zerbrechen
Zerbrecht jetzt ihre Macht.

Wolf Biermann
Plattenhülle von Arwed Gorella

Vier neue Lieder, 1968

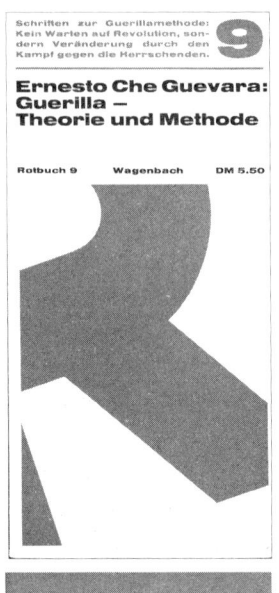

Schriften zur Guerillamethode:
Kein Warten auf Revolution, sondern Veränderung durch den Kampf gegen die Herrschenden.

9

Ernesto Che Guevara: Guerilla – Theorie und Methode

Rotbuch 9   Wagenbach   DM 5.50

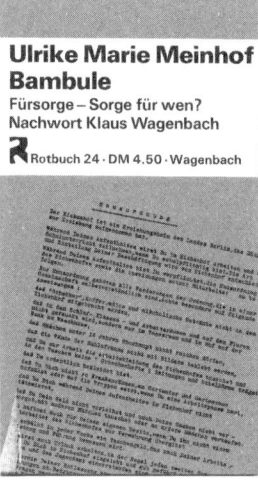

Ulrike Marie Meinhof
Bambule
Fürsorge – Sorge für wen?
Nachwort Klaus Wagenbach

Rotbuch 24 · DM 4.50 · Wagenbach

Roter Kalender 1972
für Lehrlinge und Schüler

Drei Bücher zur Politik

Wagenbach   2 Mark

1970–1973

DER TRAUM VOM KOLLEKTIV

Die Anziehungskraft, die der Verlag um 1970 entwickelte, hing nicht allein mit seiner wachsenden Größe und Stabilität zusammen, sondern auch mit der Instabilität der außerparlamentarischen Linken und ihrer Verbreitungsinstrumente. Ein Teil der Linken benutzte eine von der Regierung erlassene Generalamnestie zum Abschied von ihren (offenbar nicht sehr tief sitzenden) Überzeugungen, der andere widmete sich der berühmten Organisationsfrage, mit der Folge einer immer stärkeren Zersplitterung in immer kleinere Gruppen – jeder seine eigene Avantgarde. Das gleiche geschah auf der Ebene der Distribution von Büchern: Auf der einen Seite entledigten sich viele Verlage und Buchhandlungen ihrer linken Abteilungen, auf der anderen Seite gingen neu gegründete Verlage wieder ein, und das mühsam aufgebaute Netz der linken Buchhandlungen wurde durch fortwährende Zellteilungen geschwächt.

Unter solchen Umständen war die Attraktion – aber auch die Belastung – eines Verlags begreiflich, der solidarisch strukturiert war und sich als Instrument für die gesamte Linke verstand. Viele hielten es für geradezu selbstverständlich, im Verlag arbeiten zu können. Oder zu volontieren. Oder zu übernachten. Oder wenigstens zu fotokopieren. Und jedenfalls gehörte mein Auto der Bewegung, weil es relativ schnell und relativ zuverlässig war und die Revolution ja ziemlich zuverlässig und jedenfalls schnell gemacht werden musste – ich konnte mühsam durchsetzen, dass mir ein Ersatzauto gestellt wurde, wodurch ich nach und nach fast sämtliche Autos fast sämtlicher Berliner Wohngemeinschaften kennen- und verfluchen lernte. Während die Reisekader die Theorie im Land verbreiteten, blieb die Praxis an uns hängen.

Katja Wagenbach am Schreibtisch

Als sich im Sommer 1970 der Suhrkamp Verlag aus politischen Gründen weigerte, die Vierteljahreszeitschrift *Kursbuch* fortzuführen, lag es für ihren Herausgeber Hans Magnus Enzensberger also nahe, mich zu fragen. Wir trafen uns, und Enzensberger, evasiv und heiter krähend wie stets, erklärte mir gleich, dass er nicht mit dem Verlagskollektiv, sondern mit mir als Person kontraktieren wolle. Also gründeten wir eine Kursbuch GmbH, mit ihm als Mehrheits- und mir als Minderheitsgesellschafter, deren Geschäftsführer ich wurde und als solcher mit dem Verlag Klaus Wagenbach einen Vertrag über die Dienstleistung (Herstellung, Vertrieb, Werbung) für die Zeitschrift schloss. Ein kompliziertes, aber praktikables Modell, aus dem ich wiederum etwas hätte lernen können, wenn ich nicht so ein begeisterter Kollektivist gewesen wäre.

Der Erfolg war außerordentlich: Innerhalb von gut zwei Jahren stieg die Grundauflage des *Kursbuch* von 25 000 auf 53 000 Exemplare. Hauptursache war – neben einigen technischen Finessen –, dass das *Kursbuch* in ein ihm gemäßes Umfeld kam – das merkte sogar die ›Frankfurter Allgemeine Zeitung‹ und fiel vom salbungsvollen in den militärischen Ton: »Enzensberger hat als Mitgesellschafter und Geschäftsführer nun Wagenbach, wodurch die beiden aggressivsten linken Literaturmilieus sich vermischt haben, zwei Partisanenführer in dasselbe Revier einrücken.« Die Wortwahl zeigt: Hier spricht die Oberste Heeresleitung, für die politische Gegner selbstverständlich nicht satisfaktionsfähig, sondern höchstens Partisanen sind. So reagierten denn auch bald die unteren Chargen, Staatsanwaltschaft und Polizei.

Es fing an im Frühjahr 1971 mit einem Ermittlungsverfahren wegen der Veröffentlichung von *Bambule*, dem Text eines Fernsehspiels über Fürsorgeerziehung von Ulrike Meinhof, das vom

Südwestfunk zwar produziert, nachdem Ulrike Meinhof in den Untergrund gegangen war, aber nicht gesendet wurde. Was offenbar als anstößig galt, war die Durchbrechung dieses in den höheren öffentlich-rechtlichen Rängen abgesprochenen Boykotts, und als mindestens ebenso anstößig empfand man die Form der »parteilichen« Veröffentlichung, das heißt mit weiteren Materialien über die staatliche Fürsorgepolitik und mit kritischen Bemerkungen über die Hexenjagd auf die »Baader-Meinhof-Bande«.

Wie sehr damals die Öffentlichkeit auf den »Staatsfeind Nummer 1« eingestimmt wurde, kann man sich heute kaum noch vorstellen – es war die Zeit, als Heinrich Böll »Freies Geleit für Ulrike Meinhof« forderte, vergeblich natürlich und unter allgemeinem Hohngelächter. In einem solchen Klima war ein kleiner Verlag schnell zum »Baader-Meinhof-Verlag« hochstilisiert.

Dieter Forte
Peter Rühmkorf
Ulrike Meinhof mit dem Regisseur
Eberhard Itzenplitz

Im Herbst 1971 begann, nach sorgfältiger Vorbereitung durch die Springer-Zeitungen (in Berlin damals in erdrückender Mehrheit), ein massiver Angriff auf den Verlag, der mehrfach durchsucht, um nicht zu sagen besetzt wurde von einem schwer bewaffneten Polizeiaufgebot, das nicht einmal in die Räume passte und also auch (offensichtlich nicht ohne Absicht) die Straße blockierte; Rechtsanwälte wurden nicht zugelassen, Fotografen sicherheitshalber verhaftet. Anlass war ein politisches Manifest der Roten Armee Fraktion, RAF, das wir als *Rotbuch* 29 veröffentlicht hatten, und ein *Roter Kalender für Lehrlinge und Schüler.*

Das Erste eine gewiss militante, aber doch aufschlussreiche Analyse der Situation in der Bundesrepublik, das Zweite der Versuch einer Massenagitation: ein normaler Taschenkalender, in hoher Auflage (70 000 Exemplare) und mit niedrigem Preis (2 DM), der in einfacher Sprache politische und praktische Kenntnisse verbreiten sollte – von Zahlen zur Ausbeutung über Bücherempfehlungen und Adressen von Anwälten oder Lehrlingsgruppen bis zu Ratschlägen zur Rauschgiftsucht und Anweisungen, wie man ein Flugblatt herstellt.

In einem Fernsehinterview, das der Journalist Walter Schmieding einen Tag nach der Beschlagnahme mit mir machte (live! ein mutiger Mann; siehe Seite 70 ff.), verwies ich auf eine Solidaritätsaktion von 23 französischen Verlagen, die in einem ähnlichen Fall (Beschlagnahme eines Buchs von Carlos Marighella) ihrem Kollegen durch eine kollektive Ausgabe zu Hilfe kamen (erfolgreich). In Deutschland leider vergeblich: Lateinamerika lag weiter weg als die RAF; mit zunehmender Nähe verliert sich die Zivilcourage …

Das erfuhr ich zum zweiten Mal – und sozusagen als neutraler Beobachter – bei der Beerdigung meines Freundes Giangiacomo Feltrinelli 1972, der als angeblicher Anarchist unter – man muss sagen – sehr unklaren Umständen umgekommen war, auf dem von einem Heer von Polizisten und Panzern umstellten Mailänder Zentralfriedhof: Von seinen sämtlichen italienischen Kollegen, bei denen er noch kurze Zeit zuvor in so hohem Ansehen gestanden hatte, hatten ganze zwei sich zu einer der allereinfachsten Verhaltensweisen entschließen können und nahmen an der Beerdigung teil, so dass ich unvorbereitet und stellvertretend für die Verleger die Grabrede halten musste.

Auf der Beerdigung Giangiacomo Feltrinellis am 28. März 1972. Vorne links: Maria Antonietta Macciocchi, Mitte: Rolf Hochhuth. KW bei der Grabrede

Zur selben Zeit, im Sommer 1972, wurde die Arbeit auch innerhalb des Verlags schwierig. Den Gedichtband *Die Freiheit den Mund aufzumachen* von Erich Fried konnte ich nur mit Mühe durchsetzen, den Gedichtband *Für meine Genossen* von Wolf Biermann nur noch durch Überrumpelung. In einem Brief an den Autor nahm ich das Buch einfach an, ohne weiter jemanden zu fragen. Das ging übel aus: Ich bekam ein fünfseitiges Votum übergebraten, dessen Verfasser nicht die mindeste Qualifikation dafür besaß, und dem Buch wurde nachträglich eine peinliche »Gebrauchsanweisung« beigelegt. Ein neues Buch von Manganelli, nach dem mir der hedonistische Sinn stand, habe ich dann gar nicht mehr vorgeschlagen: Es war die Zeit des Gipsmarxismus und der Dokumentarliteratur, und sie hielt Einzug in unser Verlagskollektiv. Ich war ziemlich ratlos, während eine Mehrheit, die »Fraktion«, nun erst richtig tätig wurde, mit Lektoratssitzungen, Papers, Kollektivversammlungen und Rundbriefen an Autoren, »die Möglichkeiten der Collage und des Dokumentarischen noch besser zu nutzen«.

Ziel war, auch das Lektorat zu kollektivieren, also Mehrheitsbeschlüssen zu unterwerfen. Die Verlagsverfassung sah aber ausdrücklich die Lektoratsautonomie vor, und zwar aus guten Gründen: Es ist völlig utopisch, dass alle Verlagsmitglieder alle eingehenden Manuskripte (etwa 1200 im Jahr) lesen, es ist ebenso utopisch bei fremdsprachigen und politisch oder ästhetisch extrem innovativen Texten. Dennoch wurde am 24.3.1973 von der »Fraktion« der Antrag auf Verfassungsänderung in diesem Punkt gestellt, und als er knapp an der Sperrminorität gescheitert war, wurde drei Tage später mein Rücktritt gefordert.

Ich war zu diesem Zeitpunkt nur noch Mitgesellschafter des Verlags, genau 50 % – unbelehrt durch Enzensberger – hatte ich bereits den Mitarbeitern geschenkt. Der Verlag war immobilisiert.

Neun Jahre nach meiner Entlassung bei S. Fischer stand ich in dem von mir gegründeten Verlag vor derselben Frage: Ausscheiden oder Unterwerfung? Die Entscheidung fiel wie damals aus. Allerdings machte die »Fraktion« in diesem Moment einen Fehler: Sie lud hinter meinem Rücken die Autoren zu einer Generalversammlung ein und bot geschickt und zeitgemäß an, »in spätestens ein bis zwei Jahren die Beteiligung der Autoren am Verlag zu institutionalisieren«. Das hielt ich nicht für sinnvoll, weil die Interessen von Verlegern und Autoren unvereinbar sind: Autoren möchten selbstverständlich alles von sich (und ihren Freunden) gedruckt sehen, und Verleger müssen auswählen, das heißt ein Programm machen. So versuchte ich, den Autoren in einer längeren Rede (gedruckt in *Freibeuter 10*) die Situation zu erklären und sie zu bewegen, dem vorgeschlagenen Modell (das oberflächlich gesehen ihren Interessen näherstand) nicht zuzustimmen.

Die »Fraktion« schwieg überraschenderweise. Offensichtlich traute sie ihrem Modell eines Autorenverlags selbst nicht so richtig (sie gab es kurz danach auch auf). Jedenfalls haben die Autoren dann im eigentlichen Sinn den Verlag gerettet, das heißt die mit ihm von Beginn an verbundenen Absichten: Am Ende einer knapp zehnstündigen Diskussion empfahlen sie die Spaltung und entschieden sich in der folgenden Abstimmung bis auf drei für einen neu entstehenden Verlag Klaus Wagenbach.

Die Quartplatte Grips-Parade 1

Birger Heymann, Musik (vorne) und Volker Ludwig, Text (rechts hinten)

Die »Fraktion« beharrte darauf, die bestehende GmbH fortzuführen, also schied ich aus, das vor Jahren eingebrachte Kapital wurde mir mit »Entwertungsrate« zurückgezahlt, wovon ich die gesamten Buchbestände (bis auf die der drei verbliebenen Autoren) zurückkaufen musste. Der Titel des Verlagsalmanachs wurde gestrichen; der Serientitel *Rotbücher* verblieb bei der alten GmbH (obwohl sich kein einziger ihrer Autoren für die »Fraktion« entschieden hatte), die Hälfte ihrer Autoren wurde gezwungen, ihre Bücher noch für ein Jahr durch die GmbH vertreiben zu lassen; ebenso musste der *Rote Kalender* abgegeben werden. Aus der Kursbuch GmbH schied ich aus (mit wiederum einer neuen Variante: Mein Anteil wurde auf den Mitherausgeber übertragen; der Verlag der »Fraktion« wurde nicht mehr daran beteiligt). Insgesamt eine phantastische Operation, die nicht einen reichen Unternehmer und eine arme Kollektivfraktion zurückließ, sondern umgekehrt; Jahresumsatz 1973 Verlag Klaus Wagenbach. 663 000,– DM (ein Umsatzrückgang von über 60 % gegenüber dem Vorjahr), Jahresumsatz der »Fraktion«: 1 363 000,– DM.

Wer Näheres wissen will, mag es (samt einer kleinen Charakterstudie von F. C. Delius) in meinem Erinnerungsbuch, Seite 243 f. nachlesen.

Jahre später wurde der »Rotbuch Verlag« sang- und klanglos von einem Hamburger Rechtsanwalt übernommen und wechselte anschließend zwei weitere Male den Besitzer, obwohl das seine eigene Verfassung verbot – aber die kannte wohl keiner mehr.

Es brauchte knapp zwei Jahre, bis die Scherben weggeräumt waren (z. B. sämtliche *Rotbücher* in die neue Reihe *Politik* umgebunden), und etwa sechs Jahre, bis der Verlag sich ökonomisch einigermaßen stabilisiert hatte. Aber er konnte wieder frei arbeiten, und davon machte ich sofort Gebrauch. Als Motto konnte ein Gedicht von Erich Fried gelten:

Gegenbeweis
Eine / Methode / die / in / dieser / Gesellschaft / Erfolge / aufweisen / kann / zwingt / uns / an / ihr / zu / zweifeln // aber / eine / Methode / mit / der / man / Schiffbruch / erleidet / muß / deshalb / noch / nicht / die / richtige / sein

Es hatte bereits unter der Kollektiverklärung im Verlagsalmanach 1969 gestanden und stand nun auf der letzten Seite des Verlagsalmanachs für 1973, der den neuen Titel *Zwiebel* trug. Die Zwiebel, so stand es auf der ersten Seite des Almanachs, sei eine Armenspeise, vielschichtig wie die Napoleonschnitte oder der Mensch, weitverbreitet und artenreich, würzig und tränentreibend.

Bleibt noch ein Nachtrag für diese Zeit: der sogenannte »Fredenbeker Bananen-Aufstand«. 1973 hatte eine Lehrerin in der Schule von Fredenbek, einem Bauerndorf in Norddeutschland, die Quart*platte Warum ist die Banane krumm?* vorgespielt, eine Schallplatte für Kinder, für die ich zahlreiche deutsche Autoren um Texte gebeten hatte: Günter Bruno Fuchs, Christa Reinig, Floh de Cologne, Peter Bichsel, Wolf Biermann, Ernst Jandl, Günter Herburger und Reinhard Lettau. In den Pausen sprachen Kinder Abzählreime, und Peter Rühmkorf, ein kundiger Beobachter des Volksmundes, schob noch einmal ein Dutzend nach. Und da Kindermäuler in der Regel ungewaschen sind, empörten sich ein paar Fredenbeker Bürger über die »Schmutzverse« und riefen zum Schulstreik auf. Die GEW veranstaltete dagegen eine Dorfversammlung, zu der sie Peter Rühmkorf und mich einlud. Der große Gasthaussaal war voll bis auf den letzten Platz, und nach einer kurzen Einführung wurde feierlich das Corpus delicti abgespielt, das immerhin auch ein paar durchaus politische Texte enthielt. Mir fiel das Herz in die Hose, aber dort war es gut aufgehoben, denn die Agitation gegen die Platte hatte zwar die politischen Texte gemeint, sich aber nach bewährter Manier nur gegen den »Schweinkram« gerichtet. Die ersten Zuhörer, zumeist Bauern, schliefen ein. Die zweite Seite war zu Ende. Schweigen. Und in das Schweigen hinein die klare Stimme eines Bauern: »Un wann kummt nu dee Swinkram?« Das war der Sieg.

Angeregt worden war diese Arbeit mit Kindern durch den Bericht von einigen italienischen Schülern, Kindern toskanischer Bauern, Sitzenbleibern und Durchgefallenen, die selbst Schule gemacht und darüber einen Bericht geschrieben hatten, der in einem kleinen katholischen Florentiner Verlag erschienen war.

Don Milani mit Schülern der Schülerschule

Die Übersetzung – *Die Schülerschule*, mit einem Vorwort von Peter Bichsel – löste große Diskussionen aus, und so kam es zum Versuch der *Bananenplatte* und des *Roten Kalenders*, beide 1971, und schließlich, 1972, zum Kontakt mit dem Theater für Kinder im Reichskabarett, dem späteren Grips Theater, das seit 1969/70 versuchte, emanzipatorische Stücke für Kinder zu schreiben und aufzuführen, mit Texten und Musiken von Volker Ludwig und Birger Heymann. Es begann die umfangreiche Folge der *Grips-Platten* samt den nur die Lieder enthaltenden *Grips-Paraden*, ohne deren Ohrwürmer bald kein antiautoritärer Haushalt in Berlin und Umgebung mehr leben mochte, getreu dem Grips-Motto:

Ein Kind ohne Kopf
ist ein Krüppel für's Leben

Man möchte nicht glauben, daß ein promovierter Germanist und Verleger (nebenbei gesagt auch noch Vater dreier Töchter) imstande ist, Publikationen herauszugeben, die unserer abendländischen christlichen Tradition so diametral entgegengesetzt sind wie die aufwiegelnde Hetzschrift mit dem kindischen Titel »Roter Kalender«. Wochenzeitschrift für Heimatpflege, 4/1969

ULRIKE MARIE MEINHOF Mädchen im Heim

Der primäre Zusammenhang zwischen Heimleben und späterem Leben ist: Weil die Mädchen niemanden und nichts hatten und sich damit nicht abfinden wollten, kamen sie ins Heim. Daran, daß sie niemanden und nichts haben, hat das Heim nichts geändert.

In dem Alter, in dem andere sich von ihren Familien trennen und Freunde finden und neue Kontakte aufbauen, waren die Mädchen im Heim. Im Heim kann man keine dauerhaften Bindungen eingehen, weder mit Erziehern noch mit Zöglingen. Heim bedeutet Heimwechsel, Trennung von alten Freunden, neue Freunde, Trennung von den neuen Freunden, Trennung, Freunde, Trennung. Verwahrlosung – behaupten die Psychologen – sei unter anderem die Unfähigkeit, feste Bindungen einzugehen. Heim, das ist die Unmöglichkeit, Bindungen einzugehen und festzuhalten.

Mädchen im Heim bekommen keine Ausbildung. Sie arbeiten für 20 Pfennig in der Stunde in der Wäscherei, in der Heißmangel, in der Küche, im Garten, in der Nähstube. Industriearbeit im Heim besteht aus Tüten kleben, Lampenschirme montieren, Besteckkästen mit Seidenstoff füttern, Puppen anziehen – idiotisierende, ungelernte Industriearbeit.

Zur Diskriminierung dieser Jugendlichen gehört ihre Unglaubwürdigmachung. Das betrifft nicht nur sie, auch ihre Eltern und Freunde. In der Klassengesellschaft ist Armut Schande, der Kriminalität benachbart. Arme sind unglaubwürdig. Also wird man sagen, was hier berichtet werde, das sei unglaubwürdig. Dabei wird von seiten der Fachleute und Beamten mit dem Wahrheitsbegriff der Akten und Behördeneintragungen hantiert werden.

In den Akten steht: sexuell haltlos, Herumtreiberei, Unzucht gegen Entgelt, Arbeitsplatzwechsel. Oder: Verkehrt mit

Ausländern, trägt Miniröcke. Oder: Renitent, aufsässig, verlogen. In den Akten steht alles, was gegen die Mädchen spricht, jedenfalls in den Augen derer, die die Akten anlegen.

Die Disziplinierung der bürgerlichen Jugend erfolgt über die Ausbildung. Der proletarische Jugendliche wird geradezu durch Ausbildungsverweigerung bestraft und diszipliniert.

Bambule, 1971

PETER RÜHMKORF   Aus dem Kindermund gezogen

Wir sind vom Idiotenclub
und laden herzlich ein
Bei uns ist jeder gern gesehn
nur dußlig muß er sein

Bei uns gilt die Parole
Stets doof bis in den Tod
Und wer bei uns der Doofste ist
Ist Oberidiot

Quartplatte »Warum ist die
Banane krumm?«

Goethe sprach zu Schiller
hol aus dem Arsch nen Triller
Schiller sprach zu Goethe
mein Arsch ist keine Flöte

Paulus schrieb an die Korinther
wer nicht mitkommt, der bleibt hinter
Jesus sprach: Es werde Licht
doch Petrus fand den Schalter nicht

Winnetou im Nachthemd
Kommt zu Old Shatterhand
Und sagt zu Old Shatterhand
Ich bin Winnetou im Nachthemd

Warum ist die Banane krumm?, 1971

PETER SCHNEIDER   Beat

Meine Herren, den Beat benötigen
wir allerdings dringend, um unser
Gleichgewicht zu finden. Wenn
Sie uns die Ärsche schwingen sehen, dann halten Sie das nicht
für Überschwang: wir versuchen
lediglich uns einzupendeln, denn
die Balance, die Sie uns mit auf
den Weg gegeben haben, die hält
uns nicht über Wasser. Verstehen
Sie uns recht: Es ist verdammt
schwer, Ihre gestärkten Hemden loszuwerden und Ihre idiotischen Schlipse, da muß man schon ein paar Lautsprecher
im Rücken haben. Ja, meine Herren, wenn wir unsere Körper durchschütteln, dann sind wir imstande, Ihnen die Kot-
flügel einzufahren aus höchst angebrachtem Übermut, dann
erscheint es möglich, die Mülleimer auf Ihrer Treppe auszu-
leeren. Diejenigen, die sich Ihre abartigen Vorstellungen vom
Leben nicht gefallen lassen und ihr Auto nicht waschen, nachdem es geregnet hat, die haben Sie doch noch meistens in die
Heilanstalt geschafft. Sie sehen ein, meine Herren, da braucht
es schon einen ziemlich harten Schlag, um unsere Knie weich
zu machen, da muß man schon sehr heftig schütteln, um Ihre
mörderische Fürsorge loszuwerden.

Ansprachen, 1970

KURT BARTSCH Sozialistischer Biedermeier

Zwischen Wand- und Widersprüchen
Machen sie es sich bequem.
Links ein Sofa, rechts ein Sofa
In der Mitte ein Emblem.

Auf der Lippe ein paar Thesen
Teppiche auch auf dem Klo.
Früher häufig Marx gelesen.
Aber jetzt auch so schon froh.
Denn das ›Kapital‹ trägt Zinsen:
Eignes Auto. Außen rot.
Einmal in der Woche Linsen.
Dafür Sekt zum Abendbrot.

Und sich noch betroffen fühlen
Von Kritik und Ironie.
Immer eine Schippe ziehen
Doch zur Schippe greifen nie.

Immer glauben, nur nicht denken
Und das Mäntelchen im Wind.
Wozu noch den Kopf verrenken
Wenn wir für den Frieden sind?

Brüder, seht die rote Fahne
Hängt bei uns zur Küche raus.
Außen Sonne, innen Sahne.
Nun sieht Marx wie Moritz aus.

Die Lachmaschine, 1971

RAF   Revolution und jugendliche Gesellschaft

Ausgehend vom vorgefundenen Erwachsenenbild werden die Jugendlichen von der revolutionären Theorie nur als junge Erwachsene mit zeitlich begrenzten spezifischen Verhaltensmustern zur Kenntnis genommen. Übersehen wird dabei, daß sich heute im Gegensatz zu früher im Generationenkonflikt ein Widerspruch der kapitalistischen Produktionsweise ausprägt, der den traditionellen Anpassungs- und Integrationsprozeß in Frage stellt. Damit erfüllt sich aber eine wesentliche Bedingung für die soziale Revolution: die fortschreitende Desintegration der Gesellschaft.

Dazu einige Einzelheiten: Die Autorität der älteren Generation hatte früher ihre rationale und zugleich materielle Grundlage in der Überlegenheit des Wissens und der Erfahrung der Älteren auf technologischem, soziotechnischem und wissenschaftlichem Gebiet. Durch die enorme Beschleunigung der sich in Permanenz auf diesen Gebieten vollziehenden Umwälzungen repräsentieren die Älteren heute überholtes Wissen, antiquierte Erfahrungen, unbrauchbare Verhaltensmuster (Dequalifikation durch »moralischen Verschleiß« von Wissen und Fertigkeiten). Der auf diesen Elementen gegründete Autoritätsanspruch ist – auch im Sinne profitorientierter Zweckrationalität – weitgehend irrational, also unbegründet, stellt ein soziales Trägheitsmoment dar, das zu dem vom Konkurrenzprinzip bestimmten kapitalistischen Akkumulationsprozeß in Widerspruch geraten ist. Der Autoritätsanspruch der Älteren ist in dieser Lage nur noch eine Waffe zur Verteidigung ihrer materiellen Interessen gegenüber den Jüngeren. Diese sind die Träger des für den kapitalistischen Verwertungsprozeß unentbehrlichen Wissens und der modernen technologischen Qualifikation und Soziopraktiken, die aus diesem Grunde die Älteren immer schneller aus ihren Positionen im

Produktionsprozeß verdrängen, dequalifizieren und schließlich deklassieren.

Diese Tendenz beherrscht heute bereits die zweite wichtige Sphäre der kapitalistischen Reproduktion, die Konsumsphäre, in der die für das System lebensnotwendige Beschleunigung des Kapitalumschlages durch das jugendliche Element vermittelt wird – ein Umstand, der sich in den dominierenden Stereotypen der Konsumreklame ausdrückt: »jung, dynamisch, neu, aufgeschlossen usw.«, die werbepsychologisch synonym sind.

Das notwendige Resultat dieser Entwicklung ist eine Änderung des Bewußtseins der Jugendlichen selbst, in dem sich die veränderte Rolle der Jugend im sozio-ökonomischen Prozeß, also ihr verändertes Sein im Spätkapitalismus widerspiegelt. Die revolutionäre Bedeutung des veränderten Bewußtseins hat sich in den Kämpfen der vergangenen Jahre umrißhaft gezeigt. Die daraus zu ziehenden theoretischen Schlußfolgerungen sind noch unzulänglich. Eines läßt sich jedoch schon mit Sicherheit feststellen: Es hat sich in den vergangenen Jahren ein eigenes gesellschaftliches Selbstbewußtsein der Jugend entwickelt, das sich nicht mehr auf die »Welt der Erwachsenen«, auf deren Erwartungshaltungen und Normvorstellungen bezieht. Die Idole der Jugend, nach denen sie sich formt, bewohnen nicht mehr die Welt der Erwachsenen, ja sie stehen meist in erbitterter Opposition zu dieser. Träumten früher die Jugendlichen davon, möglichst früh »erwachsen« zu sein, ihren erwachsenen Vorbildern gleich zu werden, so jagt ihnen heute diese Identifikation Angst ein. Sie fürchten sich davor, »auch mal so zu sein oder zu werden wie ihre ›Alten‹«.

Über den bewaffneten Kampf in Westeuropa, 1971

KLAUS WAGENBACH   Warum entstand die RAF?

Bereits wenige Jahre nach 1967 sahen große Teile der »Neuen Linken« kurzfristig nur noch zwei Möglichkeiten für ihre zukünftige politische Praxis: den militärischen Kampf (die Stadtguerilla der späteren RAF) oder den Aufbau marxistisch-leninistischer Parteien. Es ist heute schwer zu vermitteln, daß das zwei Seiten derselben Medaille waren.

Die als Antwort auf die Polizeigewalt zunehmende Gewaltförmigkeit der linken Demonstrationen schloß eine Fortführung als militärische Aktionen nicht grundsätzlich aus, und diese Einschätzung verband die RAF durchaus mit der KPD/AO der ersten Jahre.

Von beiden Seiten wurde jedenfalls die gesellschaftliche und politische Struktur der Bundesrepublik als so stabil angesehen, daß für die als notwendig erkannte radikale Veränderung die maximalen Kampfmittel eingesetzt werden mußten: der straff organisierte militärische Kampf oder die disziplinierteste Parteiorganisation. *Beide* Alternativen beriefen sich auf den Marxismus-Leninismus maoistischer Prägung.

Etwas Drittes gab es nicht (das heißt: damals noch nicht). Es gab nur die Möglichkeit des »Aussteigens« aus der APO – und davon machten allerdings Tausende Gebrauch. Es wurde ja auch durch eine »Generalamnestie« seitens der Staatsgewalt gefördert – wer sie in Anspruch nahm, dem wurde die Biographie bis dahin nicht nachgerechnet. Die Kehrseite dieser »Generalamnestie« hieß aber: Von nun an *wird* die Biographie nachgerechnet. Die übriggebliebene Linke war also vorgewarnt, was zu strafferen Organisationsformen führen mußte.

Warum gab es nichts Drittes? Der Grund dafür war eine – vollkommen berechtigte – psychologische Sperre: Die »Neue Linke« von 1967 war einerseits der Versuch, gegenüber einem autoritären Staat eine demokratische Gesellschaft durchzusetzen, andererseits aber auch ein Widerspruch zur Feigheit und Korruption der älteren Generation. Diesen Mangel an Zivilcourage, dieses politische Desinteresse hatten die jungen Linken nicht nur in den fünfziger Jahren zu Hause erfahren, sondern er starrt uns ja aus der ganzen deutschen Geschichte an, besonders aus den dreißiger Jahren.

Nachdem die Beamten der NS-Zeit von der Bundesrepublik übernommen und die Industriellen nicht entnazifiziert worden waren, sondern ihren »Besitz« zurückerhielten, durften nun auch wieder die alten NS-Offiziere der Republik dienen.

Die große Ruhe kehrte in die deutsche Bürgerfamilie ein, der Slogan »Keine Experimente«, mit dem Adenauer jede Wahl gewann. Wer diesen Kordon aus Resignation und Lüge, diesen Widerspruch zwischen Familiensinn und politischer Feigheit, zwischen innerfamiliärer Kommandogewalt und außerfamiliärem Untertanengeist durchbrechen wollte, der brauchte eben jenes Maß an persönlichem Mut und Autonomie, jenes Maximum an Abwehr gegenüber der Umwelt.

Die quälenden Diskussionen stürzten jeden, der länger daran teilnahm, in Zweifel und Ängste, führten zu Spaltungen, Trennungen, Feindschaften und Verlust von Freunden. Die Zunahme des staatlichen, juristischen und polizeilichen Drucks verlangte von jedem Linken ein Maximum an Ich-Stärke; die zunehmend straffere Organisation innerhalb der Linken verlangte das Gegenteil: die Aufgabe der Individualität gegenüber den Kadern, die Ich-Schwäche, die Unterwerfung.

Das erklärt, warum viele Linke damals ihre Angst nicht zu formulieren wagten, weil sie sie für eben jene politische Feigheit und Schwäche hielten, die sie am deutschen Bürgertum mit Grund verachteten. Sie hatten Angst vor der Angst. Wir waren in dieser Zeit sehr entschieden und sehr ratlos. Es war kein Verdienst vieler älterer Linker (vom Bürgertum zu schweigen), sich damals von der Neuen Linken abgewandt zu haben, sondern ein schwerer Fehler. *Jahrbuch Politik 8, 1978*

VOLKER LUDWIG   Doof gebor'n ist keiner

Erika ist mies und fad,
doch Pappi ist Regierungsrat,
drum macht sie ganz bestimmt das Abitur.
Peter ist gescheit und schlau,
doch sein Vati ist beim Bau,
drum geht er bis zur neunten Klasse nur.
Doof gebor'n ist keiner,
doof wird man gemacht,
und wer behauptet: doof bleibt doof,
der hat nicht nachgedacht.

> Doof gebor'n ist keiner,
> doof wird man gemacht,
> und wer behauptet: doof bleibt doof,
> vor dem nehmt euch in acht!

Einigen hilft alle Welt,
doch den meisten fehlt das Geld,
die müssen dauernd kämpfen um ihr Recht.
Darum Kinder aufgepaßt,
daß ihr euch nichts gefallen laßt,
denn keiner ist von ganz alleine schlecht!
Doof gebor'n ist keiner,
doof wird man gemacht,
und wer behauptet: doof bleibt doof,
der hat nicht nachgedacht.

> Doof gebor'n ist keiner,
> doof wird man gemacht,
> und wer behauptet: doof bleibt doof,
> vor dem nehmt euch in acht!

Aus der Schallplatte
Die große Grips-Parade 1, 1973

Die Verbreitung von Büchern und die Legalität

Walter Schmieding: Meine Damen und Herren, wir haben Klaus Wagenbach ins Studio gebeten, weil zwei Bücher des Verlags beschlagnahmt worden sind. Es sind dies einmal der sogenannte *Rote Kalender für Lehrlinge und Schüler,* und es ist zweitens das *Rotbuch 29: Über den bewaffneten Kampf in Westeuropa.*

WS: Können Sie mir bitte sagen, welche Motive Ihren Verlag veranlaßt haben, ein Buch herauszubringen, dessen Verfasser zu einer von den Strafbehörden gesuchten Gruppe zählt?

KW: Es war in der Geschichte des Verlagswesens noch nie ein Argument gegen die Publikation eines Buches, daß sein Verfasser ein »Krimineller« sei. Ich erinnere an Jean Genet, an Henry Jaeger. Für den Verlag muß der Inhalt das Kriterium sein, und der Inhalt unseres Buches unterscheidet sich doch sehr von den einseitig kriminalisierenden Berichten. Und außerdem: Sogenannte »gemeine Kriminelle« sucht man doch in der Regel nicht mit tausend Mann. Man muß also zumindest akzeptieren, dass die RAF eine politische Theorie hat.

WS: Herr Wagenbach, eine andere Frage, die sich in diesem Zusammenhang stellt: Die »Rote Armee Fraktion« wird steckbrieflich gesucht. Sie sagen: Mit einem ungewöhnlichen Aufwand von Polizeimaßnahmen. Muß der Verlag, der ein solches Buch publiziert, nicht Kontakt haben zu der Gruppe?

KW: Nein, das ist ganz ausgeschlossen. Wir sind ja doch kein ganz kleiner Verlag mehr: Wir haben ein Vertriebsnetz, wir haben einen Postverkehr. Wir haben allerdings seit Monaten auch diese bekannten kleinen roten Volkswagen oder größeren BMWs in der Straße.

WS: Wie bitte, kommt der Verlag dann zu dem Manuskript?

KW: Das Manuskript haben wir käuflich erworben, das heißt, es handelt sich um eine hektografierte Schrift, die in

Berliner Buchhandlungen verkauft wurde. Diesen Text haben wir unverändert übernommen, weil wir eben meinten, daß er eine größere Verbreitung verdiene.

WS: Sie definieren sich als einen linken Verlag. Verlangt das nicht, daß Sie sich in einem stärkeren Maß als ein kommerzieller Verlag identifizieren mit den Büchern, die Sie herausgeben?

KW: Das ist richtig. Das war mir ein Prinzip des Verlags von Anfang an, Bücher zu publizieren, die ich für wichtig halte, unabhängig von den Folgen, das heißt erstmal: unabhängig von den ökonomischen Folgen. Sie wissen, wie viele Gedichtbände in den Quart*heften* erschienen … und die ökonomischen Folgen eines Gedichtbandes sind ja bekannt. So gibt es auch in der Tat in dem Buch, über das wir hier sprechen, große Teile, mit denen wir uns identifizieren können, beispielsweise das Kapitel *Revolution und jugendliche Gesellschaft*, eine theoretische Erörterung, die durchaus in die sozialistische Theorie eingehen sollte.

WS: Sie haben gesagt, daß Sie publizieren ohne Rücksicht auf die ökonomischen oder auch strafrechtlichen Folgen überhaupt. Würden Sie also daraus eine Freiheit von Verantwortung überhaupt konstruieren wollen?

KW: Nein. Nur: Die Folgen von Büchern sind schwer abschätzbar. Wenn wir hier einmal die Frage der Verbreitung der Bibel erörtern würden – was kämen denn da alles für Folgen heraus? Das ist das eine. Das andere ist: Man kann sich als Verleger keine Zensur einbauen, schon gar keine, die sich nach den momentanen Vorstellungen einer Gesellschaft richtet. Nehmen wir ein Beispiel, das auch alle Zuschauer kennen: die Titelbilder der Illustrierten *Stern*. Wenn die schönen Nackten, die heute die Titelseiten des *Stern* zieren, an derselben Stelle vor zehn Jahren erschienen wären, wäre der *Stern* damals beschlagnahmt worden. Das Gesetz hat sich in dieser Zeit nicht geändert. Was sich geändert hat, ist die Auslegung des Gesetzes.

WS: Sie würden also Ihre Arbeit verstanden wissen wollen sozusagen als Erweiterung des Legalitätsrahmens?

KW: Das ist ganz klar. Es kann nicht das Interesse eines linken Verlags sein, den Legalitätsrahmen zu verengen.

WS: Wie weit würden Sie dien Legalitätsrahmen ziehen wollen?

KW: Das kann man nur an einem konkreten Fall beschreiben. Also zum Beispiel an dem Kalender, den wir in einer hohen Auflage (70 000) für Lehrlinge und Schüler gemacht haben und der sofort zu einer massiven Kampagne der Springer-Presse führte, mit der Forderung nach einem Verbot des Buches, der die Berliner Staatsanwaltschaft dann auch gefolgt ist. Da monierte die Staatsanwaltschaft beispielsweise, daß wir zur »Veränderung von Kriegerdenkmälern« aufgerufen hätten, was ein Aufruf zur Sachbeschädigung sei. Wir halten aber angesichts der Millionen Toten eines faschistischen Krieges die Veränderung von Kriegerdenkmälern für dringend notwendig. Und es sind ja auch einige verändert worden: Ich erinnere an den Fall in Schleswig-Holstein, wo es sogar der Pfarrer war, der das durchsetzte. Und es geht dann doch weniger darum, ob eine solche Aktion innerhalb oder außerhalb der Legalität erfolgt, sondern darum, daß sie in Wahrung berechtigter Interessen erfolgt. Das muß man doch unterscheiden im einzelnen Fall.

WS: Sie haben erwähnt, daß die Staatsanwaltschaft einer massiven Hetze der Springer-Zeitungen gefolgt sei. Das ist Ihre Formulierung. Warum?

KW: Aus Kenntnis der Berliner Verhältnisse.

WS: Ich sage noch einmal: Das sind Ihre Formulierungen. Ich möchte mich mit Ihnen nicht streiten. Nur, das Recht der Publizisten des Wagenbach Verlags, ihre Meinung zu publizieren, zur Veränderung aufzurufen, haben das die Publizisten von Zeitungen, die politisch anders orientiert sind, nicht?

KW: Doch, selbstverständlich. Ich habe das nur als Quellenangabe gesagt. Und natürlich bestreite ich der

Staatsanwaltschaft auch nicht das Recht, Zeitungen zu lesen und Schlüsse daraus zu ziehen. Aber ebenso natürlich läßt es auf die Justiz schließen, welchen Zeitungen sie Materialien für Strafanträge entnimmt.

WS: Was mich immer wieder erstaunt, ist, dass die linken Verleger und Publizisten, die ausgezogen sind, die Gesellschaft zu verändern, über die Abwehrmaßnahmen derjenigen, die sie attackieren, erstaunt sind.

KW: Ich bin nicht erstaunt darüber.

WS: Sie beklagen sich aber.

KW: Das ist ein Problem für die liberale Öffentlichkeit. Ob man in diesem Land Informationen verbreiten kann oder nicht. Und welche Informationen? Und ob man zensieren will, oder sich eine freiwillige Zensur einbauen, oder das tut, was man für richtig hält. Wenn man so einen Kalender für Lehrlinge und Schüler macht, so ergeben sich daraus ein paar Probleme, die ich beschreiben will. Erstens die Verständlichkeit. Sie wissen ja: Die Linke ist in ihren Texten nicht gerade immer allgemeinverständlich. Man muß also übersetzen ins Gemeindeutsche. Zweitens muß man sehr viel mit Lehrlingen und Schülern zusammenarbeiten. Wenn Sie das auch nur zwei Monate tun und sehen, wie das unten an der Basis aussieht, während wir hier oben diskutieren, so haben Sie schnell ein anderes Urteil. Das ist der primäre Weg: Selbstorganisation. Notwehr ist immer nur gegen etwas gerichtet, ein Hilfsmittel. Der Kalender diente aber primär der Selbstorganisation, mit seitenweise Adressen von Lehrlingszentren, Anwälten, Sexualberatungsstellen, mit Rechtshilfen und Lektürelisten. Damit ihnen die Selbstorganisation erleichtert wird. Das finden die Herrschenden offenbar anstößig.

WS: Sie werden sich darüber klar sein, daß dies nicht die letzten Widerstände sind, auf die Sie stoßen werden …

KW: Wahrscheinlich nicht.

Interview in der Sendung Aspekte des ZDF, 1971

Mit Otto Schily vor dem Berliner Landgericht

1974 – 1978

ZENSUR VON AUSSEN UND INNEN

Solche Bücher läßt du drucken!
Teurer Freund, du bist verloren!
Willst du Geld und Ehre haben,
mußt du dich gehörig ducken.

Manch teurer Freund hat sie mir damals geschickt, die ironischen Verse von Heinrich Heine, aber es wurden auch teure Jahre. Es ging um viel Geld und Ehre, das erstere hatte ich zu berappen (es summierte sich am Ende zu einer riesigen Rechnung, über 150 000 Mark, die Gefängnisstrafen nicht gerechnet), bei der Ehre hingegen handelte es sich um die der Gerichte, vor allem aber die der Polizei. Es gab Zeiten, da war ich über Monate hinweg mehr mit Schriftsätzen und Gerichtsverhandlungen beschäftigt als mit Büchern. Von kleineren Bataillen abgesehen, waren es insgesamt vier Prozesse:

Der Erste, 1974, wegen der beiden Zeilen »Benno Ohnesorg ermordet« und »Georg von Rauch ermordet« im *Roten Kalender 73*. Angestrengt vom Berliner Polizeipräsidenten Klaus Hübner, der durch diese Formulierungen die EHRE der Polizei angetastet sah, weil die Studenten von der Polizei zwar erschossen, aber nicht »ermordet« worden seien. Ein gebildeter Richter wies (wie schon ein Kollege in Hamburg) die Klage ab, weil die Bezeichnung »Mord« im Sprachgebrauch nur die moralische Verurteilung ausdrücke, nicht die juristische Wertung. Der Polizeipräsident legte Revision ein.

Der zweite Prozess, ebenfalls 1974, angestrengt von der Staatsanwaltschaft (nach öffentlicher Aufforderung durch die Springer-Presse), bezog sich auf das bereits 1971 beschlagnahmte

Rotbuch 29, also das politische Manifest der RAF. Der Prozess war natürlich bewusst verzögert worden, um das Buch erst einmal drei Jahre zu sequestrieren, und im Lauf dieser Zeit schmolzen die meisten Anklagepunkte zusammen. Zum Teil waren sie sogar erfunden, wie zum Beispiel ein angebliches Zitat über anzugreifende Staatsanwälte, das offenbar nur deswegen in die Beschlagnahmeverfügung geschmuggelt worden war, um dem vorgesetzten Staatsanwalt eine unmittelbare körperliche Bedrohung zu suggerieren. Oder das Lieblingszitat des Staatsanwalts: »Für alles Reaktionäre gilt, dass es nicht fällt, wenn man es nicht niederschlägt« – er musste mehrfach darauf hingewiesen werden, dass es sich um ein Zitat Mao Tse-tungs handelte, bis er es aus der Anklageschrift wieder entfernte, die sich am Ende nur noch an ein paar Zeilen klammerte und daran, dass ich im genannten Fernsehinterview mit Walter Schmieding »zugegeben« hätte, das Buch für »wichtig« zu halten. Das genügte für acht Monate Gefängnis auf Bewährung und die Verfahrenskosten. Die restlichen Exemplare des Buches wurden dann um eine Seite erleichtert, diese Seite wurde, gekürzt um die anstößigen Zeilen, in der Druckerei des Gefängnisses Berlin-Tegel neu gedruckt und wieder eingeklebt – es entstand die ominöse *Edition Tegel*.

Beim dritten Prozess, auch der 1974, bei dem es um den 1971 beschlagnahmten *Roten Kalender 72* ging, schmolz die Anklageschrift ähnlich zusammen, am Ende auf sieben Zeilen, in denen zu Gewalt aufgerufen worden sei. Zum Beispiel handele es sich bei der Aufforderung zur »Veränderung von Kriegerdenkmälern offensichtlich um deren Beschädigung oder Zerstörung« – da wurden sie wirklich greifbar, die Angstträume des beamteten Spießers, der sich Veränderung nur als Sachbeschädigung vorstellen kann …

Gleichwohl: Vier Monate Gefängnis auf Bewährung, samt Verfahrens- und Beschlagnahmekosten. Nicht von ungefähr wurden alle Anträge von Otto Schily (meinem Anwalt in diesem und allen anderen Prozessen) abgelehnt, vergleichbare Bücher heranzuziehen (Begründung: Schily möge doch Strafanzeige gegen die betreffenden Verlage stellen). Nicht von ungefähr waren sämtliche »politischen« Staatsanwälte zur Urteilsverkündung erschienen, und nicht von ungefähr hieß es darin, es werde diesmal noch »nicht für erforderlich erachtet, dem Angeklagten die Ausübung seines Berufes zu untersagen«. Mit anderen Worten: Die Staatsanwaltschaft (denn sie war es ja, die ex officio Anklage erhoben hatte) entschied nach politischer Opportunität, wen sie anklagte, und das Strafmaß richtete sich nach dem Umfeld, in dem der Text erschien. Bestraft wurde eine (zu bestimmter Zeit und unter bestimmten Umständen nicht opportune) politische Haltung.

Besonders deutlich wurde das im vierten Prozess, 1975, der Revision in Sachen »Mord«, die der Berliner Polizeipräsident angestrengt hatte und in deren Vorfeld ein der Staatsanwaltschaft willfährigeres Gericht bereits klarmachte, dass für den Begriff »Mord« nicht der gemeindeutsche, sondern ausschließlich der juristische Sprachgebrauch zu gelten habe. Damit erübrigte sich bereits der eine Punkt der Anklage wegen der Zeile »Benno Ohnesorg ermordet«, denn hier war der Todesschütze längst freigesprochen worden (was zwar auch im *Roten Kalender* gestanden und also schon einen Hinweis auf den Sprachgebrauch gegeben hatte), war also nur noch ein schuldloser (da im »psychogenen Ausnahmezustand« befindlich) uniformierter Erschießer.

Zusatz 2014: Als bekannt wurde, dass es sich bei Kurras, dem Ohnesorg-Mörder, um einen schießwütigen Rassisten und DDR-Spitzel handelte, hatten viele eine Wiederaufnahme des Verfahrens gewünscht, aber es blieb dabei: Der Mörder war freigesprochen worden, der Kritiker verurteilt. (Siehe auch den Text von Richard Schmid, Seite 86.)

Das stand bei dem Polizisten, der 1971 Georg von Rauch erschoss, nicht fest, denn die Staatsanwaltschaft hatte wenige Monate nach der Erschießung einfach »das Verfahren eingestellt«. Es wurde nun, 1975, wieder aufgenommen, mit dem Unterschied, dass die Kosten nicht der Staat zu zahlen hatte, sondern ich als Kritiker der Polizei. Und diesen Unterschied genoss die Staatsanwaltschaft sichtlich: »Wenn der Verlag Klaus Wagenbach wegen der Kostenlast liquidieren muss, dann ist das eben so« – diesen Satz erlaubte sich der Staatsanwalt im Schlussplädoyer.

Freilich: Diese Kostenlast war nur die eine Seite. Über die andere Seite konnte ich damals nicht sprechen, sie hat mich aber viel stärker betroffen: die mangelnde Solidarität derjenigen, mit denen ich so lange zusammengearbeitet hatte. Der sykophantische Kommentar der ›Frankfurter Allgemeinen Zeitung‹ kam der Wahrheit näher als gemeint: »Nicht etwa das Verlagskollektiv stand drei Jahre später vor Gericht, sondern Wagenbach allein. Und er allein wurde verurteilt.« Das Kollektiv führte kommentarlos den (erfolgreichen) *Roten Kalender* weiter und machte nicht einmal den Versuch, einen Teil der Kostenlast zu übernehmen.

Das Verhalten der meisten Linken war glücklicherweise entgegengesetzt. So kam Rudi Dutschke öfters zu den Prozessterminen und ebenso zu uns nach Hause, noch immer nicht recht genesen von den Folgen des Attentats und unter Gleichgewichtsstörungen leidend. Einmal stürzte er dabei auf den Kaninchenstall meiner Tochter, was aber das Kaninchen überlebte und meine Tochter ihm verzieh – abgesehen davon, dass Rudi ohnehin nicht jemand war, dem man böse sein konnte. Freudestrahlend stürmte er ins Zimmer, redete sofort los, mit kehliger, dunkler, unverkennbarer Stimme, ließ sich aber leicht unterbrechen, nahm den Einwand auf, aber nicht, wie die meisten Genossen, um ihn sofort zu widerlegen, sondern er baute ihn versuchsweise in die eigenen Überlegungen ein, um erst später zu überprüfen, ob er da überhaupt hineinpasste, wenn nicht, hatte es der Gesprächspartner bis dahin meist schon selbst eingesehen. Ein stets unruhiger, sanfter, aufmerksamer Freund, von unerhörtem Gott- oder besser Menschenvertrauen übrigens; einmal rief er mich nach Mitternacht an und fragte: »Ich stehe in Bremen am Hauptbahnhof, bei wem, meinst du, kann ich übernachten?«

Ein anderes Beispiel für Solidarität: Zwei mir Unbekannte, Helga Reidemeister und Christa Wachenfeld, hatten den gesamten Rauch-Prozess protokolliert, womit plötzlich die Möglichkeit bestand, ein Buch zum Prozess zu machen. Denn normalerweise richten sich solche Zensurprozesse ja gegen ein bestimmtes Buch,

Rudi Dutschke, richtungsweisend

auf das also damit die allgemeine und auflagenerhöhende Aufmerksamkeit gelenkt wird, so dass der Verlag vermittels dieser »Skandalprämie« oft nachträglich den Prozess finanzieren kann. Das war in meinem Fall nicht möglich; es gab ja nur einen längst verjährten Kalender. Also machten wir anhand der Prozessprotokolle ein dokumentierendes Buch, gegen das wiederum ein Ermittlungsverfahren eingeleitet, dann aber eingestellt wurde. Der Verkauf brachte etwas Geld ein, andere Freunde veranstalteten eine öffentliche Sammlung, die Gerichtskosten haben wir über zwei Jahre verteilt abgestottert, Otto Schily schickte die Rechnung erst fünf Jahre später, der Verlag kam durch.

Woher ich in dieser Zeit den Mut gefunden habe, eine neue Buchserie zu beginnen – *Wagenbachs Taschenbücherei* –, weiß ich nicht. Ich weiß nur, dass ich damals einerseits für mehrere Jahre nicht die Bilanzen angesehen habe, andererseits fest davon überzeugt war, dass allgemein (und insbesondere unter den Linken) eine »Auflockerung ästhetischer und politischer Verfestigungen« dringend vonnöten sei.

»Der Anlass für die *Taschenbücherei* war«, so schrieb ich damals den Buchhändlern, »Unzufriedenheit mit der Einengung der literarischen Diskussion auf den ›Realismus‹ und mit der Erstarrung des Denkens der Linken in abstrakte, unhistorische Begriffe«.

Einige Umschläge der ersten Taschenbücher

Und in der *Zwiebel*, ein paar Monate später und etwas heiterer: »Wir haben uns gedacht, wenn viele Kollegen ihre Taschenbuchreihen nach links verschlanken und nach rechts verfetten, dann könnte es vielleicht ein bisschen Platz geben auf unserem Stammplatz, immer den beiden Leit- und Magensprüchen entlang: Lasst uns Denken anstiften statt vorschreiben. Auch das Wappentier der Reihe, das Karnickel, verzichtet großmütig auf Angriffswaffen. Heiteres Hecken, Aufmerksamkeit, Wühltalent, List und Tempo genügen dem stets neugierigen Vieh zum Überleben.«

Neben ihren normalen Pflichten der Demokratisierung wichtiger Bücher vergab denn die *Taschenbücherei* auch Aufträge für politische Lockerungsübungen auf nationalem Boden: Streitschriften von Ulrike Meinhof oder Lothar Baier, Erich Fried oder Barbara Sichtermann, Wilfried Gottschalch oder Peter Brückner, Horst Günther oder Friederike Hausmann; die Importe – von Carlo Ginzburg bis Norberto Bobbio – nicht zu vergessen. Viele schlugen den Genossen der rigiden Fraktionen aufs Gemüt, manche blieben nicht ohne Folgen für den Verlag. Ich erzähle nur das übelste Beispiel von Gedankenpolizei, wozu eine Vorgeschichte gehört.

Wenige Monate vor ihrer Verhaftung hatte ich Ulrike Meinhof im Untergrund besucht, mit einem fertig ausgearbeiteten Plan für die Flucht in ein außereuropäisches Land; leider ist es mir nicht gelungen, sie zu überreden. Die Kontakte brachen dann ab, bis zum Tod Ulrikes in Stammheim. Wenige Tage darauf wurde ich angerufen, ob ich die Grabrede halten könne; ich sagte zu. Es war nachts, die Beerdigung war am anderen Morgen – ich war der Letzte, den man gefragt hatte: Man bezweifelte offensichtlich meine »Linientreue«. Ich fürchte, meine Grabrede, die allgemein eher verständnislos aufgenommen wurde, hat diesen Verdacht wohl bestätigt. Den Genossen ging es um den Nachweis des Mordes, mir hingegen genügten »die deutschen Verhältnisse«; diese Formulierung nahm Peter Brückner dann auf für sein Buch *Ulrike Marie Meinhof und die deutschen Verhältnisse*, das er in wenigen Monaten schrieb.

Freiheitskarnickel

Peter Brückner hatte ich schon in der Studentenbewegung kennengelernt, und er war, ohne dass wir es richtig merkten, langsam Autor des Verlags geworden. Seit 1976 war er, bis zu seinem Tod 1982, mein wichtigster politischer Gesprächspartner und einer meiner besten Freunde. Ein langer Mensch, anscheinend ohne Ende, aber das fiel nicht weiter auf, denn er ging oder stand fast stets gebeugt, kam

Anarcho-Karnickel

einem also entgegen, auch sonst: lächelnd, wenn er sich besonders freute, wurde er sogar richtig verlegen. Ziemlich lotterhaft gekleidet, aber in vielem auch anspruchsvoll, seien es Accessoires, Orte, Essen, Kunst. Gestenreich redend, mit langen Pausen, nachdenklich, hypotaxenreich. Sein intellektueller Mut war außerordentlich, gerade im eigenen Ambiente – so sagte er 1975 in einem Interview: »Ich hätte 1961/62 wahrscheinlich mit ebenso gutem Gewissen wie 1967 gesagt: ›Ich bin Kommunist.‹ 1969 neigte ich schon eher dazu, mich einen Sozialisten zu nennen. 1971 habe ich mich das erste Mal als einen bürgerlichen Intellektuellen an der Seite der Arbeiterbewegung bezeichnet. Heute würde ich sagen: ein bürgerlicher Intellektueller, der sich auf die Seite der historisch emanzipativen Kräfte stellt.« Das hätte beispielhaft sein können innerhalb einer Linken, die eben doch sehr deutsch

Peter Brückner mit Studenten in einem Café bei Umgehung des Lehrverbots

war – entweder Umfall über Nacht oder treu bis in den Tod. Und das war wohl der Grund, warum dieser liebenswürdige Mann auf viele so provozierend wirkte, auf andere Leute (wie beispielsweise die niedersächsische kultusministerielle Bürokratie, die ihm fast für ein Jahrzehnt Lehrverbot erteilte) wie auch auf die eigenen.

Was Wunder, dass sein Buch über Ulrike Meinhof argwöhnisch erwartet wurde. Wenige Tage vor der Veröffentlichung, im Oktober 1976, erhielt ich unangemeldet den Besuch des Rechtsanwalts Klaus Croissant, der mir erklärte, das Buch dürfe nicht erscheinen, solange nicht bestimmte Thesen, die es, wie man aus den Druckfahnen wisse, vertrete, verändert würden. Es handle sich um die These vom Selbstmord Ulrike Meinhofs und um beleidigende Analysen der RAF. Als ich mich weigerte, wurde mir ein von Gudrun Ensslin unterschriebener Zettel vorgelegt, mit massiven, unmissverständlichen Drohungen. Ich warf den Besucher hinaus. Aber ich wusste, dass ich im Verlag mit einem Spitzel zu rechnen hatte, mit dem ich vorsichtshalber sogar

```
lieber wagenbach,
wir haben nichts gegen eine politische biographie, wenn sie der
arbeit der iuk funktional ist. wogegen wir allerdings ne menge haben,
ist eine schwarte, in der der kaputte kitsch von typen, die das arrange-
ment mit der spd suchen, mit u's texten transportiert wird.

wenn es richtig ist, dass du dieses buch machst, um die selbstmordthese
der bundesanwaltschaft zu untermauern und damit das ergebnis der iuk
zu präjudizieren, wirst du damit rechnen müssen, dass es ausser den ideen
der juristen, die die veröffentlichung verhindern wollen, auch ein paar
einfälle von uns gibt, um deinen devotionalienhandel zu stören.
d.h. du wirst dich in der interpretation ihres todes an die zweifel
halten, die die dokumentation der anwälte begründet, wenn schon nicht
an das was wir sagen ( und ihre briefe + manuskripte ). und du lässt
es vielleicht auch lieber, dich mit idiotien lächerlich zu machen, wie
ulrike, deren ganze geschichte antifaschistisches engagement war, hätte
sich ausgerechnet am jahrestag der niederlage des faschismus umgebracht,
etwa um das 'signal zu setzen', auf das ne alte votze wie du gewartet
hat, um sich dem markt endlich ganz zu überlassen.

                                       gruss  g.      11.11.
```

noch eine Weile kooperieren musste. Als dann die Auslieferung des Buches mit einer einstweiligen Verfügung gestoppt wurde, die sogar von einem bürgerlich-reputierlichen Anwalt beantragt worden war, habe ich außerhalb des Verlags Hilfe suchen müssen, im damals noch existierenden Verband linker Buchhändler, der eine außerordentliche Generalversammlung einberief und die Freigabe des Buchs dadurch erzwang, dass er erklärte, andernfalls die Schriften der RAF nicht mehr zu verbreiten. Auch die heikle Situation im Verlag konnte einige Wochen später, wenngleich nicht ganz ohne Querelen, gelöst werden.

Bezeichnenderweise vertritt Brückner gar nicht die Meinung, Ulrike Meinhof habe sich umgebracht, wohl aber verurteilt er den Totalitätsanspruch der RAF: »… entweder Schwein oder Mensch. Entweder Überleben um jeden Preis oder Kampf bis zum Tod.« Brückner fragt, was an dieser Haltung – verbunden zudem noch mit dem Begriff der »Ehre« – denn »zwingend sozialistisch sein soll«: Diese Frage wollte man nicht hören. Zur selben Zeit machte ich noch eine andere bittere Erfahrung: Wolf Biermann war von den DDR-Behörden ausgebürgert worden, und ich dachte nun in meiner Naivität, dass er mich besuchen würde. Er wollte aber (wie es Klaus Rainer Röhl formulierte) »lieber beim Genossen Neven DuMont und bei den Genossen vom amerikanischen CBS-Konzern veröffentlichen«, und so ging alles den kapitalistischen Gang; seinen ersten Verlag hat Biermann nicht nur

Thomas Schmid, gezeichnet von Reinhard Stangl

Das dickste *Quartbuch*

Barbara Herzbruch mit KW

Preis der Sieben auf der Buchmesse 1977 an Erich Fried

nie betreten, sondern auch juristisch ganz abzuschütteln versucht, indem er vor Westberliner Richtern (da wusste er schon, was er tat) erklärte, er wolle in einen »weniger politischen Verlag«.

Dem Verlag ging es in dieser Zeit nicht besonders gut, er war nicht nur innerhalb der Linken umstritten, sondern auch im bürgerlichen Lager als »Baader-Meinhof-Verlag« unten durch. Es waren die Jahre des Stammheimer Prozesses (die Reden der Verteidiger erschienen als Band in der Reihe *Politik*) und des »Deutschen Herbstes« (auf den Brückner antwortete mit dem »Versuch, uns und anderen die Bundesrepublik zu erklären«).

Ich hatte, wie manches Mal zuvor, ein wenig Glück. Barbara Herzbruch (später die Mitherausgeberin des *Freibeuter*) kehrte der akademischen Öde den Rücken und wandte sich der freien Wirtschaft zu, zwei Jahre danach lernte ich Thomas Schmid kennen, anlässlich einer Diskussion *Über den Mangel an politischer Kultur in Deutschland* (so der Titel des 1978 erschienenen Buches); er kam dann später ebenfalls in den Verlag. Inge Feltrinelli schließlich lud mich in einen Kreis von sieben Verlegern aus verschiedenen Ländern ein, mit dem wir den »Preis der Sieben« gründeten, einen Geldpreis mit der Verpflichtung aller Beteiligten, das Buch gleichzeitig zu veröffentlichen. Eine sehr schöne

Idee und ein angenehmes (lange miteinander befreundetes) Gremium, aber leider haben wir den Preis nur einmal (an Erich Fried, für seine *100 Gedichte ohne Vaterland*) verliehen ...

Ökonomisches Glück hatte ich schließlich ebenfalls, Ende 1978, mit den *Freibeuterschriften* von Pier Paolo Pasolini, einem Buch, auf dessen italienische Ausgabe ich schon 1975 aufmerksam gemacht worden war und um dessen Übersetzung ich mich sofort bemüht hatte. Allerdings erhielt ich vom Originalverlag die betrübliche Auskunft, es lägen bereits sechs Optionen von deutschen Verlagen vor. Nach zwei Jahren kam dann die überraschende Nachricht, alle sechs Verlage hätten keinen Gebrauch von der Option gemacht – und es sah zunächst ganz so aus, als hätten sie recht damit getan. Denn obwohl die deutsche Ausgabe um einige nur Italienern verständliche Texte erleichtert, mit zahlreichen Erläuterungen, einer Biographie und einem Vorwort versehen worden war (und vor allem: mit einem lächerlichen Ladenpreis), bestellten die Buchhändler nur 1200 Exemplare, die für einige Zeit reichten. Erst um die Jahreswende 1978/79 setzten die Buschtrommeln ein, so dass das Buch bald eine Auflage von 50 000 Exemplaren erreichte, inzwischen sind es 80 000. Es war eines der wenigen Bücher des Verlags, die ich (der Traum des Verlegers!) Leute auf offener Straße habe lesen sehen. Ich bin aber sicher, dass, hätte ich es schon 1976 publizieren dürfen, kein Erfolg daraus geworden wäre; erst drei Jahre später waren bei uns die Köpfe offen genug, kontroversen Überlegungen über das Zerrbild der Aufklärung im Konsumismus zu folgen – es waren die Gründungsjahre der »Grünen«.

In zehn stürmischen Jahren hat sich der kleine Verlag nicht kleinkriegen lassen. Wie er sich in einer eher regressiven als aggressiv und polemisch gestimmten Zeit behaupten wird, ist jetzt die Frage.

Frankfurter Allgemeine Zeitung, 22.7.1975

RICHARD SCHMID   Nicht Mord sagen

Für die jetzt so hochbegehrte »Innere Sicherheit« scheint mir die innere Sicherheit der Polizei besonders nötig, die zur Zeit ihre Mißerfolge und Frustrationen mit Hilfe von Beleidigungsklagen gegen kritischen Publizisten zu kompensieren sucht.

Die Berliner Polizei hat im Fall Wagenbach damit auch Erfolg gehabt: Sie hat in der Berufungsinstanz eine Verurteilung wegen Beleidigung erreicht. Wagenbach hatte im Hinblick auf den Tod von Benno Ohnesorg und Georg von Rauch das Wort »Mord« gebraucht. Andere hatten das auch, ein in London lebender deutscher Lyriker (Erich Fried) und ein Nobelpreisträger (Heinrich Böll); aber wichtig war, den unbequemen Berliner Verleger zu treffen. Zwar ist die Anklage wegen Beleidigung von Kollektiven wie »Berliner Polizei« ein zweifelhaftes Mittel zur Wiederherstellung der Ehre. Ein besseres Mittel ist, wie François Mitterrand bei den gegenwärtigen Auseinandersetzungen über Exzesse der französischen Polizei gesagt hat, die Anerkennung und Behebung begangener Fehler.

Die erste Instanz hatte Wagenbach freigesprochen, weil er mit seiner Kritik ein berechtigtes Interesse im Sinne des Paragraphen 193 Strafgesetzbuch wahrgenommen habe. Das Berufungsgericht hat nun aber doch an dem Wort »Mord« Anstoß genommen: Bei richtiger Anwendung des Paragraphen 193 wäre das überflüssig gewesen, denn der deckt auch beleidigende Behauptungen. So ist aber doch noch jene Einheitsfront von Justiz und Polizei zustande gekommen, die in Deutschland alte Tradition ist. Die rechtlich getrennten Gewalten vereinigen sich wieder vor Gericht. Und die Justiz erkennt nicht, welche verhängnisvollen Folgen es haben kann, wenn auf staatliches Unrecht keine öffentliche Sanktion stattfindet, sondern allenfalls still ein paar hunderttausend Mark gezahlt werden. In Frankreich ließen sich wohl die Gerichte nicht gefallen, daß ein Polizeichef die Ermittlung der Wahrheit dadurch blockiert, daß er wichtigen Augenzeugen bei dem Vorgang der Erschießung keine Aussagegenehmigung gibt. Das ist jetzt in Berlin geschehen. Ist nicht anzunehmen, daß gerade das Geheimnis, welches der Polizeipräsident schützen wollte, die Wahrheit enthielt?

DIE ZEIT, 28.3.1975

RUDI DUTSCHKE   Zusammenspiel

Die Zerstörung der möglich gewordenen sozialistischen Wendung in der ČSSR durch die SU-Regierung und die Zerstörung des sozialistischen Anfangs in Chile durch das nationale und internationale Kapital beweisen die kooperative Bekämpfung der subversiven Sozialisten und Kommunisten durch die beiden Großstaaten. Eine sozialistische Weiterentwicklung in der ČSSR hätte die sorgsam gehegte antikommunistische Neurose des »Westens« gefährdet und hätte die bürokratischen Strukturen der staatssozialistischen Länder in Bewegung gebracht. Eine Ausdehnung der sozialistischen Sektoren in Chile wiederum hätte das amerikanisch-imperialistische Übergewicht in Lateinamerika schwerer angeknackt als die Weiterexistenz des isolierten Kuba. Darum ist das Zusammenspiel der nichtidentischen-identischen Systeme eine politische Konsequenz, um der latenten Weltrevolution ein System politisch-militärischer Riegel vorzuschieben. Wer als Sozialist Solidarität mit Chile sagt, muß auch über die Unterdrückung der Arbeiterklasse in der ČSSR sprechen, ohne aber natürlich die Unterschiede in der Vernichtung von Menschen und Ideen zu vergessen. Das eine ohne das andere zu sehen ist politisch ebenso falsch, wie von den studentischen Unruhen zu schwärmen und die Lage der Lohnabhängigen nicht zu kennen.

Versuch, Lenin auf die Füße zu stellen, 1974

KLAUS WAGENBACH   Grabrede für Ulrike Meinhof

Der jetzige politische Zustand in Deutschland soll zu tun haben – so die offizielle These – mit der »Bedrohung der Demokratie durch terroristische Gruppen«. Für diese Gruppen war Ulrike Meinhof das Symbol. Es ist deswegen vollkommen absurd, wenn jetzt die Staatsgewalt so tut, als habe der Tod von Ulrike Meinhof nichts mit unseren Zuständen zu tun. Die offiziellen Stellen mögen nachzuweisen versuchen, daß der Tod Ulrike Meinhofs ein »Selbstmord« gewesen sei. Sie werden damit nicht unsere deutschen Zustände aus der Welt schaffen: ein massives, lange vor irgendwelchen »terroristischen Gruppen« – 1968 – geschaffenes »Notstandsgesetz«. Ein noch viel länger zurückliegendes Verbot der kommunistischen Partei und die mit ihm verbundenen Verfolgungen. Neuerdings die Verordnung zum Schutz der Beamten vor Linken jeder Art. Und schließlich das wenige Wochen alte Gesetz gegen die »Befürwortung von Gewalt«.

Was Ulrike Meinhof umgebracht hat, waren die deutschen Verhältnisse. Der Extremismus derjenigen, die alles für extremistisch erklären, was eine Veränderung der Verhältnisse auch nur zur Diskussion stellt.

Ulrike Meinhof, geboren in der Mitte der dreißiger Jahre, war alt genug, um sinnliche Erscheinungsformen des Nazismus noch wahrzunehmen. In den fünfziger Jahren wuchs sie bei Renate Riemeck auf, einer Antifaschistin, die für die Friedensbewegung arbeitete, eine Organisation, die die Wiederbewaffnung zu verhindern suchte. Auch die Sozialdemokraten waren damals gegen die Wiederbewaffnung – heute, angesichts eines sozialdemokratischen Verteidigungsministers, mögen sie ebenso ungern daran erinnert werden wie an ihre ersten Nachkriegsprogramme. Als die Bundeswehr durchgesetzt worden war, wurde die Kampagne gegen die Wiederbewaffnung abgelöst von der »Kampagne gegen den Atomtod«, an der in der ersten Zeit die Sozialdemokratie ebenfalls beteiligt war. Erst in der zweiten Hälfte der fünfziger Jahre fand praktisch der Bruch innerhalb der Linken statt: Die Sozialdemokratie schied aus der »Kampagne« aus und nahm Kurs auf NATO und Godesberger Programm.

Dies waren die ersten politischen Erfahrungen Ulrike Meinhofs. Im folgenden Jahrzehnt – von der Mitte der fünfziger bis zur Mitte der sechziger Jahre – wurde Ulrike Meinhof innerhalb weniger Jahre zur bedeutendsten linken Journalistin der Bundesrepublik. *Sie* war es, die am klarsten die Enttäuschungen über die reaktionäre Entwicklung der Sozialdemokratie formulierte. Sie kämpfte gegen den Krieg in Algerien, gegen die Notstandsgesetze und gegen die Große Koalition. Sie agitierte für die Beendigung des Krieges in Vietnam und für eine andere Ostpolitik. Sie widmete sich schließlich zwei Grundfragen des Marxismus: der Klassenanalyse und der Frage der revolutionären Gewalt: Wer gehört zur ausgebeuteten und unterdrückten Klasse? Und, damit verbunden, wie ist die Befreiung dieser Klasse durchzusetzen? Es waren Überlegungen, die von den Betroffenen ausgingen, vom tatsächlichen Elend, nicht von der theoretischen Entfremdung. Und da waren es die Randgruppen, die in den Blick gerieten: die Eingesperrten, die Fürsorgezöglinge, die Weggelaufenen und Durchgedrehten. Ulrike Meinhof nahm damit sehr früh etwas wahr, was wir heute erst zu begreifen beginnen· die psychischen Kosten des Kapitalismus, die *innere* Verelendung.

Ulrike Meinhof berichtete viele Jahre über Gefängnisse und Fürsorgeheime, sie arbeitete in Stadtteilen und sie war Beobachterin in Prozessen. 1970 ging sie in den Untergrund und propagierte den bewaffneten Kampf für die Veränderung der Verhältnisse.

Auch diese Entscheidung hat mit unseren deutschen Verhältnissen zu tun: Die Polizei hatte zu dieser Zeit – 1970 – die ersten Demonstranten erschossen, der Kampf gegen die Notstandsgesetze war vergeblich gewesen, der Bombenterror in Vietnam war auf dem Höhepunkt, die politische Kritik in den Medien wurde immer stärker zensiert.

Die rasende Wut der Staatsgewalt gegen die »Rote Armee Fraktion« haben wir alle erlebt. Die »Baader-Meinhof-Bande« wurde zum »Staatsfeind Nr. 1« erklärt, ganze Stadtviertel abgeriegelt, Tausende von Personen Tag und Nacht vom »Staatsschutz« überwacht, Hunderte von Wohnungen durchsucht – am Ende machte sich die Polizei nicht einmal mehr die Mühe zu klingeln und einen Durchsuchungsbefehl vorzuweisen: Sie trat einfach die Tür ein und nahm sämtliche Bewohner und Papiere mit. Und schließlich: Die Polizei tötete während der zweijährigen Fahndung mehr Menschen als die fünf, die bei den Attentaten der »Roten Armee Fraktion« getötet wurden.

Wir haben erlebt, wie die politische Zielrichtung der Attentate geleugnet wurde und weiter nach den »Kriminellen« gefahndet wurde, obwohl bereits der Umfang der Fahndungen diese Behauptung widerlegte. Wir haben erlebt, wie die politischen Manifeste der Gruppe unterdrückt wurden. Wir haben schließlich erlebt, wie der Prozeß gegen Ulrike Meinhof geführt wurde.

Ulrike Meinhof war eine der klarsten Kritikerinnen des Kapitalismus in der Bundesrepublik. Diejenigen, die ihre Taten als »Anarchistin« kritisieren, sind fast stets diejenigen, die sie in den Jahren zuvor als Kritikerin bekämpften und lächerlich machten. Das wollen wir nicht vergessen. Es sind unsere Verhältnisse, die wir nicht vergessen wollen. Ulrike Meinhof starb am 8. Mai. An diesem Tag wurde vor 31 Jahren der Krieg beendet. An diesem Tag eröffneten die Christdemokraten den diesjährigen Bundestagswahlkampf mit der Parole »Freiheit oder Sozialismus«!

Wir sagen, mit Rosa Luxemburg und Ulrike Meinhof: »Freiheit und Sozialismus!«

Und diejenigen unter uns, denen vielleicht die Entschieden-
heit und Strenge Ulrike Meinhofs zu fremd ist, erinnern wir
an die beiden Zeilen von Bert Brecht:

*»Ach, wir / Die wir den Boden bereiten wollten für Freundlich-
keit Konnten selber nicht freundlich sein.«*
                                                            1976

PIER PAOLO PASOLINI   Herz

Der Intellektuelle hat zunächst einmal die
Pflicht, immer wieder die eigene Funktion
in Frage zu stellen, vor allem da, wo sie am
wenigsten fragwürdig scheint: das heißt in
ihren Grundannahmen von Aufklärung,
Antiklerikalismus und Rationalismus.

Aus Trägheit, aus Faulheit, aus mangeln-
dem Bewußtsein – aus der fatalen Pflicht
heraus, sich konsequent zeigen zu müssen – riskieren viele Intellektuelle wie ich
und Calvino, von einer realen Geschich-

PPP bei den Filmfestspielen
in Berlin, 1972

te überrollt zu werden, die sie schlagartig zu vergilbten Gestalten, zu Wachsfiguren ihrer selbst werden läßt.

Die herrschende Macht ist heute nicht mehr klerikalfa-
schistisch, repressiv. Die neue konsumistische und permissive
Herrschaft hat sich gerade unserer geistigen Errungenschaf-
ten – des Antiklerikalismus, der Aufklärung, des Rationalismus – bedient, um sich daraus ihr Gebäude von falschem
Antiklerikalismus, falscher Aufgeklärtheit, falscher Rationa-
lität zu zimmern. Sie hat sich unserer »Entweihungen« bedient, um eine Vergangenheit mit all den entsetzlichen und
idiotischen Heiligtümern loszuwerden, die sie nicht mehr
braucht.

Zum Ausgleich jedoch hat diese neue Herrschaft ihr einzig mögliches Heiligtum aufs äußerste gesteigert: das Heiligtum, das im Ritus des Konsums und im Fetisch der Ware besteht. Alle Hindernisse sind aus dem Wege geräumt. Die neuen Mächte brauchen keine Religionen mehr, keine Ideale und ähnliches, um das zu verhüllen, was Marx enthüllt hatte. In diesem Zusammenhang sind die alten Argumente von uns Antiklerikalen, Aufklärern, Rationalisten nicht nur stumpf und unnütz geworden, sondern im Gegenteil, sie stützen das herrschende Konzept. Zu sagen, das Leben sei nicht heilig und Gefühle seien etwas Dummes, heißt, den Produzenten einen enormen Gefallen tun. Es ist das, was man »Eulen nach Athen tragen« nennt. Die neuen Italiener wissen nicht, was sie mit dem Heiligen anfangen sollen, sie sind alle ganz modern (wenn nicht von ihrem Bewußtsein her, so doch in ihrem Handeln); und sie sind dabei, sich schnellstens von Gefühlen zu befreien.

Was macht es denn möglich, daß heute politische Massaker, einmal geplant, auch durchführbar sind – ganz konkret, die Handgriffe, die Ausführung? Die Antwort ist furchtbar einfach: Es fehlt der Sinn dafür, daß das Leben der anderen heilig ist, und im eigenen Leben gibt es keine Gefühle mehr. Was macht die grauenhaften und in diesem Sinn eindrucksvollen Aktionen möglich, aus denen die neue Kriminalität besteht? Es ist wiederum furchtbar einfach: eine Einstellung, die das Leben der anderen als ein Nichts und das eigene Herz lediglich als einen Muskel betrachtet.

Im Gegensatz zu Calvino meine ich deshalb, dass man heute – ohne mit unserer geistigen Tradition des Humanismus und Rationalismus zu brechen – die Angst, die man einst zu Recht hatte – das Heilige zu beglaubigen oder ein Herz zu haben –, verlieren muß.

Freibeuterschriften, 1978

Eine Arbeitsbeschreibung

Die Alternative, die dieser Verlag Autoren und Lesern bieten will, ist leicht zu beschreiben:

* Kaum oder gar nicht bekannte Autoren sollen ihre Texte angemessen, zensurfrei und billig veröffentlichen können.
* Die politischen Texte sollen nicht gemeinsame Sache mit den Idealen einer Profit- und Fabrikgesellschaft machen.
* Widerstand soll von uns erwartet werden dürfen gegen die Einebnung oder Abstumpfung des ästhetischen und politischen Denkens und gegen den Verlust des historischen Bewußtseins.
* Die Leser sollen sich auf die Unabhängigkeit und die Kontinuität unserer Entscheidungen verlassen können.

Leicht beschrieben, schwer zu machen. *Zwiebel 12, 1976*

Mit vielen Häuten: die Zwiebel

Ja, so leben die Verleger! Hier auf einem Gartenfest zum dreißigjährigen Jubiläum (1985) des Verlags Feltrinelli. Sitzend von links: Christoph Schlotterer, Antoine Gallimard, Inge Feltrinelli, Matthew Evans, KW. Stehend: Ignacio Cardenal, Tom Maschler, Ed Victor, Jorge Herralde, Rob van Gennep, Peter Mayer, Giulio Einaudi, Antonio Lopez, Christian Bourgois (siehe auch Seite 172)

1979–1987

VERSCHWINDEN, ERSCHEINEN – ZWEI FURIEN

Im fünfzehnten Jahr des Verlags waren die Quart*hefte* bei Nummer Hundert angelangt, ein willkommener Grund zum Feiern. Nach den hergebrachten Sitten des Verlags am besten mit einer Anthologie: deutsche Autoren zu deutschen Zuständen. Gedacht war an eine Art *Sonder-Tintenfisch* zur politischen Situation – der »Deutsche Herbst« und seine Folgen. Ich habe dann doch sehr schnell begreifen müssen, wie unvollständig eine bloße Momentaufnahme wäre, wie weit vielmehr der Disput der Schriftsteller mit dem Staat zurückreicht, in diesem Fall mindestens bis 1945.

Dafür reichte meine Bibliothek nicht aus, und ich fuhr nach Marbach, um in dem mir vertrauten, angenehmen Deutschen Literaturarchiv weiterzuarbeiten. Aus den vorgenommenen Tagen wurden Wochen, aus der vorgehabten Ergänzung ein anderes Buch, nur der Titel blieb der gleiche: *Vaterland, Muttersprache.* Ermöglicht haben es freilich die Buchhändler, denn während ich im Staub der deutschen Nachkriegsgeschichte herumkroch, gaben sie die fabelhaftesten Bestellungen auf, bis zu hundert und mehr Exemplare pro wohlgesonnenem Sortimenterkopf! Die einzige Schwierigkeit war nur, dass sich diese Bestellungen auf ein Buch zu einem propagandistischen Ladenpreis von 9,80 DM bezogen, mit einem Umfang von 192 Seiten, der keineswegs zu halten war. Die Telefonate zwischen Marbach und Berlin zogen sich so in die Länge, wie das Buch in die Breite ging. Am Ende haben wir jede Vorsicht fahren lassen – *Vaterland, Muttersprache* wurde (mit der Hilfe unseres damaligen Lehrlings Winfried Stephan) das umfangreichste und zugleich billigste Quart*heft*: 352 Seiten, 12,80 DM.

Es brachte mir die erste öffentliche Anerkennung ein, den Preis der deutschen Kritiker, ohne Geld, wie von Heinrich Heine

Otto Sander und KW zur Feier des ersten
Freibeuter, 1979

vorgesehen, aber dafür mit EHRE (die diesmal nicht die der Polizei war) ausgestattet, mit dem Herkommen, als Gegengabe eine Rede zu halten, in der ich, sehr erfreut, auch die Absichten des Verlags so wahrheitsgemäß wie möglich erlogen habe (siehe Seite 106 ff.).

Die von den Buchhändlern vorerst nur imaginierten Leser stellten sich bei *Vaterland, Muttersprache* dann tatsächlich ein, 84 000 insgesamt, die uns damit nicht nur vor einem größeren ökonomischen blauen Auge bewahrten, sondern – zusammen mit Pasolinis *Freibeuterschriften* – den schmalen Verlagssäckel sogar derart auffüllten, dass wir uns noch im Herbst desselben Jahres revanchieren konnten mit einem langgehegten Ver-Lustobjekt, dem *Freibeuter*, einer »Vierteljahreszeitschrift für Kultur und Politik« (Betonung auf *und*).

Der Erfolg von Pasolinis *Freibeuterschriften* hat insofern dazu beigetragen, als er vorhandenes Terrain für libertäres Denken anzudeuten schien. Sicher konnte man dessen nicht sein (wie oft beruht der Erfolg eines Buches auf Missverständnissen!), aber bis dahin hatte es ja so ausgesehen, als zerfalle die Linke nur noch, in Eskapisten, Theoriefeinde, linkshaberische Planstelleninhaber. Wollte eine Zeitschrift demgegenüber ermutigend und anstiftend wirken, musste sie nicht nur manch säuberlich und deutsch voneinander Getrenntes zusammenbringen, von verschiedenen Seiten zündeln, sondern auch außerhalb der deutschen Misere nach Argumenten und Heiterkeit suchen.

Mit allem haben wir sofort in der ersten Nummer begonnen, was nicht nur objektiv ziemlich ungescheit war (der *Freibeuter* wurde ja in einer Periode allgemeinen Zeitschriftensterbens gegründet), sondern uns auch subjektiv öfters überforderte.

Neugierige Leser und die angesprochenen Freunde des Verlags haben der Zeitschrift dann die schöne Erstauflage von 21 000 Exemplaren, also ihr Weitererscheinen gestattet. Samt einem ausschweifenden Fest in Berlin. Für das Feiern von Festen war uns ohnehin jeder Anlass recht – ob Kafkas Geburtstag, *Freibeuter*-Gründung oder Sturm auf die Bastille – und möglichst verschiedene Orte: Waldwiesen, wilhelminische Ausflugslokale, Stückguthallen, Inseln, Pumpenhäuser. Und manchmal kamen bis zu zweitausend Leute. Zu meiner Beruhigung, denn so war ich so-

Herbst 1979

wohl sicher, dass sich jeder gewitzte Lehrling hatte einmogeln können, als auch sicher, dass ich gar nicht jeden kennen konnte, und damit als Gastgeber entschuldigt und frei zum Mitfeiern war.

Schon die Konzeption des *Freibeuter* war typisch gewesen für die Veränderung der Arbeitsweise des Verlags in dieser Zeit – immer mehr Bücher mussten vom Verlag initiiert werden. War er noch wenige Jahre zuvor von Freunden und Genossen mit Projekten überschüttet, förmlich instrumentalisiert worden, so drohte ihm nun das Schicksal so vieler linker Verlage: Deformation zum Sekteninstrument oder Isolation.

Durch die Struktur der *Taschenbücherei* und des *Freibeuter* konnte der Verlag dieser Gefahr entgehen, freilich nicht ohne den Preis einer außergewöhnlichen Verstärkung der Anstrengungen des Lektorats, das immer mehr Projekte nicht nur anzetteln, sondern bis ins Einzelne erarbeiten musste. Das seit Bestehen andere Verhältnis zu den Autoren hat dabei natürlich die Kontakte erleichtert – die Autoren waren seit jeher gewöhnt, den Verlag an jedem hellichten Arbeitstag zu besuchen und Diskussionen vom Zaun zu brechen.

Natürlich hatten die Veränderungen im Verlag mit den Veränderungen in der Gesellschaft zu tun, mit dem neuen Egotrip:

Hineinhorchen statt Zuhören. Überall gab es plötzlich Bücher zur Selbstbetrachtung und Innenreparatur – 1980 haben wir den Vertretern sogar einmal eine Buch-Travestie untergeschoben, *Die strenge, geile Mutter*, samt einem erfundenen Klappentext: »... zerstört wird das gewohnte Bild der ›fließenden‹ Mutter, entgegengehalten wird ihm die geschichtli-

Unsere Herstellerin Gabriele Kronenberg (links), der ehemalige Verlagslehrling Winfried Stephan und Nina Wagenbach, Berlin Tegel 1979

che Wahrheit – die dominierende, vergewaltigende, inzestuöse Mutter, die das, was sie nicht hat, von Vätern, Brüdern, Söhnen einfordert, sie in eine außerfamiliäre – mit dem Schuld-Tabu des Don-Juanismus belegte – sexuelle Anarchie treibt ...«

Ja, so wurde geschwafelt damals, da hatte es eine Buchserie *Politik* schwer, und so wenig Autoren es noch zur »Theorie der Neuen Linken und der Außerparlamentarischen Opposition« gab, so wenig Leser gab es; auch der Buchhandel ließ die Reihe fallen. Wir schlossen also die Buchserie ab und integrierten mit der Zeit die wichtigsten Titel in die *Taschenbücherei* oder in das 1981 entstandene *Allgemeine Programm*.

Die Erweiterung des Verlags um ein *Allgemeines Programm* war nicht nur notwendig, um umfangreiche, wissenschaftliche und großformatige Bücher veröffentlichen zu können, deren Absichten denen des Verlags entsprachen, sondern diese Absichten wurden gleichzeitig von vielen anderen Verlagen aufgegeben, so dass es plötzlich auf unserem angestammten Arbeitsgebiet viel freies Feld gab. Kunst- und Sozialgeschichtliches, Philosophisches und Politisch-Analytisches – sobald es diesen linken, aufklärerischen, emanzipatorischen oder auch nur freimütig-spekulativen Hautgout hatte, geriet es in den Sog der konservativen »Wende« und fiel leicht unter die Büchertische. Dort sammelten wir es auf, im Ausland wie hierorts, und versuchten, es unter die Leser zu bringen. Das war nicht ganz leicht, denn manche dieser Bücher waren aus durchaus ökonomischen Motiven fallengelassen worden: hohe Produktionskosten, geringe Auflagenerwartung.

Zu Hilfe kam uns bei der Verbreitung das früher vielberedete »Verlagsprofil«, das ja eher nur noch spitzmäulig gehandelt wird. Ich halte das für einen großen Fehler und einen Zynismus gegenüber dem Leser. Es gibt Leser, die schütteln sich bei der Nennung des Verlagsnamens, und andere, die den Buchhändler ausdrücklich nach unseren Büchern fragen. Das ist richtig und nicht etwa falsch. Die Demokratie des Buchmarkts stellt sich durch eine Vielzahl von Meinungen her, nicht durch eine Beliebigkeit.

Das schließt weder Narreteien noch private Schrullen aus, im Gegenteil: Unsere Leser haben sowohl ein reichlich närrisches *Handbuch für das allgemeine Kaninchenwesen anlässlich hundertfacher Vermehrung der Taschenbücherei* (1983; mit den schönsten Zeichnungen des Wappentiers von Horst Rudolph) goutiert als auch ein im selben Jahr erschienenes, ganz und gar besessenes Bilderbuch zum hundertsten Geburtstag Franz Kafkas, mit über fünfhundert Fotografien, deren Vervollständigung mich in den Monaten zuvor noch an die merkwürdigsten Orte geraten ließ, beispielsweise in Fabriken, die Kafka als Beamter zu kontrollieren hatte und die damals fast alle noch zu besichtigen waren,

Allgemeines Programm und Taschenbuch

Aus dem Familienalbum (von links nach rechts): Das wütende Kind, die Familie (Vater sitzend, links daneben die Mutter), der ernste Gymnasiast, der Versicherungsbeamte

in seinen ehemaligen vier nordböhmischen »Bezirkshauptmann-schaften«. Solchen Abweichungen folgen neugierige Leser eben-so gern wie anderen Anstiftungserzeugnissen, auch wenn sie ein wenig abseits ihrer momentanen Interessen liegen mögen.

Und bei den Abweichungen legten wir 1984, im zwanzigsten Verlagsjahr, noch einmal ordentlich zu, mit einem Sammelband *Die Linke neu denken!*, mit Ausrufezeichen, und der literarischen Gegenfrage von Michael Krüger: *Was tun?*, mit Fragezeichen. Mit der Wiederentdeckung von Georg Simmel und Djuna Bar-nes. Mit einem Rätselbuch aus dem neuen Spanien, Javier To-meos *Der Marquis schreibt einen unerhörten Brief*, und einer

wissenschaftlichen Wanderung durch ein altes Thema, Alain Cor-
bins Sozialgeschichte des Geruchs, *Pesthauch und Blütenduft*. Aber
gerade diese ungewöhnlichen und experimentellen Bücher wurden Erfolge (was wir glücklicherweise bei der Zwanzigjahresfeier
noch nicht wussten – sie wäre sonst womöglich noch euphorischer
und anschließend explosiver geworden: Ort der Feier war nämlich die obengenannte Stückguthalle, die kurz darauf geschlossen
wurde – nebenan lagerten Druckgasflaschen).

In den frühen achtziger Jahren war sie sichtbarer geworden,
die italienische Gewichtung des Verlags, im Herbst 1984 war sie
nicht mehr zu übersehen, mit erfolgreichen Büchern wie Peter Bur-
kes *Die Renaissance in Italien*, mit den *Nachdenklichen Hühnern*
Luigi Malerbas und mit Carlo Emilio Gaddas *Wun-*

der Italiens. 1985 erschienen ein literarischer Reiseführer durch das heutige Italien, *Italienische Reise*,
1987 das umfangreichste Projekt, eine zweibändige
Italienische Kunst, entwickelt aus der gleichnamigen
Ausgabe des italienischen Verlags Einaudi. So schli-
chen wir uns ein, aus der Belletristik in die Kunstgeschichte und aus der Kunst- in die Sozialgeschichte
und aus dieser in die politische Kultur in Italien.

Will ein Meinungsverlag nicht zum Gemeinde-
verlag verkommen, muss er dieses »Einschleichen«
neuer Ideen, Darstellungsweisen oder Arbeitsfelder
bewusst fördern. Das gilt selbstverständlich auch
für Personen: So kam 1983 Heinrich von Berenberg
zu uns, als Volontär für ein paar Monate, um dann
mit den schönsten Vorschlägen aus Geschichte und
Literatur (insbesondere der spanischen und englischen) später viele Jahre unser Lektor zu sein.

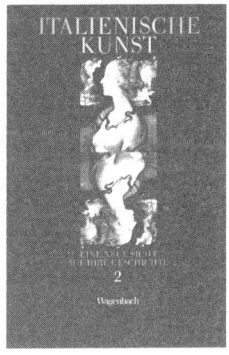

Ebenso wie ein damals extrem junger Mann,
Rainer Groothuis, der mich 1981 auf der Buchmesse ansprach, ob er nicht eine Weile in der Herstellung aushelfen könne, der dann Geschäftsführer

Die zweibändige
Italienische Kunst

Von links: Nicoló Ferjanic, Marianne Schneider, Carlo Ginzburg, Salvatore Settis, Luisa Ginzburg und Thomas Schmid. In Italien, 1983

Oben von links: Gabriele Kronenberg (Herstellung) mit Kind, Thomas Schmid (Lektorat), Heinrich von Berenberg (Lektorat), Petra Biesenkamp (Honorare), Rainer Groothuis (Herstellung), Barbara Herzbruch (Lektorat), Uta Martin (Lehrling), Galina Rave (Vertrieb) und KW 1983
Unten links: KW mit Heinrich von Berenberg, unten rechts: Jörg Wallenstein (langjähriger Vertreter) und Rainer Groothuis.

wurde und für fast zwei Jahrzehnte das Erscheinungsbild des Verlags mitgestaltete, wie beispielsweise die 1987 begonnene Serie *SVLTO*.

Gianni Celati

SVLTO habe ich öfters scherzhaft als meine »Rache am Buchhändler« bezeichnet: Als Verleger von Broschüren, Taschenbüchern und Paperbacks hatte ich mir über zwanzig Jahre lang ihr Jammern nach Leinenbänden anhören müssen, konnte aber den Verdacht nicht loswerden, dass sich dahinter die krude Lust auf einen höheren Ladenpreis verberge. Also griffen wir zu einem extrem schlanken Format (mir vertraut durch die ersten *Rotbücher*, passend in jede Jackentasche und doch darüber hinausragend, mithin diebstahlsicher), einem knallroten Leinen (damit keine Missverständnisse möglich sind), einem niedrigen Ladenpreis (das war die Rache), und versuchten so, unsere Konterbande nicht nur unter aufmerksame Leser, sondern auch auf den bürgerlichen Kaffeetisch zu bringen.

»Mit dieser zwanzigsten Ausgabe des literarischen Jahrbuchs verabschieden sich die beiden Herausgeber vorläufig von ihren Lesern« – so stand es leider in der Vorbemerkung zum *Tintenfisch* 1987. Mit dem vorsichtigen »vorläufig« wollten wir uns aber ein Schlupfloch lassen für Zeiten, in denen wieder eine deutsche Literatur geschrieben werden würde, die diesen Namen verdient. Bei so öffentlichem Abtritt pflegt sich in der Regel zumindest ein Lästermaul oder wenigstens ein Grabredner einzufinden: Immerhin wurde da nach zwanzig Jahren das bekannteste, vielumstrittene und -geliebte Jahrbuch für zeitgenössische deutsche Literatur eingestellt. Aber das kritische Echo auf unseren Entschluss war wie eine Bestätigung; es fand nicht statt. Mit den einfachen Worten von Kurt Wolff: »In einer unschöpferischen Zeit ist der Verleger zur Ohnmacht verurteilt.«

Dafür begann in den achtziger Jahren – Erich Fried war bereits schwer erkrankt und der Publikumserfolg hatte sich längst

Die ersten *SVLTO*-Bände. Mittlerweile sind in dieser Reihe knapp 300 Titel erschienen und über 2,2 Millionen Exemplare verkauft

eingestellt – eine Flut von offiziellen Ehrungen auf Erich Fried niederzugehen; darunter 1986 der Österreichische Staatspreis und 1987 der Georg-Büchner-Preis.

Wenn der Verleger Klaus Wagenbach sein zwanzigjähriges Bestehen feiert, dann verdientermaßen. Nicht nur, weil es hart ist, heute noch einen Verlag durchzuziehen, sondern weil Wagenbach eine Beharrlichkeit und ein Urteil gezeigt hat, die standhalten konnten. Er gehört zu den Erneuerern der deutschsprachigen Verlagslandschaft, weil er ernst nimmt, was Buch bedeutet. St. Galler Tagblatt, 6.11.1984

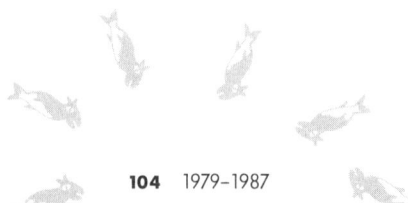

Oben: Besuch bei Luigi Malerba in Rom: Moshe Kahn (Übersetzer), KW, Anna und Luigi Malerba
Rechts daneben: Friederike Hausmann
Unten: Carlo Emilio Gadda als Ingenieur, Robert Pignet, Luis Buñuel,

KLAUS WAGENBACH
Über einige Absichten des Verlags

Als Verleger zeitgenössischer Literatur und als Linker kann man ohne ein Verhältnis zu seinem Volk und seiner Geschichte nicht arbeiten. Ich sage *Verhältnis*, das schließt Konsens und Dissens ein. Reden wir also vom Dissens, das heißt von Anarchie, Geschichtsbewußtsein, Hedonismus.

Diese drei Begriffe bezeichnen ungefähr die Absichten des Verlags. Sehr heterogene Absichten, die ganz offensichtlich nur für die Veröffentlichung von Büchern für deutsche Leser gelten können – wäre ich französischer oder italienischer Verleger, müßten die Absichten ganz anders formuliert werden.

Es sind auch durchaus nicht traditionell linke Kategorien, sondern zum Teil bürgerliche, was damit zusammenhängt, daß die deutsche Linke – im Gegensatz zu fast allen anderen Ländern Europas – deswegen nicht auf begrenzte Bündnisse mit einem radikal liberalen oder konservativen Bürgertum zählen kann, weil es so gut wie nicht existent ist. Ich erinnere nur an den Satz de Gaulles, als man ihm gegenüber erwähnte, Jean-Paul Sartre müsse verhaftet werden, weil er nicht nur die Redaktion der Zeitschrift *Cause du peuple* übernommen hatte (die verboten worden und deren Redakteure bereits verhaftet waren), sondern die Zeitschrift auch auf den Straßen von Paris verkaufte. De Gaulle sagte lediglich: »Einen Voltaire verhaftet man nicht.« Da haben Sie alles zusammen: den Hedonismus einer luxurierenden Oberschicht, ein über 200 Jahre zurückreichendes Geschichtsbewußtsein und die Anarchie eines Staatspräsidenten, der die Strafgesetze der Republik bricht.

Wenn ich also Hedonismus sage, so meint das weder eine solche Haltung noch jenen von Pasolini zu Recht kritisierten zwanghaften Konsumismus, sondern den deutschen Kontext, das Syndrom des Uniformen, den vernünftelnden

Gebrauchswert, die Genußunfähigkeit, die Angst vor Individualität, das Mißverständnis von Literatur als ausschließlich politischer Botschaft. Hedonismus enthält ein Moment der Selbstbestimmung, ein Stück Zivilcourage – und beides ist bei uns ja nicht gerade volkstümlich, ebenso wenig wie die Literatur.

Die Literatur aber, und damit bin ich beim zweiten Punkt, erzählt Geschichten. Darauf hat Alfred Andersch seinerzeit beharrt, als ein Teil der deutschen Linken den »Tod der bürgerlichen Literatur« verkündete (die neuere Literatur kann aber, wie ein Kommunist, Stephan Hermlin, noch 1978 formulierte, »kaum etwas anderes sein als spätbürgerlich«): In einem Moment, als die Bourgeoisie – erodierend in die allgemeine Angestellten-Unkultur ebenso wie die Arbeiterklasse – eines ihrer bedeutendsten Produkte, eben die »bürgerliche Literatur«, bereits preisgegeben hatte, als da also ein Teil der deutschen Linken sozusagen noch einmal nachtrat, widersprach Andersch mit der Bemerkung, Literatur erzähle Geschichten von Menschen, und wer die nicht hören wolle, sei ihm verdächtig. Mit Recht. Denn wer Geschichten von Menschen nicht hören will, will nichts von der Geschichte wissen, und darin war jener genannte Teil der deutschen Linken nicht links, sondern sehr deutsch. Deswegen, scheint mir, ist ein deutscher Verleger besonders verpflichtet, Geschichten und Geschichte zu veröffentlichen, denn, wie Bloch sagte (und zwar deutlich in Bezug auf uns), wer seine Geschichte nicht kennt, ist verdammt, sie zu wiederholen. Da seien Kleist, Büchner, Heine, Marx und Kafka vor.

Schließlich: die Anarchie. Es ist ja bekanntlich schwer, die deutsche Seele – die ohnehin knietief in den »Müttern« steckt – zu ergründen, aber eins steht fest: Eine ihrer Hauptbestandteile ist Ordnung, Disziplin, Regelmäßigkeit, Gefolgschaftstreue. Zu den absoluten Gegenbildern, die von solchen kollektiven Untiefen ins nationale Bewußtsein geschickt werden, gehört die Anarchie.

In dem mir lieben, schönen positivistischen *Etymologischen Wörterbuch* von Kluge/Götze (1881) wird Anarchie definiert mit »Zustand ohne Anführer«. Wer möchte gegen eine solche Definition einen Stein aufheben, außer uns, die wir in einem »Zustand ohne Anführer« offenbar nicht leben können? Das Wort »Anarchist« wurde übrigens durch Joseph Görres in die deutsche Sprache gebracht, der sich 1798 in dem von ihm herausgegebenen *Roten Blatt* darüber mokierte, dass man »aus meinem Namen und meinen Haaren zu beweisen suche, ich sei ein Anarchist«. Görres war damals 22 Jahre alt, im besten Terroristenalter, würde man heute sagen – auch die neuerliche Erklärung des Anarchismus durch die Haartracht scheint so neu also nicht. Und das *Rote Blatt* dieses älteren Kollegen von mir wurde natürlich auch sofort verboten. Und diesen frühen Görres wollen die heutigen christlichen Konservativen, zu deren Hausphilosophen der späte Görres ja gehört, ebenso wenig wahrhaben wie das Ahlener Programm der CDU.

Noch eine Definition, und zwar eine der frühesten, im berühmten *Grammatisch-kritischen Wörterbuch der Hochdeutschen Mundart* von Adelung (1793): »Anarchie ist derjenige Zustand einer bürgerlichen Gesellschaft, nach welchem sie kein gemeinschaftliches Oberhaupt hat, und eine solche bürgerliche Gesellschaft selbst, im Gegensatze des Staates im engern Verstande.« Das muß man sich einmal vorstellen, was da im öffentlichen deutschen Denken inzwischen geschehen sein muß, seit Adelung die Anarchie für eine Form der bürgerlichen Gesellschaft erklärte, und das auch noch *im Gegensatze des Staates im engern Verstande*. Was da geschehen ist, mag eine letzte lexikographische Erklärung belegen, die von Meyers Konversations-Lexikon von 1874: »Frankreich war häufig ein Schauplatz der Anarchie; es scheint dem Germanenthum vorbehalten zu sein, die richtige Vereinigung von Herrschaft (Macht, Gewalt) und Freiheit zu finden.«

An diesem begrifflichen und politischen Imperialismus haben die letzten hundert Jahre deutscher Geschichte gerüttelt, den politischen kräftig verbogen, den begrifflichen etwas lädiert, aufgehoben haben sie ihn nicht – ich erinnere nur daran, in welcher Weise die Herrschaft noch heute, vor aller Augen, mit einem der bedeutendsten deutschen Intellektuellen, Peter Brückner, umspringt. Das ist eben der Unterschied zwischen dem Konservativen de Gaulle und dem Konservativen Carstens.

Daraus resultieren also die drei genannten Absichten des Verlags, die eigentlich ganz normale Pflichten eines deutschen Intellektuellen sind, wenn er diesem Land, sei es auch kritisch, zugetan ist.

Und es sind sehr angenehme Pflichten, weswegen ich meinen Beruf nach so vielen Jahren immer noch mit großer, ja geradezu leidenschaftlicher Lust ausübe. Da wird einem ein ordentliches, eher puritanisches Volk mit kräftig gestörter nationaler Identität sozusagen in den Schoß gelegt, und man erhält als Intellektueller den Widerpart zugesprochen. Das ist ja fast eine Gnade! Denn natürlich ist es viel lustiger, für mehr Gesellschaft einzutreten und weniger Staat, mehr Geschichten und Geschichte erzählen zu dürfen als weniger, so radikal sein zu dürfen wie in anderen Ländern die Konservativen, freier als gesetzlich vorgeschrieben, liberaler als die Polizei erlaubt.

Aus der Rede zum Kritikerpreis der Literatur, 1979

STEPHAN HERMLIN   Wie ich einen Freund verlor

Erich M. war der jüngste Sohn einer Arbeiterfamilie, in deren
Wohnküche ich so oft wie möglich saß. Ich begegnete neuen
Menschen, sie waren für mich voller Geheimnisse, wenn sie
auch nur von alltäglichen Dingen sprachen. Erichs Vater hatte bei Spartakus gekämpft, er sprach selten, sah erschöpft aus
und hatte es, wie Erich sagte, auf der Lunge. Die beiden Brüder Erichs arbeiteten als Spezialisten in der Sowjetunion, bei
Elektrosawod. Es war die Epoche des ersten Fünfjahresplans,
ich betrachtete mit stummer Begeisterung in illustrierten Zeitschriften die Bilder der neuen Städte, die Le Corbusier und
Ernst May bauten. Wenn Erichs Brüder gelegentlich nach Berlin kamen, wurden wir nicht müde, ihnen Fragen zu stellen.
Sie berichteten vom Moskauer Alltag ohne Furcht, Mängel
beim Namen zu nennen. Not und Hunger vermochten nicht,
die Sowjetunion in unseren Augen herabzusetzen; sie waren
das Erbe der Vergangenheit, einer korrupten Gesellschaft, von
Krieg und aufgezwungenem Bürgerkrieg. Auch bei uns gab es
jetzt Hunger. Er war das Ergebnis der Völlerei der Wenigen.
Dort bereitete ein Land, das keine Arbeitslosen kannte, den
Überfluß für alle vor. Es gab dort Wohnungsnot, aber schon
waren jene Städte im Bau, die ich in meinen Träumen und
später in einem Gedicht die weißen Städte nannte, weil ich sie
weiß und vollkommen auf den Photographien in der »Arbei-
ter-Illustrierten« sah; bei uns gab es genug Wohnungen, aber
täglich wurden Hunderte exmittiert, weil sie die Mieten nicht
mehr bezahlen konnten. Wir lachten über die Berichte von
der russischen Not in den bürgerlichen Zeitungen, denn wir
wußten, daß es drüben schnell aufwärts gehen würde, während bei uns der Kapitalismus am Ende war.
    Es war Anfang Februar, nur wenige Tage nach der Macht-
ergreifung Hitlers, als ich, durch eine Nebenstraße der

Kaiserallee gehend, Trommeln und Gesang hörte. Ich blieb stehen und erblickte nach wenigen Sekunden ein Fähnlein der Hitlerjugend, das singend in meine Straße einschwenkte. In dem zweifelhaften Deutsch mancher Soldatenlieder hieß es da:

Dass das Vaterland nicht untergeh',
Drum starben stürmend sie bei La Bassée.

Das Lied hatte ich nie zuvor gehört. Melodie und Text blieben mir fest im Gedächtnis, wenn auch Jahr um Jahr verging, und ebenso das rasche Schwenken der linken Flügelmänner um die Ecke, und der Flügelmann in der zweiten Reihe, laut singend im braunen Hemd und die dicke Mütze auf dem Kopf, war mein Freund Erich M. Er sah mich und wurde blutrot, und gleichzeitig fühlte ich, daß ich erblaßte. Er sah gerade vor sich hin. Nur ein paar Stunden oder Tage hatten genügt, ihn so zu verwandeln. Ich war siebzehn Jahre alt und begriff es nicht, aber ich lernte es begreifen, als er schon lange an mir vorbeigezogen war. Er war der erste, zahllose sah ich folgen. Unbezähmbar ist der Drang, bei den Stärkeren zu sein.

Abendlicht, 1979

PETER BRÜCKNER
Über Zivilcourage am unsicheren Ort

Für das Lexikon ist die Zivilcourage: »Mut, die eigene Überzeugung zu vertreten.«

Die Dürre enttäuscht. Und: Mut, wirklich in jeder Situation?

Wenn bewaffnete Heiden einen Juden einfingen und von ihm forderten: »Schwör ab, sonst wirst Du erschlagen«, und der Mann war ein knorziger Jude und schwor *nicht* ab und die Philister töteten ihn, so war das nach dem Verständnis der frommen jüdischen Lehrer weder Zivilcourage noch Mut, sondern ein Abfall vom Glauben: Jahwe wollte nicht, daß Juden sterben. Leben sollten sie. (Und wenn gar zehn gefangen waren, also genügend Leute für ein rituelles Gebet, und die schworen ab, so galt das als Landes- und Gottesverrat.) Unser Jude konnte bekennen oder auch nicht, er war – im Vorhof des Tempels, auf seinem Acker, am Herd – *eines Volkes und Gottes*, und er war mit den Philistern *einer Zeit*.

Zivilcourage dagegen gehört – wie die »Meinung« – in eine spätere Epoche der Kompatibilität, der Trennung. Bürgermut vor Fürstenthronen, Bürgerstolz statt Liebedienerei: das setzt die *Überschichtung* von Zeitaltern voraus; von Kapitalismus, Adel und Monarchie, von Kasten (seien es Offiziere oder Beamte) und Klassen (Arbeitern, ›Mittelstand‹, Bourgeoisie), von erheblicher Legitimität oder erworbenem Besitz, von ›Familienrang‹ oder dem – neuen – Rang der Individualität. Noch glänzen Thron und Altar, aber sie stützen das, was *sie* stützt: das Finanzkapital, die großen Unternehmer. Noch gibt der Adel den Ton an, noch herrscht er. Aber der Bürger handelt.

Freibeuter 1, 1979

ERICH FRIED   Was es ist

Es ist Unsinn
sagt die Vernunft
Es ist was es ist
sagt die Liebe

Es ist Unglück
sagt die Berechnung
Es ist nichts als Schmerz
sagt die Angst
Es ist aussichtslos
sagt die Einsicht
Es ist was es ist
sagt die Liebe

Es ist lächerlich
sagt der Stolz
Es ist leichtsinnig
sagt die Vorsicht
Es ist unmöglich
sagt die Erfahrung
Es ist was es ist
sagt die Liebe

Es ist was es ist, 1983

PETER BURKE   Ein anderes Bild der Renaissance

Für Jacob Burckhardt war 1860 die Renaissance noch eine im
wesentlichen moderne Epoche – eine moderne Kultur, hervorgebracht von einer modernen Gesellschaft. Heute erscheint
uns die Renaissance nicht mehr modern. Dieser Wandel ist
zum Teil Ergebnis einer mehr als hundertjährigen Erforschung

KW und Peter Burke, 1984

der Kontinuitäten zwischen Mittelalter und Renaissance, vor allem aber beruht er auf einer Veränderung in unserer Auffassung der Moderne. Seit 1860 ist die klassische Tradition verblaßt, und viele Agrargesellschaften sind dabei, sich in urbane Industriegesellschaften zu verwandeln. Im 15. und 16. Jahrhundert arbeiteten die meisten Italiener auf dem Land, viele konnten weder lesen noch schreiben, und sie alle waren auf tierische und menschliche Energiequellen angewiesen.

Ein wesentliches Merkmal der italienischen Renaissance ist die Zurückweisung der Tradition. Ihr entspricht in der bildenden Kunst die Kritik Filaretes und Vasaris an dem, was sie den »griechischen« oder »deutschen« Stil nennen, also an der »Gotik«. Filarete behauptete sogar, die Barbaren hätten diesen Stil nach Italien gebracht. Diese respektlose Einstellung zur Tradition deutet darauf hin, daß ein Grund für die zentrale Rolle Italiens bei den kulturellen Wandlungen des 15. Jahrhunderts darin bestand, daß dieses Land an der Gotik weniger Anteil genommen hatte als etwa Frankreich, Deutschland oder England.

Und doch: Die Italiener der Renaissance kamen nicht ganz ohne Tradition aus, sie fanden sie in der Antike. Die Bewunderung der Antike erlaubte es ihnen, die eigene Tradition mit dem Argument zu attackieren, sie sei selbst ein Bruch mit der Tradition. Wenn Filarete von »moderner« Architektur spricht, dann meint er den gotischen Stil, den er ablehnte. Damit nahm er eine ähnliche Position ein wie die meisten Rebellen, Revolutionäre und Reformer im Europa der frühen Neuzeit, die den Anspruch erhoben, die eigentlichen Bewahrer zu sein.

Man kann nicht erwarten, daß die Zeitgenossen die eigenen Leistungen zutreffend beschreiben. Wie so oft bei kulturellen

Wandlungsprozessen wurde das Neue dem Alten hinzugefügt, dieses wurde durch jenes aber nicht ersetzt; der Kulturwandel vollzog sich »additiv«, nicht »substitutiv«. Der Humanismus machte das Interesse an der scholastischen Philosophie keineswegs zunichte. Venus tritt auf, aber die Jungfrau Maria tritt deshalb nicht ab; beide Gestalten und beide Traditionen existieren nebeneinander und beeinflussen einander.

Ein weiteres Merkmal der italienischen Kultur in dieser Zeit besteht darin, daß sie, verglichen mit dem Mittelalter, eher säkular, weltzugewandt war. Man hat freilich das Tempo dieser Säkularisierung häufig übertrieben.

Die Renaissance in Italien, 1984

ALEXANDER KLUGE
Das Politische als Intensität alltäglicher Gefühle

Wenn Sie die drei Hauptgruppen menschlicher Arbeitskraft – die Stabilität, die Innenausstattung der Motive, an der die Hauptarbeit geschieht, die Arbeit in den Betrieben und Berufen und die Arbeit in den Beziehungen – zusammennehmen und einmal errechnen, wie viel dies etwa sein mag, dann bleibt etwa 1,5 % der menschlichen gesellschaftlichen Arbeitskraft für das Politische übrig. Und die teilt sich jetzt wieder ein in links, rechts, Mitte; wird verwaltet in Form von Irrtümern, politischer Halbproduktion, wiederum eingeteilt in Außerparlamentarische, Exekutive, Parlamente und die Justiz, die angeblich keine Politik macht. Und dies alles mit der falschen Konzeption, Politik sei ein Sachgebiet. Während es doch ein besonderer Intensitätsgrad von allem und jedem ist, jedem alltäglichen Gefühl, jeder Praxis. Fontane würde hieraus für den Umgang mit der Sprache, also für Literatur, schließen, daß es

Zeit ist, diese Disproportionen gründlich zu verändern, daß also Schriftsteller nicht dadurch politisch werden, daß sie sich an eine politische Praxis halten, sondern daß sie in Form von Geschichten das, was als unpolitisch gilt, aber ein Politikum ist, endlich einbringen helfen.

Diese Disproportion ist in allen Ländern vorhanden. In Deutschland aber ist sie spezifisch, ist Ursache für eine ganze Reihe von Katastrophen. Sehen Sie, es ist durchaus unpraktisch, wenn die Erschütterung deutscher Familien, die im Jahre 1942 etwas Wichtiges für die Opfer in Auschwitz bedeutet hätte, im Jahre 1979 nachgeholt wird; denn heute ist es eine im wesentlichen unbrauchbare, nämlich zeitlose Form von Erschütterung. Diese Tatsache, daß wir in unserem Land immer an den falschen Momenten erschüttert sind und an den richtigen Momenten diese Erschütterung nicht bringen – und ich rede jetzt von etwas sehr Schlimmem –, ist Folge davon, daß wir das Politische als Sachgebiet, das die anderen für uns besorgen, und nicht als einen Intensitätsgrad unserer eigenen Gefühle auffassen.

Freibeuter 1, 1979

BARBARA SICHTERMANN   Fetisch Verständlichkeit

Heute stößt, wer unter den Fremdwörtern nicht bloß die inzwischen wohlbekannten benützt, wer Sätze mit Unter- und Nebengeschossen zu konstruieren wagt, auf einen stereotypen Vorwurf: er/sie sei nicht verständlich. Ich fürchte: Die Verständlichkeit, die da gefordert wird, wäre zunächst mal das Einverständnis darüber, daß man sich lieber wechselseitig bestätigen als befragen, daß man lieber Gewohntes wiederholen als »etwas Neues lernen« wolle, daß man die Geborgenheit des vertrauten und nicht die Kühle des fremden Wortes suche.

Kurz: Die heute gängige Kritik an der Aufklärung akademischen alt-linken Zuschnitts, die
plausibel scheint, weil sie etwas so Erstrebens-
wertes und Demokratisches einklagt wie Allge-
meinverständlichkeit – diese Kritik könnte nach
Art einer *self-fulfilling prophecy* wirken, also das
herbeiführen, was sie beklagt. Es gab eine Zeit,
in der die Wörter nicht fremd genug sein konnten – und doch ›massenhaft‹ gehört wurden.

Aber abgesehen von der historischen Konstellation – der
Antrag: »Sag das doch mal einfacher« ist ein unsittlicher. Wäre
doch das Einfache einfach! Es zählt zu den Binsenweisheiten,
daß der einfache Ausdruck der allerschwerste ist. Nicht alles,
was einfach ist, ist ja Ausdruck. Ausdruck, der mit Gewalt
einfach sein will, gerät manieristisch, er ist schließlich nicht
weniger »schwer verständlich« als der gehorsam sich auf ver-
schlungene Fährte komplizierter Zusammenhänge begebende
»keuchende« Gedanke. Ferner: Zwischen einem Gedanken
und seinem Ausdruck liegt ein Stück Arbeit. Warum nicht
den Gedanken so präsentieren, dass er von der ihm in eine
Formulierung hineinhelfenden Arbeit etwas mitteilt?

Die Stunde des spontanen Verstehens ist der »öffentlichen
Arbeit des Denkens« gemäß. (Mit »verstehen« meine ich nicht
oder nicht nur »akzeptieren«, sondern auch »streiten wollen«.) Die traditionelle linke Diskussion aber neigt dazu, den
Konsens Plausch zu präferieren und das harte Brot der Auseinandersetzung um grundsätzliche Positionen seiner Schwerver-
daulichkeit wegen liegen zu lassen. Ich will nicht klagen. Ich
will aber daran erinnern, daß Unverständnis auch immer mit-
produziert wird von dem, der guten Gewissens nichts versteht.

Freibeuter 16, 1983

CARLO GINZBURG   Das Indizienparadigma

Dasselbe Indizienparadigma, das dazu gebraucht wurde, immer subtilere und kapillarere Formen sozialer Kontrolle zu erarbeiten, kann ein Mittel werden, um die ideologischen Nebel zu lichten, die die komplexe soziale Struktur des Spätkapitalismus immer mehr verschleiern. Wenn die Forderung nach systematischer Erkenntnis auch immer anmaßender zu werden scheint, sollte deshalb die Idee von einer Totalität noch nicht aufgegeben werden. Im Gegenteil: Die Existenz eines tiefen Zusammenhangs, der die Phänomene der Oberfläche erklärt, sollte man gerade dann betonen, wenn man behauptet, daß eine direkte Kenntnis dieses Zusammenhangs unmöglich ist. Wenn auch die Realität »undurchsichtig« ist, so gibt es doch besondere Bereiche – Spuren-Indizien –, die sich entziffern lassen. Aber kann ein Indizienparadigma konsequent sein? Die quantitative und antianthropozentrische Ausrichtung der Naturwissenschaften seit Galilei hat die Humanwissenschaften in ein Dilemma gebracht: Entweder sie akzeptieren eine wissenschaftlich unabgesicherte Haltung, um zu wichtigen Ergebnissen zu kommen, oder sie geben sich eine wissenschaftlich abgesicherte Ordnung, um zu Ergebnissen von geringerer Bedeutung zu kommen. Nur der Linguistik ist es im Laufe dieses Jahrhunderts gelungen, sich diesem Dilemma zu entziehen; deshalb stellt sie auch für andere Disziplinen ein – mehr oder weniger vollendetes – Modell dar.

Es ist jedoch nicht nur zweifelhaft, ob diese Art von Konsequenz erreichbar ist – es ist auch zweifelhaft, ob sie überhaupt wünschenswert ist für die Formen von Wissen, die an die tägliche Erfahrung oder genauer: an alle Situationen gebunden sind, in denen Einzigartigkeit und Unersetzbarkeit der Faktoren in den Augen der betroffenen Personen entscheidend sind. Irgendjemand hat einmal gesagt, daß die Verliebtheit eine Überbewertung unwesentlicher Unterschiede zwischen einer Frau und den anderen (oder einem Mann und den anderen) sei. Doch das gilt auch für Kunstwerke oder Pferde. In solchen Situationen erscheint die elastische Härte (man lasse uns dieses Oxymoron durchgehen!) des Indizienparadigmas als unzerstörbar. Es handelt sich hier um Formen eines tendenziell stummen Wissens – und zwar deswegen, weil sich seine Regeln nicht dazu eignen, ausgesprochen oder gar formuliert zu werden. Niemand erlernt den Beruf des Kenners oder Diagnostikers, wenn er sich darauf beschränkt, schon vorformulierte Regeln in der Praxis anzuwenden. Bei diesem Wissenstyp spielen unwägbare Elemente, spielen Imponderabilien eine Rolle: Spürsinn, Augenmaß und Intuition.

Spurensicherung, 1983

GIANNI CELATI   Vogelfrei

Kurz vor dem letzten Weltkrieg kam in die Gegend um Portomaggiore ein Mann, der in der ganzen Gegend Stoffe, Nadeln und Nähseiden feilbot. Der Mann reiste mit einem Automobil Marke Balilla, hatte seinen Borsalino tief ins Gesicht gezogen, lächelte immer und war nie um ein Wort verlegen. Er schlief im Auto oder in den Scheunen, aß bei seinen Kunden, rechnete den Preis für die Mahlzeit auf die Einkäufe an und nahm statt Geld auch Mehl, Bohnen oder Mais. Damals gab es auf dem Land noch keine Bars, und so versammelte der Mann abends zum Zeitvertreib eine ganze Pächterfamilie um sich und erzählte Geschichten.

Eines Abends, bevor er in die Scheune schlafen ging, streichelte er ein kleines Mädchen, das ihn mit weit aufgerissenen Augen ansah und das er offensichtlich mit seinen Geschichten sehr beeindruckt hatte. In der Nacht drangen zwei Männer in die Scheune ein und schlugen den fliegenden Händler fast tot, es gelang ihm nur mit Mühe, zu flüchten.

Etwa zwanzig Jahre später kam ein Einäugiger in dieselbe Gegend. Er fragte überall herum und sagte schließlich, als er vor einem Gehöft stand, hier hätte er vor zwanzig Jahren sein Auge verloren. Zwei Männer hätten ihn in der Nacht angegriffen, weil er in ihren Augen abartig war, und während er aus der Scheune geflohen sei, hätten sie ihn ins Auge getroffen. Die Frau auf der Schwelle des Gehöftes, die ihn lange angesehen und seiner Erzählung zugehört hatte, sagte, sie erinnere sich an alles. Sie war das kleine Mädchen, das der Mann an jenem Abend gestreichelt hatte, sie erinnerte sich an seine Geschichten und an die Abende, an denen sie um den Küchentisch gesessen hatten. Sie hatte einen Pächter geheiratet, der sehr viel älter war als sie und der sie etliche Jahre lang geschlagen und mißhandelt hatte und schließlich an einem Bluthusten erstickt war.

Wahrscheinlich war es derselbe Pächter, der auch den fliegenden Händler mit einer Schaufel geschlagen hatte, so daß er das Auge verlor.

Während sie miteinander redeten, verheimlichte die Frau keineswegs, daß sie ihren verstorbenen Ehemann wegen seiner Brutalität immer noch haßte und daß sie dem unglückseligen ehemaligen Händler zugetan war. Sie hatte ihm etwas zu trinken angeboten und redete gern mit ihm. In dieser Gegend, so sagte sie, würde ein Mann nie ein kleines Mädchen streicheln; denn die Männer müssen immer alle finster anblicken, damit sie nicht von den anderen Männern auf frischer Tat ertappt werden.

Bevor der Einäugige wieder wegging, gestand er, schon unter der Tür, der Frau, daß er soeben aus dem Gefängnis kam, wo er achtzehn Jahre verblieben war. Er hatte ein kleines Mädchen erwürgt.

Erzähler der Ebenen, 1986

JAVIER TOMEO Ratschlag eines älteren Herrn an seinen Diener Bautista über den Umgang mit Frauen im allgemeinen und Doña Beatriz im besonderen

Jetzt sind Sie allein, eingehüllt in ein peinliches Schweigen. Die Initiative geht von Doña Beatriz aus, wie ich Ihnen schon sagte. Sie seufzt tief auf und zwinkert Ihnen zu. Sie kneifen, und sie insistiert. Sie seufzt erneut, nähert sich Ihnen und versetzt Ihnen einen kleinen Schubser mit der Hüfte. (Ein Stoß, der in Anbetracht der Umfänglichkeit ihrer Hüften geringfügig, ja kaum mehr als ein Streifen sein dürfte.) Wir wollen einmal sehen: Was würden Sie angesichts einer solchen Provokation tun, Bautista? Wie würden Sie reagieren? Ich möchte Ihnen nicht verhehlen, daß Sie sich in einem argen Dilemma befinden, mein Freund.

Sie sehen schon, wohin Sie auch schauen, überall lauern Gefahren. Denn wenn Doña Beatriz sich Ihnen schmeichelnd nähert und Sie den Drückeberger spielen, kann sie in Zorn geraten. Das ist schlecht. Sie wissen ja, was in solchen Fällen geschieht. Die Frauen vermögen demjenigen zu verzeihen, der sich bei ihnen vergißt, niemals jedoch dem, der eine günstige Gelegenheit nicht nutzt. Wenn die Frau Gräfin Ihnen also zuzwinkert und Sie errötend den Blick zu Boden senken, würden Sie Gefahr laufen, sie zu Ihrer schlimmsten Feindin zu machen. Die Alternative, vor der Sie stehen, ist folgende: den Handschuh dieser Liebesfehde aufheben oder ihn nicht aufheben; das heißt, sich der Laune von Doña Beatriz fügen oder ihr vom ersten Augenblick jede Illusion nehmen. Was meinen Sie, Bautista? Ich glaube, daß es in gewisser Weise vorzuziehen wäre, wenn Sie auf das Liebeswerben dieser Frau eingingen. Weshalb nicht? Was können Sie verlieren? Vorwärts also, mein tapferer Romeo! Wenn die Frau Gräfin Ihnen tatsächlich zuzwinkert, dann antworten Sie ihr, ohne zu erröten, auf der Stelle mit einem leidenschaftlichen Blick. Was von diesem Augenblick an geschehen kann, ist ein Rätsel, denn die Frauen haben keinen Hang zur Logik, sie funktionieren mit Wechselstrom.   *Der Marquis schreibt einen unerhörten Brief, 1984*

LOTHAR BAIER   Die neue Unschuld

Es ist nicht leicht, die neue Unschuld bei der Arbeit zu beobachten; daß man sich kleinmachen muß, wenn man rein bleiben will, das hat sie gelernt. Ein Zipfel von ihr ist aber in einem Interview zum Vorschein gekommen, das die ›taz‹ mit Jorge Semprún führte, einem Mann, dessen Vergangenheit als bewaffneter Widerstandskämpfer und als Führungsmitglied der Kommunistischen Partei Spaniens den Sinn für die Unschuld natürlich herausfordern muss.

Semprúns Auskunft, er habe, als Kommunist, zusammen mit anderen spanischen, französischen und italienischen Kommunisten, wirklich geglaubt, »die kommunistische Bewegung im Westen verändern zu können«, weckt in den Interviewern keineswegs Neugier. Sie wollen nicht wissen, welche Anhaltspunkte es für Semprún damals gegeben hat, an die

Reformierbarkeit der kommunistischen Bewegung zu glauben. Wichtig ist nur, daß der Glaube ein Irrtum war; da ist die Unschuld ganz in ihrem Element:

»Warum kamen Sie erst so spät darauf? In den fünfziger Jahren gab es doch schon genügend Literatur über den Stalinismus, die Gulags.«

Eine aufschlußreiche Formulierung. Denn sie deutet darauf hin, daß die Frage nach dem Handeln sich auf die Frage nach dem Irrtum reduziert und daß sie sich nur noch in den Begriffen eines literarischen Rezeptionsproblems stellt. Es kommt nur darauf an, im richtigen Moment die richtigen Bücher zu lesen, dann bleiben uns Täuschungen erspart. Unter dem unerbittlichen Blick der Unschuldigen weicht die Geschichte auf, wird dann geglättet und durch die Mangel gedreht, bis sie zu Papier geworden ist. Unverständlich bleibt der neuen Unschuld eine Erkenntnis, die Peter Brückner (in *Psychologie und Geschichte*) aus den Affektstürmen gewann, deren Ausläufer die Deklaration der Menschenrechte 1789 begleiteten: »Wer in bestimmten geschichtlichen Augenblicken den Kopf nicht verliert, der hat keinen Kopf.« In der stillgestellten Geschichte, deren Produkt die neue Unschuld ist, gibt es keine »bestimmten geschichtlichen Situationen« mehr, die den Kopf verlieren lassen. Die Geschichte ist ganz zur Literatur geworden, in der man sich *à la carte* zusammenstellt, was einem schmeckt: die *nouvelle cuisine* des *posthistoire*.

Gleichheitszeichen, 1985

EDITH SITWELL   Ein sportlicher Gentleman

Im Flachland, nahe Doncaster, hätte man an einem Herbsttag um 1840 den stattlichen Mr. Jimmy Hirst antreffen können, wie er im Begriff stand, sein Haus zu verlassen, um schießen zu gehen. Sein hübsches, wenn auch grobes Gesicht glänzte wie blankpoliertes Leder, und alles an ihm hatte einen kräftigen Leder-Geruch.

Aber Mr. Hirst hatte, außer auf dem Rennplatz, mit Pferden nichts im Sinn; auf die Jagd ritt er auf einem Bullen von fülligen Proportionen und schwankendem Temperament, und anstelle von Vorsteherhunden benutzte er eine Schar lebhafter und pfiffiger Schweine, die alle auf Namen hörten und ihren Dienst tadellos versahen. Sein Personal bestand aus einem Hausdiener, einem weiblichen Dienstboten für alles, einem zahmen Fuchs und einem Otter; daneben aber besaß er einen Stall mit Mauleseln und Hunden.

Das Haus selbst gewann an Behagen durch einen großen Sarg im Speisezimmer. Mr. Hirst hatte sich als sehr weitblickend gezeigt, als er den Sarg kaufte, denn er wollte neunzig werden; in der Zwischenzeit ließ er sich als Büffet verwenden,

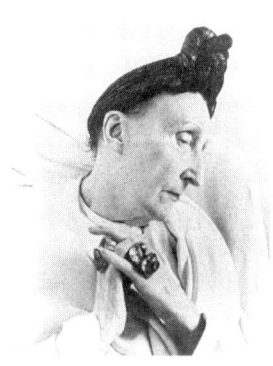

und wenn ihn seine Freunde besuchten, holte er Alkoholika aus seiner Tiefe hervor. Mr. Hirsts sportliche Aktivitäten beschränkten sich nicht darauf, zu schießen und auf einem Bullen zur Jagd zu reiten; er war eine ebenso bekannte Figur auf der Rennbahn von Doncaster. Seine Ankunft verbreitete allseits beste Laune. In seiner schimmernden, aus Federn eines Enterichs gemachten

Edith Sitwell

Weste stolzierte er in der Umfriedung herum und zog, wenn er Wetten abschloß, selbstgefertigte Banknoten aus den Taschen.

Seine letzte Fahrt war bemerkenswert wie irgendeine zuvor. Der Sarg wurde aus dem Eßzimmer herausgebracht und – nachdem man die Alkoholika entfernt und durch den Leichnam des neunzigjährigen Mr. Hirst ersetzt hatte –, gefolgt von einer riesigen Prozession von Sportsleuten und unter den Klängen eines flotten, auf einem Dudelsack und einer Fiedel gespielten Marsches, von acht kräftigen Witwen zu Grabe getragen.

Englische Exzentriker, 1987

Ein ziemlicher Haufen (Vertretersitzung von 1994). Stehend: Michael Ouro, Konrad Singer, Rainer Groothuis, Stephan Lehmann, Petra Biesenkamp, Babette Giesecke, Christiane Jessen, Sunita Scheffel, Armin Abmeier, Andrea Turban, Piroska Boros, Katrin Haas, Ina Munziger, Susanne Schüssler, Gottfried Rother, Heinz Zirk. Sitzend: Jörg Wallenstein, H. U. Zbinden, Friederike Rother, Nina Wagenbach, KW und Heinrich von Berenberg

1988–1995

VOM GEIST DER ZEITEN

Die von Kurt Wolff beschworenen Ohnmachten sind glücklicherweise nicht nur vorübergehend, sondern finden auch nicht an
allen Orten verlegerischen Interesses zugleich statt. So bat ich
beispielsweise schon 1985 Ulrich Raulff, ein Taschenbuch über
die »Neue Geschichtsschreibung« zusammenzustellen, das ein
Jahr später unter dem Titel *Vom Umschreiben der Geschichte*
erschien. Ein bescheidenes Büchlein, das dennoch die Erschlie-
ßung eines neuen Arbeitsfeldes signalisierte: Mikrogeschichte,
Mentalitätsgeschichte, historische Anthropologie. Zwar war der
Boden mit zwei außerordentlichen Büchern vorbereitet – Carlo Ginzburgs *Erkundungen über Piero* und *Giorgiones Gewitter* von Salvatore Settis –, aber jetzt kamen Giovanni Levi und
Alain Corbin hinzu, Natalie Zemon Davis und Georges Duby,
Peter Brown und Roger Chartier, Jonathan Spence und Arlette
Farge. Wenn gesagt worden ist, viele dieser Werke seien die
»eigentlichen Romane unseres Jahrhunderts«, so gibt es dafür
zumindest zwei gute Gründe. Einmal das Sichentfernen dieser
Geschichtsschreibung von den sogenannten Hauptereignissen
und ihr größeres Interesse an den tatsächlichen Lebensumstän-
den der Leute, feierlicher ausgedrückt: an der Selbstkonstitution
des Subjekts. Zweitens gestand diese Geschichtsschreibung offener ihre Unfähigkeit ein, alles und jedes erklären zu können,
das heißt, sie bestand auf der Fremdheit von Geschichte, sah
sich – wie es Paul Veyne schön bezeichnet hat – als »Wörterbuch
der Unterschiede«. Kurz: Diese Geschichtsschreibung degradiert
diejenigen, die vor uns gelebt haben, nicht zu wissenschaftlichen
Abstrakta oder stummem Personal oder bloßen Vorläufern unserer herrlichen Zeiten, sondern erzählt, was anders war. Das

Ullrich Raulff

Begreifen, warum etwas anders und fremd ist, macht eigene Gedanken.

Es scheint so, dass die Humanwissenschaften sich sowohl von den Allmachts- wie von den Ohnmachtsphantasien zu verabschieden beginnen. In Büchern gesprochen, bedeutet das den Abschied vom opus magnum, das die Welt erklären will, und das Willkommen für offenere Darstellungsweisen.

An diesem Punkt der Überlegungen haben wir, 1988, eine neue (innerhalb kürzester Frist mehrfach nachgeahmte) Buchserie gegründet, die *Kleine Kulturwissenschaftliche Bibliothek*, die dem wissenschaftlichen Essay gewidmet ist. Eine Sammlung anstiftender Arbeitshefte, ebenso offen für wissenschaftliche Versuchsanordnungen wie für das, was Aby Warburg die »gute Nachbarschaft« (zu anderen Wissenschaften und Kulturen) nannte.

Es zeigte sich sofort, dass insbesondere der aus anderen Sprachen übersetzte wissenschaftliche Essay offenbar Neuland war: Unter den ersten zwanzig Titeln waren sechzehn fremdsprachige; elf stellten die Autoren im deutschsprachigen Gebiet überhaupt zum erstenmal vor. Und wir kamen mit so außerordentlichen Autoren wie Montgomery Watt, Pierre Nora, Enrico Castelnuovo, Krzysztof Pomian, Arnaldo Momigliano, Yosef Hayim Yerushalmi oder Keith Thomas zusammen. Die Bilanz am Ende des ersten Jahres hat uns dann allerdings klargemacht, warum dieses Feld von den Verlegern bislang eher gemieden worden war: zu viele Honorare und zu geringe Auflagen – das schlägt sich eher in Zu- als in Überschüssen nieder. Für deren Beobachtung war im Verlag freilich Petra Biesenkamp zuständig, seit je gleichmäßig gelassen und heiter, und also geht es weiter.

Wie viele Bücher aber brauchen Zuschüsse! Faustregel bei uns: Etwa zwei Drittel aller Neuerscheinungen. Von denen allerdings hie und da eine zweite oder erst die dritte Auflage dann doch noch die Kasse ein wenig auffrischen kann, so geschehen 1989 ausgerechnet bei der Gesamtausgabe aller Shakespeare-Übersetzungen Erich Frieds, für die wir (drei umfangreiche Bände samt Begleitbuch!) kalkulatorisch schon alle Hoffnung hatten fahren lassen.

Im Prinzip heißt es aber doch eher, die durch die schönsten Verlustprojekte zu erwartenden Bilanzlöcher ein wenig vorsorglich zu stopfen, wenigstens versuchsweise. Durch Anmessen neuer Hosen zum Beispiel: 1987 veröffentlichten wir Doris Lessings *Das Leben meiner Mutter* als Taschenbuch, mit dem erfolgreichen Untertitel »Mit Bildern aus Afrika« (es waren damals, nicht nur im Film, afrikanische Jahre). Nach etwa fünf bis sieben Jahren ließ der Erfolg nach. Wir haben dann mitten in einer Auflage das Taschenbuch vom Markt genommen und den gleichen Text als (teurere) *SVLTO*-Ausgabe neu veröffentlicht, diesmal nicht mit Bildern aus Afrika, sondern mit einem Bild von Mutter und Tochter – und so dem Buch, in rotem Leinen, als Mutter-Tochter-Bericht, neue Leser verschafft. Später, 2003, brachte es der immer noch gleiche Text, gebunden in schimmerndem Karton, elfenbein und rosé, in einer Taschenbuch-Aktion mit dem Titel *Wilde Weiber – ernsthafte Damen* immerhin innerhalb eines Jahres zu

Natalie Zemon Davis
Yosef Hayim Yerushalmi
Georges Duby
Alain Corbin

Doris Lessing »Das Leben meiner Mutter« in unterschiedlichen Verpackungen.
Von links: 1988, 1987, 2007, 2003

weiteren 4000 verkauften Exemplaren. »Tiderne skifter«, sagt mein freundlicher dänischer Kollege Claus Clausen und hat – nach Bob Dylan – seinen Verlag so genannt: Die Zeiten ändern sich.

Der anscheinend näherliegende ökonomische Rettungsversuch, die Erhöhung des Ladenpreises, ist nur mit großer Vorsicht zu empfehlen, weil Bücherkäufer fast jedes Buch für zu teuer halten. Ein empfehlenswerterer Rettungsversuch hingegen ist die Anthologie, und die Leser des Verlags kennen und lieben sie ja auch, von den früheren *Tintenfischen* zum *Lesebuch* bis zu *Kafkas Prag* (welch letzteres uns ein Unternehmen finanzieren half, für das kein österreichischer und kein deutscher Staat oder Fonds einen Zuschuss geben mochte: die vierbändige Werkausgabe von Erich Fried).

Anthologien müssen allerdings zum richtigen Zeitpunkt erscheinen. So schneiderten wir 1989 der außerordentlich erfolgreichen *Italienischen Reise* (herausgegeben von Alice Vollenweider, die uns auch einen unserer größten Bestseller schenkte: *Italiens Provinzen und ihre Küche*) mit viel Geduld eine *Deutsche Demokratische Reise* nach; sie erschien fast auf den Tag genau zur Öffnung der Mauer, als kein Mensch sich mehr für die Befindlichkeiten der DDR-Bewohner interessieren zu müssen glaubte. Ich konnte das zuerst nicht glauben und bat zwei besonders erfahrene linke Autoren um zwei Bücher: Barbara Sichtermann um eine kleine

Marx-Anthologie (*Der tote Hund beißt*) und Lothar Baier um ein Buch zum abstrusen Tempo der Wiedervereinigung (*Volk ohne Zeit*). Beides wurden keine Erfolge. Die Zeiten, in denen ein Buch eines unbekannten Autors über einen unbekannten Aufruhr in einer unbekannten Stadt (1972: Ferraris, *Die 100 Tage von Reggio*) eine Startauflage von 15 000 Exemplaren hatte, waren vorbei.

Und das hatte keineswegs nur zur Ursache, dass manche Linke ihr politisches Interesse aufgegeben hatten, sondern es lag auch, nach 1989, am Wegfall eines intellektuellen Kampfplatzes. Der in der DDR besonders hoch angesetzt und gehandelt worden war: Da hatte ja die ganze Nomenklatura vor einem Gedicht oder einer Handvoll Prosa gezittert, und das gesamte »Leseland DDR« hatte sich von diesem Zittern anstecken lassen. Der Schüttelfrost ging geradezu schlagartig vorbei: Zehn Jahre nach der Vereinigung lag der Umsatzanteil unserer Bücher in der ehemaligen DDR bei knapp 4 % (statt 20 %). 2013 ist die 5 %-Hürde immer noch nicht geschafft, 2023 waren es nur noch erschütternde 2,15 %. Dabei hatte ich mir, notabene, die allerschönsten Umsatzsteigerungen erhofft, wo wir doch jahrzehntelang Tausende von Exemplaren unserer schärfsten Ware (von Biermann bis Dutschke) kostenlos in die DDR geschickt hatten, in der sie zudem noch fortwährend weitergereicht und -kopiert worden waren … Aber auch bei uns nahm durch den Wegfall der Hochschätzung von Literatur im Nachbarstaat die Aufmerksamkeit *in litteris* nicht

Alice Vollenweider   Luigi Pintor   Ermanno Cavazzoni   Leonardo Sciascia

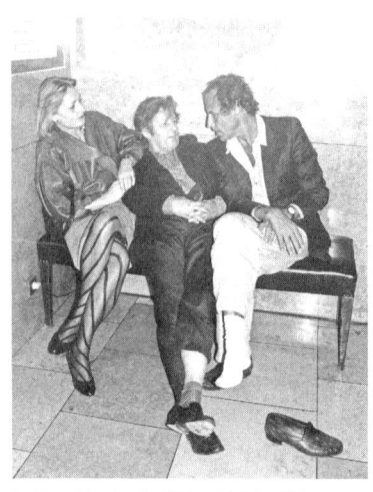

Barbara Herzbruch, KW und Michael Krüger,
leicht flegelhaft im Frankfurter Hof, 1988

gerade zu, im Gegenteil: Es wurde eher nachgetreten, am liebsten gegen DDR-Ikonen wie Christa Wolf oder Stephan Hermlin.

Das sind politische Ohnmachten, die ich nur zähneknirschend ertrage, das heißt eigentlich nicht ertrage, wie die immer wiederholten Versuche zeigen, von der Veröffentlichung des schönen Erinnerungsbuches von Luigi Pintor (*Servabo*, 1992) oder Pasolinis Ideologie-Satire (*Große Vögel, kleine Vögel*, 1992) bis zur Gründung eines Essay-Jahrbuchs (*Kopfnuss*, 1993 – wir mussten es nach drei Ausgaben wieder einstellen) und der Publikation von Norberto Bobbios Streitschrift *Rechts und Links* (1994). Alles Versuche, ein paar wichtigen politischen Begriffen wieder aufzuhelfen.

Dem diente auch die 1994 bis zum Ende der Zweistaatlichkeit fortgeführte Neuausgabe der Anthologie zur Auseinandersetzung zwischen Schriftstellern und Staat, *Vaterland, Muttersprache*, ein Buch, das sich also wandelte vom hundertsten Quart*heft* zum zehnten Titel einer neuen Serie, Quart*bücher*, die wir 1990 mit Pasolinis *Ragazzi di vita* begonnen hatten. Geblieben ist es natürlich ein Lesebuch, in dem man nicht nur unseren Staat, sondern auch die Haltung einzelner Schriftsteller über Jahrzehnte hinweg verfolgen und besser begreifen kann als manch schnell urteilender Journalist. Fortgeführt hatte die Anthologie, wiederum in Marbach, eine junge Germanistin, Susanne Schüssler, die sich 1990 in den Verlag »eingeschlichen« hatte, wie schon so viele vor ihr. Seit 2002 leitet sie ihn. 1995 erreichte der Verlag nach längerer Zeit wieder ein sogenannter Bestseller. In der Rede

Susanne Schüssler

Ein Bade-Ausflug ins frisch hinzugekommene Brandenburg

zum dreißigjährigen Jubiläum (siehe Seite 142 f.) hatte ich noch keck behaupten können, »dass in den sieben Jahren eines literarischen Quartetts noch nie ein Buch des Verlags gezogen wurde« – wenige Monate später traf es dann *Die nackten Masken* von Luigi Malerba. Mit einer Gesamtausgabe (!) von Boris Vian im Taschenbuch ab 1992 hatten wir weniger Glück.

Aus der Not, in die ihn ein Nonkonformismus gebracht hatte, der im Osten wie im Westen Anstoß erregte, mußte Wagenbach eine Tugend machen. Kein leichtes Kunststück, wollte er doch den dafür üblichen Preis, dem eigenen Nonkonformismus einfach abzuschwören, auf keinen Fall entrichten. Wagenbach leistete sich auch weiterhin den radikalaufklärerischen Luxus, in souveräner Umkehrung buchhändlerischer Üblichkeiten die kulturelle Nachfrage zunächst zu erzeugen, die seine Bücher daraufhin beliefern sollte. Deutschlandfunk, 30.10.1989

W. MONTGOMERY WATT   Die Araber, das Papier und die Kunst des angenehmen Lebens

Der heutige Reisende, bezaubert von der Schönheit des Al-
cázar in Sevilla oder der Alhambra, ahnt etwas von dem lu-
xuriösen Leben derjenigen, die hier einst gelebt haben; und
wer sich auf die Literatur einläßt, gewinnt weitere Eindrücke
von diesem Stil des angenehmen Lebens aus Erzählungen und
Gedichten.

Natürlich gab es im islamischen Spanien zahlreiche Indu-
strien, die Luxusgüter sowohl für den Eigenbedarf als auch für
den Export produzierten. Dazu gehörten hinreißende Texti-
lien aus Wolle, Leinen oder Seide; manches davon ist erhalten geblieben. Pelze dienten als Kleiderbesatz oder wurden zu
Kleidungsstücken verarbeitet. Die keramische Industrie war
hochentwickelt, und aus dem Osten kamen Techniken wie
das Bemalen von Kacheln. Das Geheimnis der Kristallglasver-
arbeitung wurde in der zweiten Hälfte des 9. Jahrhunderts in
Córdoba entdeckt.

Zum »angenehmen Leben« gehörte aber auch die Kenntnis
von Büchern, denn für die Araber war durch den Gebrauch
von Papier der Besitz von Büchern erleichtert worden. Das
Papier wurde in China erfunden; um die Mitte des 8. Jahrhunderts sollen einige chinesische Handwerksleute aus arabischer
Gefangenschaft freigekommen sein, nachdem sie das Geheimnis der Papierherstellung gelüftet hatten. Schon bald erkannte
man die Bedeutung des Papiers, zumal es viel billiger war als
ägyptischer Papyrus. Etwa im Jahr 800 baute der Wesir des
Hārūn ar-Rašid, Yaḥyā der Barmakide, die erste Papiermühle
in Bagdad. Die Erzeugung von Papier breitete sich in Richtung Westen über Syrien und Nordafrika bis nach Spanien
hin aus und wurde allgemein gebräuchlich. Als großes Kurio-
sum brachten noch französische Wallfahrer im 12. Jahrhundert

Papierstückchen aus Compostela mit nach Hause, obgleich Roger II. von Sizilien schon 1090 Papier für eines seiner Schriftstücke benutzt hatte. Von Spanien und Sizilien ging die Verwendung von Papier nach Westeuropa über, doch erst im 14. Jahrhundert wurden Papiermühlen in Deutschland und Italien gebaut.

Der Einfluß des Islam auf das europäische Mittelalter, 1988

LUIGI MALERBA Die Sünde der Wollust

Der Diakon begann, sich langsam auszuziehen, wobei er seine schwarzen Kleider zu denen des Mädchens auf ein kleines Strohsofa legte.

Er schloß die Augen und hielt sie so lange geschlossen, bis er sich, als er sie wieder öffnete, ganz nackt im Zimmer stehen sah und das auf dem Bett liegende Mädchen erblickte, auch sie nackt, die langen Haare kunstvoll über das Kopfkissen gebreitet. Einen Augenblick geriet er in Panik – es war das erste Mal, daß er sich in dieser Lage befand, die so natürlich war und doch so schwierig für einen, der vierundzwanzig Jahre alt geworden war, ohne jemals die glorreiche Sünde Adams begangen zu haben.

Das Mädchen hatte die Unerfahrenheit des jungen Diakons sofort erkannt und mochte ihm ihr Repertoire erotischer Phantasien nicht vorführen, um ihn nicht zu erschrecken. Sie drückte ihn mit Seufzen und Stöhnen an sich und half ihm beim Vollführen des Liebesakts mit zartfühlender Hand und einer Beteiligung, die ihm aufrichtig erschien.

Am Ende, noch atemlos von den Mühen der Liebe, fragte Margotta ihn, ob es ihm gefallen habe. Der Diakon antwortete, er habe den Eindruck gehabt, in einer gut gefederten Kutsche zu fahren, und am Ende habe er zu fliegen geglaubt. Das Mädchen lachte bei diesen so neuen und seltsamen Worten.

»In einer Kutsche fahren und dann fliegen: ich hab' noch nie so etwas Lustiges und Merkwürdiges gehört.«

Sie umarmten sich aufs Neue, und sie fragte ihn, ob er wiederkommen würde.

»Du weißt, wo du mich finden kannst, wenn du wieder Kutsche fahren möchtest.«

Der Diakon lächelte dem Mädchen zu, während sie ihre Kleider aus dem Haufen herauslas, in dem sie zusammen mit denen des Diakons auf dem Strohsofa lagen. Statt ihm seine zu geben, damit er sich anziehen konnte, öffnete Margotta das Fenster und warf sie mit großer Geste hinaus. Der Diakon sprang aus dem Bett.

»Was machst du da?«

»Ich habe deine Kleider aus dem Fenster geworfen. Sie sind aufs Dach eines Hauses gefallen, wo man sie unmöglich holen kann.«

Der Diakon beugte sich zum Fenster hinaus und sah seine Kleider unten auf dem Dach verstreut.

»Und wie komme ich jetzt nach Hause?«

»Du mußt nackt nach Hause gehn. Ich mache das immer so bei den Priestern, die mit mir ins Bett gehn. Vor einem Monat habe ich die Kleider eines Monsignore aus dem Fenster geworfen. Auch er ist zu Fuß nach Hause gegangen.«

Der Diakon sah sie an, ohne zu begreifen.

»Ich bin sehr religiös. Auf diese Weise lasse ich dich für die Sünde der Unkeuschheit büßen. Im Grunde ist es kein so großes Opfer und danach wirst du dich besser fühlen und mußt nicht mal mehr beichten.«   *Die nackten Masken, 1995*

NORBERTO BOBBIO   Rechts und Links

Das am häufigsten zur Unterscheidung von rechts und links angewandte Kriterium ist das der unterschiedlichen Haltung, die die in einer Gesellschaft lebenden Menschen im Hinblick auf das Ideal der Gleichheit einnehmen. Der Begriff der Gleichheit ist relativ, nicht absolut. Er ist relativ in Bezug auf wenigstens drei Variablen, die man immer vor Augen haben muss, wenn die Rede auf die größere oder geringere Wünschbarkeit der Gleichheit kommt: die Subjekte, unter denen die Güter verteilt werden sollen; die zu verteilenden Güter; das Kriterium, auf Grund dessen die Verteilung vorgenommen wird. Kein Verteilungsprojekt kann der Antwort auf die folgenden drei Fragen ausweichen: Gleichheit ja, aber »unter wem?«, »worin?«, »auf Grund welchen Kriteriums?«.

Wenn man sagt, die Linke sei egalitaristisch und die Rechte nicht-egalitaristisch, bedeutet das durchaus nicht, dass man, wenn man zur Linken gehören will, die Maxime ausgibt, alle Menschen seien gleich in allem, unabhängig von jeglichem Unterscheidungsmerkmal. Sie sind gleich unter bestimmten Gesichtspunkten und ungleich unter anderen. Um das gängigste Beispiel zu nennen: Im Hinblick auf den Tod sind sie alle gleich, weil alle sterblich sind, aber im Hinblick auf die Art und Weise des Sterbens sind sie ungleich, weil jeder auf andere Weise stirbt.

Die augenscheinliche Widersprüchlichkeit dieser beiden Feststellungen – »Die Menschen sind gleich«, »Die Menschen sind ungleich« – hängt ausschließlich von dem ab, was man beobachtet. Also gut: Man kann diejenigen durchaus als Egalitarier bezeichnen, die, ohne zu verkennen, dass die Menschen ebenso gleich wie ungleich sind, eher dem größere Bedeutung beimessen, was sie gleich statt ungleich macht, um sie zu beurteilen und ihnen Rechte und Pflichten zu übertragen; Nichtegalitarier diejenigen, die, von der gleichen Feststellung ausgehend, um desselben Zieles willen dem größere Bedeutung beimessen, was die Menschen ungleich statt gleich macht. Es handelt sich dabei um einen Gegensatz zwischen subtilen Entscheidungsmöglichkeiten, die ihre Wurzeln in historischen, gesellschaftlichen, kulturellen, auch familiären und vielleicht biologischen Bedingungen haben. Die Rechte ist viel eher geneigt, das Natürliche und die zweite Natur zu akzeptieren, die sich in Gewohnheit, in Tradition, in der Kraft des Vergangenen ausdrückt. Der Artifizialismus der Linken gibt nicht einmal vor den offensichtlich natürlichen Ungleichheiten auf, denen, die nicht der Gesellschaft zugeschrieben werden können.

Ich sage nicht, eine größere Gleichheit sei etwas Gutes und eine größere Ungleichheit etwas Schlechtes. Ich will nicht einmal behaupten, dass eine größere Gleichheit immer und in jedem Fall anderen Gütern wie der Freiheit, dem Wohlstand, dem Frieden vorzuziehen sei. Mittels dieser historischen Hinweise will ich lediglich bekräftigen, dass, wenn es ein charakteristisches Element in den Doktrinen und Bewegungen gibt, die sich links nennen und als solche allgemein anerkannt werden, dies der Egalitarismus ist. *Rechts und Links, 1994*

NATALIA GINZBURG   Mein Vater: Simpeleien

Wenn, als ich noch ein Kind war, meine Geschwister oder ich bei Tisch ein Glas umstießen oder ein Messer fallen ließen, dann donnerte die Stimme meines Vaters: Benehmt euch nicht rüpelhaft!

Wenn wir die Sauce mit Brot auftunkten, rief er: Schleckt die Teller nicht aus! Macht kein Geschmier! Macht keine Sudeleien!

Geschmier und Sudeleien waren für meinen Vater auch die modernen Bilder, die er nicht leiden konnte.

Er pflegte bei Tisch die Leute, die er während des Tages gesehen hatte, zu kommentieren. Er war sehr streng in seinen Urteilen und bezeichnete fast alle als Dummköpfe. Ein Dummkopf war für ihn wie »ein Simpel«. Der scheint mir ein schöner Simpel, sagte er von einem neuen Bekannten. Neben den »Simpeln« gab es auch die »Neger«. Ein »Neger« war für meinen Vater, wer sich linkisch, ungeschickt und schüchtern benahm, wer sich unpassend kleidete, wer nicht bergsteigen konnte und wer keine Fremdsprachen kannte.

Jede Handlung oder Gebärde, die ihm unpassend erschien, bezeichnete er als »eine Negerei«. Seid keine Neger! Macht keine Negereien! rief er ständig. Die Stufenleiter der Negereien war groß: Bergsteigen mit Stadtschuhen, ein Gespräch anfangen mit einem Reisegefährten im Zug oder einem Passanten auf der Straße, vom Fenster aus mit den Nachbarn schwatzen, die Schuhe im Wohnzimmer ausziehen, um sich die Füße am Heizkörper zu wärmen, sich beim Bergsteigen über Durst, Müdigkeit oder Blasen an den Füßen beklagen, auf die Wanderungen gekochte und ölige Speisen mitnehmen oder Servietten, um die Hände abzuwischen.

Auf die Bergwanderungen durfte man nur Fontinakäse, Marmelade, Birnen und hartgekochte Eier mitnehmen und

nur Tee trinken, den mein Vater selber auf dem Spirituskocher zubereitete.

Eine Negerei war es, wenn man den Kopf mit einem Taschentuch oder Strohhut vor der Sonne schützte, Regenkapuzen trug oder Schals, alles Kleidungsstücke, die meiner Mutter lieb waren und die sie am Morgen vor dem Aufbruch für uns und sich in den Rucksack einzuschmuggeln versuchte, die mein Vater aber, wenn sie ihm in die Hände gerieten, zornig wegwarf.

Wenn wir auf den Wanderungen unsere genagelten Bergschuhe, die so schwer wie Blei waren, unsere wollenen Socken, Mützen und Gletscherbrillen auf der Stirn trugen, wenn die Sonne senkrecht auf unsere schweißbedeckten Köpfe brannte, dann betrachteten wir neidisch »die Neger«, die in leichten Tennisschuhen aufstiegen oder an den Tischen des Chalets Schlagsahne verzehrten.

Familienlexikon, 1993

JUREK BECKER
Gedächtnis verloren – Verstand verloren

Ich behaupte ja nicht, daß eine faschistische Machtergreifung vor der Tür steht. Aber diese Sache zum Schnee von gestern zu erklären, dazu gehört auch eine starke schönfärberische Energie. Eine Passage, mit der Martin Walser in seinem Text »Über Deutschland reden« besonders deutlich unter sein Niveau gerät:

»An dieser Stelle mache ich gern den Fehler, meinen Widersachern vorzuwerfen, sie verewigten den Faschismus dadurch, daß sie auf antifaschistischen Haltungen bestünden …«

Muß man eine solche Geschmacklosigkeit übergehen, nur weil ihr Autor kokett ankündigt, er mache nun einen Fehler? Mir scheint, daß er an dieser Stelle dem gesunden Volksempfinden sehr nahe kommt: Frauen sorgen für immer neue Vergewaltigungen, indem sie mit langen Haaren und kurzen Röcken herumlaufen; Juden halten mit ihrem jüdischen Getue den Antisemitismus am Leben; und die Antifaschisten haben nicht genug Verstand, zu erkennen, daß es längst keinen Faschismus mehr gäbe, wenn sie mit ihren Überreaktionen aufhören könnten.

Zur Not hätte man sich den zuletzt zitierten Walserschen Satz als Unbedachtheit erklären können, als eine Grube, in die Aphorismussucht einen Autor hat stürzen lassen. Doch diese Hoffnung macht er sofort zunichte: »Darüber müssen einmal Geschichtsschreiber sich wundern: Wie viele bedeutende Leute Jahrzehnte nach der Erledigung des Faschismus ihren Zorn und ihr gutes Gewissen lebenslänglich durch antifaschistische Regungen belebten …«

Hier komme ich mit meinem Ärger nicht mehr aus, denn das ist empörend. Walser tut, als wäre Faschismus eine Streitigkeit innerhalb der Familie gewesen und als litten alle, die nicht müde werden, vor ihm zu warnen, an Einfallslosigkeit. Als fräßen sie von einer dummen Sache das Gras ab, das längst darüber gewachsen ist.

Tut mir leid, aber von meiner Familie sind an die zwanzig Personen vergast oder erschlagen oder verhungert worden, irgendwie spielt das für mich noch eine Rolle. Ich habe nicht so kuschelige Kindheitserinnerungen wie Walser. Sollte das der Grund sein, warum Deutschland eher seinesgleichen gehört als meinesgleichen?

Vaterland, Muttersprache, Erweiterte Ausgabe 1994

KLAUS WAGENBACH Meinung und Kontinuität

Der Verlag ist vor 30 Jahren freiwillig, ohne Einladung und Zuschüsse nach Berlin gekommen. Er ist ein Verlag in Berlin, aber kein Berliner Verlag. Er wird sich auch künftig nicht regionalisieren, sondern ein internationaler Verlag bleiben. Für die Hauptstadtentscheidung ist er dankbar, weil sie helfen wird, den Westberliner Schrebergarten aufzulösen.

Der Verlag ist und bleibt ein Meinungsverlag. Und er vertritt – im Gegensatz zu mancherorts eingerissenen Sitten – seine Meinung auf eigene Kosten. Die Meinung besteht darin, auch jetzt, nach dem glücklichen Jahr 1989, unsere Gesellschaft samt sozialer Marktwirtschaft nicht vorlaut zu feiern, sondern nachdenklicher zu betrachten. Und die Laune, die zu diesem Denken gehört, die schöne Literatur also, soll weit sein und nicht eng, unternehmungslustig machen statt nur betroffen, Licht verbreiten, auch wenn mal der Strom ausfällt. Da es aber auch bei uns in Deutschland viele trübe Tassen, Dunkelmänner und Schlafmützen gibt, ist der Import von Geschirr, Beleuchtungskörpern und Wachmachern aus dem Ausland notwendig. Ich denke dabei besonders an einen südlichen Nachbarn, der keineswegs nur aus der Toskana besteht. Obwohl ich darauf hinweisen muß, daß wir Mitbegründer der Toskanafraktion sind, freilich mit dem Zusatz meines Freundes Otto Schily, daß es sich bei der Toskana um einen Arbeiter- und Bauernstaat handelt; das hat die DDR offenbar zu spät erfahren.

Wir wollen mit der äußeren Form der Bücher unseren Respekt vor Autoren und Lesern ausdrücken. Ich will nicht sagen: deutsches Design und italienische Präzision, aber so ungefähr. Ein praktischer Protest gegen die Wegwerfgesellschaft. Unsere Bücher sagen: Faß mal an, riech mal, willkommen Eselsohr, hallo Bleistift – wenn Du willst, bleib ich länger bei Dir.

Jubiläumsfeier in einem Pumpenhaus, 1989
Links: Matthias Beltz bei seiner freien (!) Rede über die Linke

Ein solcher Verlag ist auf dauernden Widerspruch und dauernde Zuneigung angewiesen, auf aufmerksame Komplizen unter Kritikern, Buchhändlern und Lesern. Die ihn beobachten, auf Irrwegen folgen oder nicht folgen. Entscheidend ist dabei die Kontinuität. Die Arbeit unseres Verlags unterscheidet sich ja eben dadurch von der vieler anderer. Sie ist kein Lotterielos, und es ist deswegen kein Zufall, daß in den sieben Jahren eines literarischen Quartetts noch nie ein Buch des Verlags gezogen wurde. Kontinuität bedeutet auch, daß die Arbeit des Verlags im Kontext gesehen werden muß, im Kontext der eigenen Arbeit und Geschichte: Sie selbst wissen, daß dies zuerst ein Ost-West-Verlag zu unpassender Zeit war, dann ein Verlag der Studentenbewegung, den die Westberliner Justiz zu ersticken versuchte, dann ein Verlag, der durch freibeuterischen Import Bewegung in die Köpfe jener Freunde zu bringen suchte, die beim Marsch durch die Institutionen in denselben eingeschlafen waren, dann ein Verlag, der die Provokationen der Kulturwissenschaften verbreiten half, und heute, mit Ihrer Hilfe, ein richtiger, ordentlicher, auf vielen Gebieten tätiger Verlag, der das Wagnis größerer Projekte auf sich nehmen kann.

Aus der Rede zum 30-jährigen Jubiläum

Jubiläumsfeier II im Pumpenhaus, 1995. KW vor zuschauenden Verleger-
Kollegen: Inge Feltrinelli, Christian Bourgois, Jorge Herralde
Kostümparty zur »guten alten Zeit« der siebziger Jahre

HORST BREDEKAMP   Winckelmann

Winckelmanns »Geschichte der Kunst des Al-
terthums« markiert einen tiefen Einschnitt. In
ihr zeigt sich, daß die antiken Skulpturen aus
der Korrespondenz mit der Mechanik entlas-
sen sind, womit sowohl die Einheit von Kunst
und Technik wie auch die Verkettung der Glie-
der: *Natur – antike Skulptur – Kunstwerk – Maschine* gesprengt ist. Der Verlust wird durch die
neu gewonnene Funktion der Kunst, ein ideales Verhältnis des
Menschen zur klimatischen, das heißt natürlichen, wie auch zur
zweiten, politischen Natur zu verkörpern, in eine Besiegelung
ihrer Höherwertigkeit umgemünzt.

Die Folgen waren so schwerwiegend wie anhaltend. Ent-
lassen in die Freiheit der Zwecklosigkeit, stieg die Kunst zur
Krone und zum Ziel aller menschlichen Tätigkeit auf. Ein erster Effekt lag darin, daß Winckelmanns Gleichsetzung von
Klassizismus und republikanischer Freiheit die Kunstlehre der
französischen Revolution maßgeblich prägte.

Die bedeutendste Wirkung von Winckelmanns klassisch-
republikanischem und zugleich dem Reich der Zwecke entho-
benem Kunstbegriff aber liegt darin, daß dieser die Theorie des
modernen Kunstmuseums begründete. Als Gefäß der befreiten Menschheit übernimmt das Kunstmuseum im Zuge der
französischen Revolution das gesamte Prestige, das bisher die
Kunstkammer als enzyklopädische Institution beanspruchen
konnte. Nachdem Teile des enteigneten königlichen Kunst-
besitzes in die Grande Galerie des Louvre überführt worden
waren, wurde dem Ikonoklasmus des Terreurs entgegengehalten, daß hier die bisher versklavten Kunstwerke befreit worden
wären, um die Revolution zu bekrönen.

Antikensehnsucht und Maschinenglauben, 1993

DJUNA BARNES   Gegen die Natur

Ich hasse die Natur. Die Natur und die Einfachheit.

Ich habe sie immer gehaßt. Ich fühle, daß ich sie immer hassen werde. Ich habe die Einfachheit schon in der Wiege gehaßt. Ich neigte im zarten Alter von sechs Monaten zu Perioden grimmigen Schweigens, weil ich wußte, daß mich eine einzige Sicherheitsnadel zusammenhält. Ich hätte gerne gefühlt, daß meine Persönlichkeit mindestens drei Sicherheitsnadeln verlangt. O ja, wie hätte ich geschwelgt in dem Bewußtsein, daß ich, als einziges Baby in meiner Gemeinde, drei Sicherheitsnadeln brauche, die verhindern, daß ich mich auswickle.

Ich bin stolz auf mein goldnes Haar und meine hohen Absätze und die rotbraunen Handschuhe, und an der Art, wie meine Nasenlöcher beben, ist zu erkennen, daß ich gar köstlich gelitten habe an Fragen wie dieser: Wem hat Conrad mehr abgewonnen, den Frauen oder der See?

Ich vertrete fortschrittliche Ideen, aber keine pöbelhaft fortschrittlichen. Ich halte mich schön der Zeit voraus, wobei ich am vorteilhaftesten aussehe; den Kopf halb über die Schulter zurückgewandt, winke ich meiner Generation.

Ich bin eine kultivierte Frau. Es ist nicht zu bestreiten, dass ich viel gereist bin. In allem, was ich tue, ist ein Quentchen Europäisches: Beispielsweise versuche ich immer, wenigstens ein Land zwischen mich und meine politischen Überzeugungen zu legen – das ist unüblich bei einer Frau, geben Sie es zu.

Außerdem habe ich gute Manieren. An meinem Gang kann man sehen, daß ich Napoleons Gruft und das Grabmal von Oscar Wilde besucht habe und die Wachsfiguren im deutschen Gruselkabinett. Es ist etwas an der Art, wie ich im Sessel sitze, was Ihnen eine Ahnung davon gibt, daß ich die Satteltechnik der Jeanne d'Arc in allen besseren französischen Ortschaften studiert habe; und nur jemand, der die große Treppe der Opéra mit besonders ehrfürchtigem Schritt emporgestiegen ist, könnte die Füße mit dem Gefühl von Verhängnis heben, das ich ihm einflöße, wenn ich die meinen hebe.

Verführer an allen Ecken und Enden, 1994

MICHAEL KRÜGER Flüchtig

1
Hinterm Schuppen, wo ein magerer Rasen
über dem ruhenden Hangschutt liegt, wächst,
seit der Schnee zergangen und der Boden –
Lehm und Ton, mit Sand und Kies vermengt –
wieder sichtbar, eine Pflanze, die es vorher
hier nicht gab. Auch der Briefträger, an Post
nicht interessiert, dafür botanisch beschlagen,
steht kopfschüttelnd vor dem zottig-drüsig
behaarten Stiel und der kopfigen Narbe,
streicht über den gelb gefärbten Unterwulst
und sagt, die Rechnungen übergebend: Kulturflüchter.

2
Und weiter oben, der Sonne schon näher,
zeigt er mir Pflanzen mit gewimperten Blättern,
zierlich geadert, deren Kronen, gegen den Saum zu,
violette Drüsenpunkte zieren. Nur in Braunau,
sagt er, bisher, und das Geblök der Lämmer,
die das Seltene achtlos zupfen, scheint ihm
recht zu geben. Die Pflanzen wandern schneller,
die Chemie macht ihnen Beine, das sieht man
an den dreizipfeligen Unterlippen hier an der
Blumenkrone. Stierbeutel, Fetter Maulaufreißer,
sagt er und ist mit seiner Tasche schon davon.

Idyllen und Illusionen, 1989

DORA DIAMANT   Kafka und die Puppe

Als wir in Berlin waren, ging Kafka oft in den Steglitzer Park. Ich begleitete ihn manchmal. Eines Tages trafen wir ein kleines Mädchen, das weinte und ganz verzweifelt zu sein schien. Franz fragte es nach seinem Kummer, und wir erfuhren, daß es seine Puppe verloren hatte. Sofort erfindet er eine plausible Geschichte, um dieses Verschwinden zu erklären:

»Deine Puppe macht nur gerade eine Reise, ich weiß es, sie hat mir einen Brief geschickt.« Das kleine Mädchen ist etwas mißtrauisch: »Hast du ihn bei dir?« »Nein, ich habe ihn zu Hause liegen lassen, aber ich werde ihn dir morgen mitbringen.« Das neugierig gewordene Mädchen hatte seinen Kummer schon halb vergessen, und Franz kehrte sofort nach Hause zurück, um den Brief zu schreiben.

Am nächsten Tag trug er den Brief zu dem kleinen Mädchen, das ihn im Park erwartete. Da die Kleine nicht lesen konnte, las er ihr den Brief laut vor. Die Puppe erklärte darin, daß sie genug davon hätte, immer in derselben Familie zu leben, sie drückte den Wunsch nach einer Luftveränderung aus, mit einem Wort, sie wolle sich von dem kleinen Mädchen, das sie sehr gerne hätte, für einige Zeit trennen. Sie versprach, jeden Tag zu schreiben – und Kafka schrieb tatsächlich jeden Tag einen Brief, indem er immer wieder von neuen Abenteuern berichtete, die sich dem besonderen Lebensrhythmus der Puppen entsprechend sehr schnell entwickelten. Franz schrieb jeden Satz des Romans so ausführlich, daß die Situation der Puppe völlig faßbar wurde: die Puppe war gewachsen, zur Schule gegangen, hatte andere Leute kennengelernt. Sie versicherte das Kind immer wieder ihrer Liebe, spielte dabei aber auf andere Pflichten an, die ihr im Augenblick nicht gestatteten, das gemeinsame Leben wieder aufzunehmen. Das Spiel dauerte mindestens drei Wochen. Franz hatte eine furchtbare

Angst bei dem Gedanken, wie er es zu Ende führen sollte. Denn dieses Ende mußte ein richtiges Ende sein, das heißt, es mußte der Ordnung ermöglichen, die durch den Verlust des Spielzeugs heraufbeschworene Unordnung abzulösen. Er suchte lange und entschied sich endlich dafür, die Puppe heiraten zu lassen. Er beschrieb den jungen Mann, die Verlobungsfeier, die Hochzeitsvorbereitungen, dann das Haus der Jungverheirateten: »Du wirst selbst einsehen, daß wir in Zukunft auf ein Wiedersehen verzichten müssen.« Franz hatte den Konflikt eines Kindes durch die Kunst gelöst, durch das wirksamste Mittel, über das er persönlich verfügte, um Ordnung in die Welt zu bringen.

»Als Kafka mir entgegenkam ...«, 1995

Nina Wagenbach, Susanne Schüssler und KW auf der Frankfurter
Buchmesse, 2000, bei der Eröterung der Frage: Wie geht es weiter?

1996–2001

UNABHÄNGIG INS JAHRTAUSEND

Um die Mitte der neunziger Jahre zeigte sich, dass die Interessen der Buchkaufhäuser (respektive Buchketten) und der Einzelbuchhandlungen immer deutlicher auseinanderdrifteten. Dort die Konzentration auf das Gängige, den berüchtigten »Schnelldreher«, auf der anderen Seite entweder der (meist übel endende) Versuch, es den Großen gleich zu tun, oder aber wohlsortierter Widerstand: die Rückbesinnung auf Charakter und Profil. Um diese Buchhandlungen zu stützen, haben wir 1996 zum erstenmal eine Liste von Buchhandlungen in der *Zwiebel* veröffentlicht, die mindestens etwa zwanzig Prozent (ja, man soll nicht hochmütig sein!) unserer lieferbaren Bücher am Lager haben. Entgegen allen Untergangsprognosen hat sich übrigens die Zahl der Buchhandlungen kaum verändert, sie liegt stets zwischen 300 und 310, in Österreich und der Schweiz bei je 20 (zu den neueren Entwicklungen siehe Seite 236).

Im Fall der Verlage und was die Folgen der Konzernbildung für die Gesellschaft angeht, bleiben die Warnungen André Schiffrins in seinem Buch *Verlage ohne Verleger* bestehen. Aber das sind Gefahren keineswegs nur für das Neue, sondern das gilt auch für das allseitige Interesse, die Pflege der umfassenden Halbbildung, der der *Freibeuter* seine Beutezüge widmete – wir mussten ihn, mit großer Trauer, nach zwanzig Jahren einstellen.

Dagegen wurden 1997 den *Taschenbüchern* mehr als eine neue Hose verpasst, es war eine inhaltliche Wendung, die wir damals so beschrieben: »Wir wollen an der allgemeinen Läppischkeit ebenso wenig teilnehmen wie an den verbreiteten Erinnerungs- und Gedächtnisstörungen.«

Elsa Morante   Elio Vittorini   Goffredo Parise   Luigi Pirandello

Letzteres bezog sich insbesondere auf Italien, für das wir eine Reihe *Klassiker der italienischen Literatur des zwanzigsten Jahrhunderts* einrichteten, und die Schatzgräberbegeisterung oder Wiedersehensfreude waren groß: Pirandello, Gadda, Brancati, Landolfi, Moravia, Morante, Rodari, Parise, Bassani, Flaiano, Ortese, Sciascia, Verga – bei vielen Autoren hatten wir Glück und konnten ihnen zu neuen Lesern verhelfen, so wie es uns schon mit Pasolini, Malerba oder Natalia Ginzburg gelungen war. Das hing mit dem Erfolg anderer Italien-bezogener Taschenbücher zusammen: Brillis kulturgeschichtliche Reisebücher, Mantellis kurze Geschichte des Faschismus, Friederike Hausmanns immer wieder fortgeführte Nachkriegsgeschichte Italiens oder die Polemiken von Paolo Flores d'Arcais, die, zwar italienisch, zugleich die Brücke herstellten zu anderen eingreifenden Essays, wie beispielsweise denen von Wolfgang Ullrich.

Meine Freude an Anthologien habe ich natürlich auch mediterran ausgelebt (etwa in *Die weite Reise – Lügengeschichten am Mittelmeer*), oder im *SVLTO*. Ich nenne nur zwei Beispiele: einmal *Nach Italien! Anleitung für eine glückliche Reise*, ein Lesebuch, das von der Vorstellung ausging, was wohl ein gutwilliger, wenn auch etwas kenntnisloser Reisender im Stau am Brenner lesen möge zur Information über italienische Kochtöpfe, Straßen, Literatur, Ansichten, Gesten (mit Abbildungen!) oder Redensarten. Es wurde (und blieb) ein großer Erfolg, der auch dem zweiten

Gianni Rodari   Andrea Camilleri   Alberto Moravia   Giorgio Bassani

Projekt beschieden war, obwohl die Idee falsch und die Arbeit mühsam war:

Ich dachte mir (gerade noch einmal Vater geworden), dass es in diesem so unerhört kinderfreundlichen Land wie Italien eine ebenso unerhörte Menge an Geschichten für Kinder von bedeutenden Autoren geben müsse. Weit gefehlt. Ganze drei Autoren hatten mehrere Geschichten für Kinder geschrieben – Alberto Moravia, Luigi Malerba und natürlich Gianni Rodari. Alle anderen oft nur eine – von Italo Calvino über Stefano Benni bis Gianni Celati und Antonio Tabucchi. Die Italiener treibt offenbar nicht der uns eigene *furor paedagogicus,* und so hat dieses Buch mit dem schönen Titel *Wie der Hund und der Mensch Freunde wurden* ganz konsequent nur eine deutsche Ausgabe. Eine italienische gab es nicht.

Das vergangene Jahrhundert beschlossen zwei sehr erfolgreiche Bücher und ein geglückter Umzug. Die Bücher waren Michel Houellebecqs *Ausweitung der Kampfzone* und Andrea Camilleris *Der unschickliche Antrag.* Den Umzug bescherte uns, verspätet, der Hauptstadtbeschluss: Das Haus am Nollendorfplatz, in dem der Verlag viele Jahre arbeitete, wurde kroatische Botschaft, wir mussten weichen, wollten aber nicht in die Neue Mitte wegen zu erwartender Miet- und anderer, gedanklicher, Erhöhungen. Wir hatten Glück und gerieten an den Ludwigkirchplatz in freundliche, geradezu professionelle Gegend.

In diesen neuen Räumen besuchte mich Heinz Berggruen, Kunsthändler und Schnurren-Erzähler. Plötzlich sagte er: »Hier war ich schon einmal.« Es stellte sich heraus, dass er vor seiner Emigration als junger Mann für die Zeitung des »Centralverbands deutscher Staatsbürger jüdischen Glaubens« gearbeitet hatte – so hatten wir unvermutet historisches Gelände gewonnen.

Das neue Jahrtausend begannen wir mit einem Buch von Horst Bredekamp. *Sankt Peter in Rom und das Prinzip der produktiven Zerstörung* war ein – wenn auch über Jahrhunderte – naheliegendes Paradigma für Abriss als Aufbau.

In derselben Zeit begann ich darüber nachzudenken, wer den Verlag in Zukunft führen solle. Bei derartigen Gelegenheiten fällt Verlegern, die vorher ihren Verlag gut geführt (manchmal aber auch ödipalisiert) haben, oft nichts Besseres als ein mehrköpfiges Führungs-Gremium ein. Seltsamerweise, sie sehen sozusagen vom eigenen Beispiel ab. Mit solchen Verlagsmodellen und -verfassungen, die im Ernstfall nichts taugen, hatte ich glücklicherweise Erfahrungen. Ein Gremium haftet nicht, ein Verleger ja, ökonomisch wie inhaltlich. Ein Verkauf des Verlags kam nicht infrage, also nur die Schenkung an *eine* Person. Ich fand sie in Susanne Schüssler, geboren 1962, die bereits seit über einem Jahrzehnt im Verlag arbeitete und zum Beispiel für die Neuausrichtung des Taschenbuchprogramms verantwortlich war. Im Lektorat, das aus Margit Knapp, Susanne Schüssler, Hans-Gerd Koch und mir bestand, werden die Titel ohnehin gemeinsam festgelegt, so wie wir im gesamten Verlag den Konsens bevorzugen, bis hin zu wöchentlichen Informationssitzungen. Daran war also Susanne ebenso gewöhnt wie meine Tochter Nina, die gleichfalls seit über einem Jahrzehnt im Verlag arbeitete und den Vertrieb leitete.

Ja, und ich? Ich gehe als heiterer Rentner oder wahlweise Feuerwehrmann jeden Tag in den Verlag und sehe mit Vergnügen alle Augen auf mich gerichtet, wenn es um eine schwierige Anthologie (wie diese) geht oder einen besonders ehrwürdigen Autor. Oder ein komplexes kunst- oder kulturhistorisches Buch.

Da fiel mir 2003 ein Geschenk des Himmels zu, das ich seit fast zwanzig Jahren erhofft hatte: ein Brief von Alessandro Nova vom Kunsthistorischen Institut der Frankfurter Universität (an dem ich in grauer Vorzeit promoviert hatte!). Er bot dem Verlag eine Neuübersetzung und Neukommentierung der *Künstlerleben* von Giorgio Vasari an. Wir wurden uns auf der Stelle einig, die ersten sechs Bände erschienen 2004. Präzise ausgeklügelt und geplant war die umfangreichste Edition in der Geschichte des Verlags, deren Abschluss manche Unke uns nicht zugetraut hatte. 2014 wurde der letzte der 45

Giorgio Vasari, Selbstportrait

gedruckten Bände ausgeliefert: Pünktlich waren Jahr für Jahr 4 Bände hinzugekommen, 2024 erschien der letzte der drei elektronischen Bände mit den restlichen Kurzviten. Viele Bände erfuhren Nachauflagen, einige mehrere.

Im Übrigen kann auch nach fünfzig Jahren für den Verlag (aber nicht nur für den Verlag) noch immer ein Satz Theodor Fontanes gelten, von Alexander Kluge im vierten $SVLTO$ zitiert:

»Gewonnen kann durch Trübseligkeit nie etwas werden.«

Anarchie, Hedonismus, Geschichtsbewusstsein – diese Trias unkonventioneller linker Tugenden, auf die sich Wagenbach seit Jahrzehnten beruft, zielt auf die deutschen Leser ab, mit denen ihn eine »abneigende Zuneigung« verbindet.   *Neue Zürcher Zeitung, 11.7.2000*

ANDREA CAMILLERI   Die Hure von Sciacca

An einem eiskalten Februartag erreichte die Polizeistation von Girgenti eine Mitteilung, wonach um 20 Uhr mit dem Postwagen eine Prostituierte eintreffen sollte, die mit Ausweisungsbescheid wieder in ihren Heimatort im Inneren Siziliens zurücktransportiert werde. Es ging also darum, diese Frau in die Sicherheitszelle zu bringen und sie am folgenden Tag in einen Zug zu setzen.

Mit dieser Sache wurde Agatino beauftragt, ein hervorragender Polizist. Wegen des schlechten Wetters kam der Postwagen erst um Mitternacht an. Da nun aber keinerlei Beschreibung der Prostituierten beigefügt war, dachte Agatino, es sei klug, sich neben jeder Frau aufzustellen, die aus dem Wagen stieg, ihr die Lampe dicht ans Gesicht zu halten und ganz arglos zu fragen:

»Sind Sie die Hure von Sciacca?«

Er wurde von den Ehemännern, Vätern, Brüdern, Cousins oder anderen Verwandten der so angesprochenen Frauen ziemlich übel zugerichtet. Benommen und blutend näherte er sich der letzten Frau und stellte auch ihr, mit hauchdünner Fistelstimme, seine Frage.

»Ja«, antwortete die Hure.

In seiner Dankbarkeit hätte nur wenig gefehlt, und Agatino wäre ihr um den Hals gefallen. Er brachte sie in die Sicherheitszelle, empfand aber Mitleid mit diesem vor Kälte erstarrten Geschöpf: Um keine Versuchungen unter den Männern des Begleitpersonals aufkommen zu lassen, hatte der Polizeikommandant verfügt, sie auf dem Zugdach, im Freien, mitfahren zu lassen.

Agatino machte Feuer in einem Holzkohlenbecken, aber das reichte nicht aus. Er brachte es nicht übers Herz, sie alleine zu lassen, und nahm sie mit zu sich nach Hause. Sie redeten die ganze Nacht. Am nächsten Tag fuhr die Frau nicht mit dem Zug ab, wie sie es hätte tun sollen, sondern blieb in Agatinos Wohnung.

Drei Monate später heirateten sie. Agatino, der Polizist, quittierte seinen Dienst und arbeitete als Maurer. Sie bekamen berühmte Kinder, die reinen Herzens aufwuchsen, so dass die besten Familien nur neidisch werden konnten. Und das ist auch der Grund, weshalb ich Agatinos Familiennamen hier nicht nennen will.

Fliegenspiel, 2000

NATALIE ZEMON DAVIS   Elternschaft

Ende des siebzehnten Jahrhunderts – im Jahre 5451 nach der jüdischen Zeitrechnung – schrieb eine jüdische Kauffrau aus Hamburg, genannt Glikl, für ihre vielen Kinder eine Geschichte auf.

Sie erzählte von einem Vogel, der mit seinen drei Jungen am Ufer des Meeres lebte. Eines Tages kam ein großer Wind auf, der das Wasser auf das Ufer zutrieb. »Wenn wir nicht bald auf jener Seite vom Meere sind, so sind wir verloren«, sagte der alte Vogel zu den Jungen, die noch nicht flügge waren. So nahm er das erste Junge zwischen seine Füße und flog mit ihm über das Meer. Als sie mitten über dem Meer waren, sagte der alte Vater zu seinem Sohn: »Mein Kind, welche Nöte und Sorgen habe ich mit dir und wie wage ich mein Leben um deinethalben. Wenn ich nun alt sein werde, willst Du mich in meinem Alter ernähren?« Das Junge antwortete: »Mein herzlieber Vater, bring mich nur über das Wasser, ich will in deinem Alter alles für dich tun, was du von mir verlangst.« Daraufhin

Wagenbach
Natalie Zemon Davis
Mit Gott rechten
*Das Leben der
Glikl bas Judah Leib
genannt Glückel von Hameln*

warf der alte Vogel seinen Sohn ins Meer und sagte: »So soll man es mit einem Lügner, der du bist, machen«.

Der alte Vogel holte das zweite Junge. Mitten auf dem Meer stellte er dieselbe Frage. Das Vögelchen sagte ihm auch, alles Gute in der Welt zu tun, gleichwie das erste geredet hatte. Wieder warf der alte Vogel sein Junges ins Meer. Als er mit dem dritten Vögelchen mitten auf dem Meer war, stellte er auch ihm dieselbe Frage. Darauf antwortete das kleine Vögelchen:

»Mein lieber Vater, es ist alles wahr, dass du große Not und Sorge für mich hast. Ich bin schuldig, solches wieder an dir abzugeben, wenn es möglich sein wird, aber gewiss kann ich es nicht sagen. Aber wenn ich auch einmal werd Junge kriegen, so will ich bei meinen Kindern tun, wie du bei mir tust.« Da sagte der Vater: »Du redest recht, dich will ich leben lassen«.

Glikls Geschichte von dem Vogel, der nicht so leichtgläubig war wie König Lear, war nicht unmittelbar für ihre Kinder gedacht. Die Vogelgeschichte stand vielmehr zusammen mit anderen am Anfang einer sorgfältig konstruierten jiddischen Autobiographie, die sie über die Jahre hinweg zu vollenden und bei ihrem Tod ihren Kindern zu vermachen gedachte.

Mit Gott rechten. Das Leben der Glikl bas Judah Leib, 2003

GIANNI RODARI   Die falsch erzählte Geschichte

»Es war einmal ein kleines Mädchen, das hieß Gelbkäppchen.«
»Nein, Rotkäppchen!«
»Ach ja, Rotkäppchen.
»Seine Mutter rief es und sagte zu ihm: Hör mal, Grünkäppchen …«
»Aber nein, Rotkäppchen!«

»Ach ja, Rotkäppchen.
Geh zu Tante Diomira und bring
ihr diese Kartoffelschalen.«
»Nein: Da hast du ein Stück
Kuchen und eine Flasche Wein,
bring das der Großmutter.«
»Schon gut. Das Mädchen ging
in den Wald und begegnete einer Giraffe.«
»Du bringst alles durcheinan-
der! Es begegnete dem Wolf,
keiner Giraffe.«

Das schöne Umschlagmotiv von Axel Scheffler
für *Italienische Kindergeschichten*

»Und der Wolf fragte: Wieviel ist sechs mal acht?«
»Gar nicht wahr! Der Wolf fragte: Wo hinaus so früh?«
»Du hast recht. Und Schwarzkäppchen antwortete …«
»Es war Rotkäppchen, rot, rot, rot!«
»Ja, und es antwortete: Ich gehe auf den Markt, um Tomaten-
soße zu kaufen.«
»Nicht im Traum: Zur Großmutter, sie ist krank und schwach,
aber ich weiß den Weg nicht mehr.«
»Richtig. Da sagte das Pferd …«
»Was für ein Pferd? Es war doch ein Wolf.«
»Klar. Und er sagte: Du fährst mit der Linie fünfundsiebzig,
steigst am Domplatz aus, biegst rechts ab, dann wirst du drei
Stufen und ein Geldstück auf dem Boden finden, lass die drei
Stufen stehen, heb das Geldstück auf und kauf dir einen Kau-
gummi.«
»Großvater, du kannst wirklich keine Geschichten erzählen,
du erzählst alles falsch. Aber Kaugummi kaufst du mir trotz-
dem.«
»Schon gut: Da hast du das Geld.«
Und Großvater las wieder seine Zeitung.

Das fabelhafte Telefon, 1997

MICHEL HOUELLEBECQ   Beim Psychiater

Am Nachmittag lasse ich mir einen Termin bei einem Psychiater geben. Es gibt da ein System für dringende psychiatrische Fälle, das über Minitel funktioniert: Man tippt seinen Zeitwunsch in die Telefontastatur, und sie liefern einem den Arzt. Sehr praktisch. Der meine heißt Doktor Népote. Er wohnt im sechsten Arrondissement (wie viele andere Psychiater, nach meinem Eindruck). Ich komme um 19 Uhr 30. Der Mann sieht unglaublich psychiaterhaft aus. Seine Bibliothek ist tadellos geordnet, keine aufdringlichen afrikanischen Masken, keine Originalausgabe von ›Sexus‹; also kein Psychoanalytiker. Hingegen scheint er ›Synapse‹ abonniert zu haben. Die Vorzeichen könnten besser nicht sein.

Die Episode meiner schiefgegangenen Reise in die Ardèche scheint ihn zu interessieren. Er bohrt ein wenig nach und entlockt mir das Geständnis, dass meine Eltern aus dieser Gegend stammen. Schon hat er eine Fährte: Seiner Meinung nach bin ich auf der Suche nach einer »stabilen Identität«. Alle meine Reisen, verallgemeinert er kühn, seien »Wegstrecken einer Identitätssuche«. Schon möglich; trotzdem habe ich Zweifel. Die berufsbedingten Reisen zum Beispiel mache ich schließlich nicht aus freien Stücken. Aber ich will nicht mit ihm streiten. Er hat eine Theorie, das ist gut. Letzten Endes ist es doch immer besser, eine Theorie zu haben. Wochenende ohne besondere Zwischenfälle; ich schlafe viel. Es wundert mich, dass ich erst dreißig bin; ich fühle mich viel älter.

Der Zwischenfall am nächsten Montag ereignete sich gegen zwei Uhr nachmittags. Das Büro war voller Leute. Ein Mädchen trat ein, warf missbilligende Blicke auf die Versammelten und wandte sich schließlich an mich, um mir zu sagen, dass ich zuviel rauche; ich sei unerträglich und würde nicht die leiseste Rücksicht auf die anderen nehmen. Ich antwortete mit einem Paar Ohrfeigen. Sie starrte mich entgeistert an.

Es vergeht eine Weile, dann sagt sie: »Gut …«, mit idiotisch herabhängendem Kinn. Alle richten ihre Blicke auf uns. Schweigen. Ich drehe mich um, rufe mit lauter Stimme in den Raum: »Ich habe einen Termin beim Psychiater!« und gehe hinaus. Tod eines Angestellten. *Ausweitung der Kampfzone, 1999*

ANDRÉ SCHIFFRIN   Die Notwendigkeit der Bücher

Mittlerweile ist vielen Leuten bewusst, dass unsere Gesellschaft grundlegende Änderungen erfährt, seit dem Geld solch zentraler Stellenwert zugesprochen wird. Andere Werte, auf die man bislang als Gegenkräfte gebaut hatte, verschwinden rasch aus dem Blick. Nicht nur unser Besitz, auch unsere Arbeitsplätze und sogar wir selbst sind zu Waren geworden, die man nach Belieben kauft und weiterverscherbelt an den, der das meiste bietet. Gewiss gab es auch schon andere Zeiten, in denen man solche Umbrüche beobachten konnte – nur sind die Folgen diesmal im Zug der Globalisierung und der Industrialisierung der Medien überwältigend. Dem Umbruch in der Verlagswelt kommt die allerhöchste Brisanz zu: Denn nur in Büchern lassen sich Argumente und Fragen ausführlich und im Detail darstellen. Bücher waren traditionell das einzige Medium, bei dem zwei Leute – sprich: der Autor und ein Verleger – sich darauf einigen konnten, dass etwas gesagt werden musste, und dies dann mit vergleichsweise wenig Geld bewerkstelligten.

Bücher unterscheiden sich ganz wesentlich von anderen Medien – anders als bei Zeitschriften spielen die Inserenten keine Rolle, und anders als Fernsehen und Kino ist das Buch nicht auf ein Massenpublikum angewiesen.

Bücher können es sich leisten, antizyklisch zu sein, neue Ideen zu präsentieren, den Status quo herauszufordern, all das in der Hoffnung, langfristig ein Forum für ihr Anliegen zu finden. Die Bedrohung, der sich solche Bücher und die in ihnen enthaltenen Ideen – eben das, was man früher als den Markt der Ideen bezeichnet hat – neuerdings ausgesetzt sehen, stellt nicht allein für die gewerbsmäßigen Büchermacher, sondern auch für die Gesellschaft als Ganzes eine gefährliche Entwicklung dar. Wir müssen daher neue Mittel und Wege zur Beibehaltung des Diskurses finden, der früher als unverzichtbarer Bestandteil einer demokratischen Gesellschaft galt.

Wir müssen darauf hoffen, dass in den kommenden Jahren immer mehr Leute hier in den Vereinigten Staaten, in Europa und anderswo begreifen werden, wie gefährlich es ist, in einer Kultur zu leben, die lediglich eine begrenzte Auswahl an Ideen und Alternativen bietet; wir müssen begreifen, wie unabdingbar es ist, dass in einer Gesellschaft viele und sehr unterschiedliche Standpunkte zur Diskussion stehen. Kurzum: Wir müssen uns wieder daran erinnern, wie wichtig Bücher schon immer in unserem Leben gewesen sind.

Verlage ohne Verleger, 2000

TOTÓ   Die Instruktion

Am Abend, wenn die Sonne verschwindet
und dem Mond die Instruktion für die Nacht gibt,
sagt sie ihm ins Ohr: »Ich gehe nach Hause,
empfehle dir alle Verliebten.«

Neapel. Eine literarische Einladung, 1998

WOLFGANG ULLRICH   Deutsche Kunstbetrachtung

 Wer lange andachtsvoll und schweigend vor einem Kunstwerk stehen bleibt, müßte sich im Grunde als jemand verdächtig machen, dessen Erwartungen sich nicht erfüllten, der die Vergeblichkeit seines Bemühens aber auch nicht einsieht. Doch zieht man es im allgemeinen vor, in ihm einen Kunstkenner zu erblicken, der sich dem Werk angemessen, sakral hochgestimmt nämlich, nähert und deshalb auch um so stärker überwältigt wird.

Der Naumburger Westchor in seiner Rundung und Abgeschlossenheit bietet sich für diese Haltung der Ehrfurcht besonders an. Entsprechend suggerieren viele Beschreibungen eine andachtsartige Begegnung – eine »Weihestunde« –, bei der jeder andere Mensch als Störung empfunden würde. Daß man »der einzige Besucher« gewesen sei, wird eigens betont. Alles andere als »schweigende Ehrfurcht« wäre deplaziert.

Schweigen soll nicht nur die Kraft des Kunstwerks hervortreten lassen, sondern gilt häufig auch als Beleg der Überwältigung: Wer schweigt, gibt zu verstehen, daß er sich außerstande fühlt, das Empfundene sprachlich wiederzugeben. (Versucht er es doch, so wird das Pathos des Schweigens in Worte übersetzt, die ihrerseits mehr Pathos als Beschreibungsqualität besitzen.)

Vor allem den verunsicherten Kunstgläubigen war es wichtig, sich korrekt und im Einklang mit einer ehrwürdigen Tradition vor die Kunstwerke zu begeben. Wenn dann »nichts passiert« und um dem Eingeständnis zu entkommen, vor dem Werk versagt zu haben – nicht »willig« genug gewesen zu sein –, deutet der Betrachter sich sein Schweigen so weit um, daß daraus ein Ergriffenheitsschweigen wird, und spricht

Uta von Naumburg

sodann all die sinnschweren Begeisterungsklischees nach, die er aus den Berichten anderer Kunstenthusiasten kennt.

In Naumburg konnte sich das Warten auf eine Kunstoffenbarung auch mit der Hoffnung auf eine große Zukunft verbinden. Der Westchor wurde so zum sakralen Warteraum, und die Stifterfiguren »scheinen einem Schweigen des Beschauers zuvorzukommen und schweigen dadurch um so mehr gegen ihn her«.

Zur großen Zukunft schreibt Lothar Schreyer dann 1934: »Der Freiheit des deutschen Menschen ist im Westchor ein Denkmal errichtet. Es ist die Freiheit der Gemeinschaft, erwacht in Menschen gleicher Art, errungen im heroischen Kampf. Sie opfert sich auf, damit der einzelne und das Volk, damit WIR leben.« *Uta von Naumburg, 1998*

STEFANO BENNI   Melinda, du diabolische Wespe

Der Präsident denkt an Melinda. Die junge Frau ist oben in irgendeinem der endlosen Flure der Weißen Villa, umgeben von den wachsamen Blicken der Leibwache und dem Duft frischer Blumen. Vielleicht ist sie in einem der Spezialbüros, ihre gebräunten Beine baumeln von einem Ministersessel hinab, ihre Füßchen stehen auf einer Geheimakte, der Träger ihres rosa Hemdchens hängt schief auf ihrer Schulter, der Schulter, an der der Präsident so gern knabbert, gierig wie ein Säugling. Ach, violettäugige Melinda, seit einem Jahr begehrt er sie, doch bislang nichts als flüchtige Berührungen und verstohlene Küsschen. Melinda, die ihm unter Tischen auflauert und hinter Vorhängen, diese diabolische Wespe, dieses freche Tintenfischlein, und die ihn dann allein lässt, so dass er nur noch einsam und wütend wichsen kann, wahrscheinlich via Cosmonet auf die Maxpig.com-Site übertragen. Wie neulich, als der baltische Botschafter ihn am Telefon beschimpfte und sich von seiner brüchigen, ächzenden Stimme besänftigen ließ. »Ich sehe, dass Ihnen das Problem doch nicht gleichgültig ist«, hatte Anatoli Krevtschenko überrascht gesagt, doch Max stöhnte gar nicht wegen Azukistan, sondern wegen dem, was Melindas neckisches Mäulchen zwischen seinen Beinen trieb.

Oh baby, bad bad baby, du junge Praktikantin aus dem Süden mit seinen Baumwollfeldern und Sklavenhaltern, wie gern würde ich dich zu meiner Odaliske machen, wie gern würde ich dich zwischen den ausgestopften Bären des geschichtsträchtigen Rocky-Mountains-Saales jagen, wie gern würde ich dich auf dem Kriegsmodell flachlegen, unter den neugierigen Blicken der Zinnsoldaten. Doch auch heute kann ich dich nicht treffen, denn der Präsident muss fast gänzlich treu sein, das sagen die Staatssekretärin und der Geheimdienst-König.

»Oder soll ich aufhören zu spielen?«, fragt der Präsident auf einmal mit Blick auf das ferne Loch Nummer drei, den halb blauen, halb schwarzen Himmel und den Hitzeschleier, durch den die Wolkenkratzer im Hintergrund flimmern. Ein einfacher Schlag, und alles ist in Butter. Aber genau dann versagt er immer. Je näher er dran ist, desto schwieriger wird das Einlochen, beim Golf wie bei Melinda. *Geister, 2001*

HEINZ BERGGRUEN
Ein Fahrstuhl mit gepolsterten Türen

Unser Haus hatte, was als besonders vornehm galt, einen Fahrstuhl mit gepolsterten Türen und damastbespannten Wänden.
Weil wir im ersten Stock wohnten, durften wir ihn allerdings
nicht benutzen. Erst von der zweiten Etage aufwärts besaßen
die Mieter einen Schlüssel zum Lift. Ich hatte einen gleich-
altrigen Freund im dritten Stockwerk – er hieß Robert Lantz,
wir nannten ihn Robby –, mit dem ich mich regelmäßig zum
»Fahrstuhlfahren« verabredete, rauf und runter, rauf und runter. Das fanden wir aufregend, obwohl gar nichts geschah.
Aber es war nun einmal verboten.

Eines Tages wurden wir von unserem unwirschen Portier
ertappt und mit barschen Worten herausexpediert. Zwei
Tage später erhielt Robbys Vater einen strengen Verweis vom

Hausverwalter, daß das Benutzen
des Lifts Kindern ohne Begleitung
streng untersagt sei. Das war das
Ende unserer Fahrstuhlreisen.

Wie es sich damals gehörte, gab
es einen Vorder- und einen Hintereingang. Der Hintereingang führte
über eine halsbrecherisch enge und
steile Wendeltreppe mit trostlos
matter Beleuchtung und bereitete
mir immer Unbehagen. Der Vor-
dereingang war für Personal und
Lieferanten tabu. An der gewich-
tigen Gußeisentür des Hauptein-
gangs war ein Emailleschild ange-
bracht mit der Aufschrift »Nur für
Herrschaften«.

KW mit Heinz Berggruen

Vergeblich zermarterte ich mir mein Hirn. Einen Herrn Schaften hatte ich in unserem Haus noch nie gesehen. Wer denn Herr Schaften sei, fragte ich meinen Vater, und ob es stimme, daß nur Herr Schaften diesen Eingang benutzen dürfe. »Wie kann ein Kind nur so dummes Zeug reden«, wies mich mein Vater zurecht. Aber der Herr Schaften ging mir jahrelang nicht aus dem Kopf.

Das Haus in der Konstanzer Straße gibt es nicht mehr. Mein Freund Robby lebt wohl irgendwo in Amerika, und sollten wir, zwei leicht gebeugte weißhaarige alte Herren, uns treffen und Fahrstuhl fahren wollen, dann gäbe es nicht einmal mehr einen schlechtgelaunten Portier, der es uns untersagen würde.

Und längst habe ich auch begriffen, daß es keinen Herr Schaften gibt, sondern nur Herrschaften.

Monsieur Picasso und Herr Schaften, 2001

Die Mitarbeiter des Verlags, 2004. Stehend, von links: Katrin Haas (Vertrieb), Doree Engel (Lehrlingin), Inga Kolk (Kommunikation), Julie August (Herstellung), Margit Knapp (Lektorat), Beatrice Faßbender (Presse), Hans-Gerd Koch (Lektorat), Birgit Thiel (Herstellung). Sitzend: Petra Biesenkamp (Finanzen/Rechte), Susanne Schüssler, KW (Lektorat), Nina Wagenbach (Vertrieb), Annette Wassermann (Presse/Lektorat)

2002–2007

GENERATIONSWECHSEL

Als ich 1991 anfing, für den Verlag zu arbeiten, beäugten sich beide Seiten mit einiger Skepsis. Ich kam aus dem aufgeräumten München, hatte bei verschiedenen aufgeräumten Verlagen gearbeitet und war gerade frisch promoviert. Die ganze Welt schien offenzustehen, man musste nur zupacken. Der Verlag machte mir einen fröhlichen, dafür aber weniger aufgeräumten Eindruck: Überall wurde improvisiert, man blieb die halbe Nacht, um Texte zu schreiben oder ein Buch druckfertig zu machen, und ging anschließend noch ein Glas trinken. Verblüfft stellte ich fest, dass auch auf diese Art präzise und wunderschöne Bücher entstanden. Und in gewisser Weise kam mir die anarchische Arbeitsweise entgegen: Wer Lust hatte, etwas auszuprobieren oder Neues zu wagen, der wurde ermutigt, Ideen wurden aufmerksam angehört, und waren sie noch so versponnen.

Dem anfänglichen Fremdeln folgte der Ausbau der Pressearbeit, die Organisation der Lesungen kam hinzu, dann die ausländischen Prüfexemplare, die Autoren- und Lizenzverträge, schließlich immer mehr Lektoratsarbeit, darunter die inhaltliche Neugestaltung der Taschenbuchreihe.

Kurz vor mir war Nina Wagenbach in den Verlag gekommen, sie war gelernte Buchhändlerin und übernahm den Vertrieb, krempelte ihn um. Gemeinsam haben wir eine Neuerung mit beträchtlichen Folgen im Verlag eingeführt – eine technische Errungenschaft, die wir bis heute oft beklagen: Der erste Computer zog in die Räume der Ahornstraße ein. Ein unersättlicher Zeitfresser, der zwar beachtliche Möglichkeiten bot, dessen Tücken aber bis heute immer wieder zu lautstarken, durch den Verlag hallenden Wutausbrüchen führen. Nur aus dem (computerfreien)

Büro von Klaus Wagenbach tönte hin und wieder der zarte Ruf: »Mein Farbband ist zu Ende!«

Als Klaus Wagenbach mir vorschlug, den Verlag weiterzuführen, kam dies nicht aus ganz heiterem Himmel (obwohl: der Himmel war heiter!). Seit 1996 war ich Mitgeschäftsführerin, viele wichtige Entscheidungen hatten wir seit einiger Zeit gemeinsam getroffen. Leicht fiel mir die Antwort dennoch nicht:

Ist es möglich, einen von einem Gründungsverleger geprägten und auf eine Person zugeschnittenen Verlag autonom weiterzuführen?

Kann es gelingen, in einer evasorischen Zeit das Programm neu auszurichten, ohne das klare Profil zu verlieren? In einer zunehmend auf das leicht Verkäufliche schielenden und Bestseller-betrunkenen Branche weiterhin für anspruchsvolle Bücher die notwendigen Auflagen zu erreichen?

Können neue Leser gewonnen werden, ohne die treuen, mit dem Verlag älter gewordenen zu verlieren?

Würde ich neue Organisationsstrukturen einführen und dabei alte, sinnvolle Modelle am Leben halten können?

Aber vor allem: Würde Klaus Wagenbach dies alles zulassen? In Kauf nehmen, dass ich Entscheidungen anders treffen, andere Inhalte in den Vordergrund stellen, dass ich »Fehler« machen würde?

Martin Page   Tiziano Scarpa   Davide Longo   Tanguy Viel

Das Wagnis wollte ich eingehen, wissend um den ein oder anderen rauen Wind, der mir um die Nase blasen würde und der nur mit einem sonnigen Selbstbewusstsein (leicht gesagt!) zu ertragen wäre (noch lange wollte mancher doch lieber mit dem »Chef« selbst sprechen – auch nach der Jahrtausendwende waren die autoritären und misogynen Verhaltensweisen nicht verschwunden). Gelingen konnte dies alles meiner Überzeugung nach nur mit einem fließenden Übergang.

Schon in den Jahren zuvor hatten wir vorsichtig angefangen, neue programmatische Schwerpunkte zu setzen, die nun deutlicher sichtbar wurden. Die Zahl der Neuerscheinungen nahm zu, mit einer Verlagerung hin zur Literatur. Viele junge Autoren stellten wir erstmals vor, wie Tiziano Scarpa, Davide Longo, Santiago Gamboa, Martin Page, Christophe Honoré, Tanguy Viel, A. L. Kennedy, Colin McAdam, Keith Ridgway, Thomas Lang und Hans Aschenwald. Und wie diese Aufzählung zeigt, wurde das Programm »internationaler«, weiterhin mit Italienschwerpunkt. Zu den deutschen und italienischen Autoren gesellten sich englische und kanadische; vor allem blieb unser Blick aber auf die romanischen Sprachen gerichtet, auf die Literatur aus Frankreich und Spanien und besonders aus dem spanischsprachigen Amerika.

Einige dieser Autoren brachten es gleich mit dem ersten Buch auf deutsch zu einer beachtlichen Auflage von 20 bis 30 000 Exemplaren (Longo, Page, Kennedy). Für den Verlag war das ein Glücksfall – was umgekehrt jedoch nicht bedeutet, dass wir die anderen Autoren nicht hätten publizieren sollen: Manche Autoren erfreuen das Lektoren- und Verlegerherz mit schönen Auflagen,

Manuel Vázquez Montalbán
Ricardo Piglia
Alan Bennett mit Schwein

Margit Knapp, KW, Susanne Schüssler Nina Wagenbach
auf der Suche nach italienischen
Autoren in Turin (unter anderem)

KW beim 80. Geburtstag von
Tilmann Buddensieg

Zum 50. Jubiläum von Feltrinelli: Gary Fisketjon, Christian Bourgois, Inge Feltrinelli,
Ed Victor, Jorge Heralde, Matthew Evans, Peter Mayer und ins Bild geholt: Youngster
Susanne Schüssler (siehe Seite 94)

manche mit hymnischen Rezensionen (und bleiben doch bei
2000 verkauften Exemplaren stecken); andere brauchen einen
längeren Anlauf zum Erfolg, müssen aber bis dahin mit anhal-
tendem Enthusiasmus gefördert werden.

Apropos: Die »Pflege von Autoren« haben sich ja viele Verlage auf die Fahne geschrieben und bezeichnen sich gar als »Au-
torenverlag« (was anderes als Autoren bitteschön soll ein Verlag
veröffentlichen?). Dennoch passiert es immer häufiger, dass ka-
pitale Autoren bei ausbleibendem oder abnehmendem Erfolg
wieder fallengelassen werden oder – obwohl mit beachtlicher

Josef H. Reichholf   Ulrich K. Preuß   Paul Ginsborg   Dieter Richter

Liste – erst gar keinen deutschen Verlag finden, weil ihre Bücher als zu schwierig für den hiesigen Markt gelten.

Der Veröffentlichung solcher »arrivierter« literarischer Autoren, die viel Ehr, aber nicht unbedingt Umsatz versprechen, sollte neben der Vorstellung junger Autoren ein fester Raum im Programm reserviert sein. Neu gewinnen konnten wir in diesen Jahren unter anderem den Argentinier Ricardo Piglia, den Mexikaner Sergio Pitol, den Engländer Alan Bennett und den k.u.k.-amerikanisch-deutschen Juden George Tabori. Gegen das schnelle Vergessen und die Sucht nach Neuem richteten sich die Wiederauflagen wichtiger Titel als Taschenbuch im eigenen Programm. Und unsere Büchertrüffelschweine wurden öfters auch in Archiven und Bibliotheken fündig (manchmal lohnt ein Blick ins eigene Bücherregal). Es erschienen zum Beispiel *Der Mann der Donnerstag war* von G. K. Chesterton und *Terra!* von Stefano Benni. Unendlich viel gab es zu entdecken und wiederauszugraben, darunter auch die seit sehr langer Zeit vergriffene Dissertation von Klaus Wagenbach über die Jugend Kafkas, neu kommentiert.

Schwieriger gestaltete es sich, unsere Vorstellung von einem eingreifenden, jedenfalls interessanten Sachbuch in ein Programm umzusetzen, das ein Publikum fand. Eine neue Generation von Lesern schien das Interesse an komplexen theoretischen Büchern verloren zu haben. Politik und Geschichte fanden weniger Leser, zumindest hatten diese Themen an Reputation eingebüßt. War es

Betriebsausflug zu unserer Auslieferung Koch, Neff & Oetinger, 2003

Begeisterung bei einer Computerschulung

Alle waren bei uns tätig! Alumnitreffen, 2006

in den siebziger Jahren noch verächtlich, gewisse Bücher *nicht* im Bücherregal stehen zu haben, so wuchs umgekehrt das Ansehen mit der *richtigen* Bibliothek. Mein Verdacht: Auch damals wurde keineswegs alles davon gelesen (geschweige denn verstanden). Heute schmücken sich selbst akademische Haushalte nur noch selten mit einer ordentlichen Bibliothek; die Statussymbole sind nicht mehr zum Blättern, sondern zum Tippen und Wischen.

Von politischen Büchern wollten wir trotzdem nicht lassen. So hatte der Politologe Ulrich K. Preuß unter dem Eindruck des 11. September 2001 ein luzides und dabei mutiges, weil auch moralisch-religiös argumentierendes Buch über *Krieg, Verbrechen, Blasphemie* geschrieben (es erlebte immerhin eine zweite Auflage als Taschenbuch). Zwei Bücher setzten sich mit dem für Mitteleuropäer nur schwer fassbaren Phänomen Berlusconi auseinander: Paul Ginsborgs kühle Biographie des Unternehmer-Politikers (2004) und eine in der Not von uns selbst für deutsche Leser zusammengestellte Anthologie (2002), da es kein passendes Buch zum Übersetzen gab. Drittes Beispiel war ein Fanal gegen den Ökokolonialismus in Europa von dem Evolutionsbiologen Josef H. Reichholf, das drei Auflagen erlebte.

Viel leichter war das vertrackte Sachbuchproblem mit kulinarisch ausgestatteter Kulturgeschichte im weitesten Sinn zu lösen. 2005 kam Dieter Richter mit seiner hervorragend recherchierten und dabei unterhaltsam geschriebenen Neapel-Biographie in den Verlag, es folgten die Geschichte des Vesuv (2007) und des Südens (2009). Inzwischen sind zehn Bücher mit vielen Nachauflagen des Literatur- und Kulturwissenschaftlers im Verlag erschienen, etwa unter dem Titel *Con gusto* die Geschichte wie die italienische Küche in den Norden kam. In schöner Leinenausstattung mit aufgeklebtem Schild, Prägung und farbigem Vorsatzpapier erschienen auch Tilmann Buddensiegs Nietzsche-Buch, eine Neuübersetzung des *Kamasutra* und – 15 Jahre später als verabredet (Verleger brauchen Geduld) – die Biographie Federicos da Montefeltro von Bernd Roeck und Andreas Tönnesmann.

Und was geschah sonst? Die Branche wurde von einer handfesten Krise gebeutelt, der härtesten seit langem. Insolvenzen im Handel, reihenweise Verlagsverkäufe, drastische Einschnitte in der Kultur, in den Medien insbesondere für Buchbesprechungen, und erneut der Rotstift bei großen Verlagen. Wieder einmal setzten die Abwehrversuche nicht beim abnehmenden Kaufwillen der Kunden an, stattdessen brach ein Verteilungskampf aus: Die Buchhandelsketten wollten die Verlage zwingen, sich Regalmeter in ihren Läden zu kaufen (logischerweise zu Lasten der kleineren Verlage). Die Leser sollten sich mit einer begrenzten Titelzahl zufriedengeben,

Vierzig Jahre gefeiert am Wannsee
Mitte links: Festredner Wolfgang Thierse
Im Übrigen: Getümmel

bei Weltbild-plus waren für jede Filiale nur noch 1000 Titel vorgesehen (eine mittlere Buchhandlung führt etwa 48 000), Bestellungen wurden nicht angenommen. Die Barsortimente (Zwischenhändler) definierten A-, B- und C-Verlage (natürlich nach Umsatz und nicht nach Inhalten) und boten den kleineren Buchhandlungen zur Kostendämpfung fertig gepackte Warengruppen-(Themen-)Pakete mit Büchern aus unterschiedlichen Verlagen an. Die Verlage wehrten sich mit dem Modell von Versandgemeinschaften.

Nach dem Motto »Geiz ist geil« wurden das Preisgefüge und die Einsicht in die Notwendigkeit eines festen Ladenpreises durch die Billig-Editionen erschüttert – ohne ästhetische und inhaltliche Absicht, vielmehr bestimmt durch die Verfügbarkeit von Lizenzen und durch Verkäuflichkeit. Kurzum: Allseits wurde gekämpft – gegeneinander. Die Wurzel des Problems blieb unberührt. Aber diese Krise sollte erst der Anfang einer grundlegenden Umwälzung sein.

Und bei uns?

Niederlagen: Djuna Barnes, *Im Dunkeln gehn*. Die dunkle Seite der Kultautorin mit hohen Auflagen traf auf sehr mäßiges Interesse. Und die von Hanns Zischler herausgegebenen Naturgedichte wurden von den Buchhändlern erst gar nicht in die Regale gestellt.

Preise: Dem Aby-M.-Warburg-Preis (2005) und Max-Planck-Forschungspreis (2006) an Horst Bredekamp (2001 war der Sigmund-Freud-Preis vorausgegangen – er ist in der Wissenschaft unser »Preiskönig«), Premio Cervantes an Sergio Pitol (2005), Österreichischer Toleranzpreis an Klaus Wagenbach (2006), Österreichischer Staatspreis an A. L. Kennedy (2007).

Außerdem: 2006 fand die erste der jährlichen Versammlungen der Wagenbach-Alumni statt.

Der Generationswechsel, der viele deutsche Verlage im Familienbesitz gefährdet, ist Klaus Wagenbach ziemlich lautlos geglückt. Politisch, qualitätsorientiert und unabhängig – mit diesen drei Motiven präsentiert sich Susanne Schüssler als zeitgemäße Verkörperung des Wagenbach-Mythos.   *Stuttgarter Zeitung, 26.6.2004*

A. L. KENNEDY   Gespräch unter Liebenden

»Ich weiß, wir hatten vereinbart, dass ich dich nicht anfasse, und das verstehe ich. Du hast Prinzipien, und gewisse Dinge kannst du nicht zulassen. Aber ich finde … du bist so weit weg. Findest du nicht auch, dass du weit weg bist?«

»Ich glaube schon.«

»Darf ich deine Hand halten?«

Das ließ Helen zu: eine kleine, formelle Berührung, wie sie auch auf der Straße möglich wäre.

»Ich liebe dich, Helen.« Noch bevor sie den Sinn der Worte erfasst hatte, fuhren sie heiß durch ihren Körper, in jede erdenkliche Richtung.

Helen wusste keine Antwort, also drückte sie seine Hand.

»Ich dachte, ich könnte … also, es ist nichts Schlimmes, sonst würde ich dich nicht darum bitten, aber du musst nicht. Aber ich dachte, nachdem du dich für mich ausgezogen hast, könnte ich etwas für dich tun.« Er sah sie geduldig an, sie konnte nichts verbergen. »Und natürlich auch für mich.«

Er holte eine kleine Schere aus der Tasche. »Ich möchte dir die Haare schneiden. Wenn ich darf.«

»Meine Haare?«

Er ließ seinen Blick über ihren Körper wandern, bis sie merkte, was er meinte. »Nicht auf dem Kopf.« Er neigte den Kopf in Richtung des angenehmen Schmerzes. »Da. Ich möchte dich dort … zurechtmachen. Es muss nicht sein, absolut nicht, aber du hast mich schauen lassen – und du bist herrlich anzuschauen –, und wenn ich die Haare abschneide, dann könnte ich … noch mehr sehen.«

Als nur noch ihr Gewissen zwischen ihr und Edwards Wunsch stand, merkte sie, wie klein und geschmeidig ihr Gewissen war. Ein kleiner Druck von Edward, und schon floss es davon, und sie sah die glänzende Schere näher kommen und fragte sich freudig, wie kühl und seltsam sie sich wohl anfühlen werde. Sie spürt die Anziehungskraft des Mannes neben ihr, das Verlangen, und sie wird ihm nachgeben.

Edward kniete vor ihr und schnitt die Haare dicht über der Haut ab. Besonders behutsam an ihren feuchten Schamlippen. Helen sah zu, wie sie unter der Schere jünger wurde und wie sie sich einem neuen, hungrigen Gefühl öffnete. Als sie kam, hielt Edward die Schere still, aber dicht an sie, betrachtete sie aufmerksam, sah in sie hinein wie in ein feuchtes Fernglas. Dann sprach er mit ihr: ein angespannter, flüsternder Monolog bei seiner Arbeit. »Wenn du jetzt ganz still hältst … wirklich ganz still, ja, so.

Du bist perfekt. Vollkommen. Einfach sehr, sehr schön.«

Egal, was er tat, sie würde ihm vertrauen. Egal, worum er bat, sie würde es gewähren. Dieser Gedanke erfüllte sie mit dumpfer, süßer Furcht. Sie fand heraus, wer sie war.

Edward sprach schon eine ganze Weile, aber sie hatte nicht zugehört, denn sie konzentrierte sich darauf, unter dem rhythmischen Hauch seines Atems still zu verharren.

»Ich kann nicht an die Bilder denken, wenn ich dich ansehe. Dies hier ist ganz anders. Die Bilder enden immer mit dem Eindringen in die Frau, hier hinein.« Sie reckte sich ihm ein wenig entgegen, um seiner Beschreibung entgegenzukommen. »Man hat den Eindruck, sie suchen etwas.«
Seine Worte trafen warm auf ihre Schenkel. »Sie rasten darin herum, wie in einer Jackentasche nach verlorenem Kleingeld – und dies hier ist etwas ganz anderes.« Er strich mit dem Daumen über ihre neue, glatte Oberfläche. »Es ist kein Ding. Das bist du. Aber auf den Bildern geht es immer nur hinein, als wollten sie die Standardgröße feststellen, die richtige Passform.«

Gleissendes Glück, 2000

HANS ASCHENWALD   Im Hochwald

Schlafen die Bäume
Werden leicht und jung
Gönnen uns von Herzen
dieses Leben
Im Alter unsere nackten Körper auf das Moos gebettet
Kein Wort im Mund kein Satz im Bauch
Schlafen wir mit ihnen ein
Halten unser Auge offen

aus: Wurzelfieber, 2003

RICARDO PIGLIA
Die Geschichte von der Cabaret-Tänzerin Coca

Marcelo, der Bruder meiner Mutter, hatte eine vermögende
Frau mit dem unglaublichen Namen Esperancita geheiratet,
von der es hieß, sie habe ein schwaches Herz, schlafe immer
bei Licht und bete in traurigen Stunden laut vor sich hin, damit Gott sie auch ja hören könne. Mein Onkel Marcelo war
nach sechs Monaten Ehe mit dem Geld seiner Angetrauten
durchgebrannt, um mit einer Cabaret-Tänzerin mit Spitzna-
men Coca zusammenzuleben. Kühl und höflich wie immer,
zeigte Esperancita den Diebstahl an und setzte alle Hebel in
Bewegung, bis die Polizei ihn etwas später aufspürte; er lebte
in Saus und Braus unter falschem Namen in einem Hotel in
Río Hondo.

Ich erinnere mich an die Zeitungsausschnitte, in denen
über den Fall berichtet wurde und die in einer mehr oder
weniger geheimen Schublade im Kleiderschrank aufbewahrt
wurden, dieselbe, in der mein Vater auch die *Physiologie der*

Leidenschaften und die sexuelle Technik von Professor van de Velde zusammen mit Briefen und verschiedenen Papieren und Urkunden, darunter auch meine Geburtsurkunde, aufbewahrte. Nach komplizierten Manövern, mit denen ich mir als Kind die Zeit der Siesta vertrieb, öffnete ich die Schublade und spionierte die Geheimnisse des Mannes aus, von dem zuhause alle nur ganz leise sprachen. »Überführt und geständig« lautete eine der Überschriften, und diese hatte es mir ganz besonders angetan.

Marcelo war fast drei Jahre in Haft. Von da an weiß man kaum noch etwas von ihm; ab da fangen die Mutmaßungen, die erfundenen, traurigen Geschichten über sein Schicksal und sein extravagantes Leben an; anscheinend wollte er von der Familie nichts mehr wissen. Eines Abends war die Coca dann vorbeigekommen. Stolz und reserviert brachte sie einen Teil des Geldes zurück und versprach, es würde alles ersetzt werden. Ich kenne all die Auslegungen und Geschichten, die sich um dieses Treffen ranken, und ich weiß, dass Esperancita »Mein Kind« zu dieser Frau sagte, die ihre Mutter hätte sein können, und dass Coca ein Parfüm benutzte, das mein Vater nie mehr vergaß. Bevor sie ging, soll sie gesagt haben:

»Sie werden nie erfahren, was für ein Mann Marcelo ist.«

Künstliche Atmung, 2002

ULRICH K. PREUSS
Der Krieg. Ein völkerrechtliches Institut

Jene Form organisierter Gewalttätigkeit, die unter dem Namen Krieg Eingang in das Völkerrecht gefunden hat, kann begrifflich nur zwischen Staaten stattfinden. Der Krieg ist als Rechtsverhältnis eine Beziehung zwischen Staaten.

In der durch den Westfälischen Frieden von 1648 geschaffenen politischen Welt ist der Staat das einzige Kollektiv, das legitime Gewalt anwenden kann. Ein Einzelner – Michael Kohlhaas – oder eine Gruppe, die etwa durch Geiselnahme, Androhung verheerender Zerstörungen oder durch direkten bewaffneten Angriff das Gewaltmonopol des Staates herausfordern, führen keinen Krieg gegen ihn, sondern verletzen seine Ordnung und verfallen seiner Strafgewalt. Umgekehrt führt der Staat, der seine Zwangsmittel mobilisiert, um dieser Straftäter habhaft zu werden und seiner Gerichtsbarkeit zuzuführen, keinen Krieg gegen sie, sondern macht von seiner polizeilichen Ordnungs- und strafrechtlichen Gerichtsgewalt Gebrauch, selbst wenn er ihnen zuweilen den Status von politischen Straftätern zuerkennt, der ihnen bei aller Feindschaft gewissermaßen die Ehrenhaftigkeit ihrer Motive einräumt.

Auch gegenüber strafbaren Handlungen von Tätern, die sich außerhalb der Grenzen des verletzten Staates befanden, war diese »westfälische Ordnung« souveräner Staaten keineswegs machtlos. Zum einen sichert der zwischen den meisten Staaten geregelte Rechtshilfeverkehr die wechselseitige Auslieferung von Straftätern, und zum anderen haftet jeder Staat völkerrechtlich für die von seinem Territorium ausgehenden Angriffe auf die Rechtsgüter anderer Staaten. So ändert also auch die zunehmende Internationalisierung der Freizügigkeit von Personen, Ideen, Gütern, Dienstleistungen und Kapital nichts an dem Prinzip staatlicher Verantwortlichkeit für die innerstaatliche Ordnung und den zwischenstaatlichen Frieden. Die »neuen Kriege« oder die »Kriege der dritten Art« sind Erscheinungsformen zerfallener Staatlichkeit und lassen bereits erkennen, was eine staatenlose Welt unter Umständen auch bedeuten kann. Nicht zufällig weisen sie eine große Ähnlichkeit mit den mörderischen Raubzügen des europäischen Mittelalters auf. *Krieg, Verbrechen, Blasphemie, 2002*

SERGIO PITOL   Mordgedanken

Seit der ersten Nacht, die sie mit Gaspar verbracht hatte, ver-
spürte sie auf einmal unbändige Lust, mit ihrem Mann zu
schlafen. Je mehr die Mordpläne voranschritten, desto glü-
hender wurde ihr Begehren. Nicolás Lobato war ehrlich überrascht von den Wonnen, in deren Genuss er bei derlei Gelegenheiten mit ihr mehr als mit jeder anderen kam. Die beiden
Männer verhalfen Jacqueline in ihrer gegenseitigen Ergänzung
zu einer neuen Art der Erotik. Gaspars Unlust war die ideale
Ergänzung zum Ungestüm von Nicolás. Der Duft nach Seife
und Deodorant bei ihrem Mann war das perfekte Pendant
zum erregenden Körpergeruch ihres Cousins.

Sie würden konsequent vorgehen müssen, wiederholten sie
sich; eine Reihe von Details war noch zu berücksichtigen, damit kein offenes Ende blieb. Gaspar meinte, Nicolás Lobatos
Beseitigung solle auf der Landstraße nach Cuernavaca erfolgen.
Jacqueline sollte an dem Tag den Wunsch äußern, ihn zu begleiten, um nach den Bauarbeiten zu schauen, die in Las Palmas
ausgeführt wurden; als Erklärung würde sie sagen, sie wolle anschließend nach Tepoztlán weiterfahren, um sich dort mit ein
paar alten Studienkolleginnen zum Essen zu treffen.

Sie würde also mit Nicolás aufbrechen. Unter
dem Vorwand, man wolle ihm ein altes abbruch-
reifes Haus zeigen, wo Türen, Balken und schmie-
deeiserne Arbeiten zum Verkauf stünden, würde
man ihn zu einem Bauernhof locken, den man
über die alte Landstraße erreichte, denn so um-
ginge man die Mautposten der Schnellstraße, wo
sie vielleicht später jemand identifizieren könnte.
Gaspar sollte Jacquelines Wagen fahren, wo die
Pistole im Handschuhfach lag.

Sergio Pitol nach der
Verleihung des Cervantes-
Preises. Hinter ihm: Minister-
präsident Zapatero, 2005

Eheleben, 2002

ALAN BENNETT   Die Überraschung

Bei den Ransomes war eingebrochen worden. »Wir sind überfallen worden«, sagte Mrs. Ransome. »Es ist eingebrochen worden«, korrigierte Mr. Ransome. In Häuser wurde eingebrochen, Personen wurden überfallen. Mr. Ransome war von Beruf Anwalt und fand, dass es auf Worte ankam. Allerdings war ›eingebrochen‹ ebenfalls das falsche Wort. Einbrecher sind wählerisch; sie suchen aus. Sie nehmen den einen Gegenstand mit und ignorieren andere. Es gibt eine Grenze dessen, was Einbrecher mitnehmen können: Sie nehmen beispielsweise selten Sessel mit, und Sofas sogar noch seltener.

Diese Einbrecher taten das. Sie nahmen alles mit.

Die Ransomes waren in der Oper gewesen, in *Così fan tutte* (oder *Così*, wie Mrs. Ransome zu sagen gelernt hatte). Mozart spielte in ihrer Ehe eine wichtige Rolle. Sie hatten keine Kinder, und ohne Mozart hätten sie sich wahrscheinlich bereits vor Jahren getrennt.

Mr. Ransome nahm stets ein Bad, wenn er von der Arbeit nach Hause kam, und danach sein Abendessen. Nach dem Abendessen nahm er noch ein Bad, diesmal in Mozart. Er schwelgte in Mozart; er räkelte sich in ihm; der kleine Wiener wusch all den Schmutz und Ekel von ihm ab, den er den ganzen Tag lang in seinem Büro ertragen musste. An diesem besonderen Abend hatte er ein öffentliches Bad genommen, in Covent Garden, wo sie direkt hinter dem Innenminister saßen. Auch der badete in der Musik und wusch die Sorgen des Tages von sich ab, Sorgen, die demnächst, wenn auch nur in Form einer Statistik, die Ransomes mit einschließen würden.

Così fan tutte, 2003

TIZIANO SCARPA   Verliebte in Venedig

Zum Abschluss vielleicht noch etwas Besinnliches. Geh noch
einmal zurück zu den Säulen des Dogenpalastes und zähle
sie erneut vom Eckpfeiler aus, diesmal jedoch zur Piazzetta
hin, gegenüber der Biblioteca Marciana. An der siebten Säule
richtest du den Blick nach oben auf das Kapitell und siehst
eine Art Comicstrip, einen Zeichentrickfilm ohne Worte, die
traurigste und herzerweichendste Liebesgeschichte aller Zeiten. Eine achteckige Liebe, gegen den Uhrzeigersinn: sie fängt
vorne bei der Fassade an.

Erstes Bild: Ein junger Mann spaziert auf der Straße. An einem
Fenster zeigt sich ein Mädchen mit langen Haaren.
Zweites Bild: Das erste Rendezvous. Der junge Mann und die
junge Frau unterhalten sich anmutig.
Drittes Bild: Die junge Frau streichelt über seine Stirn.
Viertes Bild: Sie küssen sich.
Fünftes Bild: Sie schlafen miteinander.
Sechstes Bild: Ein Kind ist zur Welt gekommen. Mama und
Papa schmusen mit dem in Windeln gewickelten Kleinen.
Siebtes Bild: Das Kind wächst heran.
Achtes Bild: Das Kind ist tot. Die Eltern weinen auf seinem
Grab.

Auf drei Dinge möchte ich dich bei dieser betrüblichen Histo
rie aufmerksam machen. Erstens: Auch im Mittelalter haben
die Mädchen die Initiative ergriffen und den ersten Schritt
getan. Zweitens: Auch im Mittelalter ist man miteinander ins
Bett gegangen, ohne vorher zu heiraten. Drittens: Alles geschieht in einer gesitteten vertikalen Position. Die Personen
sind stets symmetrisch angeordnet, Gesten finden eine par-
allele Entsprechung, die beiden sind in gerade herabfallende

Tuniken und Gewänder gehüllt – außer im fünften Bild. Unter den sich sanft kräuselnden Laken, einem üppigen Faltenwurf, liegen die Liebenden, von der Stoffflut mitgerissen, auf einer Art Rhombus, einem schiefen Rechteck: es ist das Bett, das verrutscht ist, die Matratze ist trapezförmig. Die Leidenschaft hat das Bett durchs Zimmer gezerrt, hat es nach und nach über den Boden trippeln lassen. Die Liebe ist diagonal: sie erschüttert ästhetische Maßstäbe, bringt die strenge Choreographie eines gotischen Basreliefs ins Wanken.

Venedig ist ein Fisch, 2002

GEORGE TABORI Damenwahl

Fragwürdigen Gerüchten zufolge, ausgestreut von den Damen der Familie, wollte ich nicht geboren werden. O nein, mein Kleinod, du warst recht glücklich in deiner Mutter, sagten sie, ruhend in Uteruswassern und nur dir selbst verpflichtet, sagten sie, glückselig in Unkenntnis der kalten Welt draußen, als in der Nacht des 23. Mai im Jahre 1914 der Ungnade deine Mutter einen Lachanfall hatte – nicht, daß sie das Ereignis amüsant gefunden hätte, aber der Hausarzt, ein gewisser Dr. Wehmut, ein kahl werdender Verwandter mit Haaren in den Ohren, hatte ihr geraten zu lachen, nicht fröhlich, als hätte sie etwas Komisches gehört, sondern um die abdominale Spannung zu lösen. Diesem etwas altmodischen Rat folgend, begann sie, wurde gesagt, schallend zu lachen und mich, mit dem Kopf zuerst, in die zuvor erwähnte kalte Welt auszutreiben; in diesem Augenblick stürzte Großmutter Fanny, eine winzige, etwas abergläubische Frau, in das elterliche Schlafgemach – in jenen Tagen fanden Geburten, auch meine, in der Privatheit eines bürgerlichen Heimes statt – und rief, mit den Armen fuchtelnd: »Warte, warte noch ein Weilchen, Elsa. Der 24. morgen ist ein Sonntag, mach es zu einem Sonntagskind.«

Also zog ich mich wieder zurück, bis es Sonntag war. Endlich hatte ich meinen Auftritt, eine pummelige kleine Nudel, ganz wie andere Babys, Millionen andere, anmaßend, auf mysteriöse Weise gezeugt, tolle Sache, die in eben diesem Moment in die kalte Welt glitschte. Ich nehme hier Abstand davon, schmutzige medizinische Einzelheiten auszubreiten, außer daß ich von der Nabelschnur, die um meinen Hals

Maria Sommer, George Tabori, 1994

gewickelt war, beinahe stranguliert wurde; es genügt, daß ich gewaschen und von Großmutter Fanny hochgehalten wurde, woraufhin meine erschöpfte Mutter hoffnungsvoll fragte: »Ein Mädchen?«, Fanny hob mich höher und sah nach, »Verdammt, nein!« und fügte mit ihrem trockensten Humor hinzu: »Schließlich gibt es nur zwei Möglichkeiten.« (In jenen Tagen der Unschuld gab es nur einen Homosexuellen in Budapest, der in einer rosafarbenen Montur des 19. Jahrhunderts herumlief: mit stark geschminktem Gesicht stolzierte er den Korso am Fluß entlang.) Sie legte mich zwischen die Brüste meiner Mutter, während ich, etwas frühreif, meine Abneigung auszudrücken begann, indem ich gegen sie und die kalte Welt aushieb und -trat. Großmütterlich belehrend fuhr sie fort: »Es ist Sonntagmorgen, der 24. Mai, mit anderen Worten, er ist, astrologisch gesehen, ein Zwilling, das einzige doppelgesichtige Zeichen, ein liebes und ein böses.« Sie hatte leider recht: ich bin ein heimtückisches Exemplar. Verborgen hinter blauäugiger Nettigkeit trinke ich, in der Hitze der Nacht, Blut.

Dann näherte sich, im Nachthemd und gütig lächelnd, auf Zehenspitzen mein Bruder Paul, sechs Jahre älter, mit einem leichten Schielen im linken Auge. »Ich gratuliere, liebe Mutter!«

strahlte er. »Da ist es ja, ich bin nicht mehr der einzige. Ah, ein Junge.« Das Glück leuchtete ihm aus den Augen. »Darf ich ihn halten?« Tiefgerührt sagte mein Mutter: »Gewiß, aber vorsichtig.« In seine Arme gehoben, boxte ich ihm instinktiv auf die Nase, woraufhin er mich, noch immer lächelnd, fest umarmte und verkündete: »Ich schmeiße ihn in die Donau.« Er lief los, durch die Wohnung. Nach einer Schrecksekunde rannte Großmutter Fanny kreischend hinter ihm her, holte den Beinahe-Mörder an der Wohnungstür ein, die er aufzuziehen versuchte. »Tu das Ding hin, wo es hingehört!« rief sie. »Du verstehst nicht«, erwiderte mein Bruder, ein gebildeter Intellektueller, ungeachtet seiner sechs Jahre. »Moses, der Biblische, trieb als Kleinkind auch in einem Fluß.« – »Laß Moses aus dem Spiel!« Ein kleines Handgemenge befreite mich aus seinen Armen, ich wurde sicher auf meine bleiche Mutter zurückgelegt. Erst Jahre später wurde mir klar, daß es gegen die Familie keine Rettung gibt.   *Autodafé, 2002*

DIETER RICHTER   Der Berg als *spectaculum*

Auch wenn wir von einigen Besteigungen des Berges im 16. Jahrhundert wissen, so wird doch der Berg erst nach den schrecklichen Ereignissen im Dezember 1631 zum eigentlichen *spectaculum*. Dabei spielte natürlich von Anfang an die Neugier eine wichtige Rolle – sie wird die Geschichte der Reise bis hin zum modernen Katastrophen-Tourismus begleiten.

Schon wenige Monate nach dem Ausbruch unternehmen die ersten Mutigen die Exkursion. Der erwähnte württembergische Diplomat Hieronymus Welsch, der im Dezember in Neapel Zeuge des Ausbruchs geworden war und dem wir die eindrucksvolle Schilderung der großen Volksaufläufe und

 Prozessionen in der Stadt verdanken, wagt sich im Jahr darauf »mit Mühe auff den Berg«, gerät dabei sogar in Lebensgefahr, indem, wie er berichtet, »ich je länger je mehr in die Aschen eingesuncken, daß, wo mir mein Gott nicht geholfen, [ich] schwerlich darvon kommen seyn möchte«. Es wundert daher nicht, daß der französische Abenteurer Jean-Jacques Bouchard (Paris 1606 – Rom 1641) im April 1632 zunächst Schwierigkeiten hat, einen einheimischen Begleiter für den Aufstieg zu finden: Alle, die auf den Berg gegangen seien, wären nicht mehr zurückgekehrt, erhält er zur Antwort. Als ein Mann aus Torre del Greco, den er schließlich für sehr viel Geld engagiert, ihn unter großen Mühen bis zum Rand des rauchenden Kraters begleitet hat, löst sich neben ihnen eine Steinlawine und donnert in den Abgrund. Dies und die Angst, sich an den ausströmenden Dämpfen zu vergiften, treibt die beiden rasch wieder zu Tal. Im übrigen gibt Bouchard eine eindrucksvolle Beschreibung der Schäden, die der Ausbruch in Portici, Resina und Torre del Greco, den am schlimmsten betroffenen Ortschaften, angerichtet hatte: Ganze Häuser seien von dem »Strom« mitgerissen worden und noch immer suche man unter den Trümmern nach Toten. »Und wenn man die Leute fragt, was aus dem Berg herausgekommen sei, so nennen sie es alle *il diluvio*«.

›Il diluvio‹, die Sintflut: Mit diesem der religiösen Sprache entlehnten Begriff bezeichnen die Bauern das, was ihnen widerfahren ist und für das ihnen jegliche Erfahrung fehlte.

Der Vesuv. Geschichte eines Berges, 2007

Die Zwiebel, sie lebe hoch! Der Verlag feiert das Erscheinen des Almanachs 2012/2013.
Von links: Dörte Nielandt, Nina Wagenbach, Marco Thomas Bosshard, Anne Hackenberg,
Jörg Englbrecht, Susanne Schüssler, Annette Wassermann, Lena Luczak, KW, Rolf Pohl,
Susanne Müller-Wolff, Petra Biesenkamp

2008–2013

GROSS UND KLEIN

Klar war, dass wir uns mit dem Auseinanderdriften der Auflagen bei gleichzeitig immer niedriger werdenden Zahlen an beiden Enden (also auch bei den sogenannten »Bestsellern«) auseinandersetzen mussten. Es galt zu vermeiden, dass hoch interessante Bücher bei 600 verkauften Exemplaren stecken blieben – um ein ökonomisches Desaster zu verhindern und zudem den Autoren eine Enttäuschung zu ersparen. Nach langen Diskussionen im Lektorat, mit dem Vertrieb und der Presseabteilung, nach endlosen Rechenhausaufgaben für die Herstellung kristallisierte sich folgende Strategie heraus:

* Die Reduktion des Programms (2002 gab es 64 Neuerscheinungen, 2013 waren es noch 44); ein Weg, den auch andere Verlage gingen. Dies ermöglichte uns, für jeden einzelnen Titel mehr zu tun in Buchhandel, Werbung und Presse. In der Tat landete Wagenbach bei einer Erhebung des ›Buchreport‹ trotz dieser Reduktion auf Platz 13 der meistrezensierten Verlage – umringt von den Großen der Branche mit einem Vielfachen an Neuerscheinungen und Umsatz.

* Im Unterschied zu einem Großteil der Verlage und bei Strafe des Untergangs mussten und wollten wir an den hohen Qualitätsmaßstäben festhalten: Sowohl in der herstellerischen Sorgfalt und den Materialien, aber vor allem bei den Inhalten. Nur wenn wir als kleiner Verlag mit einem klaren Profil sichtbar blieben, wenn wir nicht auf Verkäuflichkeit schielten und Bücher nach diesem Kalkül ins Programm nähmen, wenn wir uns nicht auf Spekulationen mit hohen Vorschüssen und den damit häufig verbundenen hohen Verlusten einließen, war unsere Zukunft langfristig gesichert.

* Taktiken waren zu ersinnen, wie der Verlag diese schönen, von uns geliebten, für den Handel »beratungsintensiven« Bücher überlebt. Bunt und gut sichtbar waren unsere Bücher ohnehin, das Erscheinen in Reihen garantierte eine Wiedererkennung ($SVLTO$ sogar als patentgeschützte Marke). Als weitere erfolgreiche List stellte sich die Erfindung von Themenaktionen heraus: Aus unserer Backlist suchten wir die schönsten italienischen Romane unter dem Thema *Libri al dente* (Bücher

mit Biss) aus und gaben ihnen sonnig strahlende, neue Umschläge; nach dem gleichen Prinzip schlugen wir den Lesern *Kleine Romane für eine Nacht* vor. Als besonders attraktiv und verkäuflich stellten sich unsere Vorschläge zu Argentinien und Brasilien zu den jeweiligen Buchmessen heraus: oft unbekannte Titel, die unter anderen Umständen nur schwer zu ihren Lesern gefunden hätten, im Schutz eines Pakets und unter dem Flaggschiff einer eigens zusammengestellten Anthologie mit den ganz jungen, meist noch unbekannten Autoren des jeweiligen Landes (da waren wir genauso neugierig wie unsere Leser).

Inmitten dieser Überlegungen traf uns einigermaßen unverhofft der erste Bestseller des Verlags: Alan Bennett mit seiner lesenden Queen schaffte es innerhalb einer Woche auf die ›Spiegel‹-Liste und ging bisher 500 000-mal über den Ladentisch (Longseller wie Erich Frieds Gedichte können selbst bei höheren Gesamtauflagen nie auf

Lob dem gedruckten Wort: Long live the books
Bibliophilie im Manufakturbetrieb: Schildchenkleben bei der Druckerei Kösel, von Nina Wagenbach überwacht

irgendeiner Liste auftauchen). Der Geldsegen war ausgesprochen willkommen. Wir freuten uns über dieses kleine rote Buch, das sich auf den Bestsellerregalen recht bescheiden ausnahm. Außerdem war es ein gutes Beispiel für unsere Programmarbeit: Vor der *Souveränen Leserin* hatten wir bereits drei andere Bücher des Autors veröffentlicht, mit mehr oder weniger Erfolg. Was, wenn wir nicht an dem Autor festgehalten hätten?

Der eigentlich schwierige Teil kam aber erst jetzt: das Geld festhalten und bloß nicht gleich wieder ausgeben – oder nur für Investitionen in die Zukunft. So konnten wir uns wieder einmal Nachdrucke vieler wichtiger Bücher im Taschenbuch leisten, die für die nächsten Jahre den Backlist-Verkauf stärken sollten, getreu dem Motto: jedes Jahr gibt es – zumindest theoretisch – etwa 900 000 neue junge Leser, die ein Recht haben sollen auf die Verfügbarkeit von (modernen, besonders italienischen) Klassikern.

Noch bevor die Bennett-Euphorie über uns hereinbrach, hatte unser Unbehagen hinsichtlich der politischen Bücher Form angenommen. Die im Programm verstreuten Autoren sollten sichtbarer werden, eine eigene Reihe erhalten, und so wurde *Politik bei Wagenbach* nach mehr als 25 Jahren wiederbelebt. Als Herausgeberin konnte ich die Bremer Politikwissenschaftlerin und ehemalige Lektorin Patrizia Nanz gewinnen. Was wir im Sinn hatten, waren nicht die üblichen fetten Politikerbiographien oder das xte Buch zum Luftkrieg der Nazis. Ein Ort sollte geschaffen werden, wo von Analysen über Streitschriften bis hin zu Perspektiven komplexe, auch theoretische Überlegungen auf knappen hundert Seiten dargestellt werden – und das Ganze möglichst zugänglich und flüssig formuliert (letzteres eine eher angelsächsische Tugend). Inzwischen sind 54 Titel erschienen, nicht wenige haben eine zweite oder dritte Auflage

Susanne Schüssler und Patrizia Nanz, Buchmesse 1998

Umschläge aus der Reihe *Politik*

erlebt. Erstaunlich für uns war die Rezeption: Während die Reihe in politischen Stiftungen, Organisationen und Institutionen präsent war und die Autoren diskutiert wurden (und mitdiskutiert haben), wollten sich Buchhandel und Presse nur vereinzelt (eine Ausnahme war zum Beispiel der Deutschlandfunk) zum Einmischen und Mitstreiten einladen lassen. Die intellektuellen Auseinandersetzungen finden nicht mehr an den hergebrachten Orten statt. Dennoch tauchten zu unserer Verblüffung auch in anderen Verlagen wieder zunehmend politische Bücher auf.

Und sonst? Die Informationsbeschaffung und Kommunikation auf elektronischem Weg bedeutete für die Welt der Bücher – wie für das gesamte gedruckte Wort – zunächst einen mächtigen Konkurrenten um das Zeitbudget der Leser, aus dem freigebig immer mehr für die flüchtigen, digitalen Buchstaben und Bilder ausgegeben wurde. Im Nordamerika explodierte der E-Book-Markt, selbst bei uns zog mancher Publikumsverlag einen nennenswerten Teil seines Umsatzes aus den elektronischen Büchern (bei Wagenbach hat sich der Anteil am Umsatz bei 5 % eingependelt) – eine Entwicklung, die den ohnehin angeschlagenen Buchhandel weiter in Bedrängnis brachte, Amazon hingegen noch mehr stärkte. Der Internet-Händler hatte bereits das stationäre Geschäft in die Bredouille gebracht, insbesondere die Buchhandelsketten, die auf Fläche und nicht auf Beratung gesetzt und dabei nicht selten den alteingesessenen Sortimenter zur Aufgabe seines Geschäfts gezwungen hatten. Wo diese überdimensionalen Flächen geschlossen oder mit allem möglichen Lillifeekrempel (sogenannte »Non-Books«) zugemüllt wurden, blieb eine buchhändlerische Wüstenei, die den Käufer wiederum zu Amazon trieb.

Und noch ein Ärgernis: Die schöne Netzwelt schien alles jederzeit verfügbar zu halten, für viele gleichbedeutend mit *kostenlos* verfügbar. Kleine Piraten enterten laptop-schwingend den Schauplatz, machten ordentlich Radau – und verschwanden wieder. Das angerichtete Unheil war jedoch beträchtlich. Mit ihren populistischen Forderungen trieben sie die etablierten Parteien vor sich her und zu kurzsichtigen netzpolitischen Überlegungen: Das Urheberrecht – Lebensgrundlage für Autoren wie Verlage, mehr noch als der feste Ladenpreis – geriet plötzlich in Gefahr.

Untergegangen: John Berger, *Mit Hoffnung zwischen den Zähnen* (2008): Politisch zu unkorrekt war der scharfe Blick auf heutige globale wirtschaftliche und militärische Tyrannei. Außerdem: *Russland. Kein Weg aus dem postkommunistischen Übergang?* von Lev Gudkov und Victor Zaslavsky, die einen autoritären Staat beschrieben, der immer noch die Weltgeschicke mitbestimmte, von dem man bei uns aber offenbar nichts wissen wollte – mit fatalen Folgen wie sich zeigen sollte.

Victor Zaslavsky

Erik Wegerhoff, Alexander Markschies, Andreas Tönnesmann, Susanne Schüssler, Andreas Beyer und Vittorio Magnago Lampugnani, 2013

Daniel Alarcón, Preisverleihung für den Internationalen Literaturpreis

Ins Wasser gesprungen: die vom Feiern erhitzten Autoren und Mitarbeites des Verlags vor toskanischer Kulisse

Ins Wasser gefallen: Betriebsausflug nach Florenz zu Vasari: Easyjet strich den Flug in letzter Minute. Gefeiert wurde trotzdem, auch in der italienischen Botschaft – stehend: Horst Bredekamp, Susanne Müller-Wolff, Julie August, Alessandro Nova (Hrsg. d. Edition), Sabine Feser (Herausgeberin), Ulrich Pfisterer (Festredner). Sitzend: Victoria Lorini (Übersetzerin), KW, Susanne Schüssler und Michele Valensise (Botschafter)

Gewagt: Das Opus Magnum des Architekturhistorikers Vittorio Magnago Lampugnani über die Stadt im 20. Jahrhundert mit 640, meist farbigen Abbildungen von Plänen und Entwürfen auf 960 Seiten in zwei großformatigen Bänden im Schuber verlangte dem Verlag nicht nur ein beträchtliches ökonomisches Risiko ab, sondern okkupierte auch zwei Mitarbeiterinnen für ein Jahr (Lektorat und Herstellung) – und kostete mich manche schlaflose Nacht. Wir wurden schon im ersten Jahr mit 5 000 verkauften Exemplaren belohnt.

Nachgestellt: Boticellis *Primavera* von der Laienspielgruppe des Verlags anlässlich des 80. Geburtstags von Klaus Wagenbach

Und noch ein Wagnis: die inzwischen zum feministischen Referenzwerk gewordene Geschichte der Vulva von Mithu Sanyal. Der Verkauf begann äußerst schleppend. Weder wollten der Handel das Buch bestellen noch die Kundinnen oder Kunden mit dem knallpinkfarbenen Buch an die Kasse gehen – zum Nutzen von Amazon. Seit 2009 sind insgesamt 40 000 Exemplare in 10 Auflagen verkauft.

Preisgekrönt: Nach dem schönen warmen Geldregen 2008 prasselten im folgenden Jahr die Auszeichnungen auf unsere Autoren nieder: Für *Lost City Radio* erhielten Daniel Alarcón und seine Übersetzerin Friederike Meltendorf den ersten Internationalen Literaturpreis; Emmanuelle Pagano wurde der Literaturpreis der Europäischen Union verliehen, Dieter Richter der NDR Sachbuchpreis, Tiziano Scarpa gewann den begehrten Premio Strega, und Victor Zaslavsky wurde für sein Buch über Katyn mit dem Hannah-Arendt-Preis ausgezeichnet.

Ich selbst wurde vom italienischen Staatspräsidenten Giorgio Napolitano zum »Commendatore del merito« ernannt.

2011 konnten wir uns über die Wahl der LG Buch zum Verlag des Jahres freuen und über die Vergabe des mit 100 000 Euro höchstdotierten lateinamerikanischen Preises, des Premio Rómulo Galleros, an Ricardo Piglia. 2012 schließlich erhielt die wunderbare Natalie Zemon Davis die National Humanities Medal.

Gefeiert haben wir mir Begeisterung alles mögliche Runde: 2010 den 80. Geburtstag von Klaus Wagenbach mit *Die Freiheit des Verlegers*, einem Sammelband seiner Erinnerungen, Festreden und Seitenhiebe, sowie mit drei von ihm selbst herausgegebenen Oktav*heften* (Kurt Bartsch, Johannes Bobrowski und Christa Reinig) und einer Matinée im Berliner Ensemble. Im Herbst 2013 erschien dann das 200. $S\mathcal{V}LTO$ (100 000 m² rotes, extra für uns gefärbtes Leinen, 2 600 km Faden, über 2 Millionen handgeklebte Schildchen, Prägung und durchgefärbtes Vorsatzpapier in allen möglichen und unmöglichen Farben, nachhaltig produziertes Papier, passende Kapitalbändchen – kurz handwerklich hochwertig, und wenn Sie ein Exemplar aufschlagen: die Bücher müssen gut riechen). 2008 gelang es uns, die Deutsche Post anzuregen, Kafka zu seinem 125. Geburtstag mit einer Sondermarke zu ehren: 55 Cent – den notorischen Briefeschreiber hätte es gefreut. Den ehrwürdigsten Geburtstag galt es 2011 zu begehen. Der Autor, von dem wir die meisten Bücher veröffentlicht haben, konnte sich in aller Frische zu seinem 500. Geburtstag gratulieren lassen: Giorgio Vasari.

Hans-Gerd Koch und KW anlässlich Kafkas 125. Geburtstag in der Berliner Akademie der Künste, 2008

Buchhändlerchor: Rudolf Müller, Stefanie
Hetze, Selinde Böhm, Ruth Klinkenberg, Thomas
Gralla – dirigiert von Hermann Beil (unsichtbar)

Catherine Fried

Inge Feltrinelli

KW mit Günter Grass und Otto Schily
Otto Sander und Nina Wagenbach
Paul Pustet, Julie August und Roger
Kandziora

Seit Susanne Schüssler den Wagenbach-Verlag leitet, hat sich das Programm leicht verändert: mehr Bücher von Frauen, eine neue Reihe mit politischen Taschenbüchern, mehr Titel aus der lateinamerikanischen und englischen Literatur. Bei allen Veränderungen hat der Verlag sein Profil, seine Identität nicht verwässert. Was den Verlag auszeichnet, ist die Haltung seiner Macher: Neugier, Eigensinn, undogmatisches Denken, eine ausgeprägte Diskussionskultur und die Entscheidung, nur Bücher zu veröffentlichen, hinter denen alle Lektoren stehen. Brand eins, 2010

DANIEL ALARCÓN   Norma

Ihre Stimme war ihr größtes Kapital, ihre Karriere und ihr Schicksal. Elmer nannte sie Gold, das vor Mitgefühl stinkt. Vor seinem Verschwinden behauptete Rey, er verliebe sich jedes Mal von neuem, wenn sie ihm guten Morgen sage. Du hättest Sängerin werden sollen, sagte er, obwohl sie nicht einmal einen Ton halten konnte.

Norma hatte ihr Leben lang beim Radio gearbeitet, zunächst als Reporterin, bis sie die Nachrichtensprecherin wurde, die die von ihr vorgetragenen Tragödien wiedergutmachte. Sie war ein Naturtalent. Sie wusste, wann ihre Stimme zittern, wann ein Wort nachklingen sollte, welche Texte heruntergerissen werden mussten, gelesen, als stünden die Worte in Flammen. Die schlimmsten Nachrichten las sie weich, unaufgeregt, als wären sie Poesie. An dem Tag, als Victor kam, gab es einen Selbstmordattentäter in Palästina, eine Ölpest vor der Küste Spaniens und einen neuen amerikanischen Baseballmeister. Nichts Besonderes und nichts, was das Land betraf. Das Lesen von Auslandsnachrichten empfand Norma als Heuchelei, ein Auflisten alltäglicher Vorkommnisse als Bestätigung, wie unbedeutend wir sind: eine Nation am Ende der Welt, ein Scheinland jenseits der Geschichte. Bei Inlandsnachrichten folgte sie der Politik des Senders, die den Regierungsrichtlinien entsprach. Gute Nachrichten waren gleichgültig vorzutragen, schlechte Nachrichten sollten hoffnungsvoll klingen. Niemand konnte das besser als Norma. In ihren stimmlichen Streicheleinheiten klangen Arbeitslosenzahlen wie bittersüße Klagelieder und Kriegserklärungen wie Liebesbriefe. Nachrichten von Schlammlawinen wurden zu ergreifenden Meditationen über die Geheimnisse der Natur, die zwanzig oder fünfzig oder einhundert Toten verschwanden im Erzählen. An den Wochentagen war das ihr Leben: das morgendliche Vortragen von Auslands- und Inlandskatastrophen – Busse, die von Serpentinen stürzen, Schießereien, die in den Slums am Flussufer widerhallen, und, in weiter Ferne, der Rest der Welt. Samstags hatte sie frei, und Sonntagabend kam sie wieder in den Sender für ihre eigene Sendung, Lost City Radio, eine Sendung für Vermisste.

Die Idee war einfach. Wie viele Flüchtlinge waren in die Stadt gekommen? Wie viele von ihnen hatten den Kontakt zu ihren Familien verloren? Hunderte oder Tausende? Millionen? Für den Sender war es ein Weg, von den Unruhen zu profitieren; und Norma hatte darin im Laufe der zehn Jahre, die sie auf Sendung war, eine Möglichkeit entdeckt, ihren Mann zu suchen.

Lost City Radio, 2008

EMMANUELLE PAGANO   Meine Nachbarin

Ich steuere mit Pierre auf den großen Platz zu. Heute Abend werde ich ihn verlassen, denn morgen ist es so weit (der Zug geht um sechs). Speziell aus diesem Anlass habe ich Titouan meiner Mutter anvertraut.

Ich habe den Bus genommen, zum ersten Mal bin ich mit Pierre in der Stadt. Wir werden Enten angucken und Eis essen gehen. Und das war's. Er wird bestimmt vor mir sterben, hat der Dorfarzt gesagt. Der Kaiserschnitt hat mir noch Monate später wehgetan. Weder seine Schultern noch seine Hüften habe ich gespürt, ich habe überhaupt nichts gespürt, warum tut es dann jetzt so weh. Ich hielt mein T-Shirt hoch, damit er es sah, er stand von seinem

Schreibtisch auf, doch anstatt meine Narben zu untersuchen, nahm er meine Hand, das T-Shirt fiel leicht und kühl wieder herab, ich glaube nicht, dass er das Erwachsenenalter erreichen wird, man weiß zwar nie, aber. Aber besser wäre, wenn nicht. Ja, besser er wird nie erwachsen. Sein Körper ist jetzt schon zu schwer.

Ich schäme mich für seinen Körper, er ist völlig verwachsen. Ich schäme mich so sehr, dass ich nicht einmal richtig traurig sein kann.

Ich versuche, ihn aufrecht in den Kinderwagen zu setzen, zurre das Gurtwerk fest, aber der Oberkörper und die Schultern und der Nacken, der Kopf kippen zur Seite. Ich klemme seine Schuhe auf die Fußstützen über den Rädern. Er murrt ein bisschen. Es geht mir auf die Nerven, zu sehen, wie seine Augen in die Luft stieren, seine Augen, die immer hinter Wolken versteckt bleiben, aber heute ist es nicht bewölkt, also sieh mich an, Pierre, lass es doch zu, hör her, halt dich gerade, sieh mich an, sieh mich doch an. Ich zwinge mich, nicht zu schreien.

Die Haarschublade, 2009

LUCÍA PUENZO   Die Puppe

Im Morgengrauen fuhr José auf eine Tankstelle gleich hinter der Wüstenstraße. Als er aufschaute, sah er das Mädchen vom Vortag aus einem mit Koffern vollgestopften Citroën herausklettern und auf den kleinen Laden zulaufen. Ohne dass sie es bemerkte, verlor sie auf halber Strecke ihre Lieblingspuppe, die kopfüber auf dem Asphalt landete. Er ging hinüber zu der Puppe, sein Schatten legte sich über ihren perfekten Körper: Der Mund war halb geöffnet, durch die mit beneidenswert ruhiger Hand gezogenen Lippen sah er eine winzige rosafarbene

Zunge hervorlugen. Es handelte sich um ein Porzellangeschöpf, die Haut so fein geschliffen, dass sie sich samtig anfühlte wie die eines Neugeborenen. Sein Medizinerauge entdeckte ein paar Unvollkommenheiten, winzig kleine Spuren, die belegten, dass die Puppe Handarbeit war (auch wenn man zweifellos eine importierte Puppe als Muster genommen hatte, eine, wie er sie in den Armen so vieler kleiner deutscher Mädchen aus der Oberschicht gesehen hatte). Dann vernahm er ein beinahe unhörbares Tick-Tack. Er hielt sich die Puppe ans linke Ohr … Konnte das eine Uhr sein? Ja, befand er kurz darauf, es war eine Uhr. Im Innern des Körpers versteckt, ganz fest und mitten in der Brust saß sie und tickte. Der Effekt war verwirrend, die Puppe hatte

also ein mechanisches Herz. Nie zuvor hatte er eine Porzellanpuppe mit solcher Aufmerksamkeit betrachtet: Es war ein Kunstwerk, das dem Leben allzu nahe kam.

»Das ist meine.«

Die Hände in die Hüften gestemmt, hatte sich Lilith mit ihren ein Meter dreißig jetzt vor ihm aufgebaut. Er war es gewohnt, Körper auf einen Blick zu erfassen: Das Mädchen wog etwa fünfunddreißig Kilo; gute Ernährung, perfektes Gebiss, alte, aber saubere Kleidung, keine Spuren von Vitaminmangel an Haut, Haar und Nägeln.

Wakolda, 2012

VITTORIO MAGNAGO LAMPUGNANI   Die Stadt im 20. Jahrhundert. Visionen, Entwürfe, Gebautes

Lewis Edward Hickmott, World's Columbian Exposition in Chicago, 1894, Ansicht

Herr Lampugnani, Sie haben für dieses große Buch das Thema der Stadt im 20. Jahrhundert gewählt. Warum?

Weil es eines der wenigen Themen ist, von denen ich etwas verstehe, aber auch, weil es mir für unsere Gesellschaft zentral erscheint. Über die Hälfte der Menschen, die auf unserer Erde leben, wohnen und arbeiten in Städten, in vierzig Jahren werden es 70 Prozent sein, also knapp 6,4 Milliarden. Es scheint mir nicht nutzlos, sich mit diesen Städten etwas genauer zu beschäftigen.

Ihr Buch handelt aber vom 20. Jahrhundert, das bereits Geschichte ist.

Es ist unsere Geschichte: die Geschichte, die über 80 Prozent unserer Städte hervorgebracht hat. Wir müssen uns mit ihr auseinandersetzen, und wir müssen aus ihr lernen; auch aus ihren Fehlern.

Wie kann ein solches Lernen aus der Geschichte aussehen?

Die Grundlage der Städte, die wir heute entwerfen und

bauen, sind die Städte, wie sie existieren: gebaut oder auch nur erdacht. Sie sind die Modelle, die sich bewährt oder nicht bewährt haben. Wir können sie nicht wörtlich übernehmen, wohl aber darauf aufbauen und uns an ihnen messen.

Das Werk, das nun vorliegt, ist schon auf Grund seines Ausmaßes beeindruckend: über tausend Seiten. Waren Sie sich zu Beginn der Arbeit über deren Umfang bewusst?

Zugegeben, als ich vor ein paar Jahrzehnten mit der Arbeit begonnen habe, hatte ich ein handlicheres Buch im Auge. Im Laufe der Forschungsarbeit hat sich aber gezeigt, dass es neben den bekannten Entwicklungslinien des Städtebaus des 20. Jahrhunderts viele Neben- und Gegenlinien gibt, die bei genauerem Hinsehen nicht minder bedeutsam sind als die Entwicklungen, welche die orthodoxe Geschichtsschreibung untersucht. Ich wollte sie nicht auslassen, und dadurch ist das Buch dicker geworden. Ich hoffe, auch interessanter und innovativer.

Außergewöhnlich ist auch die große Zahl der Abbildungen. Wie konnten Sie diese zusammentragen?

Sie sind mein ganzer Stolz. Viele der abgebildeten Pläne und Zeichnungen waren bislang unbekannt, und auch die bekannten wurden in der Regel nie so veröffentlicht, wie wir es tun: Wir haben sie zum großen Teil direkt von den Originalen reproduziert, die wir in den verschiedensten Archiven ausfindig machen konnten.

In welcher Tradition sehen Sie Ihre Arbeit?

Es gibt große historische Abhandlungen zur Stadt, von jener Lewis Mumfords bis hin zu der Leonardo Benevolos. Was das 20. Jahrhundert betrifft, so kennen wir vertiefte Untersuchungen zur Architektur, aber eben nicht zur Stadt. Das habe ich versucht, und das ist neu.

Wollen Sie mit Ihrem Buch die Wissenschaft oder die Stadt ändern?

Beides. Die Wissenschaft, indem die Stadt im 20. Jahrhundert in ihrer gesamten Komplexität neu gelesen wird, dabei aber immer mit Blick auf ihre physische Form. Und die Stadt, weil diese Lesart neue kritische und konzeptionelle Instrumente bereitstellt, die – so hoffe ich wenigstens – der Planung unserer Städte zugute kommen werden. *2010*

MICHELA MURGIA Maria

Wenn es wahr ist, dass die Erde von denjenigen erzählt, die sie besitzen, erzählten die Hügel im Umland von Soreni eine komplizierte Geschichte. Die kleinen, unregelmäßigen Grundstücke sprachen von Familien mit zu vielen Kindern und Zwistigkeiten, zersplittert in verschiedene Einzelteile, die durch kleine Trockenmauern aus schwarzem Basalt voneinander getrennt waren, über deren Aufrechterhaltung jeder Einzelne missgünstig wachte.

Die Ländereien der Bastíu waren ein wenig größer als die umliegenden, weil Gott es so gefügt hatte, dass es über die Jahre mehr Testamentsvollstreckungen als Erben gegeben hatte.

Im Weinberg auf dem Hügel, der Pran'e boe genannt wurde, war es zehn Uhr an einem milden Oktobermorgen, als sich die Hand Andría Bastíus unbeholfen auf das dünne Handgelenk Marias legte, um die Bewegungen der Gartenschere zu bremsen.

»Pass auf, da nicht!«

»Warum, was ist denn da?«

»Ein Netz der Schwarzen Witwe.«

»Ich hab' keine Angst vor Spinnen.«

»Weil du keine Ahnung hast«, sagte er ernst. »Wenn die Schwarze Witwe dich beißt, buddeln sie dich in Mist ein und lassen sieben Frauen um dich herumtanzen, erst Witwen, dann alte Jungfern und schließlich verheiratete Frauen, so lange, bis sie den Charakter der Spinne verstehen.«

»Wer erzählt dir denn so einen Unsinn, Andría?« Lachend schnitt Maria die große Traube ab und legte sie vorsichtig in den Plastikeimer. Dabei schüttelte sie ihren Kopf mit dem gelb geblümten Kopftuch, das bereits von den Ernten der vergangenen Jahre ausgebleicht war.

Der Weinberg der Bastíu bestand aus zweitausend Weinstöcken, dunkle Trauben mit Beeren groß wie Wachteleier. Wenn man sie zerdrückte, trat ein schwarzer Saft hervor, der aussah wie gekochtes Schweineblut und auch genauso süß war. Die beiden Kinder hatten sich die Arbeit nach ihrem Kräfteverhältnis aufgeteilt und versuchten, mit den Erwachsenen in der Reihe nebenan mitzuhalten.

»Hör zu, das stimmt wirklich. Als mein Papa klein war, ist ihm das einmal passiert. Er hat mir gesagt, dass sie ihn zwei Stunden lang im Misthaufen schwitzen lassen mussten, sonst wäre er verloren gewesen.«

»Ist dein Vater nicht auch derjenige, der zweimal im Krieg gefallen ist? Wirklich, wenn man dich in den Laden schickte, um hundert Gramm gemahlenes Nichts zu kaufen, ich bin sicher, du würdest gehen.«

Maria fuhr fort, die Trauben zu schneiden und Andría mit ihren lebhaften Augen zu necken. Der Junge wurde sichtbar rot und senkte die Augen auf den beinahe vollen Eimer. Sie waren gleich alt, doch mit diesem erwachsenen Lächeln auf den vom Wein geröteten Lippen war Maria wie immer besser darin, Worte zu finden, die ihn klein machten.

»Ich gehe den Eimer in den Wagen ausleeren.«

»Ja, geh schon. Ich trinke inzwischen was. Und nimm dich in acht vor der Schwarzen Witwe, ich bin nicht sicher, ob ich sieben Verrückte finde, die auf Kuhfladen herumtanzen, um dich zu retten!«

Maria wartete den ganzen Sommer voller Vorfreude darauf, dass sie zum Helfen gerufen wurde, denn es machte Spaß, mit Andría zusammen um die Wette zu pflücken. Man wusste nie genau, wann die Weinlese beginnen würde, denn es war der blinde alte Chicchinu Bastíu, der entschied, wann der richtige Moment gekommen sei. Das bedeutete, er musste exakt den Tag bestimmen, bevor der Geruch der reifen Weintrauben in der Luft lag, die bereit waren, zu Most verarbeitet zu werden. Die Enkel führten ihn jeden Tag auf den Weinberg, und er sog mit geschlossenen Augen den Windhauch ein, der auf dem Weg vom Meer über den Weinberg strich. In der Brise, die die Blätter zum Erzittern brachte und zwischen die Trauben fuhr, behauptete der Alte, die Stimme des noch ungeborenen Weins zu hören, wie eine erfahrene Hebamme. Maria konnte nie genug bekommen von dieser Legende.

Accabadora, 2010

EIN BLICK IN DIE POLITIK BEI WAGENBACH

CHRISTOPH MÖLLERS   Demokratie. Zumutungen und Versprechen, 2008

Viel vom Ressentiment gegen die Demokratie entstammt der Kränkung darüber, dass wir weder allein auf der Welt noch wichtiger als die anderen sind. Wir wollen unseren Willen bekommen, doch in der Demokratie bekommen wir ihn eher selten als öfter. Wir sind uns selbst näher als den anderen, aber die Demokratie reduziert uns – nicht überall, aber doch für den wichtigen Bereich der Politik – zu Gleichen, gleich mit Dummen und gleich mit Armen. Es ist leicht zu sehen, warum Demokratie gerade bei Gruppen, die sich selbst für Eliten halten, nicht immer beliebt ist. Aber die demokratische Zumutung der Demut mag ihnen nicht nur im politischen Leben weiterhelfen.

PETRA DOBNER   Quer zum Strom. Eine Streitschrift über das Wasser, 2013

Angesichts des Zustands der Wasserressourcen, angesichts der Tatsache, dass immer noch eine knappe Milliarde Menschen keinen Zugang zu Trinkwasser haben, ist die sinnfreie, aber mit Macht durchgesetzte Privatisierung eine schuldbeladene Vergeudung von Geld und Energien, die gebraucht würden, um dringende Menschheitsprobleme zu lösen.

ALBRECHT VON LUCKE   68 oder neues Biedermeier. Der Kampf um die Deutungsmacht, 2008

Heute hat man dagegen den Eindruck, dem Ende der utopischen Energien beizuwohnen. Nachdem 1989 nicht das beschworene ›Ende der Geschichte‹ in Demokratie und Freiheit bescherte, sondern globale Unübersichtlichkeit und fortschreitende ökologische und soziale Zerfallsprozesse, erscheinen die westlichen Gesellschaften zunehmend ratlos. Anstatt eine kritische Bestandsaufnahme des westlich-kapitalistischen Weges vorzunehmen, verharren sie in rasendem Stillstand und bloßer Affirmation des Bestehenden, getreu dem fatalistischen Motto: Nach uns die Sintflut.

JOSCHA SCHMIERER   Keine Supermacht, nirgends. Den Westen neu erfinden, 2009

Wir sollten mit einem langen XX. Jahrhundert rechnen, einem gefährdeten, aber Erfolg verheißenden Jahrhundert. Die Finanz- und Wirtschaftskrise, so global wie nie zuvor, zeigt die Gefahr der Fragmentierung und gibt doch vor allem Anstöße zu besserer weltweiter Kooperation. Das lange XXI. Jahrhundert globaler Integration hat gerade erst begonnen.

WOLFGANG KALECK   Mit zweierlei Maß. Der Westen und das Völkerstrafrecht, 2012

Von einer universellen Strafjustiz wird man erst dann sprechen können, wenn sich auch die Planer und Organisatoren von Guantánamo oder der Greueltaten in Tschetschenien zu verantworten haben.

DOMINIC JOHNSON   Afrika vor dem großen Sprung, 2013

Afrika hat ein neues Selbstbewusstsein gelernt, das sich nicht mehr auf das pompöse Auftreten der Herrschenden auf globalen Gipfeltreffen bezieht, sondern auf den Mut der Entrechteten und Benachteiligten, bestehende Verhältnisse zum Tanzen zu bringen. Diese demokratische Errungenschaft, und nicht die vielen guten Wirtschaftsdaten, ist heute das eigentliche Signal für eine bessere Zukunft.

Viel Geld ist ausgegeben worden. Viele Soldaten sind bewegt worden, viel Benzin verfeuert und viel Zeit vergeudet worden. Alle haben gesagt und gehört, was sie sollten und wussten, und man hat sich verabschiedet, um sich vielleicht das nächste Mal auf irgendeiner Zeremonie (Fahnen, Heiliges Land, National-hymne, Reden der anderen, meine Rede, Essen, Fahren, Ende) wiederzusehen. Werde ich genau dafür bezahlt, dabei mitzu-spielen?

Tom Königs (Mittel), als Friedensstifter in Afghanistan

MILENA MICHIKO FLAŠAR   Taguchi Hiro

Miteinander zu sprechen wäre zu diesem Zeitpunkt noch eine Übertretung gewesen. Da war eine Grenze. Hier meine, dort seine Bank. Dazwischen Grashalme, ein rollender Ball, ein Kind, das hinterherpurzelte. Zwei Jahre lang hatte ich mich darin geübt, das Sprechen zu verlernen. Zugegeben, es war mir nicht gelungen. Die Sprache, die ich gelernt hatte, durch-drang mich, und sogar wenn ich schwieg, war mein Schwei-gen beredt. Ich sprach innere Monologe, sprach unentwegt in die Sprachlosigkeit hinein. Der Klang meiner Stimme jedoch hatte sich in mir verfremdet. Nachts wachte ich zuweilen

Susanne Schüssler, Milena Michiko Flašar und Annette Wassermann bei der Verleihung des Literaturpreis Alpha in Wien 2012

schweißgebadet aus einem Albtraum auf, nur um ihn fortgesetzt zu finden in dem rohen Aaah, das aus meinem Bauch, meinen Lungen, meiner Kehle drang. Wer ist das, der da schreit, fragte ich mich und schlief wieder ein. Wanderte durch eine Landschaft, in der jeder Laut im Moment seines Entstehens verhallte. Der letzte Satz, den ich ausgesprochen hatte, war gewesen: Ich kann nicht mehr.

Mein Zimmer glich nach wie vor einer Höhle. Hier war ich groß geworden. Hier hatte ich im eigentlichsten Sinne meine Unschuld verloren. Ich meine, groß zu werden bedeutet einen Verlust. Man glaubt zu gewinnen. In Wahrheit verliert man sich. Ich trauerte um das Kind, das ich einmal gewesen war und das ich in raren Momenten in meinem Herzen wild um sich schlagen hörte. Mit dreizehn war es zu spät gewesen. Mit vierzehn. Mit fünfzehn. Die Pubertät ein Kampf, an dessen Ende ich mich verloren hatte. Ich hasste mein Antlitz im Spiegel, das Sprießende, Treibende darin. Die Narben an meiner Hand stammen alle von dem Versuch, es wiedergutzumachen. Unzählige Spiegel, zerschlagen. Ich wollte kein Mann sein, der glaubt, er gewinnt. In keinen Anzug hineinwachsen. Kein Vater sein, der seinem Sohn sagt: Man muss funktionieren. Vaters Stimme. Mechanisch. Er funktionierte. Wenn ich ihn ansah, sah ich eine Zukunft, in der ich langsam, zu langsam ums Leben kommen würde. Nichts funktioniert, hatte ich zurückgegeben. Und dann: Ich kann nicht mehr. Dieser letzte Satz war mein Leitspruch. Das Motto, das mich überschrieb.

Ich nannte ihn Krawatte, 2012

ANDREAS TÖNNESMANN
Die Stadt, das Kapital und das Glück

Mein Schicksal ist besiegelt. »Rücke vor bis Schlossallee« – dieses Kommando kann so gut wie niemand länger als zehn Minuten überstehen, der sich durch die Straßen Monopolys bewegt. Schon bald werde ich Konkurs anmelden und als erster ausscheiden müssen, wie so oft schon. Warum spiele ich trotzdem immer wieder mit?

Warum ist Monopoly auch heute noch, 75 Jahre nach der Markteinführung, das richtige Heilmittel gegen die drohende Depression regnerischer Nachmittage? Es gehört zu den Geheimnissen von Monopoly, dass es mehr ist als ein Gesellschaftsspiel. Man spielt auch dann, wenn man weiß, dass man nie gewinnt. Monopoly ist nicht Schach und nicht »Mensch ärgere dich nicht«, es ist ein Spiel ohne intellektuellen oder pädagogischen Ehrgeiz, ein Spiel für Jugendliche, die es oft verfluchen und doch später mit ihren eigenen Kindern spielen werden.

Ein Spiel, das in der Kritik steht, seitdem es existiert – schon die Manager von Parker Brothers, der Firma, die später Millionen an Monopoly verdienen wird, listen penibel »52 schwerwiegende Fehler« auf, als ihnen 1934 das Patent zum Kauf angeboten wird. Monopoly ist ein Unding von einem Spiel: es dauert zu lang und hat kein klares Ziel, es appelliert an niedrige Instinkte und hat so unsinnige Regeln, dass man kaum umhinkommt, sie planmäßig zu brechen.

Dafür bietet es Topographie und Form, Maß und Raum in vollendeter Gültigkeit. Monopoly ist zwar Spiel, aber vor allem ist es Stadt. Eine Stadt, in der nichts wirklich funktionieren muss, in der dafür alles seinen Ort gefunden hat, die allen gehört und jedem Heimat bietet. Das Spielbrett wird zum parallelen Zuhause, in dem man jede Ecke kennt und das sich nie verändert. Man bewegt sich in dieser scheinbaren Welt mit einer Sicherheit, die man sich in der wahren kaum erobern kann. Entscheidend ist, dass alles dort bleibt, wo es ist. Es wäre blanker Unsinn, denn niemand würde mehr Monopoly spielen.

Monopoly, 2011

SUSANNE SCHÜSSLER
Mehr Gelassenheit, liebe Buchfreundinnen, Büchernarren! Das gedruckte Buch wird nicht aussterben.

…

2. Das gedruckte Buch ist eine der schönsten Erfindungen der Neuzeit. Im besten Falle koppelt es handwerkliches Können und Materialkenntnis mit Geschmack, selbst als Industrieprodukt. Das Buch und noch mehr eine ganze Bibliothek umgibt zudem eine Aura, die sich nicht nur in ausgewählter Typographie, richtigem Papier in passender Grammatur und ausgewogenem Satzspiegel oder Fadenheftung erschöpft. Gemeint ist damit gerade nicht das sich gegen die E-Books absetzende Zeitgeistgerede von »Wertigkeit« und »schön gemachten Büchern«, das plötzlich fröhliche Urständ feiert und Blüten von absurdem Schnickschnack treibt.

Der Gegenstand Buch stellt uns vor Entscheidungen: Welchen Platz soll er im Regal erhalten? Weisen wir ihm einen Ort zu, auf den regelmäßig der Blick trifft? Der auffällige Buchrücken zieht uns an und schon denken wir an das Ende des Romans oder erinnern uns der heiteren Ferien, in denen wir ihn gelesen haben. Wir fragen uns wieder, warum der Held

Auf der Frankfurter Buchmesse mit Giulio Einaudi und Antonio Sellerio und Friedmar Apel (oben)
Mit Claus Clausen und Eva Cossée und Christoph Buchwald

so bodenlos dumm sein konnte, grußlos wegzurennen. Das stand doch auf einer rechten Seite, ganz oben, etwa auf Seite 250. Schon nehmen wir das Buch zur Hand, umso lieber, wenn es sorgfältig hergestellt ist. Und da entdecken wir das Eselsohr mit der besagten Stelle und daneben einen Kommentar, der auf Seite 125 verweist. Spätestens jetzt hat das Buch uns wieder eingefangen.

...

5. Der Verlag soll angeblich nicht mehr nötig sein in Zeiten von selbstgebasteltem E-Publishing. Altherrenpessimismus oder naive Zukunftseuphorie? Eher ein Missverständnis: Neue Techniken führen zu grundlegenden Umwälzungen, nicht zum hektisch herbeigeredeten und -geschriebenen Untergang. Über die Zukunft der globalen Gesellschaft entscheiden die Neugier auf Unbekanntes und die Bereitschaft, sich mit komplexen

Mit Giuseppe Laterza (links) und Umberto Eco

Fragen zu beschäftigen, nicht Form und Wege der Verbreitung. Richtig ist: Noch nie waren Verlage so notwendig wie heute. Wenn sie inhaltliche Absichten haben.

So möchte ich über die Arbeit in unserem Lektorat berichten, dem Herzstück des Verlags. Kurt Wolff hat sehr präzise seine Vorstellung des Verlegers beschrieben (siehe Seite 23 f.). Will man wie er Bücher aus Überzeugung veröffentlichen, kann das Programm nicht ausgewogen sein, es wird literarische Vorlieben zeigen und eine politische Haltung; das heißt der Verlag ist ein Meinungsverlag. Es hilf, als Verleger auch Inhaber zu sein – ein angestellter Verleger muss Rechenschaft über Gewinn und Verlust geben und damit seinen Entscheidungen andere Überlegungen zugrunde legen. Vertritt man aber ein Programm von circa 50 Titeln im Jahr auf eigene Kosten, braucht es ein belastbares System der Entscheidungsfindung.

Unserem Konsenslektorat gehören derzeit sechs Lektoren an (ohne Klaus Wagenbach sind wir 2023 fünf), das ist die Hälfte des Verlags. Jede Lektorin, jeder Lektor macht Vorschläge in der wöchentlichen Lektoratssitzung zu Themen, von denen sie/er etwas versteht, aus den fünf Sprachen, die wir lesen können. Gelingt es ihr/ihm, Begeisterung zu wecken, hat das Buch die zweite Hürde (die erste ist die/der Vorschlagende selbst) geschafft. Die dritte – und schwierigste – folgt in der/den nächsten Sitzungen: Wir diskutieren, und zwar solange, bis wir zu einem Konsens finden – oder eben nicht. Nur bei einem einstimmigen positiven Votum wird das Buch angenommen. Ist auch nur eine/r dagegen (»Nur-über-meine-Leiche-Klausel«), hat das Buch keine Chance. Wichtig ist dabei, dass alle Stimmen vom Prinzip her das gleiche Gewicht besitzen, sich aber die Gewichte je nach Sprache oder Thematik und je nach Kompetenz von Buch zu Buch verschieben. Ein mühsamer Prozess, ein oft langwieriger und manchmal zu langsamer, aber immer ein spannender und lehrreicher und oft auch lustiger. Was aber, wenn alle abwinken, nur eine/r überzeugt und begeistert bleibt? Sie/er greift zur »Herzklausel«, und das Buch wird veröffentlicht. Das sind oft die interessantesten Bücher, sie verhelfen zur Einsicht, dass auch Mehrheiten irren können. Inhalts- und qualitätsbezogene Entscheidungen dieser Art ziehen manchmal Konsequenzen nach sich, die bedauerlich sind, wie etwa die Ablehnung eines Manuskripts eines Hausautors mit der Gefahr, den Autor/ die Autorin zu verlieren. Zugleich setzen sie eine Grenze für die Größe des Verlags: Größere Gruppen können nicht sinnvoll diskutieren, mehr Bücher im Jahr können nicht auf diesem Weg entschieden werden.

Ein letztes Wort zu den von Klaus Wagenbach 1979 beschriebenen drei Begriffen über die Absichten des Verlags: Anarchie, Geschichtsbewusstsein und Hedonismus. In einer Zeit, in der Beliebigkeit und politische Korrektheit die Spaßgesellschaft dominieren, sollten wir unserer Maxime eine kleine Verschiebung angedeihen lassen: Widerständigkeit, Überzeugung und Sorgfalt, und natürlich: Lust und Laune.

Nachsatz 2023. Zehn Jahre wird später schmerzvoll deutlich: Wir müssen weiterhin auf Geschichtsbewusstsein beharren.

Aus: Die Zukunft der Bücher, 2013

Postscriptum von Klaus Wagenbach: Gegen zweitausend Jahre Buch wollen Sie mit einem Plastikkästchen anstinken? Denken Sie doch mal hundert Jahre weiter: Ihr Urenkel findet auf dem Dachboden ein Buch, daneben einen digitalen Datenträger. Vom Buch muss er nur den Staub wegpusten, um es zu lesen. Das Kästchen ist ramponiert, das Programm für die Daten ist weg. Festplatte gibt es nicht, wo ist die nächste Steckdose?

Also: Wegwerfen.

Schlange am Einlass zum 50-Jahre-Fest im Gorki-Theater, 2015

2014–2017

AUSWEITUNG DES GEOGRAFISCHEN RAUMS

50 Jahre *unabhängiges* Verlegen für *wilde* Leserinnen und Leser: 2014 war geprägt von Blicken zurück und nach vorn. Die alte Frage, warum es uns noch immer gibt und warum wir noch immer unabhängig sind, stellte kaum mehr jemand. Eher waren wir selbst verblüfft: Knapp zweitausend Titel waren inzwischen erschienen, manche hatten uns Schwierigkeiten gebracht, aber weitaus mehr zu interessanten Diskussionen geführt, wir hatten neue Autoren entdeckt, einen frischen Blick auf unbekannte Literaturen gelenkt. Die romanischen Sprachen, insbesondere die italienische, hatten bei uns einen ebenso festen Platz wie die unkonventionellere Kunst- und Kulturgeschichte oder das thesenstarke politische Buch. Und ausreichend viele Bücher waren ökonomisch erfolgreich gewesen.

Was aber vor allem sichtbar geworden war: Unsere skrupulösen Entscheidungen, der Wunsch, Qualität *vor* mutmaßlichen kommerziellen Erfolg zu stellen, bescherten uns im Laufe der Zeit eine phantastische Backlist. Viele Bücher waren lange lieferbar, manche seit es den Verlag gab, in wechselnden Gewändern und Ausstattungen. Der Umsatz aus »alten« Titeln war regelmäßig höher als 50 % (außer in den seltenen »Bestsellerjahren«). Das heißt: Mindestens die Hälfte des Umsatzes war uns »sicher«. Das unterscheidet uns bis heute von der Mehrzahl der Publikumsverlage und gibt uns ein Polster, das es weiterhin ermöglicht, so solide wie waghalsige Entscheidungen zu treffen.

Garten des Gorki-Theaters
Ausstellung in der Staatsbibliothek
Führung für Drucker, Autor, Leserin,
Festivalleiter und Buchhändler

Die Autorinnen und Autoren waren uns treu, die Bücher herstellerisch fast immer ordentlich gemacht und schön (naja, ein paar Ausreißer gibt es natürlich). Und unsere Leserinnen und Leser, der Buchhandel und die Presse? Sie beschämten uns nicht zu knapp mit herzergreifenden Würdigungen. »Wenn der Verlag ein Kaninchen wäre, wäre sein Fell schon lange durchgestreichelt«, schrieb etwa Volker Weidermann in der FAS. Derart reich beschenkt haben wir uns nicht nur ein umsatzträchtiges Jubiläumsprogramm ausgedacht (das etwa in hundert Fenstern landauf und -ab gezeigt wurde) und sind bei etwa 200 Veranstaltungen aufgetreten. Vor allem aber haben wir alle nach Berlin ins Gorki-Theater geladen: Mit Musik, Tanz, Speisen und Getränken feierten wir bis zum Morgengrauen. Zuvor gab es eine Festrede der frischgebackenen Kulturministerin Monika Grütters, eine heitere Leserevue durch 50 Jahre Verlagsprogramm – und *standing ovations* für Klaus Wagenbach.

Ausgelassen konnten wir sein, war es uns doch gelungen, ein Jahr um Jahr größer werdendes Problem zu lösen: Der Keller, in dem wir unsere Autorenkorrespondenzen, Herstellungstüten, Vertriebslisten, Presseordner und so weiter aufbewahrten, war übervoll und kaum mehr zu betreten. Und gleichzeitig gab es immer häufiger Anfragen, bestimmte Materialien zu

Stehende Ovationen für Klaus Wagenbach im Gorki-Theater

Forschungszwecken einzusehen. Wie froh waren wir, als die Staatsbibliothek zu Berlin unser Archiv übernehmen wollte: Es bleibt in Berlin, wir haben schnellen Zugang, die Unterlagen bleiben intakt (nichts wurde umgeordnet oder »aussortiert«) und dennoch professionell erschlossen. Ein Glücksfall auch, dass wir das Foyer des schönen Scharoun-Baus am Potsdamer Platz für eine Jubiläumsausstellung nutzen konnten. Zusammen mit Julie August, die seit vielen Jahren unsere Covergestaltung verantwortete, bestückte ich zahlreiche Vitrinen, von Erich Frieds berühmter Plastiktüte über den Verlagsvertrag mit Ulrike Meinhof bis zu Postkarten von Alan Bennett. Ein manchmal melancholischer, oft komischer, aber vor allem lehrreicher Rückblick auf 50 Jahre Verlagsgeschichte. Weitere Ausstellungen gab es in Leipzig im Haus des Buches und im Literaturhaus Stuttgart.

Immer seltener kam Klaus Wagenbach in den Verlag, den Feuerwehrhut, den er mit *gusto* noch jahrelang getragen hatte, hatte er längst mir aufgesetzt. Ihm war es das Liebste, in seinem Garten in der Toskana zu sitzen und zu lesen. Oder die hundert Schritte

Pola Oloixarac   Juliana Kálnay   Wytske Versteeg   Marina Frenk

zur Bar zu gehen und mit Paolo, Stefano oder Fausto die Neuigkeiten zu diskutieren. Als seine Tochter Nina, Vertriebsleiterin und Mitgesellschafterin, 2015 entschied, wieder in den Buchhandel zurückzukehren, war es für ihn der Anlass, schon vorzeitig auch seine Anteile auf mich zu übertragen. Seine Stippvisiten und so trockenen wie treffenden Kommentare erheiterten uns weiterhin. In unseren Diskussionen war er noch in Abwesenheit präsent: »Klaus würde sagen…«

Die oben beschriebene solide Backlist machte es leicht, nach vorne zu schauen und dabei Verlockungen zuzulassen, die neben den ausgetretenen Hauptpfaden lagen. Quasi *en passant*, hatte unterdessen eine Ausweitung des geografischen Raums in unserem literarischen Programm stattgefunden. Zwar blieben die von uns hauptsächlich übersetzten Sprachen weiterhin Italienisch, Spanisch, Französisch und Englisch, aber die Autorinnen und Autoren kamen nun aus Benin (Ryad Assani-Razaki), Marokko (Saphia Azzeddine), aus Peru (Daniel Alarcón) oder Südafrika (Deborah Levy). Oft lebten sie zwischen zwei Kulturen, erzählten mit dem geschärften Blick des außerhalb Stehenden.

Ebenfalls eher zufällig: Die Autor*innen* waren deutlich in der Überzahl (außer im Sachbuch und in der Reihe *Politik*). Und noch eine Änderung gab es im Quart*buch*. Deutschsprachige Literatur kehrte ins Verlagsprogramm zurück. Das hatten wir

Annette Wassermann zu verdanken, die 2000 zu uns gekommen war, verantwortlich für Presse und Veranstaltungen, später auch die französische Literatur. Mit sicherer Hand begleitete sie eine ganze Reihe von jungen Autorinnen zur Veröffentlichung: Milena Michiko Flašar, Eva Roman, Juliana Kálnay, Ursula Ackrill, Marina Frenk, Katharina Mevissen. Kurz: unser literarisches Programm wurde *younger than ever* und weiblicher denn je.

Komplementär dazu initiierten wir eine neue Reihe gegen das schnelle Vergessen.

Mit dem großartigen »westpreußischen« Roman *Levins Mühle* von Johannes Bobrowski starteten wir die Oktav*hefte*. Sorgfältig gestaltete Klappenbroschuren, in elegantem Format mit farbigem Druck, die literarisch bedeutenden, aber vergessenen Werken gewidmet sind, oder noch nie (oder neu) übersetzt wurden. Was für ein Vergnügen für uns alle, wenn eine Lektorin oder ein Lektor eine Wiederentdeckung macht wie den seltsamen Text *Der siebte Sinn ist der Schlaf* von Wilma Stockenström, wenn wir die komisch-traurigen Erzählungen von Wolfgang Kohlhaase wieder lesen können oder dank einer Neuübersetzung ein matt gewordener Text erneut zu glänzen beginnt (wie Boris Vians *Gischt der Tage* oder Giovanni Vergas *Die Malavoglia*).

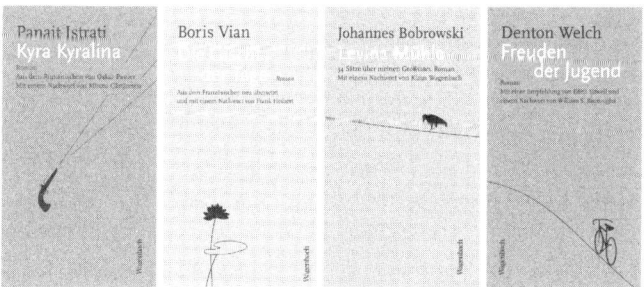

Oktav*hefte*

Literarische Einladungen

Wenn wir schon über Reihen sprechen: *SALTO* wurde 2017 bereits 30 und strafte den alten Sponti-Spruch Lügen – die Leserinnen und Leser trauen den kleinen Romanentdeckungen (*Ein Sommer* von Vincent Almendros oder *Schwestern* von Marcello Fois) oder den literarischen Einladungen (zum Beispiel nach Berlin oder Venedig), die es nun auch schon 20 Jahre gab. Zum Jubiläum wurde für die Fadenheftung einmalig rotes Garn verwendet.

Und sonst: Mit ungefähr 600 lieferbaren Titeln wechselten wir die Auslieferung und zogen mit etwa 400 000 Büchern von Stuttgart nach Fernwalde bei Gießen. Ein Kraftakt, der erstaunlich reibungslos und nervenschonend von statten ging.

Katastrophal hingegen die Entscheidung des Bundesgerichtshofs, dass die Verwertungsgesellschaft Wort (ein Zusammenschluss von Verlagen und Autoren zur gemeinsamen Rechteverwertung) die Verlage in Zukunft nicht mehr an den Ausschüttungen beteiligen dürfe und gezahlte Beträge bis 2012 rückwirkend (!) zurückzuerstatten sind. Wir haben aus diesem Grund 2017 das erste Mal seit Bestehen des Verlags keine *Zwiebel* produziert.

Erfreuliche Erfolge: *Störung im Betriebsablauf* nannte Klaus Wagenbach seine kleine Anthologie mit 77 Texten für den öffentlichen Nahverkehr – sortiert nach Länge der Fahrt. Außerdem: Zweifarbig gedruckt auf feinstem Papier, in gemustertes Leinen gehüllt: *Köstlicher Orient. Eine Geschichte der Esskultur* mit über 100 Rezepten des bedeutenden Orientalisten Peter Heine. Für Wolfgang *Ullrichs Siegerkunst. Neuer Adel, teure Lust* über Kunst als Statussymbol der Mächtigen wurde uns in einigen Fällen aus inhaltlichen Gründen die Abdruckgenehmigung verweigert – dem Verkauf tat das keinen Abbruch (Seite 227).

Unerwartete Niederlagen: Das hellsichtige Buch von Ute Schaeffer über die *Ukraine* wollte 2015 noch keiner lesen, und die wunderschöne weiße, in Anlehnung an französische Buchcover gestaltete Frankreich-Taschenbuch-Aktion war den deutschen Lesern zu zurückhaltend. Besonders enttäuschend: Unter dem Titel *Wetterbericht* schauten Wagenbach-Autorinnen und -Autoren auf 50 Jahre '68. Ein so bemerkenswertes wie ungelesenes Buch.

Preisgekrönt: Juliana Kálnay's Debüt über ein merkwürdiges Haus, *Eine kurze Chronik des allmählichen Verschwindens*, erhielt 2017 den Aspekte Literaturpreis, Horst Bredekamp bekam im gleichen Jahr den Schillerpreis. Und Victoria Lorini wurde 2015, zum Abschluss der EDITION GIORGIO VASARI, mit dem deutsch-italienischen Übersetzerpreis geehrt.

Wagenbach ist ein wunderbarer Verlag, der sehr schöne Bücher herausbringt – klein und groß zugleich. Das ist heute von Belang, ebenso wie der Kampf gegen spießige Langeweile und fürs Selberdenken.
Süddeutsche Zeitung, 30.6.2014

RYAD ASSANI-RAZAKI   Toumani

Alles begann mit zwei Händen und einem Tausch. Ich war damals ungefähr sechs Jahre alt. Es ist meine erste Erinnerung: Eine Hand, die meines Vaters, eine schwarze, schwielige, von der Feldarbeit staubige Hand, streckt sich einer anderen Hand entgegen, einer zarten, zierlichen, manikürten Hand, und diese Hand hält den größten Geldbetrag, den ich je gesehen hatte. 15 000 FCFA, 23 Euro, und mein Schicksal war besiegelt. Ich erinnere mich noch genau an das Gesicht meines Vaters, an die schwarze, von der Sonne gegerbte Haut, straff wie die einer Trommel. An sein Grinsen. Das Bild seiner gelben Zähne unter der hochgezogenen Oberlippe hat sich mir eingebrannt. Ich frage mich, was er in jenem Moment dachte. Was empfindet man, wenn man den eigenen Sohn verkauft? Leider sollte ich eine Antwort auf diese Frage bekommen, wenn auch erst Jahre später, als ich selbst den Menschen verriet, den ich am meisten liebte. Viele Jahre lang war ich wütend auf meinen Vater, nicht so sehr wegen dem, was er getan hatte, denn das konnte ich mir erklären, sondern wegen dieses Gesichtsausdrucks. Weder zufrieden noch traurig. Das Gesicht meines Vaters war zu einer Maske erstarrt, und mein Leben lang sollte ich versuchen, diese Maske zu deuten. Ich kann einfach nicht glauben, dass es Gleichgültigkeit war. Denn dann hätte mein Leben keinen Sinn, und ein Kind oder eine Kuh zu verkaufen wäre dasselbe. Ein reines Geschäft. Freude konnte es auch nicht sein, denn was soll man von einem Vater halten, der sich freut, wenn er sein Kind verkauft? Ein Drittel meiner Persönlichkeit stammt von meinem Vater, ein weiteres Drittel von meiner Mutter, und das letzte besteht aus meinen eigenen Erfahrungen. Ich will unbedingt glauben, dass ein ebenso großer Teil von mir unglücklich war, als ich später den Menschen verriet, den ich am meisten liebte.

Iman, 2014

WOLFGANG ULLRICH   Kontrolle

Die Abdruckgenehmigung wurde
von einem der Rechteinhaber
leider verweigert.

Thomas Ruff: *Porträt Karen Boros* im Wohnzimmer von Karen und Christian
Boros, Berlin

Auftraggeber, die sich selbst stark einbringen, sind jedoch nach wie
vor schnell umstritten; ihnen nimmt man es eher als Künstlern übel,
wenn der Eindruck entsteht, sie könnten zu sehr nur auf ihre eigenen
Interessen geachtet haben. Und stellt es nicht schon eine Anmaßung
dar, von einem Künstler etwas ganz Bestimmtes zu verlangen, also
gar keinen Spielraum bei der Entwicklung eines Werkes zu lassen?

In dem vom Sammlerpaar Karen und Christian Boros in Berlin
betriebenen Bunker, der sowohl Ausstellungsräume als auch die
private Wohnung der Familie beherbergt, hängt in Letzterer, zwischen anderen Werken, Möbeln und Designobjekten, ein überle-
bensgroßes Fotoporträt, das die Sammlerin selbst zeigt. Es stammt
von Thomas Ruff, der in den 1980er Jahren mit Porträts in genau
diesem Stil bekannt wurde. Die Person ist dabei jeweils als Brust-
bild, frontal, mit ernst-emotionslosem Gesichtsausdruck und vor
weißem Hintergrund fotografiert. Ruff nahm vor allem Freunde
und Bekannte auf, Gleichaltrige aus seinem Milieu: viele junge
Künstler und Repräsentanten des Kunstbetriebs. Doch Karen Boros wurde nicht damals von Ruff fotografiert; vielmehr entstand
ihr Porträt rund 25 Jahre später, als Geburtstagsgeschenk für den

Siegerkunst, 2016

PATRIZIA NANZ / CLAUS LEGGEWIE
Generationengerechtigkeit

Die für eine erfolgreiche Bekämpfung des Klimawandels dringend benötigte nachhaltige Transformation von Wirtschaft und Gesellschaft ist ohne die Mitwirkung aller nicht denkbar. Es bedarf eines vielfältigen Engagements von Bürgern, Experten, Unternehmern und Politikern, um unserer Verantwortung für den blauen Planeten und den Menschen in anderen Teilen der Welt gerecht zu werden. Wenn die gegenwärtige Ausübung unserer Freiheit die Möglichkeiten der Zukunft einschränkt, so müssen verantwortungsvoll nicht nur intra-, sondern auch intergenerationelle Gesichtspunkte in heutige Entscheidungen einbezogen werden. In einer vorsorgeorientierten Politik müssen die eigene Unkenntnis und negative Zukunftsszenarien politisch bedacht werden. Dies ist zum Beispiel bei der Nutzung von Kernenergie und der Lagerung radioaktiver Abfälle jahrzehntelang versäumt worden. Ein linearer Entscheidungsmodus greift auch bei vermeintlich rein technischen Zusammenhängen zu kurz, denn erstens steht fast jeder fachlichen Expertise unentscheidbar eine Gegenexpertise gegenüber und zweitens müssen Sachfragen immer zugleich von politischen und moralischen Gesichtspunkten aus bewertet werden. Sollen also wissenschaftliche Wahrheiten all jene Funktionen erfüllen, die von ihr in politischen Entscheidungsprozessen wie die zur Endlagersuche oder Bekämpfung des Klimawandels erwartet werden, kann diese nur in einem wechselseitigen Lernprozess zwischen Wissenschaft, Politik und Gesellschaft »demokratietauglich« erzeugt werden. Dabei geht es am Ende darum, sich über die systematische Gegenwartsdominanz der Politik zu erheben und die langfristigen Folgen unseres Handelns in den Blick zu nehmen.

Die Konsultative, 2016

PETER BURKE   Wissensformen

Die zweite Frage – »Was ist Wissen?« – erinnert
fatal an diejenige des »spöttischen Pilatus«, der
diese laut Francis Bacon stellte, ohne die Antwort
überhaupt erst abzuwarten: »Was ist Wahrheit?«
Ein erster Schritt könnte darin bestehen,
Wissen von dem zu unterscheiden, was der
polnische Anthropologe Bronisław Malinowski
»das Rohmaterial der Information« nannte.
»Wir ertrinken in Informationen«, sagt man
uns, und gehen gleichzeitig »an Wissenshunger
zugrunde«. Wir mögen vielleicht »Informationsgiganten«
werden, laufen aber Gefahr, zu
»Wissenszwergen« zu verkommen.

In Anlehnung an die berühmte Metapher
eines anderen Anthropologen – Claude Lévi-Strauss
– ließe sich Information auch als das
»Rohe« und Wissen als das »Gekochte« definieren.
Information ist natürlich nur relativ roh, da
die »Daten« überhaupt nicht objektiv »gegeben«
sind, sondern von Menschen mit all ihren Vermutungen
und Vorurteilen subjektiv rezipiert werden. Wissen
jedoch ist insofern »gekocht«, als es verarbeitet wird, und zwar
in Form einer kritischen Aneignung durch Verifizieren, Messen,
Vergleichen und Systematisieren.

Wissen sollte man sich als etwas Plurales vorstellen im Sinne
von Wissenstraditionen, wie es der Philosoph Michel Foucault
bereits in den siebziger Jahren tat, obwohl es häufig noch immer
als singulär betrachtet wird, gewissermaßen als Pars pro
Toto.   *Die Explosion des Wissens, 2014*

JONATHAN CRARY   Warten

Die Formen von Herrschaft, mit denen in den neunziger Jahren der Aufstieg des Neoliberalismus einherging, waren invasiv in ihren subjektiven Wirkungen und in ihrer Zerstörung gemeinsamer, kollektiv getragener Beziehungen. Das Rund-um-die-Uhr-Prinzip stellt den Wahn einer Zeit ohne Warten dar, einer augenblicklichen Verfügbarkeit, einer Isolation und Selbstisolation gegenüber den anderen. Durch die elektronische Verwaltung der Kontakte und Tagesabläufe kann man die Verantwortung für andere, die sich durch Nähe einstellt, einfach umgehen.

Vielleicht noch wichtiger ist, dass der 24-Stunden-Takt die individuelle Geduld und Achtung verkümmern lässt, die grundlegend ist für jede direkte Demokratie: die Fähigkeit zuzuhören, zu warten, bis man das Wort erhält. Das Phänomen des Bloggens ist nur ein Beispiel – von vielen – für den Triumph eines einseitigen Selbstgesprächs, bei dem man nicht mehr warten und zuhören muss. Das Bloggen ist, was auch immer seine Absichten sind, eines von vielen Vorzeichen für das Ende der Politik. Das Warten, zu dem man heute noch gezwungen ist – im Verkehrsstau oder am Abfertigungsschalter –, verstärkt nur das Ressentiment und die Konkurrenz mit den Nachbarn. Es ist einer der oberflächlichen, aber eindringlichen Gemeinplätze über die Klassengesellschaft, dass der Reiche nicht warten muss, und das nährt das Bedürfnis, diesem Vorrecht der Elite nachzueifern, wo immer es möglich ist.

24/7, 2014

TANGUY VIEL   Handschellen

Sie sind also allein zurückgekommen, sagte der Richter.

Ja, wir waren zu zweit, und dann bin ich allein zurückgekommen.

Also wissen Sie, warum Sie hier sind.

Ja.

Die Leiche wurde heute früh gefunden.

Ich weiß.

Am besten, sagte der Richter, gehen wir alles von vorn durch, und er ließ nicht erkennen, ob das eher eine Drohung sein sollte oder eine letzte Chance, die er mir bot – mir auf dem Holzstuhl ihm gegenüber, etwas niedriger als der Ahorntisch, der ihn ein wenig zu erhöhen schien, hier auf den fünfzehn Quadratmetern, auf denen wir uns im Gerichtsgebäude aufhielten, am Ende eines dunklen Flurs. Noch fuhr mir die Seeluft durch die Gedanken, es war, als wären die Fenster weit geöffnet, und meine Ideen – nein, es waren keine Ideen, Bilder vielleicht, die aber jetzt stärker wirbelten als der Wind in einem Schleiertuch, als wäre ich ein von den Launen der Luft getriebener Kormoran und würde über dem Meer nach dem Aufblitzen suchen, das mir erlaubte, hinab zu tauchen und etwas herauszuholen, egal was, Hauptsache, es half mir, irgendwo anzufangen.

Kann mir nicht wer die Handschellen abnehmen, sagte ich. Ich kann nicht reden, wenn ich die Hände nicht frei hab.

Der Richter seufzte etwas betont, so ein Seufzen im Sinne von »ich sollte das nicht tun, aber bitte«, und er gab dem Polizisten hinter mir einen Wink. Für einen Richter fehlte ihm die Herablassung oder das ganze Gehabe, das ich erwartet hatte, ein grauer Bart oder der Bauchansatz eines Vierzigjährigen, nein, dieser Richter hier war allerhöchstens dreißig, und er wirkte ganz, als wollte er mir gern zuhören. *Selbstjustiz, 2017*

SALVATORE SETTIS   Venedig ohne Bürgerschaft

Die Gefahr des Verschwindens von Erinnerung schwebt über uns allen, sie
bedroht das menschliche Zusammen-
leben, gefährdet die Zukunft, raubt der
Gegenwart den Atem. Geht man von
der Stadt als idealtypischer Form der
menschlichen Gemeinschaft aus, so
ist Venedig heute, das herausragende
Symbol für die Verdichtung dieser Bedeutungen, steht aber
auch emblematisch für ihren Untergang. Sollte Venedig jemals sterben, wird dies nicht der Grausamkeit eines Feindes
geschuldet sein. Es wird vor allem durch ein Vergessen der
eigenen Identität geschehen. Dieses Sich-selbst-Vergessen bedeutet für eine Gemeinschaft nicht nur das Ausblenden der
eigenen Geschichte und auch nicht morbide Gewöhnung an
Schönheit. Es bedeutet vielmehr das fehlende Bewusstsein für
etwas, das immer notwendiger wird, nämlich die ganz spezi-
fische Rolle einer jeden Stadt im Vergleich zu all den anderen,
ihre Einzigartigkeit und Verschiedenheit – Eigenschaften, die
Venedig in höherem Maße besitzt als jede andere Stadt auf der
Welt. So wie jedes menschliche Lebewesen durch das charak-
terisiert wird, was einmalig an ihm ist, dies aber erst im direkten Vergleich mit den Begabungen und Erfahrungen anderer
herauszuheben und gewinnbringend einzusetzen vermag, so
auch die Städte: In der grenzenlosen Mannigfaltigkeit ihrer
geschichtlichen Wechselfälle, der urbanen Formen, architek-
tonischen Sprachen, der Materialien, mit denen sie errichtet
wurden, und den Landschaften, in die sie eingebettet sind, ist
jede Stadt einzigartig und wird als solche von ihren Bewoh-
nern erlebt und geliebt. Es ist dieses Erbe, auf dem sie ihre
Zukunft aufbauen sollte.   *Wenn Venedig stirbt, 2015*

SAPHIA AZZEDDINE Lange Ferien

Das Schuljahr ging zu Ende, es roch gut nach großen Ferien. Ich nenne sie die langen Ferien. Am schlimmsten ist es, zuzusehen, wie die Cité sich leert. Marwan und sein Clan im vollgestopften Minivan zusammengepfercht. Anscheinend findet in seinem Herkunftsland alles eine Verwendung: Fahrrad ohne Räder, Spülbecken ohne Wasserhahn, Stuhl ohne Lehne ... Eine einzige Rumpelkammer, dieses Land. Marwans Mutter war für den Campingkocher, Kekse, Getränke und Sandwiches mit Soße zuständig, die man gleich nach der spanischen Grenze wie Brei mit Löffeln essen konnte. Abdu ging nach Mali. Mit dem Flugzeug. Das hatte Stil. Aber alleine. Ohne den Rest der Familie. Zu teuer. Sie wechselten sich ab. Henri fuhr nach Hyères zu seinen großzügigen Großeltern, die nicht nur ihn, sondern auch seine Halbschwester aufnahmen, obwohl sie ein Familienanhängsel ist. Angehängt von seinem vierten Stiefvater. Und ich habe geholfen, die Sachen in den Kofferräumen und auf den Dächern zu verstauen, und ich habe ihnen nachgewunken bis zur Kurve nach dem Kreisel. Eine bleierne Stille legte sich auf meinen Risikovorort. Ich habe das Risiko genau gespürt. Das Risiko, alles oder nichts zu tun, um die Zeit gefügig zu machen. Und wenn sie sich nicht gefügig machen lassen wollte, dann würden wir sie dressieren, wir, die schlechten Schüler, die Klassenletzten, die Zurückgebliebenen. Immer. Immerzu. Ich habe mich gefragt, wie ich es anstellen sollte. Die Langeweile lauerte mir auf wie eine alte Vettel einem Fremden in ihrer Straße. Ein Brief, irgendeine Neuigkeit, ein kleiner Aufstand, alles eignete sich dafür, Abwechslung in meinen Sommer zu bringen, der endlos, ellenlang und stickig zu werden versprach. Die Leute lasen dennoch weiter Bücher und gingen scheißen.

Mein Vater ist Putzfrau, 2016

Al dente, 2023. Stehend von links: Corinna Gathmann (Herstellung), Frauke Petersen (Rechte/
Vertrieb), Lena Luczak (Lektorat), Annette Wassermann (Lektorat/Presse/Veranstaltungen),
Tilman Vogt (Lektorat), Merle Ostendorp (Rights/Veranstaltungen)
Sitzend: Martin Prskawetz (Herstellung), Linus Guggenberger (Lektorat), Susanne Schüssler,
Jörg Englbrecht (Vertrieb), Michael Rühmkorf (Buchhaltung)

2018–2023

AUSWEITUNG DES ÄSTHETISCHEN RAUMS

Die selbstauferlegte Reduktion auf weniger Titel hatten wir eine Zeitlang erfolgreich durchgehalten, jetzt aber waren die Programme wieder angewachsen auf etwa 50 neue Bücher pro Jahr. Die Pandemie sollte uns erneut lehren, dass vor allem unbekannte Autorinnen und Autoren sowie sperrige Themen eine kluge Präsentation am richtigen Ort brauchen. »Beratungsintensive Bücher« wollen empfohlen werden, vom Handel, bei Veranstaltungen, in den klassischen Rezensionsmedien, aber immer mehr auch in den sogenannten »sozialen Medien«, in denen sogar wir als leidenschaftliche Verfechter des gedruckten Worts aktiver wurden. Die Bloggerinnen hatten es schon längst zu einer eigenen Kategorie in unserem Presseverteiler gebracht.

Eine andere Erfahrung hingegen gab uns zu denken: Wurden auf den Vertretersitzungen der 70er und 80er Jahre gern »Kampfpreise« gefordert – nach dem Motto: Wir machen einen niedrigen Ladenpreis für die jungen Leute mit wenig Geld und verkaufen dann die doppelte Anzahl (siehe auch Seite 15) – so machte sich durch bittere Erfahrung die Einsicht breit, dass dieser schöne Demokratisierungsgedanke überholt oder Wunschdenken gewesen war. Selbst das Jammern der Kunden und Buchhändler über zu hohe Preise war längst verstummt. Als durch die Pandemie-Jahre und anschließend durch den unfassbaren Krieg in der Ukraine die gesamte Branche durchgeschüttelt wurde, waren die alt-gewohnten Ladenpreisschwellen nicht mehr zu halten. Die Explosion der Kosten (Papier, Produktion, Vertrieb, Transport et cetera), verursacht durch Unterbrechungen der Lieferketten (dazu ein vielbeachtetes Buch von Caspar Dohmen) und Verteuerung der Energie, konnten wir also einigermaßen unbehelligt durch Ladenpreiserhöhungen wett machen (Details im Text *Buchstäblich Bücher*, Seite 261 f.).

Sorgen bereiten uns die Veränderungen im Buchhandel (siehe ebenfalls *Buchstäblich Bücher*, S. 259 f.): keine Woche vergeht, ohne die Schließung eines alteingesessenen Ladens. Schreibt Klaus Wagenbach noch 2003 beziehungsweise 2013, dass die Anzahl der wohlsortierten Wagenbach-Buchhandlungen mehr oder weniger gleichbleibt (siehe Seite 151), so hat sich inzwischen eine signifikante Verschiebung ergeben: In Deutschland ist sie von 300/310 auf 220 gesunken, in Österreich und der Schweiz von je 20 auf 45 beziehungsweise 30 gestiegen. Parallel dazu ist der Amazon-Anteil des Verlags auf etwas unter 10 % gestiegen – wenig Grund zur Freude, ebenso wenig tröstlich, dass er in Deutschland im Schnitt bei 17 %–18 % noch höher liegt.

Nachdem wir mit den Oktav*heften* Glück gehabt hatten, wagten wir schon 2018, diesmal ein bisschen verspielter, sozusagen mit einem Augenzwinkern, die nächste Idee zu realisieren. Mehrfach hatte ich die Erfahrung gemacht, dass die ganz jungen Leserinnen und Leser begeistert waren von Erich Fried – wenn sie ihn denn überhaupt zu lesen bekamen. Wie also die Liebesgedichte, wie die schönen Gedichte über Widerstand, Freiheit und Sehnsucht verpacken? In kleinen Themenbüchern (einmal die vierbändige Gesamtausgabe durchforstet während der Sommerferien), jeweils 80 Seiten, in kess geschnittene Pappe gebunden und mit bunten Mustern versehen, wurde die kleine Serie ein überraschender Erfolg (»Wagenbachs Schokoriegel als Quengelware an der Kasse«, wie sie eine Münchner Buchhändlerin nannte). Und weil's so schön war, ging es weiter mit anderen kleinen und besonders feinen Texten aus dem Programm. Übrigens: Die Reihe heißt DaCapo.

Digitale Bildkulturen

Ein Jahr später folgte bereits die nächste neue Reihe: Die DIGITALEN BILDKULTUREN. Zusammen mit Annekathrin Kohout hatte Wolfgang Ullrich dieses Vorhaben in den Verlag getragen: Eine ganze Serie von Büchern, die sich systematisch mit der ästhetischen, gesellschaftlichen und politischen Dimension von digitalen Bildphänomenen beschäftigen sollte. Die These: Erst mit der Digitalisierung ist der schon vor Jahren proklamierte *iconic turn* wirklich Realität geworden. Aber: Ließen sich Fragen des Digitalen in gedruckten Büchern diskutieren? Wer sollte die Zielgruppe sein? Die Nerds oder die digitalen Analphabeten? Und daraus folgend: Wie viele Kenntnisse durften wir voraussetzen, wie umfangreich durften oder mussten die Bücher sein, eher Überblick oder in die Tiefe gehend, eher wissenschaftlich oder gemeinverständlich? Wieviel konnten sie kosten? Wer sollte schreiben und vor allem: zu welchen Themen? Inzwischen sind über

Annekathrin Kohout
Wolfgang Ullrich

20 Bände erschienen, pro Jahr regelmäßig vier Titel, kleine Broschuren mit Bildern und kräftig bunten Umschlägen. *Selfies, Netzfeminismus, Krypto-Kunst, Bildproteste, Meme, Modebilder, Tiktok, Gesichtserkennung, Emojis, Binge Watching, KI-Kunst* … Sie liegen zu unserer Freude unter anderem auf den Tischen der Museumsbuchhandlungen, und einige durften wir schon mehrfach nachdrucken (übrigens immer aktualisiert!). Ach ja, die Zielgruppe: Für alle Fälle gibt es ein Glossar. Und die Bundeszentrale für politische

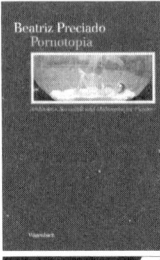

KKB-Seriengestaltung
1988, 2000, 2022

Bildung übernahm die Bände in ihr Programm: Wenn sich die Schule schon so schwertut, den Kindern Lesekompetenz zu vermitteln, vielleicht konnte man wenigstens den Lehrern ein bisschen mehr Digitalkenntnisse angedeihen lassen.

Während in der Corona-Zeit viel gekocht wurde und die Wohnungen gestrichen wurden, haben wir darüber nachgedacht, wie wir eine ehrwürdige Reihe renovieren können: Die 1988 gegründete KLEINE KULTURWISSENSCHAFTLICHE BIBLIOTHEK hatte bereits eine Häutung hinter sich: Nach den eleganten weißen englischen Broschuren kamen die postmodern blauen Pappbände mit aufgeklebtem Schlitzschildchen und Prägung. Jetzt wollten wir einen zeitgemäßen frischen und zugleich prägnanten Auftritt, damit die Titel sichtbar werden, die im Sinne der Warburgschen Bibliothek weiterhin einen markanten Platz in unserem Programm einnehmen. In den neuerdings gestreiften Klappenbroschuren stellen wir unter der Obhut von Tilman Vogt unsere thesenfreudigen, gern auch provozierenden, widerspenstigen Essays nebeneinander, die sich über die Grenzen von klassischer Geschichte und Kulturwissenschaft hinwegsetzen.

In all die konzeptionellen Überlegungen platzte im Sommer 2018 völlig unverhofft wieder einmal ein Bestseller. Ein politisch brisanter, durchaus umfangreicher Roman aus Italien, der just erschien, als Italiens Innenminister für Empörung sorgte: Wie konnte es sein, dass Salvini ein Boot der eigenen Küstenwache mit 177 Geretteten tagelang vor Lampedusa liegen ließ und verweigerte, dass die Migranten von Bord gingen. Francesca Melandris Roman *Alle, außer mir* erzählt den exemplarischen Leidensweg eines Migranten, aber auch von den historischen Wurzeln: der brutalen Kolonialgeschichte, in diesem Fall der

Jörg Englbrecht, Vertriebs-
leiter und schon seit 2008
(mit Unterbrechung) im
Verlag, hatte die geniale
Idee für den deutschen Titel
(italienisch: *Sangue giusto*).
Die Autorin war glücklich,
und *Alle, außer mir* wurde
dann ebenfalls in anderen
Sprachen als Titel benutzt.
Hier mit Susanne Schüssler
bei der Verleihung des
Preises Lieblingsbuch der
Unabhängigen während der
Frankfurter Buchmesse, 2018.

italienischen. Wenn ein solches Buch innerhalb eines halben
Jahres 100 000 Hardcover verkauft, können Autorin und Verlag
glücklich sein: Dann ist es mithilfe einer ausgeklügelten und bril-
lant entwickelten Romanhandlung gelungen, verdrängte Vergangenheit in all ihrer Härte sogar dorthin zu bringen, wo man sich
eigentlich nicht mit ihr auseinandersetzen wollte.

Faschist werden. Eine Anleitung, so der Titel eines anderen hoch-
politischen, diesmal schmalen Büchleins, das ebenfalls aus Italien
kam: Die Demokratie muss weg – die Alternative steht schon bereit. Mit einem satirischen »Faschistometer« stellt Michela Murgia
die bittere Frage, ob der Rechtsruck der Gesellschaft nicht bereits
in jedem Einzelnen Spuren hinterlassen hat. In Italien, dem Land,
das sich immer wieder als politischer Vorreiter in Europa erweist,
erschien das Buch bereits 2018, bei uns 2019. Viele Buchhändler
legten es (und tun es bis heute) an die Kasse.

Und noch einmal Italien: Eine große Sporttasche in der Hand und
noch etwas außer Atem von der rasanten Anfahrt auf dem Fahrrad, stand Horst Bredekamp, Professor der Humboldt-Universität,

Die Schule von Berlin (frei nach Raffael): Verlag und Vertreter, 2022

vor mir. Er würde wohl nach unserem Treffen zum Fußballspielen gehen – er hatte ein Buch über den Florentiner *calcio* geschrieben und war selbst aktiv. Stattdessen holte Horst Bredekamp drei prall gefüllte Leitz-Ordner hervor und stellte sie feierlich auf meinen Schreibtisch: »Meine Michelangelo-Vorlesung. Wenn ich unter den Bus gerate, mach damit, was du willst.« Das war vor einigen Jahren. Horst Bredekamp hatte die zweisemestrige Vorlesung vier Mal gehalten – und jedes Mal völlig neu erarbeitet. Der Text wurde dann noch mehrfach durchgekämmt: vom Autor, von seinen studentischen Hilfskräften, von Lektoren, Korrektorinnen. Es galt zu vereinheitlichen, Schreibweisen zu prüfen, Verweise zu systematisieren, Jahreszahlen zu verifizieren, die neueste Forschung zu berücksichtigen. Hochaufgelöste Daten für die 790 Abbildungen mussten beschafft werden: die Kuppel von Sankt Peter ohne perspektivische Verzerrung oder der David von schräg hinten. Der letzte Schritt: Proofs, Farbandrucke, die Wahl von Format, Papier und Ausstattung. Projekte von solcher Dimension führen alle Beteiligten an Punkte der Verzweiflung. Nicht so hier: Horst Bredekamp gelang es mit seinem unerschütterlichen Enthusiasmus, alle bei Laune zu halten, bis zum Druck, den er selbst zwei Tage lang in unserer wunderbaren Druckerei Pustet in Regensburg begleitete. Für mich als Verlegerin war der 800-seitige Band Herausforderung und Wagnis. Welch unerwartetes Glück, dass wir bereits vier Wochen nach Auslieferung der ersten 8000 Exemplare weitere 8000 in Auftrag geben konnten.

Michelangelo war das letzte Buch, an dessen Entstehung Klaus Wagenbach regen Anteil genommen hat: Die Grafikerin, Herstellerin und ich hatten sich, fernab vom Verlagsalltag in unserer Berliner Wohnung verschanzt, mit Standleitung zum Autor. Und mittendrin Klaus Wagenbach, der das Geschehen mit großer Zufriedenheit und Genugtuung verfolgte, hin und wieder an einem Papierchen zupfte oder über eine Skulptur ins Philosophieren geriet.

Am 19. Dezember 2021 starb Klaus Wagenbach, zu Hause inmitten seiner Bücher.

Zu seinem Gedenken sind im Berliner Ensemble im Juni 2022 Wegbegleiter, Autoren und Freundinnen zusammengekommen und haben aus seinem Leben und von seinen Lieben erzählt: von Kafka, dem Büchermachen, von der Politik, der Kunstgeschichte, von Italien und den Italienern. Es wurde viel gelacht und geweint und mit Rotwein auf ihn angestoßen, so wie es sich gehört.

Oh *SVLTO*-Baum, wie schön sind deine Bücher

Unser Konsenslektorat (siehe Seite 216) hatte wie im vorigen Abschnitt beschrieben den geographischen Raum stark ausgeweitet. Dazu gehörten mittlerweile aus dem Niederländischen übersetzte Bücher, die Lena Luczak (sie kümmert sich sonst vor allem um die Reihe *Politik* und die englische Literatur) hin und wieder vorschlägt. Ihr haben wir schöne Überraschungen zu verdanken, etwa die sehr gescheiten Romane der jungen Wytske Versteeg oder moderne Klassiker wie Josefa Mendels. Zum Gastland Spanien der Frankfurter Buchmesse 2022 hatte Linus Guggenberger, der sich wie Lena Luczak in den Verlag »eingeschlichen« hatte (wir haben immer zahlreiche Praktikantinnen, manchmal Volontäre oder studentische Aushilfen), gleich zwei vielbeachtete Titel aufgetan: Den verstörenden Roman *Eine Liebe* von Sara Mesa und die große Reportage *Leeres Spanien* des Journalisten Sergio del Molino – sie war in Spanien 150 000 Mal verkauft worden und hatte sogar zur Gründung einer Partei geführt.

Nachdem wir die schönen Aktionen im Taschenbuch eingestellt hatten, nutzten wir diese Reihe, um wichtige literarische Titel unseres Programms lieferbar zu halten wie die von Milena Michiko Flašar, Michela Murgia, Andrea Camilleri, Luigi Malerba oder Juan Marsé. Parallel bauten wir unsere kleine Bibliothek moderner Klassiker aus. So konnten wir die 100. Geburtstage feiern von Giorgio Bassani (2016, sechs Titel lieferbar), Natalia Ginzburg (2016, neun Titel), Boris Vian (2020, nur noch drei Titel), Leonardo Sciascia (2021, sieben Titel), Erich Fried (2021, insgesamt 32 Titel, inklusive eines neuen Gesprächsbands, der Gesamtausgabe und den Shakespeare-Übersetzungen) und schließlich Pier Paolo Pasolini (2022, zu den sechs lieferbaren kamen zwei neue Titel hinzu). Und daneben stellten wir kulturgeschichtliche Standardwerke wie Wolfgang Schivelbuschs *Geschichte der Eisenbahnreise* oder Carlo Ginzburgs *Der Käse und die Würmer* und kleine Mahnmale gegen

Julia Deck   Kathy Page   Vincent Almendros   Marco Missiroli   Olivette Otele

Geschichtsvergessen wie das *Tagebuch einer Deutschlandreise 1947* des Emigranten Ernst Schoen oder Yosef Hayim Yerushalmis Buch über jüdische Geschichtsschreibung. Diese Titel bescherten uns zwar keine großen Stückzahlen, trugen aber zur Konsolidierung der Backlist bei – und konnten in einer Zeit der absoluten und lautstark vorgetragenen Positionen Grundlage für nuancierte intellektuelle Diskussionen sein. Zum Vergnügen leisteten wir uns kleine Solitäre, Bücher, die uns einfach berührt oder beeindruckt haben wie *Das Sägewerk* eines anonymen französischen Autors oder den Roman *Mond des verharschten Schnees* des aus der Wasauksing First Nation kommenden Autors Waubgeshig Rice.

Einfach schön: Der Verlag ist erstaunlich unbeschadet durch die Pandemie gekommen. Sogar die traditionellen gemeinsamen Mittagessen haben wir – auf Bänken im Hof verteilt, mit der Pizzaschachtel auf den Knien – weiter aufrechterhalten. Und 2022 gab es endlich wieder eine Frankfurter Buchmesse, mehr und mehr Lesungen, eine Präsenzvertretersitzung und sogar einen Betriebsausflug.

Gelobt und verkauft: Vittorio Magnago Lampugnani sammelt kleine Objekte im Stadtraum, von der Metrostation bis zum Straßenbelag und zeigt, wie sehr die

Reisebüro Wagenbach: Merle Ostendorp und Annette Wassermann. Routenplanung, Aquise, Autorenseelsorge in mehreren Sprachen, Budgetdeckelung, veganer Reiseproviant, Hundehotel: schöner lesen, schneller reisen, besser schlafen!

Bedeutsamen Belanglosigkeiten die Charakteristik von Städtebildern bestimmen und wie beklagenswert die Austauschbarkeit von Mülleimern ist (2019). Ein schmales Buch mit reichem Inhalt: Der bedeutendste Historiker der europäischen Ernährungsgeschichte, Massimo Montanari, verfasste ein kleines Meisterwerk über *das* italienische Gericht: *Spaghetti al pomodoro* (2020). Zur rechten Zeit (2022) erschien: *Über die Seelenruhe* von Leon Battista Alberti – ein Klassiker der Lebenskunst aus der Renaissance, erstmals auf Deutsch.

Gewagt: Es war ein riskantes Unterfangen, den ausschweifenden, so bildgewaltigen wie gewaltvollen Roman *Im Dezember der Wind* der unbekannten Marvel Moreno zu übersetzen. Die Literaturkritik war hymnisch und stellte die 1995 gestorbene Autorin in die Reihe der großen lateinamerikanischen Autoren. *Volkstheater* nannten wir das Broschurbändchen, in dem Peter Laudenbach die rechten Angriffe auf die Kunstfreiheit dokumentierte und deren Mechanismen beschrieb. Um nicht selbst Ziel eines solchen Angriffs zu werden, hatten wir uns im Vorfeld gewappnet.

Niederlage: Nicht einmal tausend Exemplare konnten wir von einem klugen, feministischen und offensichtlich von einem immer noch tabuierten Thema handelnden Buch verkaufen: *Happy Abortions*. Ob es am englischen Titel lag?

Preisregen und Würdigungen: 2018 erhielten wir den ersten Berliner Verlagspreis, im selben Jahr wurde Klaus Wagenbach

Verleihung des 1. Berliner Verlagspreises, 2018
Betriebsausflug nach Neapel mit kundiger Führung von Dieter Richter (sechster von links), 2018
Die Wagenbach-Bande mit Sicherheitsabstand, 2020

mit dem Max-Hermann-Preis ausgezeichnet und ich zur Verlegerin des Jahres gewählt. Zur Leipziger Buchmesse 2018 wurden wir als abschreckendes Beispiel eines »linksversifften« Verlags auf einem prominenten rechtsextremen Blog genannt. Das erste ins Deutsche übersetzte Buch der jungen mexikanischen Autorin Fernanda Melchor wurde 2019 mit dem Internationalen Literaturpreis des Haus der Kulturen der Welt und dem Anna-Seghers-Preis gewürdigt. Der Deutsche Verlagspreis wurde uns 2019, 2020 und 2022 zugesprochen.

»Der Wagenbach-Verlag, Legende und Juwel der deutschen und italienischen Belletristik, bewies vor vielen Jahren seine allegorische Trittsicherheit mit diesem wunderbaren Satz: ›Eier und Bücher sind Produkte der Drucklegung.‹«   Süddeutsche Zeitung, Streiflicht, 11.11.2021

HORST BREDEKAMP Michelangelo

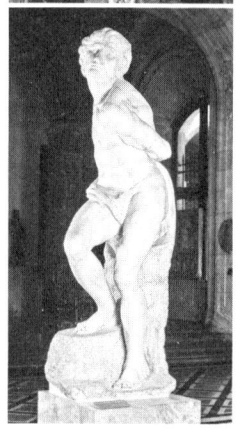

Bereits für seine Zeitgenossen war Michelangelo schier unbegreiflich. Dies lag nicht allein an seiner Produktivität, die ihn in jeder der drei Hauptgattungen der Kunst, der Skulptur, der Malerei und der Architektur, zu einem Gesamtwerk führte, das für mehr als nur einen Künstler gereicht hätte. Was ihn erhaben wirken ließ, war vor allem die Unbedingtheit seiner Formen, die in der Weigerung, Erwartungen zu erfüllen, seine Umwelt überwältigte. Jedes seiner Werke bedeutet bis heute den Einbruch des freien Spiels in die Zeit. Es ist der Überschuss der Form, der Michelangelos Œuvre in der Resonanz zwischen Schöpfer, Opus und Betrachter einen unbeherrschbaren Status vermittelt. Die Werke waren seine Produkte, aber als ihr Schöpfer wurde er von ihnen seinerseits in unvorhersehbare Dimensionen getrieben. Das Leben Michelangelos ist eine Aktionsgeschichte seiner eigenen Formwelten – und sei es die ihrer Zerstörung. In diesem Wechselspiel liegt das Wesen seiner Panempathie. Sie entspringt einer »Sehnsucht«, die keineswegs äußerlich bleibt, sondern vielmehr die rückwirkende Konkretion sucht. Die Carrara-Vision bezeugt die umfassende Empfänglichkeit für entfernt liegende, überdimensionierte und abseitige Phänomene. Dem entsprechen die ins Bild gefassten Zeithorizonte, die den Rahmen der biblischen

Geschichte sprengen und, so vor allem im Freskenprogramm der Sixtinischen Decke, bis in eine alternative Urgeschichte der Menschheit zurückreichen. Die von ihm selbst als nahezu unbegrenzt erachtete Schaffenskraft gehört als drittes Phänomen in diese Sphäre. Utopisch war von Beginn an die Überzeugung, vierzig Skulpturen von der Qualität der Gefangenen erschaffen zu können, um das erste Konzept des Julius-Grabmals zu verwirklichen. Der Wille zur Realisierung kaum umzusetzender Vorhaben, so im Falle des Neubaus von St. Peter, hatte die Konsequenz, dass eine Machtposition beansprucht werden musste, die in der bisherigen Kunstgeschichte ohne jedes Vorbild war. Zur expansiven Entgrenzung von Dimension, Zeit, Schaffenskraft und Macht gehört die Innenbewegung einer ständigen Inversion. Das erstmals im Kentaurenrelief wirksame Wunder der verkehrenden Form entfaltet sich exemplarisch in der Weigerung, das aktive und das kontemplative Leben voneinander zu scheiden und sie einander antipodisch gegenüberzustellen, wie es sowohl bei den Medici-Gräbern wie auch den Nischenfiguren der Rahel und Lea des Julius-Grabmals geschehen ist. Sie verkörpern die Unmöglichkeit jedweder bipolaren Anlage. Ein markantes Phänomen dieses Dranges zur Verkehrung liegt in der Erotisierung, die immer wieder so erstaunlich eingesetzt ist, dass sie, wie im Falle des Noli me tangere, das Bildthema konterkariert. Das Prinzip des Inversen, bei gesetzten Themen und Normen jeweils die Gegenposition in die Form einzubinden, verträgt weder ästhetische, religiöse noch politische Verbindlichkeiten.

Michelangelo, 2021

HANS VON TROTHA   Dringlicher Auftrag

 Pollak schien meine Aufforderung, sich fertig zu machen und seiner Familie Bescheid zu sagen, ignorieren zu wollen. Er war ans Fenster getreten, stand da wie eine Rückenfigur von Friedrich vor dem abnehmenden gräulichen Nachmittagslicht des regnerischen Herbsttags. Offenbar war es mir nicht gelungen, die Dringlichkeit meines Auftrags zu vermitteln. Oder er wollte sich nicht darauf einlassen. Ich wusste nicht, was ich tun sollte. Gefahr war im Verzug. Das lag auf der Hand. Das, dachte ich, müsste auch ihm klar sein.

Ist das der Wagen?, fragte er. Der Fahrer steigt aus. Er kommt ins Haus. Er trägt Uniform. SS.

Die letzten Worte offenbarten, dass Pollak über das, was er sah, erschrak, allerdings längst nicht in dem Maß, das ich für angemessen gehalten hätte. Dennoch ließ mich das kurzzeitig hoffen, der Schreck könnte ihn an die Gegenwart erinnert und zur Vernunft gebracht haben. Ich klärte ihn über die Hintergründe auf, dass der Fahrer loyal sei, also loyal zu uns, die Uniform kein Grund zur Besorgnis. Ich trat an das andere Fenster, sah den Fahrer aufs Haus zugehen und durch das hohe Tor in der barocken Fassade unter uns verschwinden. Wenig später klopfte es an der Tür der Pollakschen Wohnung. Obwohl wir wussten, wer es war, zuckten wir beide zusammen.

Ich ging in den Flur, öffnete die Wohnungstür. Der Fahrer ließ mich flüsternd wissen, dass er nicht auf der Straße würde stehen bleiben können, wenn es anfangen würde zu dämmern. Er nannte mir eine Adresse, wenige Häuser entfernt um die Ecke. Dort im Hof würde er mit dem Wagen warten. Auch er gemahnte dringend zur Eile. *Pollaks Arm, 2021*

ANDREAS BEYER   Zeuxis' olympischer Auftritt

Vom griechischen Maler Zeuxis berichtet Plinius d. Ä., dieser habe durch seine Kunst so große Reichtümer erworben, dass er, »um sie zur Schau zu tragen, in Olympia Oberkleider zeigte, in deren viereckige Muster sein Name mit goldenen Buchstaben eingewoben war«. Der neben Apelles am höchsten gerühmte Maler der Antike, dessen mit größter illusionistischer Perfektion gemalte Trauben bekanntlich selbst Vögel dazu verleitet haben sollen, an ihnen zu picken, wird die Übergewänder mit seinem goldenen Namenszug wohl nicht allein angelegt haben, um seinen Reichtum auszustellen. Indem er vermittels der Kleidung den eigenen Körper gleichsam signierte, verband er damit vielmehr sein Werk unmittelbar physisch mit sich selbst und definierte es als unverwechselbare, individuelle Hervorbringung. Die von Plinius d. Ä. beschriebene Szene hat weit weniger Bekanntheit erreicht als etwa der von diesem ebenfalls geschilderte Wettstreit des Zeuxis mit Parrhasios um das höchste Maß an Illusion in der Malerei. Und doch verdient sie, wieder und weiter erzählt zu werden, weil sie gerade im Leibbezug ein Selbstverständnis der Kunst markiert, das nicht erst heute wie ein fernes Echo auf Zeuxis' olympischen Auftritt nachhallt, sondern welches Künstler durch sämtliche Epochen hinweg zum Ausdruck gebracht haben. Mit Zeuxis soll hier an einen Maler des Altertums erinnert werden, allein um die lange Dauer des Phänomens dieses künstlerischen Ich-Verweises anzuzeigen; und weil grundsätzlich ja zutrifft, dass die Antike bis heute taugliche Muster bereithält, um das eigene Selbstverständnis verlässlich zu fundieren.

Künstler, Leib und Eigensinn, 2023

LOTHAR MÜLLER Allesfresser

 Wenn Vater und Sohn gemeinsam porträtiert werden, dann nicht, um diese Leerstelle zu füllen, sondern um das System kommunizierender Röhren sichtbar zu machen, das Literatur und Medizin im späten 19. Jahrhundert verband und in dem beide agierten. Der Roman, immer schon ein Allesfresser, trieb im Werk Marcel Prousts seine enzyklopädischen Ambitionen auf die Spitze und zog dazu auch das medizinische Wissen in seine Laboratorien der Sprachmischung hinein. Die öffentliche Hygiene, die Adrien Proust repräsentierte, war ihrerseits eine Allesfresserin. Sie dehnte ihre noch junge Macht als Instanz der Prävention auf alle Lebensbereiche aus. In der Klinik hatte sie ihr Hauptquartier. Aber von dort schwärmte sie aus in die Schulen, Fabriken und Kasernen, sanierte die alten Städte und propagierte ihre Methoden mittels Vorträgen in der Provinz, erfasste Privathaushalte und die intimen Regionen der Körperpflege. Mehr noch als im Alltag profilierte sie sich im Ausnahmezustand der Epidemien, bei der Bekämpfung vor allem der Cholera, aber auch des Gelbfiebers und der gelegentlich wieder aufflammenden Pest. Das umfangreiche Schriftenverzeichnis Adrien Prousts zeugt von der Öffentlichkeitsorientierung der Hygiene, von ihrem Bündnis mit der Druckerpresse. Es sind Reiseberichte darin enthalten, Statistiken, Fallgeschichten, Anweisungen an die Jugend in den Schulen, Landkarten. Die Schriften des Vaters sind ein Werk, das dem des Sohnes vorangeht. Vor allem um den Kontrast der Werke und ihre Berührungspunkte geht es im Folgenden, nur am Rande um das Verhältnis von Vater und Sohn im Leben der Familie Proust.

Adrien Proust und sein Sohn Marcel, 2021

FINN JOB Pack

Ich war auf einem Hügel angelangt, und zu meiner Linken schlängelte sich der Fluss, wohl eher ein
müder Bach, durch die wenigen Lichter der kleinen
Stadt. Zu meiner Rechten erstreckte sich ein Gewer-
begebiet. Ich erkannte das grüne Schild des ersten
Baumarkts von heute Morgen, eine Tankstelle und
einen McDonald's in goldenem Glanz, setzte mich
in das ungemähte, trockene Gras, steckte mir eine

Zigarette an und dachte an Peter Handke, denn mein Versuch
mich zu verlaufen war gescheitert. Oder an Thomas Bernhard?
Es war ja doch egal. Es flimmerte, die Mücken summten, und
durch das Gehen war ich nüchtern geworden, hatte mich beruhigt, gemäß den Farben am Firmament. Nach dem Tag, an
dem ich Pack gesagt hatte, war Chaim bei uns geblieben, und
wir verbrachten viel Zeit mit Hatice. Nach ihrer Flucht aus
Düsseldorf hatte sie in Berlin Freunde gefunden, Fotografie
studiert, abgebrochen und war schließlich an einer Super-
marktkasse gelandet. Ich lernte sie erst kennen, als ihr Studi-
um schon hinter ihr lag, lernte sie über Sophia kennen. Alsbald verstand ich mich besser mit ihr als mit Sophia; alsbald
verstand auch sie sich besser mit mir als mit Sophia. Und als
Chaim dann nach Berlin kam, wohnten wir bereits zusammen.
　　Der Tag, an dem ich Pack gesagt hatte, war nun zwei Jahre
her, und irgendetwas hatte sich schon vor dieser Zeit verändert. Hatice drückte das Chaim gegenüber so aus, dass sie das
Gefühl hätte, ihre deutschen Freunde würden ihr das selbst-
bestimmte Leben nicht mehr verzeihen – ja, sie selbst hätte
das Gefühl, plötzlich zu stören. Chaim hatte geantwortet,
vielleicht solle sie das Kopftuch zumindest in ihrem Beisein
tragen, im Beisein der Deutschen, und Hatice hatte schallend
gelacht.

Hinterher, 2022

FRANCESCA MELANDRI   Attilio Profeti

Über dem höchsten der heiligen Hügel Roms, dem Esquilin, liegt der Duft von Kebab, Kimchi und Masala dosa. Die Häuser hier haben hohe Decken, doch nicht immer einen Fahrstuhl. Dieses zum Beispiel hat keinen. Doch Ilaria ist es gewohnt, die sechs Stockwerke zu Fuß hinaufzusteigen. Eine dichte Curryduftwolke weht durch das Hoffenster ins Treppenhaus. Sie legt sich über die Stufen und erfasst Ilaria mit voller Wucht, lässt sie aber nur leicht die Nase rümpfen. […]

Sie kommt im ersten Stock am Schlafsaal der Bangladescher vorbei. Im zweiten an dem illegalen Bed & Breakfast. Im dritten am rot-goldenen Glückwunschband der Chinesen-Familie, ihren engsten Verbündeten im Kampf für den Einbau eines Aufzugs. Im vierten Stock empfängt sie eine körnige Stimme.

»Ciao, Ilà.«

Durch den offenen Spalt der Wohnungstür erahnt sie ein Profil. Ilaria ist sich sicher, dass ihre alte Nachbarin jeden Schritt auf diesen Stufen allein am Klang erkennt.

»Ciao, Lina«, erwidert sie freundlich, ohne ihren Lauf zu bremsen. Doch Lina ist noch nicht fertig. »Da oben wartet ein schwarzer Mann auf dich.«

Ilaria hält auf dem Treppenabsatz inne und dreht sich um.

»Was hast du gesagt?«

»Ein Afrikaner. Komplett schwarz. Er sagt, er sucht deinen Bruder. Ich wusste nicht, ob ich ihm sagen darf, in welchem Stock ihr wohnt, aber jetzt ist er eh schon oben.«

»Aha. Vielleicht ein Freund von Attilio. Danke, Lina.«

»Oh, Ilà, wenn er Ärger macht, dann schrei einfach. Ich habe meinen Enkel zum Abendessen hier, der kann dir helfen.«

»Keine Sorge. Guten Appetit, dir und deinem Enkel …«

Ilaria geht weiter, nun aber langsamer und den Kopf nicht länger gesenkt. Als sie die letzte Treppe erreicht, sieht sie oben auf der vorletzten Stufe den Besucher sitzen. Noch bevor sie bei ihm ist, beginnt er zu reden.

»Entschuldigung. Hallo. Wohnt hier Attilio Profeti?«

Im Halbschatten fällt Ilaria als Erstes seine Hautfarbe auf, die von der gleichen Tönung wie die alten Holztüren zu beiden Seiten des Treppenabsatzes ist. Er hat violette Lippen. Lange Beine, so dünn wie Strohhalme. Das Trikot eines berühmten Erstligaspielers. Er sieht aus wie fünfundzwanzig, vielleicht jünger.

»Wer bist du?«, fragt sie.

»Ich suche Attilio Profeti.«

Ilaria zeigt auf die Wohnung des Bruders, ihrer gegenüber.

»Er wohnt dort.«

»Lebt er noch?«

»Natürlich lebt er noch!«

»Dann hat er einen Raben gegessen!«

Ilaria runzelt die Stirn. Er erklärt geduldig lächelnd: »Das heißt, er ist sehr alt.«

Das rechte Auge des jungen Mannes ist leicht verquollen, gelb verfärbt und von Äderchen durchzogen. Doch sein Blick ist eine Gerade ohne Schlieren.

»Mein Bruder ist dreißig. Der Attilio Profeti, den du meinst, ist mein Vater und wohnt nicht hier. Und wer bist du?«

»Ich heiße Shimeta Ietmgeta Attilaprofeti.«

»Wie?«

»Shimeta Ietmgeta Attilaprofeti.«

Ilarias Kopf neigt sich zur Seite. Auf ihrer Stirn erscheinen vier Querfalten.

»Hör mal, wenn du mich auf den Arm nehmen willst …«

»Nein. Das will ich nicht.«

»Alles klar. Du hast auf den Namen am Klingelschild geguckt. Los jetzt, verschwinde.«

»Ich heiße Shimeta Ietmgeta Attilaprofeti«, wiederholt er ohne eine Spur von Ungeduld oder Kränkung in der Stimme.

»Wenn Attilio Profeti dein Vater ist, dann bist du meine Tante.«

Ilaria reißt die Augen auf und bricht in Gelächter aus.

»Deine Tante!« Ihre dünnen Schultern zucken vor Lachen. »Das glaube ich nicht. Deine Tante!« Sie stößt Luft durch die Nase aus, schüttelt den Kopf und beruhigt sich wieder, ohne dass ihr Lächeln ganz erstirbt. Der junge Mann hat bei ihrem Gelächter keine Miene verzogen. Stattdessen greift er in seine Tasche und bringt einen Ausweis zum Vorschein.

»Du hast es nicht verstanden«, sagt er, reicht ihr das Dokument und steht auf. Es ist ein Personalausweis. Mit olivgrünem Umschlag. Unter dem Schriftzug ETHIOPIA stehen sechs elegante Buchstaben, ganz rund, schräg und verschnörkelt. Ilaria klappt ihn auf. Auch hier ist alles in zwei Schriftarten geschrieben. In lateinischen Lettern steht dort: SHIMETA IETMGETA ATTILAPROFETI. *Alle, außer mir, 2018*

KATHARINA MEVISSEN Musik

Ich bin einer von denen, die atmen. Ich muss mit der Musik atmen, ihr und mir Luft zuführen, damit sie nicht erstickt und ich auch nicht. Nicht jedes Stück braucht viel Luft, aber manche bringen mich völlig außer Atem. Dann schnaufe ich schwer, keuche, zische, seufze. Susanne nennt es asthmatisch, Philipp sportlich. Mir wurde schon oft vorgeführt, wie ich meine Nase dabei aufblähe und rümpfe. Ich kann mir nicht vorstellen, dass ich beim Cellospielen so dumm aussehe. Aber was will man machen. Schließlich hat jeder in der Musik sein eigenes Gesicht, und gegen die hartnäckigen Macken und Ticks lässt sich kaum etwas tun. Ich hab angefangen, als ich vier war. Noch

bevor ich rechnen und schreiben gelernt habe, prü-
geln, labern, lügen, Ballspiele, Tauschgeschäfte, all
die Grundlagen, die man in der Schule lernt. Die
Musik kam allem zuvor und Fußball knapp dahinter. Schon mit fünfzehn wollte ich weg. Weg aus
unserer Dreizimmerwohnung (Vater, Tante, Bruder), weg von meinem Vater und seiner Musik,
von Musik überhaupt. Aber sie kam mir nach. Ist
mir so lange gefolgt, bis ich stehen geblieben bin
und mich umgedreht hab. Wir mussten uns in die Augen se-
hen: Wer kann länger. Ich gab nach. Wir kamen wieder zusammen. So wie man es mit der ersten großen Liebe noch einmal
versucht. Man spürt, dass irgendetwas nicht stimmt, aber es
reicht, um weiterzumachen. Weil man nicht voneinander lassen
kann. Und weil man sich so schnell wieder nah kommt, sich
gewöhnt, bekämpft und braucht. Ich konnte und konnte nicht
und konnte doch: Cello studieren. Ich würde sagen, dass ich
schon einigermaßen klargekommen bin. Dass es geklappt hat,
mit dem Neuanfang, bis. Bis mein Vater.

Ich kann dich hören, 2019

FERNANDA MELCHOR Saison der Wirbelstürme

Sie kamen durch die Bresche vom Fluss her zum Kanal, die
Schleudern bereit zum Kampf, die Augenlider im gleißenden
Mittagslicht zusammengekniffen, fast vernäht. Sie waren zu
fünft, nur ihr Anführer trug eine Badehose, die rot zwischen
dem grünen Zuckerrohr leuchtete, das jetzt Anfang Mai noch
niedrig stand. Der Rest der Truppe folgte ihm in Unterho-
sen und Gummistiefeln, abwechselnd trugen sie den Eimer
mit den Steinen, die sie morgens aus dem Fluss geklaubt hatten; alle vier finster, grimmig und so wild entschlossen, dass

nicht einmal der kleinste von ihnen gewagt hätte, seine Furcht einzugestehen, während er seinen Gefährten vorsichtig folgte, die gespannte Gummischleuder in den Händen, den Stein gegen das Lederstück gedrückt, bereit, dem Erstbesten, der ihm in die Quere kam, den Schädel einzuschießen, sollte irgendetwas auf einen Hinterhalt hindeuten, das Zwitschern des Schwefeltyranns, der wie ein Wachposten in den Bäumen hinter ihnen saß, oder das Rascheln beiseitegeschobener Blätter oder das Sirren der Steine, wenn sie direkt vor ihren Gesichtern die Luft zerschnitten, die warme Brise, in der die Geier am fast weißen Himmel kreisten und die von einem Gestank erfüllt war, der schlimmer war als eine Handvoll Sand im Gesicht, einer Ausdünstung, die einen ausspucken ließ, um sie nicht zu schlucken, die einem jede Lust raubte, weiterzugehen.

Aber der Anführer deutete auf den Rand des Schilfs, und zu fünft robbten sie über das trockene Gras, fünf Körper wie einer, von grünen Fliegen umschwärmt, und so sahen sie schließlich, was aus dem gelben Schaum des Wassers ragte: das halb verweste Gesicht eines Leichnams zwischen Schilfgras und Plastiktüten, die der Wind von der Straße herüberwehte, eine schwärzliche Maske, lächelnd in einem brodelnden Gewusel schwarzer Schlangen.

Saison der Wirbelstürme, 2019

GIULIA CAMINITO   Der Krumenbub

Sie nannten ihn den Krumenbub, weil er der Sohn des Bäckers und weil er schwach war, er hatte keine Kruste; an der Luft gelassen, hätte er Schimmel angesetzt, nicht einmal für die Brotsuppe hätte er getaugt, nicht einmal als Hühnerfutter.

 Nicola stand aufrecht mitten in dem Wald, der die Mauern des Ortes umgab, ein dunkler Wald, ein kleiner Wald, klein wie sie.

Hier zählten die Menschen nicht, hier herrschte die Erde, denn die Erde blieb, während die Menschen fortgingen, und einer wie er, geboren inmitten der Felder mit weichen, zarten und blassen Armen, war zu überhaupt nichts nutze.

Als Nicola das Gewehr auf seinen Bruder Lupo richtete, dachte er, er müsse ein Versprechen einlösen.

Lupo und sein Rabenblick, reglos wie eine Gewissheit, waren eine Herausforderung für seinen Willen. Niemals würde er nachgeben und sich rühren.

Nicola schaute den großen Bruder an und sah alles, was Lupo gewesen war und was er nicht mehr sein würde, er sah sein Leben fortlaufen, sah den Jungen mit dem Tiernamen, den Gotteslästerer, den Rebellen.

Bevor Nicola schoss und damit die Vögel im Unterholz des Waldes aufscheuchte, sagte er: Verzeih mir.

Mach nicht so ein Gesicht, das ist nichts anderes, als ein Kaninchen zu töten, entgegnete Lupo.

Der Große Krieg war auch in diese Hügel gekommen, über die Schlossmauern, vorbei an den Wachtürmen, durch die Tore, an den Rebstöcken und den Olivenbäumen entlang, hatte Getreide und Seidenraupen eingesackt, hatte die Jungen in Uniformen gesteckt, die Frauen zum Arbeiten geschickt, nur Kinder, Gebrechliche, Priester und Nonnen waren noch da, um Serra de' Conti zu bewachen. Ein Ort der Habenichtse, der Halbpächter, der Schuster und Tagelöhner und all derer, die mittlerweile in den Krieg gezogen waren.

Nicola hatte noch nie ein Kaninchen getötet, trotzdem schoss er.

Ein Tag wird kommen, 2019

SUSANNE SCHÜSSLER   Buchstäblich Bücher

Weiter so?

Geradezu lustvoll und mit virtuoser Koloratur singen Verleger seit jeher das Lied vom Niedergang der Buchbranche. Schuldige finden sich immer, mal sind es die Buchhändler, weil sie zu mutlos sind und nichts wagen, oder weil sie zu forsch sind und die Konkurrenz aufkaufen und als Ketten den Markt dominieren. Die Literaturagenten sind gefährlich, treiben sie doch die Autorenhonorare in die Höhe, gar nicht zu reden von der unverständigen Presse. Als das eigentliche Übel aber müssen die ungebildeten und nur an leichter Ware interessierten Leser herhalten.

Dabei ist der hiesige Buchmarkt einmalig. Mit seiner Vielfalt an Verlagen und der Dichte der Buchhandlungen, dem System mit Zwischenbuchhandel, Vertretern, Börsen und Messen ist er im internationalen Vergleich der am besten entwickelte, ausgefeilte, funktionierende und der bunteste. Wir dürfen stolz darauf sein, und wir werden darum beneidet. Der Staat hat einiges getan: für ein robustes Urheberrecht gesorgt, den festen Ladenpreis und die reduzierte Mehrwertsteuer eingerichtet. Können wir also getrost weiterklagen, wissend, dass es schon nicht so schlimm wird? Ich meine nein. Zwar hat der Buchhandel in der Corona-Zeit bis zur Erschöpfung gearbeitet und durch Einfallsreichtum brilliert, und viele, vor allem kleinere Verlage haben nicht zuletzt dank der großartigen Unterstützung durch Neustart Kultur die Dornröschenzeit überdauert. Aber die Pandemie und dann der Ukraine-Krieg haben als Katalysatoren gewirkt und bedrohliche, längst sichtbare Entwicklungen beschleunigt. Die Brücke, über die sich die Branche seit einiger Zeit hangelt, wird immer fragiler. Und wer sägt nicht alles an den Stützpfeilern.

Where have all the readers gone …

Digitalisierung heißt das hassgeliebte Stichwort aller Kulturpessi-misten. Sie ist schuld an allen negativen Entwicklungen. Über den Leserschwund wird seit Jahren räsoniert. Den ersten Aufschrei gab es, als bekannt wurde, dass dem Buchhandel zwischen 2012 und 2016 sechs Millionen Käufer abhandengekommen waren. Zwischen 2018 und 2022 waren es »nur« noch vier Millionen, von etwa 44 % auf 39 % der Bevölkerung. Zum Verlust von Lesern kommt der Rückgang der Lesezeit. In allen Altersgruppen nimmt die Nutzung digitaler Angebote zu. Fragmentiertes Lesen führt zu schrumpfender Aufmerksamkeitsspanne. Aber nicht nur die Fähigkeit, umfangreichere Texte und komplexe Zusammenhänge zu erfassen schwindet. Die PISA-Studien bescheinigen seit Jahren deutschsprachigen Kindern beschämende Basis-Lesekompeten-zen. Maßnahmen dagegen bleiben lächerliches Stückwerk, in den Koalitionsverträgen hingegen taucht kein Wort häufiger auf als Digitalisierung.

Die mangelnde konkrete Anstrengung des Staats wird flan-kierend akzeptiert von der Mehrheit der Gesellschaft. Elektro-nische Geräte haben Bücher als Statussymbol abgelöst. Bücher belasten die heutige Lebensweise, bei Ikea dachte man über die Einstellung des ikonischen Billy-Regals nach.

Die wohlsortierte Buchhandlung

Den Sortimentsbuchhandel, er allein setzt im Jahr immerhin knapp zehn Milliarden Euro um, trifft es von mehreren Seiten. Der Schwund der Leser führt zu rückläufigen Stückzahlen. Da die Verlage die Ladenpreise hochgesetzt haben (dazu später mehr), können die Umsätze mühsam gehalten werden. Durch Home-office und fehlenden Tourismus infolge der Pandemie hat die fata-le Verödung der Innenstädte noch einmal an Fahrt aufgenommen. Wer mit einer guten Homepage ausgestattet ist, wer im Speck-gürtel sitzt und engen Kontakt zu seinen Kunden pflegt, und wer nicht von inflationsbedingten Mieterhöhungen gebeutelt wird, ist im Vorteil. Unterm Strich bleibt jedoch der Sortimentsbuchhandel (über ihn gehen circa 40 % des Buchverkaufs) 9 % unter seinem Umsatz vor der Pandemie, Gewinner ist der Online-Handel, zuvorderst Amazon. Nun ließe sich einwenden, Hauptsache die Bücher kommen an die Leser. Aber kommen sie wirklich dorthin ohne den beratenden, empfehlenden, enthusiastischen Buchhändler? Der im besten Fall nicht nur über enorme Kenntnisse seiner Ware verfügt, sondern weiß, was seine Kunden interessiert und schon bei der Bestellung eines Titels den entsprechenden Abnehmer in Kopf hat. Von der Buchhandlung als Ort des Austauschs und als kulturellem Treffpunkt nicht zu reden.

In vielen Buchhandlungen steht ein Generationswechsel an. Lange Arbeitszeiten und schlechte Bezahlung führen oft dazu, dass Buchhandlungen geschlossen oder an eine Kette verkauft werden, mit dem zwangsläufigen Ergebnis, dass das individuelle Gesicht des Ladens verschwindet und – zu Lasten der Vielfalt – lediglich das eingeschränkte Einheitssortiment eines Zentrallagers angeboten wird. Die »Sortimentsbuchhandlung« heißt nicht zufällig so, trifft doch jeder Buchhändler eine eigene Auswahl für sein Angebot. Findet sich trotzdem ein junger, engagierter Kandidat, so scheitert die Übergabe nicht selten an den Banken: Warum eigentlich erhalten Fitness-Studios oder Gastro-Betriebe leichter einen Kredit als Buchhandlungen? Ach ja, Letztere haben ja nur bedrucktes, also wertloses Papier im Lager, für die Bilanz nicht von Relevanz – das gilt im Übrigen auch für Verlage.

Verlag I: Verlegen und verbreiten

Verlage sind Wirtschaftsunternehmen, arbeiten auf eigenes Risiko, den eigenen Vorstellungen entsprechend, schielen jedoch nicht auf maximalen Gewinn, sonst würden sie etwas anderes herstellen und vertreiben. Ich spreche hier nicht über Wissenschaftsverlage, Online-Plattformen oder Selfpublisher, für sie gelten andere Bedingungen. Es geht um die Publikumsverlage, die großen Gruppen wie die kleinen, oft nur aus einer Person bestehenden Verlage mit unterschiedlichsten Interessensschwerpunkten. Verlage leben einerseits vom Verkauf von Exemplaren, nicht nur den physischen, den gedruckten, sondern gleichermaßen von E-Books oder Hörbüchern, die heute beinahe nur noch über Downloads verkauft werden. Zum anderen übernehmen sie die Verwertung von Rechten.

Verlag II: Gut und schön

Ein Verlag ist bestenfalls eine bemerkenswerte und durchaus widersprüchliche Mischung aus einer Ansammlung von verrückten Trüffelschweinen voller Ideen und einer vorfinanzierenden, zumeist klammen Bank. »Ein Verlag ist die Summe seiner Autoren«, hat der bedeutende spanische Verleger Jorge Herralde einmal gesagt. Kluge Autoren achten nicht nur auf die Höhe der Vorschüsse. Manuskripte müssen kenntnisreich und skrupulös betreut werden, oft reicht ein Lektoratsdurchgang nicht, manchmal ist »betreutes Schreiben« notwendig. Da diese Arbeit erst auf den zweiten Blick sichtbar ist, wird an ihr als erstes gespart.

Der Verlag soll aber nicht nur ein »gutes«, sondern auch ein schönes Buch liefern, das heißt, Sorgfalt bei Herstellung und Ausstattung walten lassen. Lieferengpässe bei Papier und Kartonagen und Kostensteigerungen bei der energiefressenden Verarbeitung haben in den letzten drei Jahren Teuerungen nach sich gezogen, die Verlage kaum mehr in den Griff bekommen. Die Formel ist einfach: 1. Niedrigere Auflagen (siehe Leserschwund) führen zu höheren Stückkosten. 2. Höhere Herstellungspreise führen ebenfalls zu höheren Stückkosten. 3. Setzt der Verlag den Ladenpreis hoch, so verbleibt zum Beispiel von sechs Euro mehr für den Endkunden lediglich ein Euro für den Verlag. Der Rest geht an den Staat, den Buchhändler, den Autor, den Vertrieb. Da die laufenden Kosten des Verlags steigen (Löhne, Miete, Marketing, Werbung, Veranstaltungen etc.), kann die Steigerung der Herstellungskosten nicht mehr ausgeglichen werden. Konkret: In der sehr aufwendig ausgestatteten roten $S\!V\!L\!T\!O$-Reihe (in

35 Jahren knapp 400 erschienene Titel, einschließlich Alan Bennetts *Souveräne Leserin*) hat vor zehn Jahren die durchschnittliche Auflage von 4000 Exemplaren zu einem Gewinn von 50 Cent pro Exemplar geführt. Heute steht unterm Strich bei Auflagen von 3000 Exemplaren ein Minus von 50 Cent. Obwohl der Ladenpreis um etwa sechs Euro gestiegen ist. Der kühle Kaufmann würde sagen: die Reihe einstellen.

Der kühle Kaufmann würde zudem vorschlagen: Vertreibt Eure Bücher nicht über die großen Ketten und Online-Händler, die von Euch aufgrund ihrer Marktmacht immer höhere Rabatte fordern. Nehmt keine Bücher zurück, das erhöht die Vertriebskosten. Plant die Auflagen genauer. Setzt die Ladenpreise noch weiter hoch. Und vor allem: Habt Mut zu kleineren Programmen, macht weniger Titel in höheren Auflagen, baut Autoren auf, deren Titel in die Backlist gehen. Schickt die Lektoren weg und lasst die KI arbeiten.

Gut gebrüllt, Kaufmann, sagen die Trüffelschweine. Und woher, bitte, sollen dann die verrückten Bücher und neuen Ideen kommen?

Verlag III: Geistiges Eigentum

Nur vom Verkauf der Exemplare, also ohne die Lizenzierung von Rechten für eine angemessene Beteiligung von Urheber und Verlag, könnten weder die einen noch die anderen überleben. Die Rede ist von der Lizenzierung für Taschenbuch-, Buchgemeinschafts-, Sonderausgaben, Hörbücher oder für Übersetzungen in andere Sprachen; oder von der Erlaubnis zur Bearbeitung als Hörspiel, Theaterstück oder gar Film. Nicht zu unterschätzen sind die sogenannten »Kleinlizenzen«, das heißt, die Genehmigung, Teile (einen Ausschnitt aus einem Roman, eine einzelne Erzählung) abzudrucken (oder zu senden, et cetera). Und schließlich spielen Verwertungsarten eine Rolle, die der Verlag selbst gar nicht lizensieren kann. Hier springen die Verwertungsgesellschaften ein, etwa die VG Wort. Zwei klassische Beispiele: die Ausleihe in der Bibliothek und das Kopieren von geschützten Texten.

Sinkt der Gewinn aus dem Verkauf von Exemplaren (siehe oben), wächst die Bedeutung des Rechteverkaufs. Mit der scheinbar unendlichen Verfügbarkeit von allem und jedem im Netz nimmt jedoch das Bewusstsein bei »Usern« im öffentlichen und politischen Leben rapide ab, dass geistiges Eigentum geschützt ist und für die Nutzung bezahlt werden muss. Ich spreche nicht nur von Fans, die hundertfach, wenn nicht tausendfach Erich-Fried-Gedichte auf ihre Seiten ins Netz stellen, illegal. Auch nicht von Plattformen, die ohne Genehmigung und Honorierung Spielfilme anbieten. Ich denke an Politiker. Die Piraten sind immerhin wieder verschwunden, ihre Haltung findet sich dafür jetzt in allen etablierten Parteien. Erst nach jahrelangem mühsamen Kampf gelang es, wieder Ausschüttungen der Verwertungsgesellschaften an die Verlage festzuschreiben. Politiker schielen auf den öffentlichen Druck: Alles soll kostenlos verfügbar sein. Die Gewinner sind die großen Plattformen, die »global players« wie Google. Längst haben die alten Freund-Feind-Schemata ausgedient: Verlage und Autoren sitzen in einem Boot. Gelingt uns kein Bewusstseinswandel, ist die wunderbare Branchenvielfalt genauso gefährdet wie das Auskommen von Urhebern.

Welche Auswirkungen Künstliche Intelligenz (KI) für diesen Bereich und die Branche insgesamt haben wird, ist noch kaum abzusehen. Klar ist, dass jede Nutzung zu Trainingszwecken ein urheberrechtlich relevanter Vorgang ist – dass aber umgekehrt ein durch KI erzeugter Text *per se* nicht geschützt sein kann. Klar ist auch eine Umwälzung in vielen Berufsfeldern, etwa bei den Übersetzern.

Buchbesprechungen

Die deprimierenden Entwicklungen bei den klassischen Rezensionsmedien, Zeitung und Rundfunk, gehen auf tatsächliche und vermutete Veränderungen bei den Lesern und Hörern zurück: Rezensionen müssen kurz und dürfen nicht zu komplex sein oder auf zu viel Wissen zurückgreifen (Achtung: Fremdworte!), ganzstündige Sendungen überfordern die Zuhörer und so weiter. Das Feuilleton hat seine Kompassfunktion verloren – und ist für den Verkauf nicht mehr in nennenswertem Umfang hilfreich.

Wir sollten uns also freuen, wenn bei BookTube oder BookTok vorwiegend junge Frauen den Influencerinnen zusehen, wie sie ihre Bücher in kleinen Videos inszenieren, mit wenig Text und viel Gefühl, aber mit dem Ergebnis, dass in der Gruppe der 16- bis 29-jährigen seit 2017 der Buchkauf um 8 % gestiegen ist. Dass komplexe Inhalte über andere Blogs mit sehr viel weniger Followern besprochen werden, hilft ein wenig über den Bedeutungsverlust des klassischen Feuilletons hinweg.

Gesetzgeber und öffentliche Hand

Häufig wird nach struktureller Verlagsförderung gerufen. Wie wunderbar wäre eine solche Förderung! Aber wie kann sie gerecht, nicht interventionistisch und reglementierend-lenkend gestaltet sein?

Solide Rahmenbedingungen für eine Branche, die ein nennenswerter Wirtschaftsfaktor ist, wären schon ein riesiger Schritt:

* Sicherstellen von Lese- und Medienkompetenz als wesentliche Kulturtechniken an den Schulen.
* Bibliotheken – gedruckte Bücher bleiben ein Wissensspeicher noch in 500 Jahren – finanziell besser ausstatten, damit sie Anschaffungen tätigen und die Nutzung vergüten können (Letzteres gilt derzeit insbesondere im Streit um das E-Lending).
* Hochschulen finanziell ausstatten für die Bereitstellung von Texten im Intranet.
* Bessere Bedingungen für den Buchhandel schaffen (Stichwort Innenstädte, KfW-Kredite).
* Den öffentlich-rechtlichen Rundfunk stärken als Garant der Meinungsfreiheit und -vielfalt und als »Programm auch für Minderheiten«.
* Aufmerksamkeit bei allen urheberrechtlichen Entwicklungen (etwa KI).

Wildes Lesen

Vielleser pflegen eine komplexere Weltsicht, sie nehmen andere Menschen als vielschichtiger wahr und verfallen weniger reflexhaft in Gut-Böse Schemata. Wer in Geschichten eintaucht, lernt neue Perspektiven kennen und häuft einen fiktiven Erfahrungsschatz an, der bei realen Problemen zu unkonventionellen Lösungen anregt. Leser verfügen über eine höhere Empathiefähigkeit und kognitive Flexibilität. – Soweit eine jüngst veröffentlichte Studie der Princeton University.

Bücher dienen zur Unterhaltung, sind aber weit mehr. Sie helfen neue Welten zu erschließen, real existierende, virtuelle und zukünftige. Sie stehen scheinbar gegen den Zeitgeist, weil sie anstrengend sind und konzentriertes widerständiges Denken fordern. Dennoch scheint es kein Naturgesetz, dass unsere hoch entwickelte Gesellschaft die geistige Verarmung der Nichtleser hinnimmt.

Eine erste Version erschien in
Neue Gesellschaft/Frankfurter Hefte 10/2023

Verzeichnis aller im Verlag erschienenen Bücher*

Um den Umfang dieser Bibliographie möglichst gering zu halten, wurden zahlreiche Abkürzungen verwendet:

* Titel vergriffen
Abb(ildungen)
Akt Aktionsbuch
AP Allgemeines Programm bzw. Titel außerhalb der Serien
Aufs(ätze)
A(us) d(em) Amerik(anischen), Chin(esischen), Engl(ischen), Franz(ösischen), Ital(ienischen), Neugr(iechischen), Niederl(ändischen), Portug(iesischen), Russ(ischen), Span(ischen)
Ausw(ahl)
DBK Digitale Bildkulturen
Dt. EA Deutsche Erstausgabe (Nur bei WAT angegeben)
eb e-book
Einf(ührung)
Erz(ählung)
Erzz(ählungen)
Ged(ichte)
Gesch(ichten)
Hrsg. (Herausgeber)
Illustr(ationen)

KKB Kleine Kulturwissenschaftliche Bibliothek
Komm(entar)
kt. (kartoniert)
LO LeseOhr
Nachw(ort)
NA Neuauflage
OA Originalausgabe (Nur bei WAT angegeben)
Oh Oktavheft
P Reihe Politik
℗ Politik bei Wagenbach
Qb Quartbuch
Q Quartheft
Qp Quartplatte
R Rotbuch
s(iehe) S(eiten)
Vorw(ort)
WAT Taschenbuch
Zus(ammengestellt)

Die Bibliographie ist alphabetisch nach Autorennamen, Titel eines Autors sind chronologisch geordnet. Anthologien finden sich unter dem Titel. Bei Nach- oder Neuauflagen wurden Seitenzahlen bei einer Änderung zur vorherigen Auflage angegeben.

*Stand: Februar 2024

100 Gedichte aus der DDR
Hrsg. und mit Nachw.
Christoph Buchwald und
Klaus Wagenbach. 2009,
AP, 176 S.

113 dada-Gedichte
Hrsg. Karl Riha. OA 1982,
WAT 91, 192 S. *. NA 1992,
WAT 213 *. NA 2003, WAT
477, 208 S. mit zahlr. Abb.

**131 expressionistische
Gedichte**
Hrsg. Peter Rühmkorf. OA
1976, WAT 18, 160 S. *.
NA 1993, WAT 220. *. NA
2004, WAT 504, 176 S. mit
neuen Bildern

**1848–1849: Bürgerkrieg in
Baden.** *Chronik einer verlore-
nen Revolution*
Hrsg. Wolfgang Dreßen.
OA 1975, WAT 3, 160 S. *

60 Jahre Wagenbach
Almanach zum Jubiläum
Hrsg. Susanne Schüssler.
OA 2024, WAT 872, 208 S.
mit sehr vielen Abb.

A

Abad, Héctor
– **Kulinarisches Traktat für
  traurige Frauen**
A. d. Span. Sabine Giers-
berg. 2001, *SVLTO* 103,
128 S. NA 2006, WAT 546,
128 S. *
– **Kulinarisches Traktat für
  traurige Frauen**
Gelesen von Mechtild
Großmann. 2007, LO, CD,
Laufzeit 64 Min. *

Abd el-Fattah, Alaa
Ihr seid noch nicht besiegt
Ausgewählte Texte 2011–2021
A. d. Engl. Utku Mogultay.
Vorw. Naomi Klein. 2022,
⚑, 240 S. 2022, eb

A Casa Nostra
Junge italienische Literatur
Hrsg. und mit Vorw. Paola
Gallo u. Dalia Oggero.
2011, Qb, 208 S. *

Accetto, Torquato
**Von der ehrenwerten
Verhehlung.** *Wie schön ist
die Wahrheit, wie notwendig
die Verheimlichung und wa-
rum ist der Zorn ihr Feind?
Wie man Schmähungen
missachtet, wie es die Kunst
des Verbergens zwischen
Liebenden geben kann und
warum die Verhehlung eine
Arznei ist*
Vorw. Giorgio Manganelli.
Erläuterungen Salvatore S.
Nigro. A. d. Ital. Marianne
Schneider. 1995, KKB 52,
104 S. *

Ackrill, Ursula
Zeiden, im Januar
Roman. 2015, Qb, 256 S.
2015, eb

**Affenmensch und
Menschenaff**
Gesch. und Ged. Hrsg.
Margit Knapp. 1999,
SVLTO 85, 144 S. mit vielen
Abb. *

**Agena, Gesine/Hecht, Patri-
cia/Riese, Dinah**
Selbstbestimmt
Für reproduktive Rechte
2022, ⚑, 208 S. 2022, eb

Agnoli, Johannes
**Überlegungen zum
bürgerlichen Staat**
1975, P 46, 144 S. *

Aira, César
**Die nächtliche Erleuch-
tung des Staatsdieners
Varamo**
Roman. A. d. argenti-
nischen Span. Matthias
Strobel. 2010, WAT 636,
96 S. *

Alajmo, Roberto
Palermo ist eine Zwiebel
A. d. Ital. Karin Krieger
und Moritz Rauchhaus.
2021, WAT 838, 176 S.
2021, eb

Alarcón, Daniel
– **Lost City Radio**
Roman. A. d. Amerik.
Friederike Meltendorf.
2008, Qb, 320 S.
– **Stadt der Clowns**
Erzz. A. d. Amerik.
Friederike Meltendorf.
2012, Qb, 192 S.
– **Des Nachts gehn wir im
  Kreis**
Roman. A. d. Amerik.
Friederike Meltendorf.
2014, Qb, 352 S. *. 2014, eb

Alarcón, Orfa
Königin und Kojoten
Roman. A. d. mexika-
nischen Span. Angelica
Ammar. 2014, Qb, 192 S. *.
2014, eb

Alberti, Leon Battista
Über die Seelenruhe
A. d. Ital. Victoria Lorini.
Hrsg., Einl., Komm. Hana
Gründler. 2022, 272 S.
2022, eb

Albrecht, Roland
**Museum der Unerhörten
Dinge**
2005, *SVLTO* 128, 120 S.*.
NA 2019, WAT 818, 128 S.
mit vielen Abb.

Allam, Fouad
**Der Islam in einer
globalen Welt**
A. d. Ital. Karl Pichler.
Dt. EA 2004, WAT 490,
208 S. *

Almendros, Vincent
– **Ein Sommer**
A. d. Franz. Till Bardoux.
2017, *SVLTO* 225, 96 S.
– **Ins Schwarze**
A. d. Franz. Till Bardoux.
2019, *SVLTO* 240, 120 S.

»Als Kafka mir entgegen-
kam …«. *Erinnerungen an
Franz Kafka*
Hrsg. Hans-Gerd Koch.
1995, AP, 208 S. mit 57
Photos. *. Erweiterte NA
2005, WAT 528, 256 S.

**Die ältesten Geschichten
der Welt**
A. d. Engl. Walle Bengs.
Hrsg. Theodor H. Gaster.
Dt. EA 1983, WAT 90,
224 S. *

**Altman, Dennis/Symons,
Jonathan**
Queer Wars
*Erfolge und Bedrohungen
einer globalen Bewegung*
A. d. Engl. Hans Freundl.
Vorw. Daniel Schreiber.
2017, ℙ, 160 S.

Amore!
Italienische Liebesgeschichten
Hrsg. Susanne Schüssler.
2019, Qb, DaCapo, 80 S.

Amore! oder: Der Liebe Lauf
*Wollust, Seitenpfade,
Irr- und Unsinn*
Hrsg. Klaus Wagenbach.
1994, Akt, 240 S. *. NA
1996, *SVLTO* 61, 160 S. *

L'amour toujours
Französische Liebesszenen
Hrsg. Annette Wassermann.
2023, Qb, DaCapo, 80 S.

**L'amour toujours – toujours
l'amour?** *Junge französische
Liebesgeschichten*
Hrsg. Annette Wasser-
mann. 2017, Akt, WAT
776, 192 S.

Amsterdam. *Eine literarische
Einladung*
Hrsg. Eva Cossée. 2016,
SVLTO 222, 144 S.

Andalusien. *Eine literarische
Einladung*
Hrsg. Marco Bosshard
und Volker Jaeckel. 2023,
SVLTO 279, 144 S.

**André Gorz und die zweite
Linke.** *Die Aktualität eines fast
vergessenen Denkers*
A. d. Franz. Eva Molden-
hauer. Hrsg. Claus Legge-
wie und Wolfgang Stenke.
OA 2017, WAT 785, 176 S.

Anonym
Das Sägewerk
Roman. A. d. Franz. Kons-
tantin Meisel. Dt. EA 2020,
WAT 832, 160 S. 2020, eb

**Antiautoritäres Lager und
Anarchismus**
Mit einem Lesebuch. Hrsg.
Wolfgang Dreßen. 1968, R
7, 160 S. *

**Antonello, Paola/Chima,
Alex/Decke, Bettina/
Egbuna, Obi B./Lee, Franz
J. T./Schmelz, Herbert**
Nigeria gegen Biafra?
Falsche Alternativen
1969, R 6, 160 S. *

Antonioni, Michelangelo
– **Bowling am Tiber**
Erzz. A. d. Ital. Sigrid Vagt.
1985, Q 142, 144 S. *
– **Chronik einer Liebe,
die es nie gab**
Erzz. A. d. Ital. Sigrid Vagt.
1995, *SVLTO* 52, 160 S. *.
NA 2012, Nachw. Claudius
Seidl, *SVLTO* 52, 168 S. *

Anwar, Arif
Kreise ziehen
Roman. A. d. kanadischen
Engl. Nina Frey. 2019, Qb,
336 S. * 2019, eb

**Appadurai, Arjun/
Alexander, Neta**
Versagen.
Scheitern im Neoliberalismus
A. d. Engl. Hans Freundl.
2023, ℙ, 144 S. 2023, eb

Apulien und Basilikata. *Eine
literarische Einladung*
Hrsg. Susanne Müller-
Wolff. 2021, *SVLTO* 264,
144 S.

**Arbasino, Alberto/Calvino,
Italo/Ceronetti, Guido/Eco,
Umberto/Malerba, Luigi/
Manganelli, Giorgio/San-
guineti, Edoardo/Sciascia,
Leonardo**
Unmögliche Interviews
A. d. Ital. Renate Heim-
bucher-Bengs, Burkhart
Kroeber und Elke Wehr.
1987, *SVLTO* 3, 96 S. *. NA
1996, Akt *

Arendt, Hannah
**Israel, Palästina und der
Antisemitismus**
Aufs. 1991, WAT 196, 128
S. *

**Arendt, Hannah/Nanz,
Patrizia**
Wahrheit und Politik
2006, WAT 553, 96 S. *

Arguedas, José María
– **Die tiefen Flüsse**
Roman. A. d. peruanischen
Span. Suzanne Heintz.
2011, WAT 670, 288 S.
2019, eb
– **Der Fuchs von oben und
der Fuchs von unten**
Roman. A. d. peruanischen
Span. Matthias Strobel.
Vorw. Marco Thomas
Bosshard. 2019, Oh, 320 S.
2019, eb

Ariès, Philippe
**Saint-Pierre oder Die
Süße des Lebens.** *Versuche
der Erinnerung*
A. d. Franz. Holger Fliess-
bach. 1994, KKB 48, 96 S. *

Aristophanes/Erich Fried
Lysistrata
Kommentiert von Barbara
Sichtermann, mit einer
Materialsammlung von
Heinke Lehmann. OA
1985, WAT 127, 144 S. *.
NA 1992, WAT 206 *. NA
2000, WAT 364

Arlt, Roberto
Die sieben Irren
Roman. A. d. argentini-
schen Span. Bruno Keller.
Bearb. Carsten Regling.
Nachw. Ricardo Piglia.
2018, Oh, 320 S.

Arnaldi, Girolamo
Italien und seine
Invasoren
Vom Ende des Römischen
Reiches bis heute
A. d. Ital. Friederike Haus-
mann. 2005, AP, 208 S. mit
vielen Abb. *

Asado verbal
Junge argentinische Literatur
Hrsg. und mit Vorw. Timo
Berger und Rike Bolte. OA
2010, WAT 634, 144 S.

Aschenwald, Hans
Wurzelfieber
Ged. 2003, Qb, 80 S. *

Assani-Razaki, Ryad
Iman
Roman. A. d. Franz. Sonja
Finck. 2014, Qb, 320 S.
NA 2016, WAT 750 *.
2014, eb

Athen. *Eine literarische*
Einladung
Hrsg. und mit Nachw.
Birgit Hildebrand und
Konstantinos Kosmas.
2009, *SVLTO* 162, 144 S.

Atlas. *Deutsche Autoren über*
ihren Ort
Hrsg. Klaus Wagenbach
1965, AP, 320 S. *. NA
1979, WAT 64, 264 S. *.
Sonderausgabe, Qb, 320 S.
mit vielen Abb.

Auf dem langen Marsch.
1934/35
Die Wende in der chine-
sischen Revolution, von
Teilnehmern erzählt
Ausw. Dietmar Albrecht,
Dirk Betke. OA 1976,
WAT 7, 160 S. *

Austen, Ralph A.
Sahara. *Tausend Jahre Aus-*
tausch von Ideen und Waren
A. d. Engl. Matthias Wolf.
2012, AP, 224 S. mit vielen
Abb. und Karten. *. NA
2013, WAT 716, 272 S. *

Axworthy, Michael
Iran – Weltreich des
Geistes
Von Zoroaster bis heute
A. d. Engl. Gennaro
Ghirardelli. 2011, AP, 352 S.
mit zahlr. Abb.

Azúa, Felix de
Fahnenwechsel
Roman. A. d. Span. Peter
Schwaar. 1993, Qb, 200 S. *

Azzeddine, Saphia
– **Zorngebete**
Roman. A. d. Franz. Sabine
Heymann. 2013, Qb, 128 S.
* 2013, eb

– **Mein Vater ist Putzfrau**
Roman. A. d. Franz. Birgit
Leib. 2015, Qb, 128 S. *. NA
2016, WAT 761, 2015 eb

– **Bilqiss**
Roman. A. d. Franz. Birgit
Leib. 2016, Qb, 176 S.
*. NA 2017, WAT 781 *.
2016, eb

Azzurro: endlich Sommer!
Zus. Susanne Schüssler.
1997, Akt, 160 S. *. 2001,
WAT 405 *

B

Babeuf
Der Krieg zwischen Reich
und Arm. *Artikel, Reden,*
Briefe
Hrsg. Peter Fischer. Dt. EA
1975, WAT 9, 128 S. *

Bachmann, Ingeborg
Ein Ort für Zufälle
Mit 13 Zeichnungen von
Günter Grass. 1965, Q 6, 72
S. *. NA 1999, Bleisatz und
Buchdruck, Qb, 64 S. *

Bähr, Andreas
Athanasius Kircher. *Ein*
Leben für die Entzifferung
der Welt
2023, KKB 96, 224 S. mit
10 Abb.

Baier, Lothar
– **Die große Ketzerei**
Verfolgung und Ausrottung
der Katharer durch Kirche
und Wissenschaft
OA 1984, WAT 108, 208
S. *. NA 1991, WAT 191. *.
NA 2001, WAT 410, 208 S.
mit Abb.

– **Gleichheitszeichen**
Streitschriften über
Abweichung und Identität
OA 1985, WAT 124, 120 S. *

– **Firma Frankreich**
Eine Betriebsbesichtigung
OA 1988, WAT 155, 144 S. *

– **Volk ohne Zeit**
Essay über das eilige
Vaterland
OA 1990, WAT 182, 128 S. *

Baier, Lothar/Gottschalch,
Wilfried/Reiche, Reimut/
Schmid, Thomas/Schmierer,
Joscha/Sichtermann, Barba-
ra/Sofri, Adriano
Die Früchte der Revolte
Über die Veränderung der
politischen Kultur durch die
Studentenbewegung
OA 1988, WAT 162, 160 S. *

Baier, Lothar/Erler, Gisela/
Heinsohn, Gunnar/Kluge,
Alexander/Preuß, Ulrich
K./Reiche, Jochen/Schmid,
Thomas/Sichtermann,
Barbara
Die Linke neu denken
Acht Lockerungen
Aufs. OA 1984, WAT 112,
128 S. *

Bainbridge, David
Das X in Sex
Wie ein Chromosom unser Leben bestimmt
A. d. Engl. Sebastian Vogel. Dt. EA 2005, WAT 507, 240 S. *

Baran, Paul A./Fried, Erich/ Salvatore, Gaston
Intellektuelle und Sozialismus
1968, R 2, 128 S. *

Baratay, Eric/Hardouin-Fugier, Elisabeth
Zoo
Von der Menagerie zum Tierpark
A. d. Franz. Matthias Wolf. 2000, AP, 256 S. mit vielen Abb. *

Barcelona. *Eine literarische Einladung*
Hrsg. Michi Strausfeld. 2022, SVLTO 273, 144 S.

Baricco, Alessandro
City
Roman. A. d. Ital. Anja Nattefort. 2007, WAT 568, 336 S. *

Barnes, Djuna
– **Die Nacht in den Wäldern**
Short Stories. A. d. Amerik. Karin Kersten. 1984, Q 133, 160 S. *
– **Ladies' Almanach**
Mit Zeichnungen und Photos. A. d. Amerik. Karin Kersten Nachw. Brigitte Siebrasse. 1985, AP, 144 S. *. NA 1997, *Verfasst und illustriert von einer Lady of Fashion*, Akt *. NA 2003, WAT 465 *
– **Portraits**
A. d. Amerik. Karin Kersten. Hrsg. Alyce Barry. Vorw. und Komm. Douglas Messerli. 1985, AP, 208 S. mit zahlr. Abb. *

– **Leidenschaft**
Neun Erzz. A. d. Amerik. Karin Kersten. 1986, Q 147, 128 S. *
– **New York.** *Geschichten und Reportagen aus einer Metropole*
A. d. Amerik. Karin Kersten. 1987, AP, 192 S. mit Abb. *
– **Saturnalien**
Erz. A. d. Amerik. Karin Kersten. 1987, Q 157, 112 S. *
– **Paris, Joyce, Paris**
Nachw. Kyra Stromberg. A. d. Amerik. Karin Kersten. 1988, SVLTO 5, 96 S. mit vielen Abb. *
– **Paprika Johnson und andere Stories**
Zus. Barbara Herzbruch. A. d. Amerik. Karin Kersten. OA 1989, WAT 173, 128 S. mit Abb. *
– **Solange es Frauen gibt, wie sollte da etwas vor die Hunde gehen?**
A. d. Amerik. Karin Kersten. 1991, SVLTO 28, 96 S. NA 1996, Akt
– **Die Frau, die auf Reisen geht, um zu vergessen**
Reisebilder
A. d. Amerik. mit einem Nachw. Inge v. Weidenbaum. 1992, SVLTO 34, 80 S. mit vielen Photos
– **Hinter dem Herzen**
Mit zahlr. unbekannten Texten. Zus. Susanne Schüssler. 1994, Akt, 192 S. NA 1996, SVLTO 59, 144 S. *
– **Verführer an allen Ecken und Enden. Ratschläge für die kultivierte Frau**
A. d. Amerik. Inge von Weidenbaum. 1994, SVLTO 48, 80 S. *. NA 2015, WAT 739, 80 S. *

– **Alles Theater!**
A. d. Amerik. Inge von Weidenbaum. 1998, SVLTO 72, 96 S. mit Abb. *
– **Eine Nacht mit den Pferden**
Gesammelte Erzz. A. d. Amerik. Karin Kersten. 1999, Qb, 352 S.
– **Eine Nacht mit den Pferden**
Gelesen von Sophie Rois. 2001, LO, MC/CD, Laufzeit 67 Min. *
– **Im Dunkeln gehn**
Briefe an Emily Coleman
Hrsg. und mit einem Vorw. Mary Lynn Broe. A. d. Amerik. Robin Cackett. Bibliophile Ausgabe 2002, Qb, 208 S.
– **Stolze Frauen mit Vorurteil**
2019, Qb, DaCapo, 80 S.

Barock-Gedichte
Hrsg. Herbert Heckmann. OA 1976, WAT 27, 128 S. *. NA 1994, WAT 229 *

Baroja, Julio Caro
Der Inquisitor, der Eroberer, der Herr. *Drei Berufsbilder aus der spanischen Geschichte*
A. d. Span. Susanne und Gerhard Herrera. 1990, KKB 25, 112 S. *

Barolsky, Paul
– **Warum lächelt Mona Lisa?**
Vasaris Erfindungen
A. d. Engl. Robin Cackett. 1995, AP, 168 S. *
– **Giottos Vater**
Vasaris Familiengeschichten
A. d. Engl. Ebba D. Drolshagen. 1996, AP, 180 S. *

Baron, Hans
Bürgersinn und Humanismus im Florenz der Renaissance
A. d. Engl. Gabriele Krüger-Wirrer. 1992, KKB 38, 96 S. *

Bartelt, Dawid Danilo
– **Copacabana.** *Biographie*
eines Sehnsuchtsortes
OA 2013, WAT 709, 224 S.
2020, eb
– **Konflikt Natur**
Ressourcenausbeutung in
Lateinamerika
2017, **P**, 144 S. *

Bartsch, Kurt
– **Die Lachmaschine**
Ged., Songs und
Prosafragment. 1971, Q 50,
72 S. *
– **Tango Berlin**
Neue und ausgewählte
Gedichte. Klaus Wagen-
bachs Oktavhefte. Ausw.
und Zeichnungen vom
Autor. 2010, Qb, 80 S.

Bassani, Giorgio
– **Die Gärten der Finzi-**
Contini
Roman. A. d. Ital. Herbert
Schlüter. 2001, WAT 404,
320 S. NA 2008, WAT 586.
*. 2016, eb
– **Der Reiher**
Roman. A. d. Ital. Herbert
Schlüter. 2007, WAT 574,
160 S. 2020, eb
– **Die Brille mit dem**
Goldrand
Erz. A. d. Ital. Herbert
Schlüter. 2007, *SVLTO* 143,
144 S. NA 2013, WAT 700,
112 S. *. 2018, WAT 803, 112
S. *. 2016, eb
– **Ferrareser Geschichten**
A. d. Ital. Herbert Schlüter.
2007, WAT 564, 256 S.
2016, eb
– **Hinter der Tür**
Roman. A. d. Ital. Herbert
Schlüter. 2008, WAT 596,
144 S. 2020, eb
– **Der Geruch von Heu**
A. d. Ital. Herbert Schlüter.
2009, WAT 613, 112 S.
2020, eb

Baudelaire 1848
Gedichte der Revolution
Hrsg. und kommentiert
von Oskar Sahlberg, OA
1977, WAT 35, 160 S. *

Baum, Vicki
Hotel Berlin
Roman. A. d. Amerikan.
Grete Dupont. 2018,
WAT 799, 288 S. *. 2021,
WAT 840. 2018, eb

Baumgärtel, Tilman
GIFs
Evergreen aus Versehen
2020, DBK, 80 S. mit
vielen Abb. 2020, eb

Baxandall, Michael
Die Wirklichkeit der Bil-
der. *Malerei und Erfahrung*
im Italien der Renaissance
A. d. Engl. Hans Günter
Holl. 1999, AP, 192 S. mit
90, meist farbigen Abb. *.
NA 2013, WAT 693, 240 S.
mit zahlreichen, meist
farbigen Abb.

Beauvoir, Simone de
Sie kam und blieb
Roman. A. d. Franz. Eva
Rechel-Mertens. 2003,
WAT 466, 384 S. *

Beck, Barbara/Kurnitzky,
Horst
Zapata. *Bilder aus der*
mexikanischen Revolution
OA 1975, WAT 14, 160 S. *

Beckford, William
Die Geschichte des
Kalifen Vathek
Ein Schauerroman aus dem
britischen Empire
Kommentare von Gisela
Dischner. 1975, WAT 10,
192 S. *

Befreiung von falscher
Arbeit
Thesen zum garantierten
Mindesteinkommen
Hrsg. Thomas Schmid. OA
1984, WAT 109, 144 S. *.
Veränderte NA 1986, WAT
109, 160 S. *

Behan, Brendan
– **Die Geisel und andere**
Stücke
A. d. Engl. Annemarie und
Heinrich Böll sowie Jürgen
und Astrid Fischer. Nach-
bemerkung von Heinrich
Böll. Hrsg. und mit einem
Nachw. Ute Nyssen. 1977,
Q 88, 228 S. mit vielen
Photos. *. NA 1993, Q 187 *
– **Frau ohne Rang und**
Namen
A. d. irischen Engl., Hrsg.
und Nachw. Hans-Chris-
tian Oeser. 2023, *SVLTO*
277, 144 S.

Behr, Markus
Vaterschaftstest
Roman. OA 2019, WAT
816, 192 S. 2019, eb

Belben, Rosalind
Gut und schön
Roman. A. d. Engl.
Hannah Harders. 1990,
Q 172, 128 S. *

Bellonci, Maria/Ceronet-
ti, Guido/Eco, Umberto/
Malerba, Luigi/Manganelli,
Giorgio/Portoghesi, Paolo/
Sanguineti, Edoardo
So war es! War es so?
Neue unmögliche Interviews
A. d. Ital. Marianne Schnei-
der, Burkhart Kroeber,
Barbara Villiger-Heilig.
1992, *SVLTO* 30, 96 S. *

Beltramini, Guido
Palladio. *Lebensspuren*
Einf. Andreas Beyer. Mit
einer biographischen Skizze
von Paolo Gualdo. A. d.
Ital. Victoria Lorini. 2009,
SVLTO 161, 120 S.

Ben Jelloun, Tahar
Die erste Liebe ist immer
die letzte
Erzz. A. d. Franz. Christiane Kayser. 2002, WAT 439,
128 S. *

Benedetto, Antonio di
Zama wartet
Roman. A. d. argen-
tinischen Span. Maria
Bamberg. Nachw. J. M.
Coetzee. 2021, Oh, 256 S.
2021, eb

Benn, Gottfried
Das Nichts und der Herr
am Nebentisch
Mit einem biogr. Essay von
Joachim Dyck. OA 1986,
WAT 130, 160 S. *

Bennett, Alan
– **Vater, Vater lichterloh**
Zwei Kurzromane. A. d.
Engl. Ingo Herzke. 2002,
Qb, 128 S. *
– **Così fan tutte**
A. d. Engl. Brigitte Hein-
rich. 2003, *SVLTO* 114, 96
S. NA 2006, WAT 539, 96
S. *. NA 2007, WAT 569 *
– **Così fan tutte**
Gelesen von Uwe Fried-
richsen. 2003, LO, CD,
Laufzeit 79 Min.*
– **Die Lady im Lieferwagen**
A. d. Engl. Ingo Herzke.
2004, *SVLTO* 126, 96 S.
NA 2009, WAT 621 *.
NA 2021, *SVLTO* 126,
144 S. 2016, eb
– **Handauflegen**
Kurzroman. A. d. Engl.
Ingo Herzke. 2005, *SVLTO*
132, 96 S. *. NA 2009,
WAT 606, 96 S.
– **Handauflegen**
Gelesen von Uwe Fried-
richsen. 2005, LO, CD,
Laufzeit 158 Min. *
– **Vatertage.** *Beziehungsge-*
schichten
A. d. Engl. Ingo Herzke.
2007, *SVLTO* 144, 96 S.
– **Die souveräne Leserin**
A. d. Engl. Ingo Herzke.
2008, *SVLTO* 155, 120 S.
NA 2012, limitierte Sonder-
ausgabe, *SVLTO* 187 *

– **Ein Kräcker unterm**
Kanapee
A. d. Engl. Ingo Herzke.
2010, *SVLTO* 169, 144 S.
– **Miss Fozzard findet ihre**
Füße
A. d. Engl. Ingo Herzke.
2011, *SVLTO* 177, 144 S.
– **Schweinkram.** *Zwei*
unziemliche Geschichten
A. d. Engl. Ingo Herzke.
2012, *SVLTO* 188, 144 S.
– **Leben wie andere Leute**
A. d. Engl. Ingo Herzke.
2014, *SVLTO* 201, 168 S.
mit vielen Fotos
– **Alan Bennett geht ins**
Museum
A. d. Engl. Ingo Herzke.
2017, *SVLTO* 227, 144 S.
mit vielen Abb.
– **Der souveräne Leser**
A. d. Engl. Ingo Herzke.
2020, *SVLTO* 250, 144 S.
– **Zum Tee**
2021, Qb, DaCapo, 80 S.
– **Drei daneben**
A. d. Engl. Ingo Herzke.
2022, *SVLTO* 266, 120 S.

Bennett, Arnold
– **Hotel Grand Babylon**
Roman. A. d. Engl. Renate
Orth-Guttmann. 2018,
WAT 802, 256 S. *
– **Lebendig begraben**
Roman. A. d. Engl. Peter
Naujack. 2019, WAT 817,
224 S. 2019, eb

Benni, Stefano
– **Die Bar auf dem Meeres-**
grund
Unterwassergeschichten
A. d. Ital. Pieke Biermann.
1999, WAT 344, 224 S. NA
2009, WAT 615, 208 S. *.
2019, eb
– **Baol.** *Die magischen*
Abenteuer einer fieberhaften
Samstagnacht
Roman. A. d. Ital. Jochen
Koch. 2000, WAT 390,
208 S. *

– **Komische erschrockene**
Krieger
Roman. A. d. Ital. Pieke
Biermann. 2000, WAT 366,
224 S. *
– **Geister**
Roman. A. d. Ital. Hinrich
Schmidt-Henkel. 2001, Qb,
420 S.
– **Terra!**
Roman. A. d. Ital. Pieke
Biermann. 2002, WAT 427,
320 S. *. NA 2017, WAT
771, 432 S. 2016, eb
– **Der Zeitenspringer**
Roman. A. d. Ital. Moshe
Kahn. 2004, Qb, 336 S. *
– **Der Schnellfüßige Achilles**
Roman. A. d. Ital. Moshe
Kahn. 2006, Qb, 272 S. *
– **Brot und Unwetter**
Roman. A. d. Ital. Mirjam
Bitter. 2012, Qb, 288 S. *.
eb. NA 2013, WAT 714,
320 S.
– **Von allen Reichtümern**
Roman. A. d. Ital. Mirjam
Bitter. 2014, Qb, 224 S.
2014, eb
– **Die Pantherin**
A. d. Ital. Mirjam Bitter.
2016, *SVLTO* 218, 96 S.
– **Prendiluna**
Roman. A. d. Ital. Mirjam
Bitter. 2019, Qb, 240 S.
2019, eb

Berberova, Nina
– **Das schwarze Übel**
Roman. Deutsch von Anna
Kamp. 2003, WAT 486,
96 S. *
– **Der Lakai und die Hure**
Roman. Deutsch von Anna
Kamp. 2003, WAT 469,
96 S. *
– **Astaschew in Paris**
Roman. Deutsch von Anna
Kamp. 2006, WAT 545, 98
S. *

Berger, John
– **Das Leben der Bilder oder
die Kunst des Sehens**
A. d. Engl. Stephen Tree.
1981, AP, 144 S. mit 18 Abb.
*. NA 1989, Vorw. Birgitta
Ashoff. *SVLTO* 15, 132 S.
NA 1995, Akt, 129 S. *. NA
2022, *SVLTO* 15, 144 S.
mit Abb.
– **Das Kunstwerk.** *Über das
Lesen von Bildern*
Essays. A. d. Engl. Kyra
Stromberg, 1992, *SVLTO*
29, 96 S. mit Abb. NA 2005
– **Mit Hoffnung zwischen
den Zähnen**
*Berichte von Überleben und
Widerstand*
A. d. Engl. Rita Seuß. 2008,
AP, 144 S. *

Berggruen, Heinz
– **Monsieur Picasso und
Herr Schaffen**
Erinnerungsstücke
2001, *SVLTO* 99, 80 S. mit
Abb. *
– **Spielverderber, nicht alle**
Betrachtungen
2003, *SVLTO* 120, 80 S.
mit Abb.*
– **Die Giacomettis und
andere Freunde.** *Schnurren,
Erinnerungsstücke, Portraits*
2005, *SVLTO* 134, 96 S. mit
vielen Abb. *
– **Leben ist kein Kunstwerk**
*Heinz Berggruen liest seine
schönsten Geschichten*
2006, LO, CD, Laufzeit 65
Min. *
– **Die Kunst und das Leben**
*Schnurren, Erinnerungen,
Portraits*
2008, *SVLTO* 156, 144 S.
mit Abb.

Berlin. *Eine literarische
Einladung*
Hrsg. Susanne Schüssler
und Linus Guggenberger.
2017, *SVLTO* 229, 144 S.

Berlin – Babylon
Eine deutsche Faszination
Hrsg. Andrea Polaschegg
und Michael Weichenhan.
2017, WAT 770, 272 S.

**Berlusconis Italien – Italien
gegen Berlusconi**
Hrsg. Susanne Schüssler.
Mit einem einführenden
Text von Friederike Haus-
mann über den Aufstieg
Berlusconis. OA 2002,
WAT 450, 192 S. *

**Berns, Jörg Jochen
Die Herkunft des
Automobils aus
Himmelstrionfo und
Höllenmaschine**
1996, KKB 54, 96 S. mit
vielen Abb.*

**Bettelheim, Charles
Ökonomisches Kalkül
und Eigentumsreform**
*Zur Theorie der Übergangs-
gesellschaft*
A. d. Franz. Horst Arenz u.
Roland Knaus. 1970, R 12,
168 S. *

**Bettelheim, Charles/
Macciocchi, Antonietta
China 1972**
*Ökonomie, Betrieb und
Erziehung seit der Kulturre-
volution*
Hrsg. Dietmar Albrecht.
1972, R 42, 168 S. *

**Bettelheim, Charles/Dobb,
Maurice/Foa, Lisa/Huber-
mann, Leo/Mandel, Ernest/
Robinson, Joan/Sweezy,
Paul M.
Zur Kritik der Sowjet-
ökonomie**
*Eine Diskussion marxisti-
scher Ökonomen des Westens
über die Wirtschaftsreform in
den Ländern Osteuropas*
Hrsg. Peter Strotmann.
1969, R 11, 160 S. *

**Bettetini, Maria
Eine kleine Geschichte
der Lüge**
Von Odysseus bis Pinocchio
A. d. Ital. Klaus Ruch. Dt.
EA 2003, WAT 461, 144 S. *

Beyer, Andreas
– **Andrea Palladio/Teatro
Olimpico**
*Triumpharchitektur für eine
humanistische Gesellschaft*
Veränderte und ergänzte
NA. 2009, WAT 625, 96 S.
– **Die Kunst – zur Sprache
gebracht**
Hrsg. Lena Bader, Johannes
Grave und Markus Rath.
OA 2017, WAT 784, 208 S.
– **Künstler, Leib und
Eigensinn**
*Die vergessene Signatur des
Lebens in der Kunst*
2022, AP, 336 S. mit 80
farbigen Abb.

**Beyer, Andreas/Arrouye,
Jean/Bredekamp, Horst/
Lavin, Irving/Schellewald,
Barbara/Settis, Salvatore
Die Lesbarkeit der Kunst**
*Zur Geistesgegenwart der
Ikonologie*
1992, KKB 37, 122 S. *

**Bichsel, Peter/Biermann,
Wolf/Floh de Cologne/
Fuchs, Günter Bruno/Her-
burger, Günter/Jandl, Ernst/
Lettau, Reinhard/Reinig,
Christa/Rühmkorf, Peter
Warum ist die Banane
krumm?**
Gesch. und Lieder für
Kinder. 1971, Qp 7, 30 cm,
33 UpM. *

Biermann, Wolf
– **Die Drahtharfe**
Balladen, Ged., Lieder, mit
Notenbeispielen des Autors.
1965, Q 9, 84 S. NA 1981,
Q 82 *

– **Mit Marx und Engels-zungen**
Ged., Balladen, Lieder.
1968, Q 31, 84 S. *
– **4 neue Lieder**
1968, Qp 3, 17 cm, 33
UpM. *
– **Chausseestr. 131**
10 Lieder u. Ged. 1969,
Qp 4, 30 cm, 33 UpM. *
– **Der Dra-Dra**
*Die große Drachentöterschau
in 8 Akten mit Musik*
Mit Noten u. Illustr. 1970,
Q 45/46, 144 S. *
– **Für meine Genossen**
Hetzlieder, Ged., Balladen.
1972, Q 62, 96 S. *

**Biermann, Wolf/Bobrowski,
Johannes/Delius, F. C./
Fried, Erich/Fuchs, Günter
Bruno/Hermlin, Stephan/
Lind, Jakov/Meckel,
Christoph**
**8 Autoren lesen aus ihren
Quartheften, angesagt
vom Verleger**
1968, Qp 1, 17 cm, 33
UpM. *

**Biermann, Wolf/Heine,
Heinrich**
**Deutschland. Ein Winter-
märchen.** *2 Poeme*
Mit Prolog, Epilog, Nachw.
und Anmerkungen. 1972, Q
63, 72 S. *. NA 1990, WAT
185, 144 S. *

**Bilder schreiben Geschichte:
Der Historiker im Kino**
Hrsg. Rainer Rother. OA
1991, WAT 193, 160 S. *

Bilderfahrzeuge
*Aby Warburgs Vermächt-
nis und die Zukunft der
Ikonologie*
Hrsg. Andreas Beyer, Horst
Bredekamp, Uwe Fleckner
und Gerhard Wolf. 2018,
AP, 256 S.

Bilenchi, Romano
– **Die unmöglichen Jahre**
*Eine Familiengeschichte aus
der Toskana*
A. d. Ital. Karin Fleisch-
anderl. 1990, Q 173, 128 S. *
– **Anna und Bruno**
Erzz. aus der Toskana. A. d.
Ital. Karin Fleischanderl.
1991, Qb, 200 S. *
– **Mein Vetter Andrea**
Gesch. aus der Toskana.
A. d. Ital. Moshe Kahn.
1999, WAT 353, 128 S. *

**Birken, Jacob
Videospiele**
*Illusionsindustrien und
Retro-Manufakturen*
2022, DBK, 80 S. mit
vielen Abb. 2022, eb

**Blackburn, Simon
Wollust**
Die schönste Todsünde
A. d. Engl. Matthias Wolf.
Dt. EA 2008, WAT 601,
144 S.

Blixen, Tania
– **Babettes Fest**
Roman. A. d. Engl. W. E.
Süskind. 2006, WAT 537,
80 S. *. NA 2007, WAT
575 *
– **Die Straßen um Pisa**
A. d. Engl. Martin Lang.
Nachw. Jürg Glauser. 2014,
SVLTO 202, 84 S.

**Blume, Georg/Yamamoto,
Chikako**
– **Chinesische Reise**
*Provinzen und Städte in der
Volksrepublik*
Nachw. Helmut Schmidt.
OA 1999, WAT 348, 160 S.
mit einer Karte *
– **Modell China**
Im Reich der Reformen
OA 2002, WAT 424,
144 S. *

Bobbio, Norberto
– **Rechts und Links.** *Gründe
und Bedeutungen einer
politischen Unterscheidung*
A. d. Ital. Moshe Kahn. Dt.
EA 1994, WAT 234, 96 S.
*. NA 1998, WAT 311, 96 S.
2021, eb
– **Vom Alter – De senectute**
A. d. Ital. Annette Kopetzki.
1997, *SVLTO* 69, 128 S.
*. NA 2004, aktualisierte
Aufl., *SVLTO* 69, 144 S.
NA 2019
– **Das Zeitalter der Men-
schenrechte.** *Ist Toleranz
durchsetzbar?*
A. d. Ital. Ulrich Haus-
mann. Nachw. Otto Kall-
scheuer. 1998, AP, 128 S. *.
NA 1999, WAT 358, 128 S.
– **Ethik und die Zukunft des
Politischen**
Hrsg. und mit Vorw. Otto
Kallscheuer. A. d. Ital.
Annette Kopetzki und Otto
Kallscheuer. 2009, **P**, 144 S.

Bobrowski, Johannes
– **Mäusefest und andere
Erzählungen**
1965, Q 3, 84 S. *. NA 1995,
Qb, Bleisatz und Buch-
druck, 80 S. *
– **Mäusefest**
2017, *SVLTO* 226, 144 S.
– **Nachbarschaft**
9 Ged., 3 Erzz., 2 Schall-
platten mit 2 Interviews,
Lebensdaten und Biblio-
graphie. Mit Reden von
Stephan Hermlin und Hans
Werner Richter. 1967, AP,
48 S. *
– **Nachbarschaft**
Ged. Klaus Wagenbachs
Oktavhefte. Ausw. u.
Nachw. Klaus Wagenbach.
2010, Qb, 80 S.
– **Wetterzeichen**
Ged. 1967, Q 19, 84 S. *
– **Litauische Claviere**
Roman. 1967, AP, 176 S. *.
NA 1983, WAT 101, 128 S. *

– **Der Mahner**
Erzz. u. a. Prosa aus dem
Nachlass 1968, Q 29, 82 S. *
– **Mäusefest/Der Mahner**
1981, Q 113, 144 S. *
– **Im Strom**
Ged. und Prosa. Ausw. u.
Nachw. Klaus Wagenbach
1989, *SVLTO* 13, 96 S. *
– **Im Strom**
Gelesen vom Autor. 2001,
LO, MC/CD, Laufzeit 35
Min. *
– **Levins Mühle.** *34 Sätze
über meinen Großvater*
Roman. Nachw. Klaus Wa-
genbach. 2015, Oh, 232 S.

**Böll, Heinrich/Dutschke,
Rudi/Fried, Erich/Menzel,
Klaus/Reidemeister, Hela/
Schenk, Johannes/Schily,
Otto/Schmid, Richard/
Stiller, Klaus/Wachenfeld,
Christa/Wagenbach, Klaus**
  **Die Erschießung des
  Georg von Rauch**
  *Eine Dokumentation anläßl.
  d. Prozesse*
  1976, Politik Sonderband,
  160 S. *

**Bologna und Emilia
Romagna**
  Eine literarische Einladung
  Hrsg. Carl Wilhelm Macke.
  2009, *SVLTO* 168, 144 S.

Borges, Jorge Luis
  Lotterie in Babylon. *Die
  schönsten Erzählungen*
  Ausw. Fritz Arnold. 1997,
  SVLTO 68, 160 S. *

Borin, Max/Plogen, Vera
  **Management und Selbst-
  verwaltung in der ČSSR**
  Bürokratie und Widerstand
  1970, R4, 144 S. *

**Born, Jürgen/Dietz, Ludwig/
Pasley, Malcolm/Raabe,
Paul/Wagenbach, Klaus**
  Kafka Symposium
  1965, AP, 192 S. mit 8 Abb.
  und 5 Tafeln *

Borst, Arno
  Computus. *Zeit und Zahl
  in der Geschichte Europas*
  1990, KKB 28, 128 S. *. NA
  2004, WAT 492, 192 S. mit
  zahlr. Abb. *

Böse Bücher. *Inkohärente
Texte von der Renaissance bis
zur Gegenwart*
  Hrsg. Markus Krajewski
  und Harun Maye. 2019,
  AP, 256 S. mit vielen Abb. *

**Bose, Günter/Brinkmann,
Erich**
  Circus. *Geschichte und
  Ästhetik einer niederen Kunst*
  OA 1978, WAT 46, 208 S. *

Bourdieu, Pierre
  Satz und Gegensatz
  A. d. Franz. Bernd Schwibs
  und Ulrich Raulff. 1989,
  KKB 20, 80 S. *

Bourdouxhe, Madeleine
– **Gilles' Frau**
  Roman. A. d. Franz. Moni-
  ka Schlitzer. Nachw. Faith
  Evans. 2017, WAT 779, 160
  S. 2017, eb
– **Auf der Suche nach Marie**
  Roman. A. d. Franz. Moni-
  ka Schlitzer. Nachw. Faith
  Evans. 2018, WAT 793, 192
  S. 2018, eb

Bowles, Jane
– **Zwei sehr ernsthafte
  Damen**
  Roman. A. d. Amerik.
  Adelheid Dormagen. 2001,
  WAT 416, 264 S. *
– **Einfache Freuden**
  Erzz. A. d. Amerik.
  Adelheid Dormagen. 2002,
  WAT 431, 176 S. *

Brancati, Vitaliano
  Der schöne Antonio
  Roman. A. d. Ital. Arianna
  Giachi. 1999, WAT 351,
  336 S. *

Brandstätter, Horst (Zus.)
– **Asperg.** *Ein deutsches
  Gefängnis*
  OA 1978, WAT 45, 160 S. *

– **Ein Verbrecher aus
  verlorener Ehre**
  *Eine wahre Geschichte von
  Friedrich Schiller*
  OA 1984, WAT 117, 128 S. *

Braudel, Fernand
  Modell Italien 1450–1650
  A. d. Franz. Siglinde
  Summerer und Gerda Kurz.
  2003, WAT 457, 240 S. *

**Braudel, Fernand/Davis,
Natalie Zemon/Febvre,
Lucien u. a.**
  **Der Historiker als
  Menschenfresser**
  *Über den Beruf des
  Geschichtsschreibers*
  OA 1990, WAT 187, 128 S. *

Braun, Karl
  **¡Toro! Spanien und der
  Stier**
  2000, WAT 383, 240 S. mit
  vielen Abb. *

Bredekamp, Horst
– **Antikensehnsucht und
  Maschinenglauben**
  *Die Geschichte der Kunst-
  kammer und die Zukunft der
  Kunstgeschichte*
  1993, KKB 41, 128 S. *. NA
  2000, WAT 361, 128 S. mit
  vielen Abb.
– **Sankt Peter in Rom und
  das Prinzip der produk-
  tiven Zerstörung**
  *Bau und Abbau von
  Bramante bis Bernini*
  2000, KKB 63, 160 S. mit
  über 50 Abb.*. NA 2008,
  WAT 602, 192 S.
– **Florentiner Fußball: Die
  Renaissance der Spiele**
  2001, WAT 397, 240 S. mit
  vielen Abb. *
– **Sandro Botticelli:
  Primavera**
  Florenz als Garten der Venus
  2002, WAT 446, 128 S.
  mit vielen Abb. und einer
  Farbtafel

– **Darwins Korallen**
*Frühe Evolutionsmodelle
und die Tradition der
Naturgeschichte*
2005, KKB 73, 112 S.
mit über 50 Abb. und
Farbtafeln
– **Bilder bewegen.** *Von der
Kunstkammer zum Endspiel*
Aufsätze und Reden. Hrsg.
Jörg Probst. Dt. EA 2007,
WAT 557, 256 S. mit Abb. *
– **Michelangelo**
Fünf Essays. Vorw. des Au-
tors. 2009, KKB 79, 112 S.
mit Abb. und Farbtafeln
– **Leibniz und die Revolu-
tion der Gartenkunst**
*Herrenhausen, Versailles und
die Philosophie der Blätter*
2012, KKB 83, 176 S. mit
über 100, größtenteils
farbigen Abb. und 2 Aus-
klapptafeln
– **Der schwimmende
Souverän**
*Karl der Große und die
Bildpolitik des Körpers*
2014, KKB 86, 176 S. mit
vielen, teils farbigen Abb.
– **Der Bildakt.** *Frankfurter
Adorno-Vorlesungen 2007.
Neufassung 2015*
2015, WAT 744, 464 S. mit
sehr vielen, größtenteils
farbigen Abb.
– **Berlin am Mittelmeer**
*Kleine Architekturgeschichte
der Sehnsucht nach dem
Süden*
AP, 2018, 176 S. *. Erweiterte NA 2023, AP, 192 S.
mit ca. 130 Abb.
– **Aby Warburg, der
Indianer**
*Berliner Erkundungen einer
liberalen Ethnologie*
2019, AP, 176 S. mit vielen
Abb.
– **Michelangelo**
2021, AP, 816 S. mit ca. 900
meist farbigen Abb.

**Bredekamp, Horst/
Wedepohl, Claudia
Warburg, Cassirer und
Einstein im Gespräch**
*Kepler als Schlüssel der
Moderne*
2015, KKB 88, 112 S. mit
vielen, teils farbigen Abb.

Bretagne
Eine literarische Einladung
Hrsg. Niklas Bender. 2017,
SVLTO 224, 144 S.

**Breytenbach, Breyten
Kreuz des Südens,
schwarzer Brand**
Ged. und Prosa. A. d.
Afrikaans u. Niederl. Rosi
Bussink. Zus. Pieter Zan-
dee. 1977, Q 89, 96 S. *

Brilli, Attilio
– **Als Reisen eine Kunst war**
*Vom Beginn des modernen
Tourismus: Die ›Grand Tour‹*
A. d. Ital. Annette Kopetz-
ki. Dt. EA 1997, WAT 274,
224 S. mit 62 Abb.
– **Italiens Mitte**
*Alte Reisewege und Orte in
der Toskana und Umbrien*
A. d. Ital. Annette Kopetz-
ki. Dt. EA 1998, WAT 313,
192 S. mit vielen Abb. *
– **Das rasende Leben**
*Die Anfänge des Reisens mit
dem Automobil*
A. d. Ital. Annette Kopetz-
ki. Dt. EA 1999, WAT 354,
192 S. mit vielen Abb. *

**Brödner, Peter/Krüger,
Detlef/Senf, Bernd
Der programmierte Kopf**
*Die Sozialgeschichte der
Datenverarbeitung*
OA 1981, WAT 82, 192 S. *

**Brook, Timothy
Wie China nach Europa
kam.** *Die unerhörte Karte
des Mr. Selden*
A. d. Engl. Robin Cackett.
2015, AP, 240 S. mit vielen
Abb.

Brown, Peter
– **Die letzten Heiden**
*Kleine Geschichte der
Spätantike*
Vorw. Paul Veyne. A. d.
Engl. Holger Fliessbach.
1986, AP, 160 S. mit zahlr.
Abb. *
– **Die Gesellschaft und das
Übernatürliche**
*Vier Studien zum frühen
Christentum*
A. d. Engl. Martin Pfeiffer.
1993, KKB 40, 112 S. *

**Broyelle, Claudie
Die Hälfte des Himmels**
*Frauenemanzipation und
Kindererziehung in China*
Vorw. Han Suyin. A. d.
Franz. Matthias Wolf. 1973,
P 49, 176 S. *

**Broyelle, Claudie und
Jacques/Tschirhart, Eveline
Zweite Rückkehr aus
China.** *Ein neuer Bericht
über den chinesischen Alltag*
A. d. Franz. Eva Zwiauer.
1977, P 77, 276 S. *

**Bruck, Edith
Wer dich so liebt. Lebens-
bericht einer Jüdin**
A. d. Ital. Cajetan Freund.
1999, WAT 352, 112 S. *

Brückner, Peter
– **›… bewahre uns Gott in
Deutschland vor irgendei-
ner Revolution!‹**
*Die Ermordung des Staats-
rats v. Kotzebue durch den
Studenten Sand*
Nachw.: Über die Unmög-
lichkeit einer Hochschul-
reform. OA 1975, WAT 6,
128 S. *
– **Ulrike Marie Meinhof
und die deutschen Ver-
hältnisse**
OA 1976, WAT 29, 192 S.
*. NA 1995, Nachw. Klaus
Wagenbach, WAT 245, 208
S. *. NA 2001, Vorw. Ulrich
K. Preuß, WAT 407.

– **Versuch, uns und anderen die Bundesrepublik zu erklären**
1978, P 81, 180 S. *. NA 1984, AP, 184 S. *

– **Über die Gewalt**
Sechs Aufsätze zur Rolle der Gewalt in der Entstehung und Zerstörung sozialer Systeme
1979, P 85, 144 S. *

– **Das Abseits als sicherer Ort**
Kindheit und Jugend zwischen 1933 und 1945
OA 1980, WAT 66, 160 S. *. NA mit Vorw. Barbara Sichtermann 1994, Akt, 176 S. *. NA 2019, WAT 815, 176 S. mit Abb. 2020, eb

– **Psychologie und Geschichte**
Vorlesungen im ›Club Voltaire‹ 1980/81
Hrsg. Axel-R. Oestmann. 1982, AP, 280 S. *

– **Selbstbefreiung**
Provokation und soziale Bewegungen
1983, WAT 104, 112 S. *

– **Zerstörung des Gehorsams**
Aufsätze zur Politischen Psychologie
1983, AP, 264 S. *

– **Vom unversöhnlichen Frieden**
Aufsätze zur politischen Kultur und Moral
1984, AP, 208 S *

– **Freiheit, Gleichheit, Sicherheit**
Von den Widersprüchen des Wohlstands
Vorw. Ulrich K. Preuß. OA 1989, WAT 163, 160 S. *

– **Ungehorsam als Tugend**
Zivilcourage, Vorurteil, Mitläufer
Vorw. Barbara Sichtermann. 2008, ℙ, 144 S. NA 2018, ℙ, 128 S.

– **Das unbefangen Menschliche**
Peter Brückner lesen
Mit Beiträgen von Barbara Sichtermann, Claus Leggewie, Petra Dobner, Robert Zwarg, Ulrich Bröckling, Wolfgang Eßbach und Christine Kirchhoff. OA 2022, WAT 848, 192 S.

Brückner, Peter/Krovoza, Alfred
Staatsfeinde
Innerstaatliche Feinderklärung in der BRD
1972, R 40, 120 S. *

Brückner, Peter/Sichtermann, Barbara
Gewalt und Solidarität.
Zur Ermordung Ulrich Schmückers durch Genossen: Dokumente und Analysen
1974, P 59, 104 S. *

Bruggemann, Heinz/Erler, Gisela/Gerstenberger, Heide/Gottschalch, Wilfried/Kipphardt, Heinar/Preuß, Ulrich K./Schmid, Thomas/Sonnemann, Ulrich
Über den Mangel an politischer Kultur in Deutschland
1978, P 83, 120 S. *

Brunner, Bernd
Wie das Meer nach Hause kam
Die Erfindung des Aquariums
2011, WAT 653, 144 S. mit sehr vielen Abb.

Bruno Taut
Visionär und Weltbürger
Hrsg. Deutscher Werkbund Berlin. Mit Beiträgen von Bernd Nicolai, Burcu Dogramaci, Otto Schily, Thomas Flierl, Unda Hörner, Joost Bottema und Kenneth Frampton. 2018, AP, 176 S. mit vielen Abb. *

Brunotte, Ulrike
Zwischen Eros und Krieg
Männerbund und Ritual in der Moderne
2004, KKB 70, 171 S. *

Buch, Hans Christoph
– **Aus der neuen Welt**
Nachrichten und Gesch.
1975, Q 77, 96 S. *

– **Die Scheidung von San Domingo**
Wie die Negersklaven von Haiti Robespierre beim Wort nahmen
OA 1976, WAT 20, 192 S. *

– **Tatanka Yotanka oder Was geschah wirklich in Wounded Knee?**
OA 1979, WAT 55, 160 S. *

– **Haiti**
Nachruf auf einen gescheiterten Staat
2010, WAT 648, 192 S.

Buchstäblich. Wagenbach
50 Jahre: Der unabhängige Verlag für wilde Leser
Hrsg. Klaus Wagenbach und Susanne Schüssler. 2014, AP, 224 S. *

Buddensieg, Tilmann
– **Berliner Labyrinth**
Preußische Raster
1993, KKB 43, 144 S. mit Abb. *

– **Berliner Labyrinth, neu besichtigt**
Von Schinkels Unter den Linden bis Fosters Reichstagskuppel
1999, WAT 345, 224 S. mit vielen Abb. *

– **Nietzsches Italien**
Städte, Gärten und Paläste
2002, AP, 256 S. mit zahlr. Abb.

Buenos Aires
Eine literarische Einladung
Hrsg. Timo Berger. 2019, SALTO 245, 144 S.

Bufalino, Gesualdo
Museum der Schatten
Geschichten und Bilder aus
dem alten Sizilien
A. d. Ital. Maja Pflug. 1982,
WAT 93, 128 S. *. NA 1992,
S*V*LTO 33, 96 S.

Buñuel, Luis
– **Die Erotik und andere**
Gespenster. *Nicht abreißen-*
de Gespräche mit Max Aub
A. d. Span. Barbara Böhme.
OA 1986, WAT 132, 208 S.
mit Photos. *. NA 1992,
WAT 203 *. NA 2003,
WAT 459, 192 S. mit neuen
Photos
– **Die Flecken der Giraffe**
Ein- und Überfälle
Nachw. Carlos Rincón. A.
d. Span. Fritz Rudolf Fries
und Gerda Schattenberg-
Rincón. 1991, Qb, 224 S.
mit Abb. *
– ›**Wenn es einen Gott gibt,**
soll mich auf der Stelle der
Blitz treffen‹
Nachw. Carlos Rincón. A.
d. Span. Gerda Schatten-
berg und Fritz Rudolf Fries.
1994, S*V*LTO 47, 112 S. mit
vielen Abb.*
– **Objekte der Begierde**
Hrsg. und mit Vorw.
Heinrich von Berenberg.
Mit einer Filmographie.
OA 2000, WAT 360, 192 S.
mit vielen Photos. *

Burke, Peter
– **Die Renaissance in Italien**
Sozialgeschichte einer Kultur
zwischen Tradition und
Erfindung
A. d. Engl. Reinhard Kaiser.
1984, AP, 336 S. mit Abb.
und Bildtafeln. *. NA 1992,
AP *
– **Städtische Kultur in**
Italien zwischen Hoch-
renaissance und Barock
A. d. Engl. Wolfgang
Kaiser. 1986, AP, 224 S. mit
vielen Abb. *

– **Vico.** *Philosoph, Historiker,*
Denker einer neuen
Wissenschaft
A. d. Engl. Wolfgang Heuss.
1987, AP, 120 S. *. NA 2001,
WAT 399, 120 S. *
– **Küchenlatein.** *Sprache*
und Umgangssprache in der
frühen Neuzeit
A. d. Engl. Robin Cackett.
1989, KKB 14, 88 S. *
– **Die Renaissance**
A. d. Engl. Robin Cackett.
1990, S*V*LTO 21, 112 S. mit
vielen Abb. *. NA 2019,
S*V*LTO 248, 128 S. mit
vielen Abb.
– **Die Geschichte der ›An-**
nales‹. *Die Entstehung der*
neuen Geschichtsschreibung
A. d. Engl. Matthias
Fienbork. 1991, AP, 144 S.
*. Aktualisierte NA 2004,
WAT 503, 192 S.
– **Ludwig XIV.** *Die Inszenie-*
rung des Sonnenkönigs
A. d. Engl. Matthias
Fienbork. 1993, AP, 280 S.
*. NA 2001, WAT 412, mit
88 Abb. *. NA 2005
– **Reden und Schweigen.**
Zur Geschichte sprachlicher
Identität
A. d. Engl. Bruni Röhm.
1994, KKB 46, 95 S. *
– **Die Geschicke des ›Hof-**
mann‹. *Zur Wirkung eines*
Renaissance-Breviers über
angemessenes Verhalten
A. d. Engl. Ebba D. Drols-
hagen. 1996, AP, 220 S. mit
8 Bildtafeln *
– **Eleganz und Haltung**
Die Vielfalt der Kultur-
geschichte
A. d. Engl. Matthias Wolf.
1998, AP, 288 S.
– **Papier und Marktgeschrei**
Die Geburt der Wissens-
gesellschaft
A. d. Engl. Matthias Wolf.
2001, AP, 320 S. *. NA
2014, AP, Sonderausgabe,
256 S.

– **Augenzeugenschaft**
Bilder als historische Quellen
A. d. Engl. Matthias Wolf.
2003, AP, 256 S. mit über
90 Abb. *. NA 2010, WAT
631, 256 S.
– **Wörter machen Leute**
Gesellschaft und Sprachen im
Europa der frühen Neuzeit
A. d. Engl. Matthias Wolf.
2006, AP, 280 S.
– **Die Explosion des Wissens**
Von der Encyclopédie bis
Wikipedia
A. d. Engl. Matthias Wolf,
u. Mitarb. v. Sebastian
Wohlfeil. 2014, AP, 392 S.
– **Giganten der Gelehrsam-**
keit. *Die Geschichte der*
Universalgenies
A. d. Engl. Matthias Wolf,
u. Mitarb. v. Ursula Wulfe-
kamp. 2021, AP, 320 S. mit
vielen Abb.
– **Tumult und Spiele.** *Thea-*
ter, Calcio und Karneval im
Italien der Renaissance
A. d. Engl. Matthias Wolf.
2023, KKB 94, 160 S.
2023, eb

Burkert, Walter
Wilder Ursprung. *Opfer-*
ritual und Mythos bei den
Griechen
Vorw. Glenn W. Most.
1990, KKB 22, 96 S. *

Burnheim, John
Über Demokratie. *Alterna-*
tiven zum Parlamentarismus
Vorw. Thomas Schmid. A.
d. Engl. Robin Cackett. OA
1987, WAT 142, 192 S. *

Burnier, Andreas
Knabenzeit
A. d. Niederl. Waltraud
Hüsmert. 2016, WAT 759,
112 S. *

Buzzati, Dino
Aus Richtung der unsicht-
baren Urwälder
Erzz. Zus. und Nachbemer-
kung Klaus Wagenbach.
2011, S*V*LTO 179, 144 S. *

C

Caba Rall, Marina
Esperanza
Roman. 2016, Qb, 224 S.
2016, eb

Calvino, Italo
– **Der verzauberte Garten**
Die schönsten Erzz. Ausw.
Klaus Wagenbach. 1998,
SVLTO 79, 128 S. *
– **Das Schloß, darin sich**
Schicksale kreuzen
Erz. A. d. Ital. Heinz Riedt.
2000, WAT 378, 144 S. *
– **Herr Palomar**
A. d. Ital. Burkhart
Kroeber. 2007, WAT 560,
160 S. *

Camilleri, Andrea
– **Der unschickliche Antrag**
Roman. A. d. Ital. Moshe
Kahn. 1999, Qb, 280 S. *
NA 2004, Akt, 256 S. *. NA
2007, WAT 561, 240 S. *.
NA 2020, WAT 831, 240 S.
2014, eb
– **Die Mühlen des Herrn**
Roman. A. d. Ital. Moshe
Kahn. 2000, Qb, 224 S.
* NA 2001, Akt, 224 S. *.
NA 2012, WAT 683, 240
S. *. NA 2020, WAT 822.
2013, eb
– **Fliegenspiel**
Sizilianische Geschichten.
A. d. Ital. Moshe Kahn.
2000, *SVLTO* 91, 96 S. *
– **Fliegenspiel**
Gelesen von Udo Samel.
2003, LO, CD, Laufzeit 79
Min. *
– **Der vertauschte Sohn**
A. d. Ital. Moshe Kahn.
2001, Qb, 304 S. *. 2021,
WAT 836, 256 S. 2015, eb
– **Die Ermittlungen des**
Commissario Collura
A. d. Ital. Moshe Kahn. Dt.
EA 2003, WAT 476, 96 S.
*. 2014, eb

– **Italienische Verhältnisse**
A. d. Ital. Friederike Haus-
mann und Moshe Kahn.
Hrsg. Klaus Wagenbach.
OA 2005, WAT 524, 144 S.
– **Der Hirtenkönig**
Die schönsten Geschichten
aus Sizilien
Zus. Klaus Wagenbach.
2007, *SVLTO* 146, 96 S. *
– **Was ist ein Italiener?**
A. d. Ital. und Komm. Peter
Kammerer. Dt. EA 2010,
WAT 630, 80 S.
– **Der geraubte Himmel**
A. d. Ital. Christiane
von Bechtolsheim. 2011,
SVLTO 172, 120 S.
– **König Zosimo**
Roman. A. d. Ital. Moshe
Kahn. 2003, Qb, 368 S. *.
2014, eb

Caminito, Giulia
– **Ein Tag wird kommen**
Roman. A. d. Ital. Barbara
Kleiner. 2020, Qb, 272
S. *. NA 2022, WAT 852.
2020, eb
– **Das Wasser des Sees ist**
niemals süß
Roman. A. d. Ital. Barbara
Kleiner. 2022, Qb, 320 S.
2022, eb

Cannadine, David
Die Erfindung der
britischen Monarchie
1820–1994
A. d. Engl. Matthias Fienbork. 1994, KKB 47, 80 S.
mit Abb. *

Caparrós, Martín
Väterland
Roman. A. d. argenti-
nischen Span. Carsten
Regling. 2020, Qb, 288 S.
2020, eb

Carlo, Antonio
Politische und ökonomi-
sche Struktur der UdSSR
(1917–1975)
A. d. Ital. Burkhart Kroeber. 1972, R 36, 152 S. *

Carocci, Giampiero
Kurze Geschichte des
amerikanischen Bürger-
kriegs
A. d. Ital. Friederike Hausmann. OA 1997, WAT 281,
160 S. mit vielen Abb. *

Carrère, Emmanuel
Der Schnurrbart
Roman. A. d. Franz. Geor-
ges Hausemer. 1997, WAT
289, 160 S. *

Casanovas Venedig
Ein Reiselesebuch
Hrsg. Lothar Müller. 1998,
SVLTO 71, 128 S. mit Abb.

Castelnuovo, Enrico
Das künstlerische Portrait
in der Gesellschaft. *Das*
Bildnis und seine Geschichte
in Italien von 1300 bis heute
A. d. Ital. Martina Kemp-
ter. 1988, KKB 11, 128 S. *

Castiglione, Baldassare
Der Hofmann
Lebensart in der Renaissance
A. d. Ital. Albert Wesselski.
Vorw. Andreas Beyer. OA
1996, WAT 264, 144 S. mit
Abb. *. NA 2023, WAT 357

Castoriadis, Cornelius
Sozialismus oder Barbarei
Analysen und Aufrufe
zur kulturrevolutionären
Veränderung
A. d. Franz. Jürgen Hoch.
1980, P 86, 180 S. *

Cavazzoni, Ermanno
Kurze Lebensläufe der
Idioten. *Kalendergeschichten*
A. d. Ital. Marianne Schnei-
der. 1994, Q 188, 128 S. *.
NA 1996, Akt *. NA 1998,
WAT 314, 128 S. *. NA
2005, WAT 527, 144 S.
– **Kurze Lebensläufe der**
Idioten
Gelesen von Sophie Rois
und Alexander Scheer.
2005, LO, CD, Laufzeit 79
Min. *

– **Gesang der Mondköpfe**
Roman. A. d. Ital. Marianne Schneider. 1996, Qb,
300 S. *
– **Die nutzlosen Schriftsteller**
A. d. Ital. Marianne Schneider. 2003, Qb, 192 S. *
– **Das kleine Buch der Riesen**
A. d. Ital. Marianne
Schneider. 2010,
SVLTO 173, 144 S. *
– **Idioten!** *Kurze Lebensläufe*
A. d. Ital. Marianne
Schneider. 2019, Qb,
DaCapo, 80 S.

Cela, Camilo José
Neunter und letzter
Wermut
28 Geschichten aus dem
spanischen Leben
A. d. Span. Gisbert Haefs.
1990, *SVLTO* 18, 96 S. *

Celati, Gianni
– **Erzähler der Ebenen**
30 Geschichten. A. d. Ital.
Marianne Schneider. 1986,
Q 143, 144 S. *. NA 1997,
SVLTO 70, 144 S. *
– **Der wahre Schein**
4 lange Geschichten. A. d.
Ital. Marianne Schneider.
1988, Q 162, 160 S.*
– **Cinema Naturale**
A. d. Ital. Marianne Schneider. 2001, Qb, 240 S.
– **Fata Morgana**
Roman. A. d. Ital.
Marianne Schneider. 2006,
Qb, 224 S. *
– **Was für ein Leben!**
Episoden aus dem Alltag der
Italiener
Erzz. Zus. des Autors. A. d.
Ital. Marianne Schneider.
2008, Qb, 176 S. 2020, eb
– **Die wilden Reisen des**
Otero Aloysio
Roman. A. d. Ital. und
Nachw. Marianne Schneider. 2013, Qb, 224 S. *

Celestini, Ascanio
Schwarzes Schaf
Nachruf auf die elektrische
Irrenanstalt
Roman. A. d. Ital. Esther
Hansen. 2011, Qb, 128 S. *.
2020, eb

Cepl, Philipp/Cepl-Kaufmann, Gertrude
Der einzige senkrechte
Ort der Welt
Die Künstlerkolonie Positano
OA 2021, WAT 841, 208
S. mit sehr vielen, teils
farbigen Abb.

Cercas, Javier
Der Mieter
Roman. A. d. Span.
Willi Zurbrüggen. 2003,
SVLTO 118, 112 S. *

Césaire, Aimé
– **Im Kongo**
Ein Stück über Patrice
Lumumba
Mit einem Essay von Jean-Paul Sartre. A. d. Franz.
Monika Kind. 1966, Q 15,
84 S. *
– **Über den Kolonialismus**
A. d. Franz. Monika Kind.
1968, R 3, 80 S. *
– **Ein Sturm**
Stück für ein schwarzes
Theater
A. d. Franz. Monika Kind.
1970, Q 43, 72 S. *

Chacel, Rosa
Leticia Valle – Memoiren
einer Elfjährigen
Roman. A. d. Span. Maralde Meyer-Minnemann.
Nachw. Peter Kultzen.
2022, Oh, 192 S. 2022, eb

Chartier, Roger
Die unvollendete
Vergangenheit
Geschichte und die Macht
der Weltauslegung
A. d. Franz. Ulrich Raulff.
1989, AP, 166 S. *

Chastel, André
Die Groteske. *Streifzug*
durch eine zügellose Malerei
A. d. Franz. Horst Günther.
1997, KKB 57, 104 S. mit
71 Abb. *

Chaudière, Frédéric
Geschichte einer
Stradivari
A. d. Franz. Sonja Finck.
2007, *SVLTO* 147, 144 S.

Chesneaux, Jean
Weißer Lotus, rote Bärte.
Geheimgesellschaften in
China. *Zur Vorgeschichte*
der Revolution
A.d. Franz. Walle Bengs
und Uli Laukat. Dt. EA
1976, WAT 15, 192 S. *

Chesterton, G. K.
Der Mann, der
Donnerstag war
Roman. A. d. Engl.
Heinrich Lautensack. 2002,
WAT 455, 192 S. *

Chirbes, Rafael
Mimoun
Roman. A. d. Span. Elke
Wehr. 1990, Q 174, 96 S. *.
NA 1998, WAT 337. *

Chotjewitz, Peter O./Jaco,
Aldo de
Die Briganten
Aus dem Leben süditalieni-
scher Rebellen
Dt. EA 1976, WAT 19,
192 S. *

Christ, Karl
Geschichte und Existenz
1991, KKB 34, 96 S. *

Ciaula, Tommaso di
– **Der Fabrikaffe und die**
Bäume
Wut, Erinnerungen und
Träume eines apulischen
Bauern, der unter die
Arbeiter fiel
A. d. Ital. Wolfgang S.
Bauer. Dt. EA 1979, WAT
51, 160 S. *

– **Das Bittere und das Süße**
*Über die Liebe, das
Scherenschleifen und andere
vergessene Berufe*
A. d. Ital. Werner Raith.
OA 1982, WAT 86, 128 S. *

Cipolla, Carlo M.
– **Geld-Abenteuer.** *Extra
vagante Geschichten aus dem
europäischen Wirtschaftsleben*
A. d. Ital. Friederike Hausmann. 1995, S𝐹LTO 51,
96 S.
– **Gezählte Zeit.** *Wie die
mechanische Uhr das Leben
veränderte*
A. d. Ital. Friederike Hausmann. 1997, AP, 128 S. mit
52 Abb. *. NA 1999, WAT
343 *. NA 2011, WAT 665,
144 S. *
– **Die Odyssee des spanischen Silbers.** *Conquista-
dores, Piraten, Kaufleute*
A. d. Ital. Friederike Hausmann. 1998, AP, 128 S. mit
zahlr. Abb. *
– **Segel und Kanonen**
*Die europäische Expansion
zur See*
A. d. Ital. Friederike Hausmann. 1999, AP, 192 S. mit
vielen Abb. *
– **Allegro ma non troppo**
*Die Rolle der Gewürze und
die Prinzipien der menschlichen Dummheit*
A. d. Ital. Moshe Kahn.
2001, S𝐹LTO 98, 96 S.
mit vielen Abb.

Clair, Jean
Giacomettis Nase
A. d. Franz. Hans Thill.
1998, AP, 96 S. mit zahlr.,
meist farbigen Abb. *

**Cohn-Bendit, Dany/Mohr,
Reinhard**
**1968: Die letzte Revolu-
tion, die noch nichts vom
Ozonloch wusste**
OA 1988, WAT 161, 184 S.
mit Abb. *

Collis, Louise
**Leben und Pilgerfahrten
der Margery Kempe**
*Erinnerungen einer exzentri-
schen Lady*
A. d. Engl. Ebba D. Drolshagen. Dt. EA 1986, WAT
139, 192 S. *

Condivi, Ascanio
**Das Leben des Michel-
angelo Buonarroti**
A. d. Ital. und Komm.
Ingeborg Walter. Vorw.
Horst Bredekamp. 2018,
S𝐹LTO 235, 152 S. mit
vielen Abb.

Conti, Alessandro
Der Weg des Künstlers
*Vom Handwerker zum
Virtuosen*
A. d. Ital. H.-G. Held.
1998, WAT 328, 192 S. mit
vielen Abb.

Cool Britannia
*Junge Literatur aus
Großbritannien*
Hrsg. und mit Vorw. A. L.
Kennedy. OA 2006, WAT
533, 160 S. *

Corbin, Alain
– **Pesthauch und Blütenduft**
Eine Geschichte des Geruchs
A. d. Franz. Grete Oster-
wald. 1984, AP, 376 S. mit
45 Abb. *. NA 1996, AP *.
NA 2005, AP *
– **Meereslust**
*Das Abendland und die
Entdeckung der Küste*
A. d. Franz. Grete Oster-
wald. 1990, AP, 416 S. mit
vielen Abb. *

Cornia, Ugo
**Geschichten von meiner
Tante (und anderen
Verwandten)**
A. d. Ital. Marianne Schnei-
der. Dt. EA 2009, WAT
618, 144 S. *

Covacich, Mauro
Triest verkehrt
*Fünfzehn Spaziergänge in
der Stadt des Windes*
A. d. Ital. Esther Hansen.
Dt. EA 2012, WAT 696,
144 S. 2012, eb

Cozarinsky, Edgardo
– **Die Braut aus Odessa**
Erzz. A. d. argentinischen
Span. Sabine Giersberg.
2005, Qb, 160 S.
– **Man nennt mich flatter-
haft und was weiß ich…**
Roman. A. d. argenti-
nischen Span. Sabine
Giersberg. 2007, Qb, 128
S. NA 2010, WAT 637,
144 S. *
– **Bambi am Broadway**
A. d. argentinischen
Span. Timo Berger. 2009,
S𝐹LTO 159, 96 S. *

Crary, Jonathan
– **24/7**
*Schlaflos im Spätkapita-
lismus*
A. d. Engl. Thomas Laug-
stien. 2014, P, 112 S. *.
NA 2021, WAT 835, 144 S.
2014, eb
– **180°**
Zu spät für den Kapitalismus
A. d. Engl. Max Henninger.
2023, P, 144 S. 2023, eb

**Croissant, Claus/
Groenewold, Kurt/Preuß,
Ulrich K./Schily, Otto/
Stroebele, Christian**
**Politische Prozesse ohne
Verteidigung?**
Hrsg. Wolfgang Dreen,
Vorw. Gerhard Manz. 1976,
P 62, 112 S. *

Culicchia, Giuseppe
Turin ist unser Haus
*Reise durch die zwanzig
Zimmer der Stadt*
A. d. Ital. Julika Brande-
stini. Dt. EA 2020, WAT
823, 240 S. 2020, eb

Cutrufelli, Maria Rosa
Die verdächtige Komplizin
Roman. A. d. Ital. Dorette
Deutsch. 2008, WAT 588,
176 S. *

Czechowski, Heinz
Mein Venedig
Ged. und andere Prosa.
1989, Q 169, 96 S. *

D

Daeninckx, Didier
Reise eines Menschenfressers nach Paris
Nachw. über Neukaledonien, Kafka und Kanaken
von Klaus Wagenbach. A.
d. Franz. Barbara Heber-
Schärer. 2001, *SVLTO* 101,
144 S. mit Abb. *

Darnton, Robert
Glänzende Geschäfte
*Die Verbreitung von Diderots
Encyclopédie oder: Wie
verkauft man Wissen mit
Gewinn?*
A. d. Engl. und Franz.
Horst Günther. 1993, AP,
368 S. mit vielen Abb. *

Darrieussecq, Marie
Schweinerei
Roman. A. d. Franz. Frank
Heibert. 2017, WAT 774,
160 S. *

Davis, David Brion
**Freiheit – Gleichheit –
Befreiung**
*Die Vereinigten Staaten und
die Idee der Revolution*
A. d. Engl. Albrecht
Thiemann. 1993, KKB 39,
128 S. *

Davis, Natalie Zemon
– **Frauen und Gesellschaft
am Beginn der Neuzeit**
Studien über Familie, Religion und die Wandlungsfähigkeit des sozialen Körpers
A. d. Amerik. Wolfgang
Kaiser. 1986, AP, 176 S. *

– **Der Kopf in der Schlinge**
*Gnadengesuche und ihre
Erzähler*
A. d. Amerik. Wolfgang
Kaiser. 1988, AP, 176 S. mit
vielen Abb. *

– **Drei Frauenleben**
*Glikl. Marie de
l'Incarnation. Maria Sibylla
Merian*
A. d. Amerik. Wolfgang
Kaiser. 1996, AP, 396 S. mit
Abb. *

– **Lebensgänge.** *Glikl. Zwi
Hirsch. Leone Modena. Martin Guerre. Ad me ipsum*
A. d. Amerik. Wolfgang
Kaiser. 1998, KKB 61, 128
S. *

– **Metamorphosen**
*Das Leben der Maria Sibylla
Merian*
A. d. Amerik. Wolfgang
Kaiser. 2003, WAT 484, 192
S. mit Abb. *. NA 2016,
WAT 766, 192 S. mit vielen
Abb.

– **Mit Gott rechten**
*Das Leben der Glikl bas
Judah Leib, genannt Glückel
von Hameln*
A. d. Amerik. Wolfgang
Kaiser. 2003. WAT 485, 176
S. mit Abb. *

– **Die wahrhaftige Geschichte von der Wiederkehr des
Martin Guerre**
A. d. Franz. Ute und Wolf
Heinrich Leube. 2004,
WAT 498, 224 S. mit vielen
Abb. *

– **Leo Africanus**
*Ein Reisender zwischen
Orient und Okzident*
A. d. Amerik. Gennaro
Ghirardelli. 2008, AP,
400 S.

Dean, Jodi
Genossen!
A. d. Engl. Andreas G.
Förster. 2020, ▐, 176 S.
2020, eb

Deck, Julia
– **Viviane Èlisabeth Fauville**
Roman. A. d. Franz. Anne
Weber. 2013, Qb, 144 S.
*. NA 2016, WAT 753.
2013, eb

– **Winterdreieck**
Roman. A. d. Franz. Antje
Peter. 2016, Qb, 144 S.
2016, eb

– **Privateigentum**
Roman. A. d. Franz. Antje
Peter. 2020, *SVLTO* 257,
144 S.

– **Nationaldenkmal**
Roman. A. d. Franz.
Sina de Malafosse. 2022,
SVLTO 272, 168 S.

Deichsel, Wolfgang
– **Frankenstein**
*Aus dem Leben der
Angestellten*
1972, Q 57, 72 S. *

– **Zappzarapp.** *Die Panik der
Clowns hinterm Vorhang*
1984, Q 126, 80 S. *

**Dekker, Rudolf/Pol,
Lotte van de**
Frauen in Männerkleidern
*Weibliche Transvestiten und
ihre Geschichte*
A. d. Niederl. Maria T.
Leuker, Vorw. P. Burke.
1990, AP, 144 S. mit vielen
Abb. *. NA 2012, WAT
678, 240 S. *

Del Bosco, Paquito
'O sole mio
*Die Geschichte des
berühmtesten Lieds der Welt*
A. d. Ital. Dieter Richter.
Nachw. Hans Werner
Henze. 2008, *SVLTO* 150,
144 S. *

Delibes, Miguel
– **Frau in Rot auf grauem
Grund**
Roman. A. d. Span.
Michael Hofmann. 1995,
Qb, 112 S. *. NA 2020,
SVLTO 256, 144 S.

– **Tagebuch eines alten Kängurus**
Roman. A. d. Span. Michael Hofmann. 1996, Qb, 140 S. *

– **Fünf Stunden mit Mario**
Roman. A. d. Span. Fritz Rudolf Fries. 1997, WAT 284, 280 S. *

– **Der Verrückte**
Roman. A. d. Span. Fritz Rudolf Fries. 1999, SVLTO 80, 96 S. *

Delius, F. C.
– **Kerbholz**
Ged. 1965, Q 7, 72 S. *

– **Wir Unternehmer. Über Arbeitgeber, Pinscher und das Volksganze**
Eine Dokumentar-Polemik anhand des CDU/CSU-Wirtschaftstages 1965 in Düsseldorf
1966, Q 13, 96 S. *

– **Wenn wir, bei Rot**
Achtunddreißig Gedichte
Collagen von A.D. Gorella. 1969, Q 37, 72 S. *

– **Unsere Siemens-Welt**
Eine Festschrift zum 125jährigen Bestehen des Hauses S.
1972, Q 59, 108 S. *

Desbordes, Michele
– **Die Bitte**
Roman. A. d. Franz. Barbara Heber-Schärer. 2000, Qb, 128 S. NA 2001, Akt, 128 S. *. NA 2012, SVLTO 190, 120 S.

– **Das Gebot**
Roman. A. d. Franz. Barbara Heber-Schärer. 2002, Qb, 160 S. *

Desiati, Mario
Zementfasern
Roman. A. d. Ital. Annette Kopetzki. 2012, Qb, 288 S. * 2012, eb

Deutsch für Deutsche. *Ein Sprachkurs für Zeitgenossen*
Hrsg. Ludwig Harig und Michael Krüger. 1975, QP 14, 30 cm, 33 UpM. *

Deutsche Demokratische Reise
Hrsg. Heinrich von Berenberg und Klaus Wagenbach. 1989, Q 171, 192 S. *

Deutsche Orte
Hrsg. Klaus Wagenbach. 1991, SVLTO 23, 96 S. *

Deutscher, Isaac
Der nichtjüdische Jude
Essays
Hrsg. und mit Vorw. Tamara Deutscher. A. d. Engl. Eike Geisel und Mario Offenberg. 2023, WAT 863, 208 S. *

Dick, Oliver Lawson
Das Leben: ein Versuch
John Aubrey und sein Jahrhundert
A. d. Engl. Robin Cackett. 1988, AP, 192 S. *

Dimitrova, Albena
Wiedersehen in Paris
Roman. A. d. Franz. Nicola Denis. 2016, Qb, 192 S. *. 2016, eb

Dischner, Gisela
– **Bettina von Arnim.** *Eine weibliche Sozialbiographie aus dem 19. Jahrhundert*
OA 1977, WAT 30, 192 S. *

– **Caroline und der Jenaer Kreis.** *Ein Leben zwischen bürgerlicher Vereinzelung und romantischer Geselligkeit*
OA 1979, WAT 61, 208 S. *

Dobner, Petra
– **Bald Phoenix, bald Asche – Ambivalenzen des Staates**
2009, ❡, 96 S.

– **Quer zum Strom.** *Eine Streitschrift über das Wasser*
2013, ❡, 96 S. 2013, eb

Dohmen, Caspar
Lieferketten
Risiken globaler Arbeitsteilung für Mensch und Natur
2021, ❡, 176 S.

Dombrowski, Damian
Botticelli. *Ein Florentiner Maler über Gott, die Welt und sich selbst*
2010, SVLTO 171, 144 S.

Don Giovanni und der Teufel. *Märchen aus Sizilien*
Nach dem Volksmund, gesammelt von Laura Gonzenbach, Ausw. Laurenz Bolliger. 2003, SVLTO 116, 144 S.

Doolittle, Hilda
HERmione
Roman. Vorw. Kyra Stromberg. A. d. Amerik. Anja Lazarowicz. 1998, WAT 312, 304 S. *

d'Ors, Pablo
Die Wanderjahre des August Zollinger
Roman. A. d. Span. Enno Petermann. 2015, SVLTO 209, 144 S. *

Dreckige Laken. *Die Kehrseite der ›Grand Tour‹*
Hrsg. Joseph Imorde und Erik Wegerhoff. OA 2012, WAT 680, 208 S. mit Abb.

Dreier, Thomas
Copyright. *Urheberrecht versus Netzkultur*
2022, DBK, 80 S. mit vielen Abb. 2022, eb

Dresden. *Eine literarische Einladung*
Hrsg. und Nachw. Detlev Schöttker. 2006, SVLTO 140, 144 S.

Driessen, Martin Michael
An den Flüssen
Erzz. A. d. Niederl. Gerd Busse. 2019, SVLTO 246, 144 S.

Duby, Georges
– **Wirklichkeit und höfi-
scher Traum.** *Zur Kultur
des Mittelalters*
A. d. Franz. Grete Oster-
wald. 1986, AP, 176 S. *
– **Der Sonntag von
Bouvines**
*Der Tag, an dem Frankreich
entstand*
A. d. Franz. Grete Oster-
wald. 1988, AP, 208 S. mit
Abb. *. NA 2002, AP, 208
S. mit Abb. *
– **Die Frau ohne Stimme**
Liebe und Ehe im Mittelalter
A. d. Franz. Gabriele Riche
und Ronald Voullié. 1989,
KKB 13, 96 S. *. NA 2000,
WAT 393, 96 S. *
– **Kunst und Gesellschaft im
Mittelalter**
A. d. Franz. Horst Günther.
1998, *SVLTO* 77, 144 S. mit
vielen Abb. *. NA 2019,
WAT 820, 144 S.

**Duby, Georges/Duby,
Andrée**
**Die Prozesse der Jeanne
d'Arc**
A. d. Franz. Eva Molden-
hauer Dt. EA 1985, WAT
129, 192 S. *. NA 1999,
WAT 350 *

Duclert, Vincent
Die Dreyfus-Affäre
*Militärwahn, Republikfeind-
schaft, Judenhaß*
A. d. Franz. Ulla Biesen-
kamp. Dt. EA 1994, WAT
239, 160 S. *

Duras, Marguerite
– **Die Pferdchen von
Tarquinia**
Roman. A. d. Franz. Walter
M. Guggenheimer. 2002,
WAT 434, 208 S. *
– **Der Schmerz**
Roman. A. d. Franz. Eugen
Helmlé. 2015, WAT 746,
208 S.

Dürrenmatt, Friedrich
**Wiederholte Versuche, die
Welt auszumisten**
Theater, Erzählung, Kritik
Hrsg. Winfried Stephan
und Klaus Wagenbach. OA
1988, WAT 160, 240 S. *

Dutschke, Rudi
– **Versuch, Lenin auf die
Füße zu stellen**
*Über den halbasiatischen
und den westeuropäischen
Weg zum Sozialismus.
Lenin, Lukács und die Dritte
Internationale*
1974, P 53, 352 S. *. NA
1984, AP *
– **Geschichte ist machbar**
*Texte über das herrschende
Falsche und die Radikalität
des Friedens*
Hrsg. Jürgen Miermeister.
OA 1980, WAT 74, 192
S. *. NA 1991, WAT 198
*. NA 2018, ▐ , 128 S. mit
zahlreichen Abb. *

Duval, Elizabeth
Nach Trans
Sex, Gender und die Linke
A. d. Span. Luisa Donner-
berg. 2023, KKB 95, 224 S.
2023, eb

Dyck, Joachim
**Minna von Barnhelm
oder: die Kosten des
Glücks**
*Komödie von Gotthold
Ephraim Lessing*
Dossier von Joachim Dyck.
OA 1981, WAT 72, 228 S. *

E

**Eberle, Eugen/Fichter,
Tilman**
Kampf um Bosch
1974, P 50, 192 S. *

Eco, Umberto
Mein verrücktes Italien
A. d. Ital. Burkhart Kroeber. OA 2000, WAT 370,
128 S.

Edwards, Jorge
– **Der Ursprung der Welt**
Roman. A. d. chilenischen
Span. Sabine Giersberg.
2005, Qb, 176 S. *
– **Persona non grata**
Nachw. des Autors. A. d.
chilenischen Span. Sabine
Giersberg und Angelica
Ammar. 2006, Qb, 288 S. *
– **Faustino**
Roman. A. d. chilenischen
Span. Sabine Giersberg.
2008, Qb, 192 S. *

Eichengreen, Barry
– **Vom Goldstandard zum
Euro**
*Die Geschichte des inter-
nationalen Währungssystems*
A. d. Amerik. Udo Rennert
und Wolfgang Riehl. 2000,
AP, 256 S. *

Der eiserne Besen
*Eine Innenansicht des heuti-
gen England*
Hrsg. Heinrich von Beren-
berg. OA 1989, WAT 165,
160 S. *

El Hachmi, Najat
Der letzte Patriarch
Roman. A. d. Katalani-
schen Isabel Müller. 2011,
Qb, 352 S.

Elliott, John H.
**Die Neue in der Alten
Welt.** *Folgen einer Erobe-
rung 1492–1650*
A. d. Engl. Christa Schuen-
ke. 1992, KKB 36, 112 S. *

Das Ende der starren Zeit
*Vorschläge zur flexiblen
Arbeitszeit*
Hrsg. Thomas Schmid. OA
1985, WAT 120, 160 S. *

Endler, Adolf
Nackt mit Brille
Ged. 1975, Q 74, 60 S. *

Enquist, Anna
Die Eisträger
Roman. A. d. Niederl.
Hanni Ehlers. 2016, WAT
758, 144 S. *

Entstaatlichung
Neue Perspektiven auf das Gemeinwesen
Hrsg. Thomas Schmid. OA 1988, WAT 157, 144 S. *

Epstein, Joseph
Neid. *Die böseste Todsünde*
Dt. EA 2010, WAT 650, 128 S.

Erb, Elke
Einer schreit: Nicht!
Gesch. und Ged. 1976, Q 81, 80 S. *

Erler, Gisela Anna
Frauenzimmer
Für eine Politik des Unterschieds
OA 1985, WAT 118, 192 S. *

Ernst, Gustav
Am Kehlkopf
Vier Gesch. und ein Stück. 1974, Q 64, 84 S. *

F

Fachinelli, Elvio
Der stehende Pfeil
3 Versuche, die Zeit aufzuheben
A. d. Ital. Marianne Schneider. 1981, AP, 144 S. *

Falconnet, Georges/ Lefaucheur, Nadine
Wie ein Mann gemacht wird
A. d. Franz. Ulrike Edschmid und Roline Schmit. 1977, P 70, 128 S. *

Farge, Arlette
Das brüchige Leben
Verführung und Aufruhr im Paris des 18. Jahrhunderts
A. d. Franz. Wolfgang Kaiser. 1989, AP, 336 S. mit vielen Abb. *

Febvre, Lucien
– **Das Gewissen des Historikers**
Hrsg. und a. d. Franz. Ulrich Raulff. 1988, AP, 256 S. *

– **Der neugierige Blick**
Leben in der französischen Renaissance
A. d. Franz. Gabriele Ricke und Ronald Voullié. Vorw. Peter Burke. Dt. EA 1989, WAT 171, 112 S. mit vielen Abb. *. NA 2000, WAT 385, 112 S. *

Federmenschen
Jiddische Erzählungen und Gedichte über Feuervögel, Luftreisen, Unglücksraben und gestürzte Engel
Hrsg. Andrej Jendrusch. 1996, Qb, 240 S. *

Fenoglio, Beppe
– **Das Geschäft mit der Seele**
Erzz. A. d. Ital. Moshe Kahn. 1997, Qb, 128 S. *

– **Eine Privatsache**
Roman. A. d. Ital. Heinz Riedt. Nachw. Francesca Melandri. 2021, Oh, 192 S. 2021, eb

Ferjancic, Nicoló
Polonia
Ein nomadischer, nicht zufälliger Roman
A. d. Ital. Marianne Schneider. 1983, Q 122, 224 S. *

Fernández de Castro, Javier
– **In Erinnerung an einen vorzüglichen Wein**
A. d. Span. Timo Berger. 2011, SVLTO 182, 120 S.

– **Die berauschende Wirkung von Bilsenkraut**
A. d. Span. Timo Berger. 2013, SVLTO 198, 144 S. *

Ferraris, Pino
Die 100 Tage von Reggio
Bericht über einen Aufstand in Süditalien
A. d. Ital. Christel Schenker. 1972, R 35, 112 S. *

Fichter, Tilman/Schmidt, Ute
Der erzwungene Kapitalismus. *Klassenkämpfe in den Westzonen 1945–1946*
1971, R 27, 180 S. *

Fieberreigen. *Phantastische Geschichten aus den Niederlanden*
Hrsg. und mit Vorw. Rein A. Zondergeld. A. d. Niederländischen Holger E. Wiedenstried. 2006, SVLTO 141, 168 S. *

Fintentisch. *Ein Almanach. Geschichten, Bilder und Gedichte aus 20 Jahren*
Mit einer vollständigen Bibliographie aller 1965–1984 erschienenen Bücher. Hrsg. Klaus Wagenbach. 1984, AP, 192 S. *

Fischer, Ludwig
Die Schlacht unter dem Regenbogen. *Frankenhausen, ein Lehrstück aus dem Bauernkrieg: Belege, Berichte und Ansichten*
OA 1975, WAT 13, 192 S. *

Fischer, Peter
Schlaraffenland nimms in die Hand. *Kochbuch für Gesellschaften, Kooperativen, Wohngemeinschaften, Kollektive u. andere Menschenhaufen sowie isolierte Fresser*
OA 1975, WAT 5, 192 S. *. NA 2014 [Faksimile der Urfassung von 1975; UT: *Kochbuch für Gesellschaften, Kooperativen, Dichterkreise und andere Menschenversammlungen*], Vorw. Peter Fischer und Klaus Wagenbach, WAT 724, 208 S. mit vielen Abb.

Fischer-Lescano, Andreas/ Möller, Kolja
Der Kampf um globale soziale Rechte
Zart wäre das Gröbste
2012, **P**, 96 S. 2012, eb

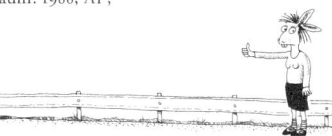

Fixen. Opium fürs Volk
Konsumentenprotokolle
Hrsg. Eckhard Joite. 1972,
R 38, 144 S. *

Flaiano, Ennio
Melampus
Roman. A. d. Ital. Ragni
Maria Gschwend. 2001,
WAT 402, 160 S. * NA
2011, *Allein mit Giorgio.*
Nachw. Ragni Maria Ge-
schwend. WAT 659, 160 S.

Flašar, Milena Michiko
– **Ich nannte ihn Krawatte**
Roman. 2012, Qb, 144 S. *.
NA 2020, WAT 829, 144 S.
2013, eb
– **Herr Katō spielt Familie**
Roman. 2018, Qb, 176 S.
2018, eb
– **Oben Erde, unten**
Himmel
Roman. 2023, Qb, 304 S.
2023, eb

Floh de Cologne
Profitgeier und andere
Vögel
Agitationstexte, Lieder,
Berichte
1971, Q 53, 84 S. *

Florenz
Eine literarische Einladung
Hrsg. Marianne Schneider.
2002, *SVLTO* 104, 128 S.
mit Abb.

Flores d'Arcais, Paolo
– **Die Linke und das**
Individuum
Ein politisches Pamphlet
A. d. Ital. Roland H.
Wiegenstein. 1997, ⸿,
112 S. *
– **Die Demokratie beim**
Wort nehmen
Der Souverän und der
Dissident
A. d. Ital. Friederike
Hausmann. Dt. EA 2004,
WAT 496, 144 S. *

Flores d'Arcais, Paolo/
Ratzinger, Joseph
Gibt es Gott?
A. d. Ital. Friederike
Hausmann. 2006, WAT
531, 112 S. *. Erweiterte NA
2009, *Wahrheit, Glaube,*
Atheismus, ⸿, 144 S. *

Fluchten vor dem Vaterland
Deutsche Geschichten
Hrsg. Bruno Preisendör-
fer. OA 1999, WAT 340,
192 S. *

Fois, Marcello
Schwestern
Die alte Geschichte
A. d. Ital. Esther Hansen.
2015, *SVLTO* 213, 144 S.

Folliet, Luc
Nauru – Die verwüstete
Insel
Wie der Kapitalismus das
reichste Land der Erde
zerstörte
A. d. Franz. Oliver Ilan
Schulz. Dt. EA 2011, WAT
654, 144 S.

Fonseca, Carlos
Austral
Roman. A. d. Span. Sabine
Giersberg. 2024, Qb, 192 S.
2024, eb

Forte, Dieter
Martin Luther & Thomas
Münzer oder Die Einfüh-
rung der Buchhaltung
1971, Q 48, 156 S. *

Fortunato, Mario
– **Die Kunst leichter zu**
werden
Roman. A. d. Ital. Moshe
Kahn. 1997, Qb, 240 S. *
– **Die Entdeckung der Liebe**
und der Bücher
A. d. Ital. Moshe Kahn. Dt.
EA 2001, WAT 395, 128 S. *
– **Die Liebe bleibt**
Roman. A. d. Ital. Moshe
Kahn. 2002, Qb, 196 S. *

Foucault, Michel/Geismar,
Alain/Glucksmann, André
u. a.
Neuer Faschismus, Neue
Demokratie. *Über die*
Legalität des Faschismus im
Rechtsstaat
1972, R 43, 160 S. *

Fourier, Charles
Aus der Neuen Liebeswelt
Vorw. Daniel Guérin. A. d.
Franz. Eva Moldenhauer.
Dt. EA 1977, WAT 32,
208 S. *

Fox, Edward
Der Mann, der zum
Himmel ging
A. d. Engl. Caroline Ein-
häupl. 2006, *SVLTO* 136,
96 S. NA 2007, WAT 578

Frank, André Gunder/Gue-
vara, Ernesto Che/Marini,
Mauro/Vitale, Luis u. a.
Kritik des bürgerlichen
Anti-Imperialismus
Entwicklung der Unterent-
wicklung. Acht Analysen zur
neuen Revolutionstheorie in
Lateinamerika
Hrsg. Bolivar Echeverria u.
Horst Kurnitzky. 1969, R
15, 192 S. *

Französische Liebesge-
schichten
– **Wüst ist auch schön!**
Hrsg. Ludger Jorißen. 1996,
SVLTO 58, 128 S.
– **Französische Liebesge-**
schichten
Gelesen von Mathieu
Carrière. 2004, LO, CD,
Laufzeit 65 Min. *

Französische Weihnachten
Hrsg. Annette Wassermann.
2019, *SVLTO* 247, 144 S.

Frauenhäuser. Gewalt in
der Ehe und was Frauen
dagegen tun
Hrsg. Sarah Haffner. OA
1976, WAT 25, 224 S. *

FREIBEUTER
Vierteljahreszeitschrift für Kultur und Politik

1979
Hrsg. Klaus Wagenbach, Barbara Herzbruch, Thomas Schmid
– 1 Auseinandervereinigung. *Bitte weitergehen!* *
– 2 Frauen in Gesellschaft *
1980
– 3 Lust auf Städte *
– 4 Der aufregende Markt *
– 5 Verführung zum Lernen *
– 6 Landleben – eine Unruhestiftung *
1981
Hrsg. Klaus Wagenbach, Barbara Herzbruch, Thomas Schmid, Barbara Sichtermann und Heinrich von Berenberg
– 7 Überich – ohne mich? *
– 8 Zwanzig Jahre Mauer *
– 9 Angst vor Technik? *
– 10 Ungleichheit, Brüderlichkeit *
1982
– 11 Krisen des Sozialstaats *
– 12 Architektur. *Avantgarde oder Massengeschmack?* *
– 13 Dritte Pfade der ›Dritten Welt‹ *
– 14 Die Oberfläche der Bundesrepublik *
1983
– 15 Das grüne Ei *
– 16 Franz Kafka, nachgestellt *
– 17 Mord und Totschlag *
– 18 Frisch gewendet – halb gewonnen? *
1984
– 19 Arbeitsplätze, an- und abgeschafft *
– 20 Julio Cortázar *
– 21 Geilheit *
– 22 ›Befreites Wohnen‹ *

1985
– 23 Dienstpersonal *
– 24 Vom Kleinschreiben der Geschichte *
– 25 Freibeuterei *
– 26 Junge Leute – rundum positiv *
1986
Hrsg. Klaus Wagenbach, Barbara Herzbruch, Barbara Sichtermann, Heinrich von Berenberg
– 27 Fröhliche Wissenschaft *
– 28 Gewalt-Monopol und Einzelhandel *
– 29 Vaterschaften *
– 30 Vom Schuldenmachen *
1987
– 31 Meinung und Milieu *
– 32 Leistung *
– 33 Satzspiegeleien *
– 34 Vom Hören neuer Töne *
1988
– 35 Kapitalismus auf den zweiten Blick *
– 36 Wie schreibt man Geschichte? *
– 37 Lokomotive Italien *
– 38 Das 19. Jahrhundert im 20. *
1989
– 39 1789 – Eine Exportbilanz *
– 40 Die Sprünge der Natur *
– 41 Zukunft der Bücher – ein internationales Marktgeschrei *
– 42 Pasolini, Freibeuter *
1990
– 43 Neues Deutschland *
– 44 Medien sehen dich an *
– 45 Verfassung und andere Revolutionen *
– 46 Zeit zum Denken *
1991
– 47 Die guten Sitten *
– 48 Frauen und ihr Bild *

– 49 Spanien – abseits von innen *
– 50 Die ungeliebte Moderne *
1992
Hrsg. Klaus Wagenbach, Barbara Sichtermann und Heinrich von Berenberg
– 51 Beseelte Gesellschaft *
– 52 Osteuropa – Eine Entgiftung *
– 53 Der Sozialismus und westliche Lebenslüge *
– 54 Der kranke Mann am Ärmelkanal *
1993
– 55 Kraut, Boches, Moffen, Jekkes *
– 56 Berlin. *Größenwahn und Schrebergarten* *
– 57 Anpassung und Verrat *
– 58 Erotik im Zeitalter der Pornographie *
1994
– 59 Der Wohlfahrtsausschuß tagt *
– 60 Kinder und Umgebung *
– 61 Der deutsche Sonderweg. *Eine Sackgasse* *
– 62 Fiktionen, abgehakt und eingezäunt *
1995
Hrsg. Klaus Wagenbach, Barbara Sichtermann und Heinrich von Berenberg. Red. Bruno Preisendörfer
– 63 8. Mai 1945. *Vom Wegräumen der Geschichte* *
– 64 Rausch *
– 65 Kanon *
– 66 Mut und Ehre? *
1996
– 67 Wie wirtschaften? *
– 68 Linke Lebensläufe *
– 69 Warum Leute zusammenkommen *
– 70 Klatschgeschichten *
1997
– 71 Hunger *
– 72 Versportung *
– 73 Vom Verschwinden *
– 74 Berliner Störungen *

1998
– 75 Wilde Weiber *
– 76 Perversionen *
– 77 Das Ende der Ära
  Kohl. *Eine Schadens-
  aufnahme* *
– 78 Nimmt der Staat ab
  oder zu? *
1999
– 79 Mehrheiten *
– 80 Deutschland *

Freibeuters Lockbuch
  Hrsg. Heinrich von Berenberg, Barbara Sichtermann
  und Klaus Wagenbach.
  1994, Akt, 240 S. *

Frenk, Marina
  **ewig her und gar nicht
  wahr**
  Roman. 2020, Qb, 240 S.
  2020, eb

**Freyheit oder Mordt und
Todt**
  *Revolutionsaufrufe deutscher
  Jakobiner*
  Hrsg. Walter Grab. OA
  1979, WAT 59, 192 S. *

Fried, Catherine
  Über kurz oder lang
  Erinnerungen an Erich Fried
  A. d. Engl. Eike Schönfeld.
  2008, *SVLTO* 158, 144 S.

Fried, Erich
– **und Vietnam und …**
  41 Gedichte mit einer
  Chronik. 1966, Q 14, 72
  S. *. Erweiterte NA 1996,
  WAT 270, 120 S. *. NA
  2018, ▐ 788, 96 S.
– **Anfechtungen**
  Fünfzig Gedichte. 1967,
  Q 22, 84 S. *. NA 2001,
  WAT 421, 80 S.
– **Die Beine der größeren
  Lügen**
  51 Gedichte. 1969, Q 35,
  72 S. *
– **Unter Nebenfeinden**
  Fünfzig Gedichte. 1970,
  Q 44, 72 S. *

– **Die Freiheit, den Mund
  aufzumachen**
  Achtundvierzig Gedichte.
  1972, Q 58, 72 S. *. NA
  2001, WAT 411, 80 S. *
– **Gegengift**
  49 Gedichte und 1 Zyklus.
  1974, Q 65, 84 S. *
– **Fast alles Mögliche.** *Wahre
  Geschichten und gültige
  Lügen*
  1975, Q 75/76, 144 S. *. NA
  2000, WAT 389
– **Die bunten Getüme**
  Siebzig Gedichte. 1977, Q
  90, 80 S. *. NA 2002, WAT
  447, 144 S.
– **100 Gedichte ohne Vater-
  land**
  OA 1978, WAT 44, 128 S. *
– **Liebesgedichte**
  1979, Q 103, 112 S. *. NA
  1995, Akt, 112 S. *. NA 1995,
  Qb, 112 S.
– **Liebesgedichte**
  Gelesen vom Autor. 1998,
  LO, MC/CD, Laufzeit 41
  Min. *
– **Kinder und Narren**
  Erzz. 1981, WAT 83, 160
  S. *. NA 2000, WAT 363,
  192 S.
– **Lebensschatten**
  Gedichte. 1981, Q 111, 112
  S. *. NA 1996, Akt *. NA
  2001, WAT 398, 112 S. *
– **Das Nahe suchen**
  Gedichte. 1982, Q 119, 96 S.
  *. NA 1998, WAT 297 *
– **Das Unmaß aller Dinge**
  Erzählungen. 1982, Q 116,
  96 S. *. NA 1990, WAT
  179, 104 S. *. NA 1998,
  WAT 306, 96 S.
– **Es ist was es ist.** *Liebes-
  gedichte Angstgedichte
  Zorngedichte*
  1983, Q 124, 112 S. *. NA
  1994, Akt *. NA 1996, Qb
– **Beunruhigungen**
  Gedichte. 1984, Q 129, 96
  S. *. NA 1997, WAT 292

– **Verstandsaufnahme**
  61 Gedichte. Gelesen vom
  Autor. 1984, Qp 23 *. NA
  1999, LO, CD/MC, Lauf-
  zeit 52 Min. *
– **Zeitfragen und
  Überlegungen**
  80 Gedichte sowie ein
  Zyklus. 1984, WAT 114,
  120 S. *
– **Um Klarheit**
  Gedichte gegen das Vergessen
  1985, Q 139, 80 S. *. NA
  1996, WAT 269 *. NA 1998,
  WAT 303
– **Mitunter sogar Lachen**
  *Zwischenfälle und
  Erinnerungen*
  1986, Q 150, 158 S. *. NA
  1992, AP, 160 S. *. NA
  2002, Qb *. NA 2010, WAT
  643, 192 S. *
– **Mitunter sogar Lachen**
  Gelesen vom Autor. 1999,
  LO, CD/MC, Laufzeit 65
  Min. *
– **Am Rand unserer Lebens-
  zeit**
  Gedichte. 1987, Q 156, 80
  S. *. NA 1996, WAT 261 *.
  NA 2000, WAT 386
– **Vorübungen für Wunder**
  *Gedichte vom Zorn und von
  der Liebe*
  1987, WAT 143, 128 S. *.
  NA 1995, WAT 250 *. NA
  1999, WAT 356 *. NA 2015,
  SVLTO 211, 120 S.
– **Unverwundenes**
  *Liebe, Trauer, Widersprüche,
  Gedichte*
  1988, Q 163, 80 S. *. NA
  1995, WAT 251 *. NA 2004,
  WAT 494
– **Gründe**
  Gedichte. Ausw. a. d.
  Gesamtwerk. Hrsg. u. mit
  Nachw. Klaus Wagenbach.
  1989, *SVLTO* 12, 160 S.

– **Die Beine der größeren Lügen. Unter Nebenfeinden. Gegengift**
Drei Gedichtsammlungen
1989, Q 83, 168 S. *.
NA 1999, WAT 346

– **Als ich mich nach dir verzehrte**
Gedichte von der Liebe
1990, *SVLTO* 20, 96 S.

– **So kam ich unter die Deutschen**
Veränderte und erweiterte Ausgabe. OA 1990, WAT 183, 128 S. *

– **Einbruch der Wirklichkeit**
Verstreute Gedichte 1927–1988
1991, Q 176, 96 S. *. NA 1996, WAT 262 *. NA 2005, WAT 521

– **Gesammelte Werke**
Gedichte und Prosa. Hrsg. Volker Kaukoreit und Klaus Wagenbach. Mit Register aller Gedichttitel und -anfänge und reich bebilderten Lebensdaten. 1993, AP, 4 Bände im Schuber, 2752 S. *. NA 1998, Broschierte Ausgabe *. NA 2006, Qb

– **Anfragen und Nachreden**
Politische Texte. Hrsg. Volker Kaukoreit. OA 1994, WAT 231, 288 S.

– **Die Muse hat Kanten**
Aufsätze und Reden zur Literatur
Hrsg. Volker Kaukoreit. OA 1995, WAT 246, 240 S.

– **Erich Fried erzählt**
Die schönsten Geschichten
Ausw. Christiane Jessen. 1997, Akt, 128 S. *

– **Die Schnabelsau**
Leilieder und Knüllverse
Hrsg. Volker Kaukoreit. 1998, *SVLTO* 74, 80 S. *

– **Zur Zeit und zur Unzeit**
Gedichte. 2001, WAT 403, 144 S.

– **Wunder Kinder Zeit**
Erzz. 2002, *SVLTO* 111, 128 S.

– **Gesammelte Liebesgedichte**
2004, Akt, 160 S. *

– **Politische Gedichte**
Vietnam, Israel, Deutschland
Ausw. und Nachw. Christoph Buchwald. 2008, **P**, 96 S.

– **Freiheit**
Ged. 2018, Qb, DaCapo, 80 S.

– **Klartext**
Ged. 2018, Qb, DaCapo, 80 S.

– **Liebe**
Ged. 2018, Qb, DaCapo, 80 S.

– **Lust**
Ged. 2018, Qb, DaCapo, 80 S.

– **Sehnsucht**
Ged. 2018, Qb, DaCapo, 80 S.

– **Widerstand**
Ged. 2018, Qb, DaCapo, 80 S.

– **Freiheit herrscht nicht**
Gespräche und Interviews
Hrsg. Volker Kaukoreit und Tanja Gausterer. 2021, WAT 839, 160 S.

– **Mitunter sogar Lachen**
Erinnerungen. Nachw. Josef Haslinger, ergänzt um Fotos aus Frieds Leben und einer Lebenschronik. 2021, Qb, 208 S. mit Fotos. Limitierte Geburtstagsausgabe. 2021, eb

Briefe von und an Erich Fried
Alles Liebe und Schöne und Glück
Hrsg. mit Nachw. Volker Kaukoreit. 2009, *SVLTO* 166, 144 S. *

Erich Fried
Ein Leben in Bildern und Geschichten
Hrsg. Catherine Fried-Boswell u. Volker Kaukoreit. 1996, AP, Großformat, 144 S. 350 Abb. in Duotone*

Erich Fried. Eine Chronik. Leben und Werk
Das biographische Lesebuch
Hrsg. Christiane Jessen, Volker Kaukoreit und Klaus Wagenbach. 1998, WAT 323, 128 S. mit zahlr. Photos und Texten *

Fries, Fritz Rudolf
Lazarillo von Tormes oder die Listen der Selbsterhaltung
1985, WAT 121, 128 S. *

Frosh, Paul
Screenshots
Racheengel der Fotografie
A. d. Engl. Franka Kathrin Wolf. 2019, DBK, 80 S. 2019, eb

Fuchs, Günter Bruno
– **Zwischen Kopf und Kragen**
32 wahre Geschichten und 13 Bilder. 1967, Q 25, 72 S. *. NA 1989, *SVLTO* 10, 96 S. *

– **Die Ankunft des Großen Unordentlichen in einer ordentlichen Zeit**
Gedichte, Bilder und Geschichten. OA 1978, WAT 39, 128 S. *

– **Ein Ohr wäscht das andere**
Die schönsten Texte von Günter Bruno Fuchs
Gelesen von ihm selbst. 1980, Qp 19 *

Fumagalli, Vito
– **Wenn der Himmel sich verdunkelt**
Lebensgefühl im Mittelalter
A. d. Ital. Renate Heimbucher-Bengs. Dt. EA 1988, WAT 156, 112 S. mit Abb. *. NA 1999, WAT 332 *

– **Der lebende Stein**
Stadt und Natur im Mittelalter
A. d. Ital. Renate Müller-Buck. Dt. EA 1989, WAT 164, 136 S. mit Abb. *

– **Mensch und Umwelt im Mittelalter**
A. d. Ital. von Walter Kögler und Dagmar Zerbst. Dt. EA 1992, WAT 214, 104 S. *
– **Mathilde von Canossa**
A. d. Ital. Annette Kopetz-ki. Dt. EA 1998, WAT 305, 128 S. *

G

Gadda, Carlo Emilio
– **Die Wunder Italiens**
Literarische Portraits von Landschaften und Menschen
A. d. Ital. Toni Kienlechner. 1984, AP, 144 S. *. NA 1992, WAT 205 *. NA 1998, SVLTO 75, 128 S. *
– **Cupido im Hause Brocchi**
Gesch. A. d. Ital. Toni Kienlechner. 1987, SVLTO 1, 96 S. *
– **List und Tücke**
Erzz. A. d. Ital. Toni Kienlechner. 1988, Q 134, 144 S. *
– **Adaigisa**
Erz. A. d. Ital. Toni Kien-lechner. 1989, SVLTO 11, 96 S. *
– **Vier Töchter und jede eine Königin. Mailänder Skizzen**
A. d. Ital. Toni Kienlechner. 1991, Q 181, 144 S. *
– **Mein Mailand**
Ein Lese- und Bilderbuch. A. d. Ital. Toni Kienlechner. 1993, SVLTO 35, 96 S. mit vielen Photos *
– **Die gräßliche Bescherung in der Via Merulana**
Roman. A. d. Ital. Toni Kienlechner. 1998, WAT 329, 352 S. *. NA 2023, Nachw. Anna Vollmer. Oh, 352 S. 2023, eb
– **Die Erkenntnis des Schmerzes**
Roman. A. d. Ital. Toni Kienlechner. Nachw. Hans Magnus Enzensberger. 2000, WAT 371, 336 S. *

Gagné, Mireille
– **Häsin in der Grube**
Roman. A. d. kanadischen Franz. Birgit Leib. 2021, SVLTO 262, 120 S.

Gainza, María
– **Lidschlag**
A. d. argentinischen Span. Peter Kultzen. 2019, SVLTO 242, 168 S.
– **Schwarzlicht**
Roman. A. d. argentini-schen Span. Peter Kultzen. 2023, Qb, 160 S. 2023, eb

Gallardo, Sara
– **Eisejuaz**
Roman. A. d. argentini-schen Span. und Nachw. Peter Kultzen. 2017, Oh, 176 S. 2020, eb

Gamboa, Santiago
– **Verlieren ist eine Frage der Methode**
Roman. A. d. Span. Stefanie Gerhold. 2000, Qb, 328 S. *
– **Das glückliche Leben des jungen Esteban**
A. d. Span. Stefanie Gerhold. 2002, Qb, 384 S. *
– **Die Blender**
Roman. A. d. Span. Stefanie Gerhold. 2005, Qb, 320 S. *

Garcia, Tristan
– **Das Siebte**
Roman. A. d. Franz. Birgit Leib. 2019, Qb, 304 S. 2019, eb
– **Faber. Der Zerstörer**
Roman. A. d. Franz. Birgit Leib. 2017, Qb, 432 S. 2017, eb

Garnett, Angelica
Freundliche Täuschungen
Eine Kindheit in Bloomsbury
A. d. Engl. und mit einem einführenden Essay Kyra Stromberg. 1990, AP, 176 S. mit vielen Photos *

Garro, Elena
Erinnerungen an die Zukunft
Roman. A. d. mexikani-schen Span. Konrad Schrö-gendorfer. Nachw. Michi Strausfeld. 2003, WAT 471, 336 S. *

Gauche Prolétarienne
Volkskrieg in Frankreich?
Strategie und Taktik der proletarischen Linken
A. d. Franz. Maren Sell. 1971, R 34, 144 S. *

Die Gegenwart der Zukunft
Die Serie der »Süddeutschen Zeitung« über unsere Welt im neuen Jahrhundert
Vorw. Klaus Podak. OA 2000, WAT 367, 240 S. *

Gehlen, Dirk von
Meme. *Muster digitaler Kommunikation*
2020, DBK, 80 S. mit vielen Abb. 2020, eb

Geist, Jonas
Versuch, das Holstentor zu Lübeck im Geiste etwas anzuheben. *Zur Natur des Bürgertums*
OA 1976, WAT 12, 144 S. *

Genua und Ligurien. *Eine literarische Einladung*
Hrsg. Gaby Wurster. 2015, SVLTO 237, 144 S.

Georg Forster – Weltum-segler und Revolutionär
Ansichten von der Welt und vom Glück der Menschheit
Zus. Ulrich Enzensberger. OA 1979, WAT 57, 192 S. *

Georgien. *Eine literarische Einladung*
Hrsg. Manfred Heinfeldner und Lena Luczak. 2018, SVLTO 237, 144 S.

Gerhard, Dirk
Antifaschisten. *Proletari-scher Widerstand 1933–1945*
1976, P 64, 176 S. *

Giegold, Sven/Philipp, Udo/ Schick, Gerhard
  Finanzwende. *Den nächsten Crash verhindern*
  2016, ▮, 176 S.

Gilbert, Felix
  Guicciardini, Machiavelli und die Geschichtsschreibung der italienischen Renaissance
  A. d. Ital. Friederike Hausmann und a. d. Engl. Matthias Fienbork. Mit einer Einleitung von Hans R. Guggiberg. 1991, KKB 29, 88 S. *

Ginsborg, Paul
– **Berlusconi**
  Politisches Modell der Zukunft oder italienischer Sonderweg?
  A. d. Engl. Friederike Hausmann. Dt. EA 2005, WAT 497, 192 S. *
– **Wie Demokratie leben**
  A. d. Ital. Friederike Hausmann. 2008, ▮, 128 S.
– **Italien retten**
  A. d. Ital. Friederike Hausmann und Rita Seuß. 2011, ▮, 144 S. *

Ginzburg, Carlo
– **Erkundungen über Piero**
  Piero della Francesca, ein Maler der frühen Renaissance
  A. d. Ital. Karl F. Hauber. Einf. Martin Warnke. 1981, AP, 192 S. zahlr. Abb. *
– **Spurensicherung**
  Über verborgene Geschichte, Kunst und soziales Gedächtnis
  A. d. Ital. Karl F. Hauber. 1983, AP, 192 S. *. NA 1995, KKB 50. A. d. Ital. Gisela Bonz und Karl F. Hauber. 128 S. mit Abb. *. NA 2002 [*Die Wissenschaft auf der Suche nach sich selbst*], WAT 430, 160 S.*. NA 2011, WAT 677, 176 S.

– **Hexensabbat**
  Entzifferung einer nächtlichen Geschichte
  A. d. Ital. Martina Kempter. 1989, AP, 320 S. *. NA 2005, WAT 506, 464 S. NA 2022
– **Der Käse und die Würmer**
  Die Welt eines Müllers um 1600
  A. d. Ital. Karl F. Hauber. 1990, WAT 178, 208 S. *. NA 1993, mit Vorw. d. Autors zur dt. NA, WAT 223. *. NA 2002, WAT 444. *. NA 2019, WAT 819, 240 S. Erweiterte Ausgabe mit neuem Vorw. 2023
– **Der Richter und der Historiker**
  Überlegungen zum Fall Sofri
  A. d. Ital. Walter Kögler. Vorw. Thomas Schmid. Dt. EA 1991, WAT 189, 128 S. *
– **Holzaugen**
  Über Nähe und Distanz
  A. d. Ital. Renate Heimbucher. 1999, AP, 288 S. mit Abb.
– **Die Wahrheit der Geschichte**
  Rhetorik und Beweis
  A. d. Ital. Wolfgang Kaiser. 2001, KKB 65, 144 S. *
– **Faden und Fährten**
  wahr, falsch, fiktiv
  A. d. Ital. Victoria Lorini. 2013, KKB 84, 160 S.

Ginzburg, Natalia
– **Anton Čechov**
  Ein Leben
  A. d. Ital. Maja Pflug. 1990, SVLTO 17, 98 S. mit vielen Photos *. NA 2009, WAT 607, 112 S.
– **Nie sollst du mich befragen**
  Erzz. A. d. Ital. Maja Pflug. 1991, Q 180, 128 S. *. NA 2001, SVLTO 97, 144 S. *

– **So ist es gewesen**
  Roman. A. d. Ital. Maja Pflug. 1992, Q 183, 96 S. *. NA 1994, Akt *. NA 2003, WAT 470 *. NA 2008, WAT 590 *. NA 2017, WAT 773. 2017, eb
– **So ist es gewesen**
  Gelesen von Eva Mattes. 2005, LO, CD, Laufzeit 190 Min. *
– **Familienlexikon**
  A. d. Ital. Alice Vollenweider. 1993, AP, 190 S. *. NA 1996, Akt, 192 S. *. NA 2001, Qb, 190 S. *. NA 2007, Nachw. Alice Vollenweider. WAT 563, 192 S. 2016, eb
– **Familienlexikon**
  Gelesen von Cornelia Froboess. 2001, LO, MC/CD, Laufzeit 154 Min. *
– **Schütze**
  Roman. A. d. Ital. Joachim Meinert. 1994, SVLTO 46, 112 S. NA 2021
– **Das imaginäre Leben**
  Warum wir nicht leben wie wir träumen
  A. d. Ital. Maja Pflug. 1995, SVLTO 52, 128 S. *
– **Die kaputten Schuhe**
  Sechs Erzz. A. d. Ital. Maja Pflug. Bleisatz und Buchdruck. 1996, Qb, 80 S. *. NA 1998, WAT 321 *
– **Die kaputten Schuhe**
  Gelesen von Elke Heidenreich. 2000, LO, MC/CD, Laufzeit 73 Min. *
– **Die Stimmen des Abends**
  A. d. Ital. Alice Vollenweider. Nachw. Italo Calvino. 1996, Qb, Leinen, 128 S. *. NA 1999, Akt *. NA 2021, SVLTO 265, 144 S.
– **Die Straße in die Stadt**
  Roman. A. d. Ital. Maja Pflug. 1997, SVLTO 67, 96 S. *. NA 2001, Akt *. NA 2023, SVLTO 280, 112 S.

– **Valentino**
Ein Roman und fünf Erzz.
A. d. Ital. Maja Pflug. 1997,
WAT 286, 128 S. *
– **Alle unsere Gestern**
Roman. Von Maja Pflug
neu durchgesehene Über-
setzung. 1998, Qb, 336 S. *
– **Die Stadt und das Haus**
Roman. A. d. Ital. Maja
Pflug. 1999, Qb, 272 S. *
– **Ein Mann und eine Frau**
Zwei Erzz. A. d. Ital. Anna
Giachi, neu durchgesehen
von Maja Pflug. 2000,
WAT 369, 128 S. *
– **Die kleinen Tugenden**
Erzz. A. d. Ital. Maja Pflug,
Alice Vollenweider und
Hedwig Kehrli. 2001, Qb,
144 S. *. NA 2016, Qb,
160 S. *. 2020, *SVLTO* 251.
2016, eb
– **Die Familie Manzoni**
A. d. Ital. Maja Pflug. 2001,
WAT 413, 456 S.
– ›**Es fällt schwer, von sich
selbst zu sprechen, aber es
ist schön.**‹
*Natalia Ginzburgs Leben in
Selbstzeugnissen*
Zus. und a. d. Ital. Maja
Pflug. Dt. EA 2001, WAT
414, 128 S.
– **Drei kleine Tugenden**
A. d. Ital. Maja Pflug. 2019,
Qb, DaCapo, 80 S.

Glanz, Berit
Filter. *Alltag in der erweiter-
ten Realität*
2023, DBK, 80 S. mit
vielen Abb. 2023, eb

Glucksmann, André
**Köchin und Menschen-
fresser**
*Über die Beziehung von
Staat, Marxismus und
Konzentrationslager*
A. d. Franz. Maren Sell und
Jürgen Hoch. 1976, P 67,
192 S. *

**Goeppert, Sebastian/
Goeppert-Frank, Herma C.**
**Jean Cocteau und Pablo
Picasso**
Eine Künstlerfreundschaft
2005, *SVLTO* 127, 112 S.
mit Abb. *

**Goethe, Johann Wolfgang
von**
**Die Leiden des jungen
Werther**
Neu herausgegeben mit
Dokumenten und Mate-
rialien, Wertheriana und
Wertheriaden von Hans
Christoph Buch. OA 1982,
WAT 89, 256 S. *

Der goldene Topf
*Vorschläge zur Auflockerung
des Arbeitsmarktes*
Hrsg. Hans E. Maier und
Thomas Schmid. OA 1986,
WAT 136, 188 S. *

Göle, Nilüfer
– **Anverwandlungen**
*Der Islam in Europa
zwischen Kopftuchverbot und
Extremismus*
2008, **P**, 160 S. *
– **Europäischer Islam**
Muslime im Alltag
A. d. Franz. Bertold Galli.
2016, **P**, 304 S.

Gombrich, Ernst H.
Schatten
*Ihre Darstellung in der
abendländischen Kunst*
A. d. Engl. Robin Cackett.
1996, AP, 72 S. mit 52 meist
farbigen Abb. *. NA 2009,
SVLTO 160, 96 S. mit
Farbtafeln

Gondor, Claire
**Ein Kleid aus Tinte und
Papier**
Roman. A. d. Franz.
Theresa Benkert. 2018,
SVLTO 231, 112 S.

**Gott schütze Österreich
durch uns: Alexander, H. C.
Artmann, Wolfgang Bauer,
Jodik Blapik, Günter Brus,
Ernst Jandl, Friederike May-
röcker, Hermann Nitsch,
Gerhard Ruhm und Aloisius
Schnedel.** *Szenen, Dialekt-
gedichte, Sprachübungen, Musi-
ken, Urteile, Montagen*
1974, Qp 12, 30 cm, 33
UpM. *

Gottschalck, Wilfried
– **Parlamentarismus und
Rätedemokratie**
Mit einem Lesebuch. 1968,
R 10, 128 S. *
– **Vatermutterkind.** *Deutsches
Familienleben zwischen
Kulturromantik und sozialer
Revolution*
OA 1979, WAT 52, 160 S. *
– **Aufrechter Gang und
Entfremdung.** *Pamphlet
über Autonomie*
OA 1984, WAT 115, 112 S. *

Goytisolo, Juan
Sommer in Torremolinos
Roman. A. d. Span. Gerda
von Uslar. 2002, WAT 440,
160 S. *

Gozzi, Martino
Einmal Mia
Roman. A. d. Ital. Suse
Vetterlein. Dt. EA 2006,
WAT 535, 96 S. *

Grafton, Anthony
Fälscher und Kritiker
*Der Betrug in der Wissen-
schaft*
A. d. Engl. Ebba D. Drols-
hagen. 1991, KKB 32, 104
S. *. NA 2012, WAT 681,
176 S. *

Grand Guignol
**Das Vergnügen, tausend
Tode zu sterben**
Frankreichs blutiges Theater
Hrsg. Karin Kersten u. Ca-
roline Neubaur. OA 1976,
WAT 17, 128 S. *

Grass, Günter
– **Onkel, Onkel**
Ein Spiel in vier Akten
1965, Q 4, 96 S. *
– **Wörter auf Abruf**
77 Gedichte. Ausw. und
Nachw. Klaus Wagenbach.
2002, *SVLTO* 109, 96 S. *

Grasset, Léo
Giraffentheater
Ankedoten aus der Savanne
A. d. Franz. Till Bardoux.
2016, *SVLTO* 215, 144 S. *

Grasskamp, Walter
Das Cover von Sgt.
Pepper. *Eine Momentauf-*
nahme der Popkultur
2004, KKB 71, 136 S. mit
vielen, teils farbigen Abb. *

Grazia, Victoria de
Der perfekte Faschist
Eine Geschichte von Liebe,
Macht und Gewalt
A. d. Engl. Michael Bi-
schoff. 2024, AP, 512 S. mit
vielen Abb. 2024, eb

Grazzini, Antonfrancesco
Feuer auf dem Arno
Renaissancenovellen aus
Florenz
Einleitung von Giorgio
Manganelli. Nachw. Alice
Vollenweider A. d. Ital.
Hanns Floerke, neu durch-
gesehen von Marianne
Schneider. 1988, *SVLTO* 9,
2 Bände, 372 S. mit Abb. *.
NA 1999, WAT 339, 368 S.
mit Abb. *

Greenblatt, Stephen
– **Verhandlungen mit**
Shakespeare. *Innen-*
ansichten der englischen
Renaissance
A. d. Amerik. Robin
Cackett. 1990, AP, 176 S. *
– **Schmutzige Riten.** *Betrach-*
tungen zwischen Weltbildern
A. d. Amerik. Jeremy
Gaines. 1991, KKB 33,
128 S. *

– **Wunderbare Besitztümer**
Die Erfindung des Fremden:
Reisende und Entdecker
A. d. Amerik. Robin
Cackett. 1994, AP, 288
S., Abb. *. NA 1998,
WAT 296 *

Greene, Graham
– **Heirate nie in Monte**
Carlo
Roman. A. d. Engl. Ernst
Laue und Ilse Walter. 2015,
SVLTO 210, 120 S.
– **Verleihe niemals deinen**
Mann
A. d. Engl. Walther Puch-
wein und Hilde Spiel. 2016,
SVLTO 217, 104 S.

Greffrath, Matthias
Vom Schaukeln der Dinge
Montaignes Versuche. Ein
Lesebuch
OA 1984, WAT 110, 272 S. *

Grips-Theater
– **Balle, Malle, Hupe und**
Artur
Ein Stück für Kinder. 1972,
Qp 8, 30 cm, 33 UpM. *
– **Mannomann**
Stück für Menschen ab 8.
Von Volker Ludwig, Reiner
Lücker. Musik von Birger
Heymann. 1973, Qp 9, 30
cm, 33 UpM. *
– **Die große Grips-Parade 1**
Lieder zum Mitsingen für
Kinder. 1973, Qp 10, 30 cm,
33 UpM. und als Kassette *
– **Ein Fest bei Papadakis**
Stück für Menschen ab 8.
Von Volker Ludwig,
Christian Sorge. Musik von
Birger Heymann. 1974,
Qp 13, 30 cm, 33 UpM. *
– **Nashörner schießen nicht**
Stück für Menschen ab
9.Von Volker Ludwig und
Jörg Friedrich. Musik von
Birger Heymann. 1975, Qp
15, 30 cm, 33 UpM. *

– **Mugnog Kinder!**
Stück für Menschen ab 5.
Von Rainer Hachfeld.
Lieder von Volker Ludwig.
Musik von Birger Hey-
mann. 1976, Qp 16, 30 cm,
33 UpM. *
– **Banana**
Hörspiel für Kinder. 1977,
Qp 17 *
– **Die große Grips-Parade 2**
16 Lieder zum Mitsingen
für Kinder. 1978, Qp 18 und
1982 als Kassette *
– **Die große Grips-Parade 3**
16 Lieder zum Mitsingen
für Kinder. 1982, Qp 21 und
1983 als Kassette *
– **Wir werden immer größer**
Die besten Kinderlieder aus
25 Jahren Grips-Theater
2001, LO, CD/MC, Lauf-
zeit 46 Min. *
– **Max und Milli**
Gesprochen und gesungen
von Kindern. Text von
Volker Ludwig, Musik von
Birger Heymann. 2003,
LO, CD, Laufzeit 52 Min. *
– **Bella, Boss und Bulli**
Gesprochen und gesungen
von Kindern. Text von
Volker Ludwig, Musik von
Birger Heymann. 2006, LO,
CD, Laufzeit 74 Min. *

Das Grips-Theater
Geschichte und Geschichten,
Erfahrungen und Gespräche
aus einem Berliner Kinder-
und Jugendtheater
Hrsg. Wolfgang Kolneder,
Volker Ludwig und Klaus
Wagenbach OA 1979, WAT
21, 192 S. ⁽⁾

Gudin, Claude
Kleine Naturgeschichte
der Verführung
A. d. Franz. Elisabeth
Heyne. Dt. EA 2020, WAT
821, 176 S. *

Gudkov, Lev/Zaslavsky, Victor
Russland. *Kein Weg aus dem postkommunistischen Übergang?*
Vorw. Lev Gudkov. A. d. Ital. Rita Seuß. 2011, AP, 208 S. *

Guérin, Daniel/Mandel, Ernest
Einführung in die Geschichte des amerikanischen Monopolkapitalismus
A. d. Franz. Renate Genth und Renate Sami. 1972, R 37, 144 S. *

Guevara, Ernesto Che
– **Guerilla. Theorie und Methode.** *Sämtliche Schriften zur Guerillamethode, zur revolutionären Strategie und zur Figur des Guerilleros*
Hrsg. Horst Kurnitzky. 1968, R 9, 160 S. *
– **Ökonomie und neues Bewußtsein**
Schriften zur politischen Ökonomie
Hrsg. Horst Kurnitzky. A. d. Span. Alex Schubert. 1969, R 8, 160 S. *
– **Politische Schriften**
Eine Auswahl
Hrsg. Horst Kurnitzky. A. d. Span. Alex Schubert, Rudi Dutschke und Gaston Salvatore. 1976, P 8/9, 128 S. *

Günther, Horst
– **Das Bücherlesebuch**
Vom Lesen, Leihen, Sammeln
Von Büchern, die man schon hat, und solchen, die man endlich haben will
OA 1992, WAT 200, 168 S. *
– **Das Erdbeben von Lissabon**
OA 1994, WAT 235, 128 S. *

Guten Morgen, Ihr Schönen!
Deutschsprachige Autorinnen erzählen
Zus. Susanne Schüssler. OA 2003, WAT 468, 144 S. *

H

Haasse, Hella S.
Die Gärten von Bomarzo
A. d. Niederl. Christian Welzbacher und Gregor Seferens. Dt. EA 2022, WAT 830, 160 S.

Hadas-Lebel, Mireille
Massada. *Der Untergang des jüdischen Königreichs oder Die andere Geschichte von Herodes*
Mit dem Bericht von Flavius Josephus. A. d. Franz. Hans Thill. Dt. EA 1995, WAT 255, 144 S. *. NA 1997, WAT 294 *

Haerdle, Stephanie
Amazonen der Arena
Zirkusartistinnen und Dompteusen
2010, WAT 649, 208 S. mit zahlr. Abb. *

Hamann, Christof/Honold, Alexander
Kilimandscharo
Die deutsche Geschichte eines afrikanischen Berges
2011, AP, 192 S. mit vielen Abb.

Hamilton, Omar Robert
Stadt der Rebellion
Roman. A. d. Engl. Brigitte Walitzek. 2018, Qb, 320 S. * 2018, eb

Haskell, Francis
Die schwere Geburt des Kunstbuchs
A. d. Engl. Matthias Fienbork. 1993, KKB 42, 80 S. mit Abb. *

Hatero, Josan
– **Der Vogel unter der Zunge**
Roman. A. d. Span. Susanna Mende. 2004, Qb, 120 S. *

– **Dein Anteil daran**
Erzz. Dt. EA 2005, WAT 526, 128 S. *

Hatzfeld, Jean
Plötzlich umgab uns Stille
Das Leben des Englebert Munyambonwa
A. d. Franz. Ahlrich Meyer. Dt. EA 2016, WAT 751, 112 S. *

Hausmann, Friederike
– **Garibaldi.** *Die Geschichte eines Abenteurers, der Italien zur Einheit verhalf*
OA 1985, WAT 122, 192 S. *. NA 1999, WAT 335
– **Zwischen Landgut und Piazza.** *Der Alltag von Florenz in Machiavellis Briefen*
OA 1987, WAT 150, 160 S. *
– **Kleine Geschichte Italiens seit 1943**
OA 1989, WAT 159, 176 S. *. NA 1994, WAT 241, 208 S. *. Aktualisierte NA 1997, *Kleine Geschichte Italiens von 1943 bis heute*, WAT 288, 224 S. mit vielen Photos *. Aktualisierte NA 2002, *Kleine Geschichte Italiens von 1943 bis Berlusconi*, WAT 448, 240 S. mit Abb. *. Aktualisierte NA 2006, mit einem Vorw. von Friederike Hausmann, WAT 550, 256 S. *
– **Die Macht aus dem Schatten. Alessandra Strozzi und Lucrezia Medici.** *Zwei Frauen im Florenz der Renaissance*
OA 1993, WAT 221, 160 S. *
– **Die deutschen Anarchisten von Chicago oder Warum Amerika den 1. Mai nicht kennt**
OA 1998, WAT 320, 208 S. mit Abb. *. NA 2023, Die deutschen Anarchisten von Chicago oder wie der 1. Mai entstand, WAT 862

Havelock, Eric A.
  **Als die Muse schreiben
  lernte.** *Eine Medientheorie*
  Nachw. Bernhard J. Dotz-
  ler. A. d. Amerik. Ulrich
  Enderwitz und Rüdiger
  Hentschel. 2007, WAT 556,
  160 S. *

**Haymarket! 1886: Die
deutschen Anarchisten von
Chicago**
  Reden und Lebensläufe
  Hrsg. Horst Karasek. OA
  1975, WAT 11, 192 S. *

te Heesen, Anke
  **Revolutionäre im
  Interview.** *Thomas Kuhn,
  Quantenphysik und Oral
  History*
  2022, KKB 92, 240 S. mit
  11 Abb. 2022, eb

Heilbronn, Dieter
  Heinrich Heine
  Ein Land im Winter
  Eine Monographie mit
  Ged. und Prosa. OA 1978,
  WAT 47, 192 S. *

Heine, Peter
  Köstlicher Orient
  *Eine Geschichte der Esskul-
  tur. Mit über 100 Rezepten*
  2016, 240 S. zweifarbig
  gedruckt, mit sehr vielen
  Abb.

Held, Heinz Georg
  **Die Leichtigkeit der
  Pinsel und Federn**
  *Italienische Kunstgespräche
  der Renaissance*
  2016, AP, 232 S. mit sehr
  vielen Abb.

Hellman, Lillian
  Die Zeit der Schurken
  A. d. Engl. Peter Naujack.
  2015, WAT 741, 144 S.

Henze, Hans Werner
  Phaedra. *Ein Tagebuch*
  Mit einem Bericht von
  Christian Lehnert. 2007,
  SVLTO 148, 96 S. mit Abb.

Herlihy, David
  **Der Schwarze Tod und die
  Verwandlung Europas**
  A. d. Amerik. Holger
  Fliessbach. 1998, AP, 144 S.
  mit zahlr. Abb. *. NA 2000,
  WAT 391

Hermann, Thomas
  Überwachungsbilder
  *Kontrolle und Zufall in der
  »Cam Era«*
  2022, DBK, 80 S. mit
  vielen Abb. 2022, eb

Hermlin, Stephan
– **Gedichte und Prosa**
  1965, Q 8, 84 S. *
– **Die Zeit der Gemeinsam-
  keit. In einer dunklen
  Welt**
  Zwei Erzz. 1966, Q 16,
  72 S. *
– **Scardanelli**
  Ein Hörspiel. 1970, Q
  42, 60 S. *. NA 1993,
  *Scardanelli/Hölderlin,
  SVLTO* 39, 80 S. *
– **Abendlicht**
  1979, Q 101, 128 S. *. NA
  1987, *SVLTO* 2, 96 S. *. NA
  2015, Qb, 128 S. 2020, eb
– **Abendlicht**
  Gelesen vom Autor. 2000,
  LO, MC/CD, Laufzeit
  69 Min. *
– **Lebensfrist**
  Gesammelte Erzz. 1980,
  Q 110, 208 S. *
– **Bestimmungsorte**
  Fünf Erzz. 1985, Q 136,
  80 S. *
– **Traum der Gemeinsam-
  keit**
  Ein Lesebuch. Hrsg. Klaus
  Wagenbach. OA 1985,
  WAT 128, 176 S. *
– **In den Kämpfen dieser
  Zeit**
  Reden, Gespräche, Aufsät-
  ze. 1995, Qb, Bleisatz und
  Buchdruck, 112 S.
– **Entscheidungen**
  Sämtliche Erzz. 1995, Qb,
  412 S. *

– **Lektüre**
  Über Autoren, Bücher, Leser
  1997, WAT 276, 224 S.

Hermsen, Joke J.
  Rosa und Hannah
  Das Blatt wenden
  Mit zahlreichen Gefängnis-
  briefen Rosa Luxemburgs.
  A. d. Niederl. Gerd Busse.
  2021, *SVLTO* 259, 144 S.

Hernández, Miguel Ángel
  Fluchtversuch
  Roman. A. d. Span. Jannike
  Marie Haar und Carsten
  Regling. 2014, Qb, 256 S. *.
  2014, eb

Heyden-Rynsch, Verena v. d.
  Aldo Manuzio
  *Vom Drucken und Verbreiten
  schöner Bücher*
  2014, *SVLTO* 203, 144 S.
  mit vielen Abb. *

Hill, Christopher
  **Über einige geistige Kon-
  sequenzen der englischen
  Revolution**
  A. d. Engl. Matthias Fien-
  bork. 1990, KKB 23, 80 S. *

Hohler, Franz
– **Der Rand von Oster-
  mundigen und andere
  Grotesken**
  1999, WAT 342, 96 S. *. NA
  2005, 104 S.
– **Bedingungen für die
  Nahrungsaufnahme**
  Gelesen und mit Cello
  begleitet vom Autor. 2001,
  LO, MC/CD, Laufzeit 69
  Min. *

**Höllerer, Walter/Mangoldt,
Renate v.**
  Außerhalb der Saison
  *Hopfengärten in 3 Ged. und
  19 Photos*
  1967, Q 24, 72 S. *

Honoré, Christophe
  Die Sanftheit
  A. d. Franz. Nathalie
  Mälzer-Semlinger. 2003,
  Qb, 112 S. *

Hornuff, Daniel
Hassbilder
Gewalt posten, Erniedrigung
liken, Feindschaft teilen
2020, DBK, 80 S. mit
vielen Abb. 2020, eb

Horowitz, David
– **Kalter Krieg.** *Hintergründe*
der US-Außenpolitik von
Jalta bis Vietnam
A. d. Engl. Wilfried
Sczepan. 1969, Band 1: R 13,
240 S. *. Band 2: R 14,
208 S. *
– **Imperialismus und**
Revolution. *Neue Fakten*
zur gegenwärtigen Geschichte
A. d. Engl. Wilfried
Sczepan. 1970, R 22,
228 S. *

Horster, Detlef/Leithäuser,
Thomas/Negt, Oskar/Perels,
Joachim/Peters, Jürgen
Ernst Bloch zum 90.Ge-
burtstag: Es muß nicht
immer Marmor sein
1975, P 68, 96 S. *

Houellebecq, Michel
– **Ausweitung der**
Kampfzone
Roman. A. d. Franz. Leo-
pold Federmair. 1999, Qb,
192 S. *. NA 2004, Akt,
160 S. *. NA 2006, WAT
538 *. NA 2012, WAT 689,
176 S. 2015, eb
– **Ausweitung der**
Kampfzone
Hörspiel. Bearbeitung und
Regie: Martin Zylka. 2001,
LO, MC/CD, Laufzeit
65 Min. *

Huberman, Leo/Dreßen,
Wolfgang/Quartim, João/
Sweezy, Paul M. u. a.
Focus und Freiraum.
Debray, Brasilion, Linke in
den Metropolen
A. d. Engl. u. Franz. Doris
Engelke und Wolfgang
Dreßen. 1970, R 16,
160 S. *

Hughes, Thomas/Budden-
sieg, Tilmann/Kocka,
Jürgen/Kuczynski, Jürgen/
Lepenies, Wolf u. a.
Ein Mann vieler Eigen-
schaften. *Walter Rathenau*
und die Kultur der Moderne
1990, KKB 21, 144 S. *

Huizinga, Johan
Das Problem der
Renaissance
Renaissance und Realismus
2 Essays. A. d. Niederl.
Werner Kaegi. Einf. Wessel
E. Krul. 1991, KKB 35,
96 S. *

Das Humboldt Forum
Die Wiedergewinnung der
Idee
Hrsg. Horst Bredekamp
und Peter-Klaus Schuster.
OA 2016, WAT 745, 432
S. mit umfassendem
Dokumententeil und mit
vielen Abb.

Huster, Stefan
Soziale Gesundheits-
gerechtigkeit. *Sparen,*
umverteilen, vorsorgen?
2011, ▐, 96 S. *. 2011, eb

Hynek, Françoise/Urban-
Halle, Peter
Jahreszeiten der französi-
schen Küche
Eine kulinarische Reise mit
77 Rezepten
2013, SVLTO 197, 168 S.
mit Abb.

I

Die Illusion der Exzellenz
Lebenslügen der Wissen-
schaftspolitik
Hrsg. Jürgen Kaube. 2009,
▐, 96 S. *

Indiana, Rita
Tentakel
Roman. A. d. dominika-
nischen Span. Angelica
Ammar. 2018, Qb, 160 S.
2018, eb

Die Industrielle Revolution
in England, Deutschland,
Italien
Hrsg. Rox Porter und
Mikuláš Teich. A. d. Engl.
Wolfgang Kaiser. Dt. EA
1998, WAT 307, 144 S. *

Ineichen, Stefan
Principessa Mafalda
Biografie eines Transatlantik-
dampfers
2022, AP, 256 S. mit vielen
Abb.

Ingalls, Rachel
Mrs. Calibans Geheimnis
A. d. Engl. Werner
Löcher-Lawrence. 2018,
SVLTO 238, 144 S.

Irland. *Eine literarische*
Einladung
A. d. irischen Engl.
Hans-Christian Oeser u. a.
Hrsg. Paul McVeigh. 2022,
SVLTO 268, 144 S.

Iro, Wolf
Nach Israel kommen
Vorw. Dan Diner. 2019, ▐,
128 S. 2019, eb

Istanbul. *Eine literarische*
Einladung
Hrsg. und Nachw. Börte
Sagaster und Manfred
Heinfeldner. 2008,
SVLTO 154, 144 S.

Istrati, Panait
Kyra Kyralina
Roman. A. d. Rumänischen
Oskar Pastior. Nachw.
Mircea Cărtărescu. 2016,
Oh, 160 S. 2020, eb

Italia Fantastica!
Junge italienische Literatur
Hrsg. Gabriella d'Ina. OA
1997, WAT 280, 144 S. *

Italienische Kindergeschich-
ten. *Wie der Hund und der*
Mensch Freunde wurden
Illustriert von Axel Scheffler. 1999, SVLTO 82, 96 S. *

Italienische Kunst
Eine neue Sicht auf ihre Geschichte
Vorw. Willibald Sauerländer. 2 Bände im Schuber. 1987, AP, 384 S. und 480 S. mit insg. 588 Illustr. *

Italienische Liebesgeschichten
Hrsg. Klaus Wagenbach. 1991, S*V*LTO 26, 96 S. NA 1996, Akt *. NA 1999, Akt, 128 S. *. NA 2000, S*V*LTO 26, 128 S. NA 2004, Akt, 144 S. *. Erweiterte NA 2010, S*V*LTO 26, 144 S.

Italienische Liebesgeschichten
Hrsg. Klaus Wagenbach Gelesen von Otto Sander. 2001, LO, CD, Laufzeit 72 Min.*

Italienische Reise
Ein literarischer Reiseführer durch das heutige Italien
Hrsg. Alice Vollenweider. 1985, Q 137, 208 S. *. Erweiterte NA 1994, Akt, 240 S. *. NA 1996, Qb *

Italienische Schriftsteller erzählen. *Geschichten für große und kleine Kinder*
Gelesen von Klaus Wagenbach. 1998, LO, MC/CD, Laufzeit 66 Min. *

Italienische Weihnachten
Die schönsten Geschichten, gesammelt von Klaus Wagenbach. 2007, WAT 572, 144 S. *. NA 2016, S*V*LTO 223.

J

Jahrbücher 1–5: siehe unter Sozialistische Jahrbücher

Jahrbuch Politik 6
Hrsg. Wolfgang Dreßen. 1974, P 58, 160 S. *

Jahrbuch Politik 7
Hrsg. Wolfgang Dreßen. 1976, P 66, 160 S. *

Jahrbuch Politik 8
Hrsg. Barbara Herzbruch und Klaus Wagenbach. 1978, P 82, 168 S. *

Jandl, Ernst
– **Laut + Luise**
Qp 2, 1968 *
– **hosi + anna**
Qp 6, 1971 *
– **Laut + Luise/hosi + anna**
1983, Qp 22 *. NA 1997, LO, CD/MC, Laufzeit 51 Min. *
– **him hanflang war das wort**
Neue Sprechgedichte von Ernst Jandl. Gelesen vom Autor. 1980, Qp 20 *. NA 1999, LO, CD/MC, Laufzeit 51 Min. *
– **einer raus einer rein**
Die schönsten Gedichte ausgewählt von Klaus Wagenbach. 2006, S*V*LTO 139, 96 S.

»Jean«
Elsass: Kolonie in Europa
Mit einem Vorwort über Occitanien, Korsika, Wales und Jura. 1976, P 74, 144 S. *

Jeanneney, Jean-Noël
Googles Herausforderung
Für eine europäische Bibliothek
Nachw. Klaus-Dieter Lehmann A. d. Franz. Sonja Finck und Nathalie Mälzer-Semlinger. Dt. EA 2006, aktualisiert WAT 534, 120 S. *

Jervis, Giovanni
Grundfragen der Psychologie
A. d. Ital. Renate Heimbucher. Dt. EA 2001, WAT 415, 160 S. *

Jetzt schlägt's 13. *Deutsche Literatur aus 13 Jahren*
Hrsg. Klaus Wagenbach. OA 1977, WAT 40, 192 S. *

Job, Finn
Hinterher
Roman. 2022, Qb, 192 S. 2022, eb

Johnson, Dominic
Afrika vor dem großen Sprung
2011, P, 108 S. *. Aktualisierte und erweiterte NA 2013, P, 144 S. 2013, eb

Jones, Lloyd
Der Mann, der Enver Hodscha war
Roman. A. d. Engl. Yvonne Badal. 1998, WAT 298, 264 S. *

Juan & Juanita
Spanische Liebesgeschichten
Zus. Marco Thomas Bosshard. 2009, S*V*LTO 167, 144 S.

K

Kafka, Franz
– **In der Strafkolonie**
Eine Geschichte aus dem Jahre 1914
Mit Quellen, Abb., Materialien aus der Arbeiter-Unfall-Versicherungsanstalt, Chronik und Anmerkungen von Klaus Wagenbach. OA 1975, WAT 1, 96 S. *. NA 1995, Akt, 128 S. *. NA 1998, WAT 319
– **Ein Landarzt**
Kleine Erzählungen
Mit einem Bericht über Siegfried Löwy, Landarzt in Triesch. Hrsg. und mit Nachw. Klaus Wagenbach. 1994, AP, 80 S., Bleisatz und Buchdruck, mit Abb. *. NA 1999, S*V*LTO 83, 96 S. mit Abb. *
– **Ein Landarzt und andere Erzählungen**
Gelesen von Klaus Wagenbach. 1999, LO, CD/MC, Laufzeit 71 Min. *

– **Brief an den Vater**
Mit einem unbekannten
Bericht über Kafkas Vater
als Lehrherr und andere
Materialien. Hrsg. Hans-
Gerd Koch. Nachw. Alena
Wagnerová. 2004, AP, 160
S. mit vielen Abb. *
– **Ein Käfig ging einen Vogel
suchen**
Komisches und Groteskes
Zus. Klaus Wagenbach.
2018, *SVLTO* 236, 144 S.
– **Kafkas Familie**
Ein Fotoalbum
Mit Texten von Franz
Kafka. Hrsg. und Vorw.
Hans-Gerd Koch. 2024,
AP, 208 S. mit etwa
100 Fotografien

Franz Kafka. *Eine Chronik*
Zus. Roger Hermes,
Waltraud John, Hans-Gerd
Koch und Anita Widera.
OA 1999, WAT 338, 192 S.
mit vielen Abb. *

Kaleck, Wolfgang
– **Kampf gegen die Straf-
losigkeit.** *Argentiniens
Militärs vor Gericht*
2010, ℗, 128 S.
– **Mit zweierlei Maß**
*Der Westen und das
Völkerrecht*
2012, ℗, 144 S. 2012, eb

Kálnay, Juliana
**Eine kurze Chronik des
allmählichen Verschwin-
dens**
Roman. 2017, Qb, 192 S.
2017, eb

Kaminski, Volker
Die letzte Prüfung
Novelle. 1994, Q 189,
80 S. *

Kanarische Inseln
Eine literarische Einladung
Hrsg. und mit Vorw. Gerta
Neuroth. 2010, *SVLTO* 174,
144 S.

Karasek, Horst
– **Die Kommune der
Wiedertäufer.** *Bericht aus
der befreiten und belagerten
Stadt Münster 1534*
OA 1977, WAT 16, 160 S. *
– **Der Belagerungszustand!**
*Reformisten und Radikale
unter dem Sozialistengesetz
1878–1890*
OA 1978, WAT 50, 160 S. *
– **Der Fedtmilch-Aufstand**
*Wie die Frankfurter 1612/14
ihrem Rat einheizten*
OA 1979, WAT 58, 144 S. *
– **Der Brandstifter.** *Lehr-
und Wanderjahre des
Maurergesellen Marinus van
der Lubbe, der 1933 auszog,
den Reichstag anzuzünden*
OA 1980, WAT 73, 192 S. *
– **Die Vierteilung**
*Wie dem Königsmörder
Damiens 1757 in Paris der
Prozeß gemacht wurde*
OA 1994, WAT 230, 128 S.
mit Abb. *

Karnickel, Karnickel
*Handbuch für das allgemeine
Kaninchenwesen anläßlich
100facher Vermehrung der
Taschenbücherei*
Hrsg. Klaus Wagenbach.
OA 1983, WAT 100, 128 S. *

Karnickelzirkus. *Handbuch
für das allgemeine Kaninchenwesen*
Hrsg. Christiane Jessen und
Kora Perle. OA 2004, WAT
500, 144 S. mit zahlreichen
Abb. *

Karsunke, Yaak
– **Kilroy & andere Gedichte**
1967, Q 17, 72 S. *
– **reden & ausreden**
Gedichte. 1969, Q 38, 60 S. *

Keazor, Henry
Raffaels Schule von Athen
*Von der Philosophen-
akademie zur Hall of Fame*
2021, AP, 320 S. mit mehr
als 130 farbigen Abb.

Kelb, Berni
– **Betriebsfibel.** *Ratschläge für
die Taktik am Arbeitsplatz*
1971, R 31, 72 S. *
– **Organisieren oder organi-
siert werden.** *Vorschläge für
Genossen links unten*
1973, P 39, 96 S. *

Keller, Gottfried
**Das Fähnlein der sieben
Aufrechten**
Neu entrollt und hochge-
halten von Urs Widmer.
OA 1989, WAT 141, 160 S. *

Kennedy, A. L.
– **Gleissendes Glück**
Roman. A. d. Engl. Ingo
Herzke. 2000, Qb, 192
S. NA 2008, WAT 589,
192 S. *
– **Gleissendes Glück**
Gelesen von Mechtild
Großmann. 2005, LO, CD,
Laufzeit 195 Min.*
– **Ein makelloser Mann**
Erzz. A. d. Engl. Ingo
Herzke. 2001, Qb, 176 S. *
– **Ein makelloser Mann**
Gelesen von Sophie Rois.
2002, LO, CD, Laufzeit
72 Min.*
– **Stierkampf**
A. d. Engl. Ingo Herzke.
2001, Qb, 160 S. *
– **Alles was du brauchst**
Roman. A. d. Engl. Ingo
Herzke. 2002, Qb, 576 S. *
– **Hat nichts zu tun mit
Liebe**
Erzz. A. d. Engl. Ingo
Herzke. Dt. EA 2003,
WAT 463, 144 S. *
– **Also bin ich froh**
Roman. A. d. Engl. Ingo
Herzke. 2004, Qb, 288 S. *
– **Paradies**
Roman. A. d. Engl. Ingo
Herzke. 2005, Qb, 368 S. *
– **DAY**
Roman. A. d. Engl. Ingo
Herzke. 2007, Qb, 352 S. *

– **Was wird**
Erzz. A. d. Engl. Ingo
Herzke. 2009, Qb, 224 S. *

Kerr, Antonia
Blumen für Zoë
Roman. A. d. Franz.
Jutta Schiborr. Dt. EA 2011,
WAT 662, 144 S. *. 2013 eb

Kessel, Joseph
Belle de Jour
Roman. A. d. Franz. Karl
Stransky. Durchgesehen
und ergänzt Susanne Farin
und Michael von Killisch-
Horn. 2011, WAT 658,
192 S. *

Kipphardt, Heiner
Das Leben des schizo-
phrenen Dichters
Alexander M.
Ein Film. 1976, Q 78,
96 S. *

Kirsch, Rainer
Kopien nach Originalen:
4 Portraits aus der DDR
1974, Q 70, 96 S. *

Kisch, Egon Erwin
– **Aus dem Café Größen-**
wahn. Berliner Reportagen
Zus. Klaus Wagenbach und
Linus Guggenberger. 2013,
SVLTO 195, 144 S. mit Abb.
– **Das Lied von Jaburek**
Prager Reportagen
Zus. Linus Guggenberger.
2015, SVLTO 212, 144 S. mit
vielen Abb.

Klaniczay, Gábor
Heilige, Hexen, Vampire
Vom Nutzen des Über-
natürlichen
A. d. Engl. Hanni Ehlers
und Sylvia Höfer. 1991,
KKB 31, 128 S.*

Klein, Olaf Georg
– **Zeit als Lebenskunst**
2007, Qb, 208 S. *. NA
2010, WAT 632, 240 S.
2012, eb
– **Tagebuchschreiben**
2018, AP, 192 S.

Klein, Robert
Gestalt und Gedanke
Zur Kunst und Theorie der
Renaissance
A. d. Franz u. Vorw. Horst
Günther. 1996, KKB 53,
127 S. *

Kleists »Kohlhaas«
Ein deutscher Traum vom
Recht auf Mordbrennerei
Hrsg. Friedmar Apel. OA
1987, WAT 151, 160 S. *

Kluge, Alexander
– **Theodor Fontane,**
Heinrich von Kleist und
Anna Wilde
Zur Grammatik der Zeit
1987, SVLTO 4, 96 S. *
– **Fontane – Kleist –**
Deutschland – Büchner
Zur Grammatik der Zeit
2004, SVLTO 125, 96 S. *
– **Personen und Reden**
Lessing – Böll – Huch –
Schiller – Adorno – Haber-
mas – Müller – Augstein –
Gaus – Schlingensief – Ad
me ipsum
2012, SVLTO 183, 144 S.

Koch, Hans-Gerd
Kafka in Berlin
2008, SVLTO 153, 144 S.
mit Abb. *

Koenigs, Tom
Machen wir Frieden oder
haben wir Krieg?
Auf UN-Mission in
Afghanistan
Hrsg. und mit Vorw. Joscha
Schmierer. 2011, P, 272 S.
2011, eb

Koeppel, Matthias
– **Starckdeutsch**
Oine Orrswuuhl dörr
schtahurcköstn Gedeuchten
1983, WAT 94, 128 S. *
– **Koeppels Tierleben in**
Starckdeutsch
Mit Zeichnungen des
Autors. 1991, SVLTO 25,
80 S. *

Kofler, Werner
– **Guggile: Vom Bravsein**
und vom Schweinigeln.
Eine Materialsammlung aus
der Provinz
1975, Q 72, 96 S. *
– **Ida H**
Eine Krankengeschichte
1978, Q 93, 160 S. *
– **Aus der Wildnis**
2 Fragmente. 1980, Q 108,
144 S. *
– **Amok und Harmonie**
Prosa. 1985, Q 141, 80 S. *

Köhler, Ernst
– **Arme und Irre**
Die liberale Fürsorgepolitik
des Bürgertums
1977, P 79, 192 S. *
– **Die Stadt und ihre Würze**
Ein Bericht aus dem Süden
unseres Sozialstaats
OA 1983, WAT 97, 224 S. *

Köhler, Jochen
Klettern in der Großstadt
Geschichten vom Überleben
zwischen 1933 und 1945
1981, WAT 85, 256 S. *

Kohlhaase, Wolfgang
Erfindung einer Sprache
und andere Erzählungen
Nachw. Andreas Dresen.
2021, Oh, 208 S. 2021, eb

Kohout, Annekathrin
Netzfeminismus
Strategien weiblicher
Bildpolitik
2019, DBK, 80 S. mit vielen
Abb. 2019, eb

Kollektiv Hispano-Suiza
Arbeiter und Apparate
Bericht französischer Arbeiter
über ihre Praxis 1945–1970
A. d. Franz. Hans-Jürgen
Heckler. 1972, R 30, 168 S. *

Kollektiv RAF über den
bewaffneten Kampf in
Westeuropa
1971, R 29, 72 S. *

Kopečný, Angelika
Fahrende und Vaga-
bunden
Ihre Geschichte, Überlebens-
künste, Zeichen und Straßen
OA 1980, WAT 68, 192 S. *

Kopfnuß 1. *Essays über Kultur*
und Politik
Hrsg. Heinrich von Beren-
berg und Klaus Wagenbach.
OA 1993, WAT 224, 192 S. *

Kopfnuß 2
Hrsg. Heinrich von Beren-
berg und Klaus Wagen-
bach. OA 1994, WAT 232,
176 S. *

Kopfnuß 3
Hrsg. Heinrich von Beren-
berg und Klaus Wagenbach.
OA 1995, WAT 252, 176 S. *

Kopisch, August
Entdeckung der Blauen
Grotte auf der Insel Capri
Hrsg. und Nachw. Dieter
Richter. 1997, SVLTO 64,
112 S. mit zahlr. Abb. *. NA
2009, WAT 609

Körner, Wolfgang Hermann
Die ägyptischen Träume
1980, Q 105, 72 S. *

Korowin, Elena
Cat Content
Die Geschichte des digitalen
Katzenkults
2024, DBK, 80 S. mit
vielen Abb. 2024, eb

Koyré, Alexandre
– **Galilei**
Die Anfänge der neuzeitli-
chen Wissenschaft
A. d. Engl. und Franz.
und mit einem Vorw. Rolf
Dragstra. 1988, KKB 8,
96 S. *
– **Leonardo, Pascal und die**
Entwicklung der kosmo-
logischen Wissenschaft
A. d. Franz. und mit einem
Vorw. Horst Günther. 1994,
KKB 45, 112 S. *

– **Vergnügen bei Platon**
A. d. Franz. Horst Günther.
OA 1997, WAT 285, 160 S. *

Kraitt, Tyma
Sunniten gegen Schiiten
Zur Konstruktion eines
Glaubenskrieges
2021, WAT 846, 224 S.

Kramer, Fritz W.
Bikini. *Atomares Testgebiet*
im Pazifik
OA 2000, WAT 380, 112 S.
mit vielen Abb. *

Kraushaar, Wolfgang
Der Griff nach der Not-
bremse
Nahaufnahmen des Protests
OA 2012, WAT 691, 144 S. *

Krausser, Helmut
Zur Wildnis
45 Kurze aus Berlin
OA 2019, WAT 814, 160 S.
2019, eb

Krüger, Michael
– **Was tun?**
Eine altmodische Geschichte
1984, Q 131, 80 S. *
– **Warum Peking?**
Eine chinesische Geschichte
1986, Q 145, 104 S. *
– **Wieso ich?**
Eine deutsche Geschichte
1987, Q 152, 112 S. *. NA
2000, *Wieso ich? Drei*
haarsträubende Geschichten,
WAT 388, 240 S. *
– **Idyllen und Illusionen**
Tagebuchgedichte
1989, Q 165, 80 S. *

Kuhn, Hansmartin
Der lange Marsch in den
Faschismus. *Zur Theorie*
der Institutionen in der
bürgerlichen Gesellschaft
1974, P 45, 128 S. *

Kulbak, Moische
Der Messias vom Stamme
Efraim
Roman. A. d. Jiddischen
und Nachw. Andrej
Jendrusch. 2018, Oh, 144 S.
2020, eb

Die Kunst des Wartens
Hrsg. Brigitte Kölle und
Claudia Peppel. 2019, AP,
168 S.

Kurnitzky, Horst
– **Versuch über den Ge-**
brauchswert. *Zur Kultur*
des Imperialismus
1970, R 19, 72 S. *
– **Triebstruktur des Geldes**
Ein Beitrag zur Theorie der
Weiblichkeit
1974, P 52, 176 S. *
– **Ödipus. Ein Held der**
westlichen Welt. *Über die*
zerstörerischen Grundlagen
unserer Zivilisation
OA 1978, WAT 38, 144 S. *

Kuyper, Eric de
An der See
A. d. Niederl. Gerd Busse.
2024, SVLTO 283, 144 S.

L

Labruffe, Alexandre
Erkenntnisse eines
Tankwarts
A. d. Franz. Cornelius
Wüllenkemper. 2023,
SVLTO 278, 144 S.

Lacenaire, Pierre-François
Memoiren eines Spitz-
buben
A. d. Franz. Rudolf Witt-
kopf. Einf. Lothar Baier.
1982, WAT 88, 192 S. *

Lacoste, Yves
Geographie und politi-
sches Handeln
Perspektiven einer neuen
Geopolitik
Vorw. Mechtild Rössler.
A. d. Amerik. Matthias
Wolf. 1990, KKB 26, 96 S. *

Lakhous, Amara
– **Krach der Kulturen um einen Fahrstuhl an der Piazza Vittorio**
Roman. A. d. Ital. Michaela Mersetzky. Dt. EA 2009, WAT 608, 160 S. *. 2013, eb
– **Scheidung auf Islamisch in der Via Marconi**
Roman. A. d. Ital. Michaela Mersetzky. Dt. EA 2012, WAT 685, 256 S.

Lambert, Bernhard
Bauern im Klassenkampf
Anregungen für die vergessene Analyse einer Ausbeutung
A. d. Franz. Eva Moldenhauer. 1971, R 32, 144 S. *

Lampedusa, Giuseppe Tomasi di
– **›… Ich sucht' ein Glück, das es nicht gibt …‹**
Byron – Shelley – Keats
A. d. Ital. Sigrid Vagt. 1993, SVLTO 37, 96 S. *
– **Shakespeare**
A. d. Ital. Maja Pflug. 1994, SVLTO 44, 96 S. *
– **Morgenröte der englischen Moderne.** *Henry James – Joseph Conrad – George Bernard Shaw – Virginia Woolf – D.H. Lawrence – James Joyce u. a.*
A. d. Ital. Friederike Hausmann. 1995, SVLTO 55, 112 S. *

Lampugnani, Vittorio Magnago
– **Die Modernität des Dauerhaften**
Essays zu Stadt, Architektur und Design
A. d. Ital. Moshe Kahn. 1995, KKB 51, 104 S. mit vielen Abb. *. NA 2011, WAT 676, 144 S.
– **Verhaltene Geschwindigkeit.** *Die Zukunft der telematischen Stadt*
2002, KKB 66, 112 S. mit Abb. *

– **Die Stadt im 20. Jahrhundert.** *Visionen, Entwürfe, Gebautes*
2010, AP, 2 Bände im Schmuckschuber, Großformat, 912 S. mit zahlr., größtenteils farbigen Abb.
– **Die Stadt von der Neuzeit bis zum 19. Jahrhundert**
Urbane Entwürfe in Europa und Nordamerika
2017, AP, 384 S. mit ca. 350 größtenteils farbigen Abb. 2017, eb
– **Bedeutsame Belanglosigkeiten**
Kleine Dinge im Stadtraum
2019, AP, 192 S. mit vielen Abb. in Duplex *. Überarbeitete NA 2023, WAT 856, 304 S. mit sehr vielen Abb.
– **Gegen Wegwerfarchitektur.** *Weniger, dichter, dauerhafter bauen*
2023, ▐, 128 S. mit vielen Abb. 2023, eb

Landolfi, Tommaso
Zwei späte Jungfern
A. d. Ital. Heinz Riedt. 2000, WAT 376, 112 S.*

Lang, Thomas
Than
Roman. 2002, Qb, 192 S. *. NA 2005, WAT 530, 192 S. *

Lange, Hartmut
Die Ermordung des Aias oder Ein Diskurs über das Holzhacken
1971, Q 51, 72 S. *

Langer, Alexander
Die Mehrheit der Minderheiten
Hrsg. u. mit Vorw. Peter Kammerer. OA 1996, WAT 268, 144 S. *

Larrue, Arthur
Wojna
Roman. A. d. Franz. Max Stadler. 2014, Qb, 112 S. *. 2014, eb

Laube, Stefan
Objekte im Duell
Streifzüge durch Berliner Museen
2019, SVLTO 241, 144 S. mit 20 Abb. *

Laudenbach, Peter
Volkstheater. *Der rechte Angriff auf die Kunstfreiheit*
Mit einer Chronik. 2023, ▐, 144 S. 2023, eb

Lavin, Irving
Picassos Stiere oder die Kunstgeschichte von hinten
A. d. Amerik. Wolfgang Heuss. 1995, KKB 49, 96 S. mit 72 Abb. *. Veränderte und erweiterte NA 2007, WAT 551, 128 S.

Lavrov, Peter L.
Die Pariser Kommune vom 18. März 1871
Vorw. Klaus Meschkat. A. d. Russ. Renate Horlemann. 1971, R 25, 192 S. *

Lawrence, D. H.
– **Etruskische Orte**
A. d. Engl. Oswalt von Nostitz. Vorw. Anthony Burgess. 1999, WAT 359, 192 S. mit Photos *. NA 2009, WAT 617 *
– **Du hast mich angefaßt**
Die schönsten Liebesgeschichten
Ausw. Andreas Paschedag. 2001, SVLTO 95, 128 S. *
– **Der Fuchs**
Nachw. Doris Lessing. A. d. Engl. Martin Beheim-Schwarzbach. 2004, SVLTO 121, 98 S. *

Lay, Conrad
Das tägliche Erdbeben
Ein Bericht über die Stadt Neapel: Arbeitslosigkeit, Schmuggel, Mafia, Revolten
1980, P 88, 216 S. *

Le Goff, Jacques
– **Reims, Krönungsstadt**
A. d. Franz. Bernd Schwibs.
1997, KKB 58, 112 S. mit
vielen Abb. *
– **Kaufleute und Bankiers
im Mittelalter**
A. d. Franz. Friedel Weinert.
2005, WAT 520, 144 S.

**Le Tourneur d'Ison,
Claudine
Hira Mandi**
Roman. A. d. Franz.
Nathalie Mälzer-Semlinger.
2006, Qb, 192 S. *

**Leeming, David
Medusa**
Die schreckliche Schöne
A. d. Amerik. Matthias
Wolf. 2016, SVLTO 221,
144 S. *

**Leggewie, Claus/Karolewski,
Ireneusz Paweł
Die Visegrád-Connection**
*Eine Herausforderung für
Europa*
2021, ℙ, 176 S.

**Leggewie, Claus/Nanz,
Patrizia
Die Konsultative**
*Mehr Demokratie durch
Bürgerbeteiligung*
2016, ℙ, WAT 749, 128 S.
*. Erweiterte NA 2018, ℙ,
WAT 810

Lem, Anton van der
– **Opstand! Der Aufstand
in den Niederlanden.**
*Egmonts und Oraniens
Opposition, die Gründung
der Republik und der Weg
zum Westfälischen Frieden*
A. d. Niederl. Klaus Jöken.
Dt. EA 1996, WAT 259,
167 S. mit 39 Abb. und
3 Karten. *

– **Die Entstehung der Nie-
derlande aus der Revolte**
*Staatenbildung im Westen
Europas*
A. d. Niederl. Marianne
Holberg. 2016, AP, 264 S.
mit vielen Abb.

Lesebuch:
– **Deutsche Literatur der
60er Jahre**
Hrsg. Klaus Wagenbach.
Mit Lebensdaten und
Quellenverzeichnis. 1968,
AP, 192 S. *. Veränderte
und erweiterte NA 1972,
AP, 224 S. *. NA 1994,
Nachw. Klaus Wagenbach.
Akt *. NA 1996, WAT 267,
240 S. *
– **Deutsche Literatur zwi-
schen 1945 und 1959**
Hrsg. Klaus Wagenbach.
1980, AP, 224 S. *. NA
1993, *Deutsche Literatur der
Nachkriegszeit*, WAT 222,
232 S. *
– **Weimarer Republik.
Deutsche Schriftstel-
ler und ihr Staat von
1918–1933**
Hrsg. Stephan Reinhardt.
1982, AP, 256 S. *. NA
1992, *Die Schriftsteller und
die Weimarer Republik*,
WAT 208 *
– **Deutsche Literatur der
siebziger Jahre**
Hrsg. Christoph Buchwald
und Klaus Wagenbach. Mit
Nachw. und Bibliographie.
1984, AP, 224 S. *. NA
1995, WAT 254 *

Lessing, Doris
– **Das Leben meiner Mutter**
A. d. Engl. Adelheid Dor-
magen. Dt. EA 1987, WAT
149, 112 S. mit vielen Abb.
*. NA 1994, SVLTO 45, 80
S. *. NA 2003, WAT 467
*. NA 2007, SVLTO 45, 96
S. * NA 2015, WAT 738 * .
NA 2024, WAT 869, 96 S.
mit vielen Abb.

– **Das Leben meiner Mutter**
Gelesen von Katharina
Thalbach. 2004, LO, CD,
Laufzeit 70 Min. *
– **Liebhaber meiner
Phantasie**
Erzz. A. d. Engl. Adelheid
Dormagen, Manfred Ohl
und Hans Sartorius. 1999,
SVLTO 86, 128 S. *

**Lessing, Gotthold Ephraim
Nathan der Weise**
*Der Autor, der Text, seine
Umwelt, seine Folgen*
Hrsg. Helmut Göbel. OA
1977, WAT 43, 272 S. *. NA
1993, WAT 225 *. NA 2002,
WAT 426, 276 S. *

**Levi, Giovanni
Das immaterielle Erbe**
*Eine bäuerliche Welt an der
Schwelle zur Moderne*
A. d. Ital. Karl F. Hauber
und Ulrich Hausmann.
1986, AP, 200 S. *

**Levi, Primo
Der Ringschlüssel**
Roman. 1997, WAT 275,
208 S. *

Levy, Deborah
– **Heim schwimmen**
Roman. A. d. Engl. Richard
Barth. 2013, Qb, 168 S. *.
NA 2021, WAT 837, 160 S.
2013, eb
– **Black Vodka**
Erzz. A. d. Engl. Barbara
Schaden. 2014, Qb, 128 S. *
– **Was ich nicht wissen will**
A. d. Engl. Barbara Scha-
den. Dt. EA 2015, WAT
736, 112 S. 2015, eb

**Lickhardt, Maren
Binge Watching**
*Veränderte Rezeption,
veränderte Produktion?*
2023, DBK, 80 S. mit
vielen Abb. 2023, eb

Liebe nach Mitternacht
Maßlose Leidenschaften
Vorgeschlagen von Hans-
Gerd Koch und Susanne
Schüssler. 2004, *SVLTO*
124, 120 S. *

**Lieber heute aktiv als
morgen radioaktiv. Wyhl:
Bauern erzählen. Warum
Kernkraftwerke schädlich
sind**
*Wie man eine Bürgeriniti-
ative macht und sich dabei
verändert*
Hrsg. Nina Gladitz. 1976,
P 65, 176 S. *

Liebes-Erklärungen
Hrsg. Claudia Schmölders.
OA 1993, WAT 226, 136 S. *

**Ligeti, György/Neuweiler,
Gerhard**
　Motorische Intelligenz.
　*Zwischen Musik und Natur-
　wissenschaften*
　Hrsg. und Nachw. Reinhart
　Meyer-Kalkus. 2007, KKB
　75, 112 S. mit Abb. *

Lim, Jic-Huy
　Opfernationalismus
　*Erinnerung und Herrschaft
　in der postkolonialen Welt*
　2024, KKB 97, 144 S.
　2024, eb

Lind, Jakov
– **Eine bessere Welt in fünf-
　zehn Kapiteln**
　Roman. 1966, Q 10/11,
　168 S. *
– **Angst und Hunger**
　2 Hörspiele. 1968, Q 26,
　72 S. *
– **Selbstportrait**
　A. d. Engl. Günter Danehl.
　1983, WAT 105, 160 S. *

Linhart, Robert
– **Eingespannt**
　*Erzählungen aus dem Innern
　des Motors*
　A. d. Franz. Grete Oster-
　wald. 1978, P 84, 132 S. *

– **Der Zucker und der
　Hunger**
　*Reise in ein Land, wo der
　Zucker wächst: Brasilien*
　A. d. Franz. Jürgen Hoch.
　Dt. EA 1980, WAT 71,
　112 S. *

Lissabon
Eine literarische Einladung
Hrsg. Gaby Wurster. 2010,
SVLTO 170, 144 S. NA 2014

Livi Bacci, Massimo
– **Kurze Geschichte der
　Migration**
　A. d. Ital. Marianne Schnei-
　der. Dt. EA 2015, WAT
　743, 176 S. mit zahlreichen
　Tabellen
– **Planet und Mensch**
　*Bevölkerungswachstum im
　21. Jahrhundert*
　A. d. Ital. Enrico Hei-
　nemann. Dt. EA 2017,
　WAT 782, 208 S. *

Ljubljana und Slowenien
Eine literarische Einladung
A. d. Slowenischen
Matthias Göritz, Alexandra
Zaleznik u. a. Hrsg. Aleš
Šteger. 2023, *SVLTO* 275,
144 S.

Löhr, Tillmann
　Schutz statt Abwehr
　Für ein Europa des Asyls
　2010, **P**, 96 S. *

Lohre, Matthias
　**Der kühnste Plan seit
　Menschengedenken**
　Roman. 2021, Qb, 480 S.
　2021, eb

London
Eine literarische Einladung
Hrsg. Ingo Herzke u.
Hans-Gerd Koch. 2012,
SVLTO 185, 144 S.

Longhi, Roberto
– **Masolino und Masaccio**
　*Zwei Maler zwischen Spät-
　gotik und Renaissance*
　A. d. Ital. Heinz Georg
　Held. Einf. Andreas Beyer.
　1992, AP, 256 S. mit 150
　Abb. *. NA 2011, überarbei-
　tete Einf. WAT 651, 288 S.
– **Venezianische Malerei**
　A. d. Ital. und mit einem
　Vorw. Heinz Georg Held.
　1995, AP, Großformat
　im Schuber, 216 S. mit
　343 überwiegend farbigen
　Abb. *

Longo, Davide
　Der Steingänger
　Roman. A. d. Ital. Suse
　Vetterlein. 2007, Qb, 176
　S. *. NA 2015 WAT 747,
　176 S. *. 2016, eb

Löw-Beer, Peter
　Industrie und Glück
　*Der Alternativplan von
　Lucas-Aerospace*
　Mit einem Beitrag von
　Alfred Sohn-Rethel:
　Produktionslogik gegen
　Aneignungslogik. 1981, P
　89, 216 S. *

Lucke, Albrecht von
– **68 oder neues Biedermeier**
　*Der Kampf um die
　Deutungsmacht*
　2008, **P**, 96 S.
– **Die gefährdete Republik**
　*Von Bonn nach Berlin
　1949 – 1989 – 2009*
　2009, **P**, 112 S. *

M

**Macciocchi, Maria-Anto-
nietta**
　**Jungfrauen, Mutter und
　ein Führer**
　Frauen im Faschismus
　A. d. Franz. Eva Molden-
　hauer. 1976, P 73, 112 S. *

Madrid
Eine literarische Einladung
Hrsg. Marco Thomas
Bosshard und Juan García
Serrano. 2008, *SVLTO* 151,
144 S.

Mailand
Eine literarische Einladung
Hrsg. Henning Klüver.
2016, *SVLTO* 219, 144 S.

Malerba, Luigi
– **Die nachdenklichen
Hühner**
131 kurze Gesch. A. d.
Ital. Elke Wehr. 1984, Q
132, 80 S. *. NA 1995,
SVLTO 50, mit 15 neuen
Eiern im Hühnerstall. A.
d. Ital. Elke Wehr und
Iris Schnebel-Kaschnitz.
80 S. mit Zeichnungen v.
Matthias Koeppel *. NA
2009, Ausgabe letzter Hand
mit neuen Hühnern v.
Lena Ellermann. *SVLTO*
164, 88 S.
– **Die Schlange**
Roman. A. d. Ital. Alice
Vollenweider. 1985, WAT
119, 168 S. *. NA 2000,
WAT 373 *
– **Taschenabenteuer**
53 Geschichten. A. d. Ital.
Iris Schnebel-Kaschnitz.
1985, Q 140, 112 S. *. NA
1998, WAT 299, 112 S. mit
Zeichnungen von Matthias
Koeppel *
– **Pataffio**
Roman. A. d. Ital. Moshe
Kahn. 1988, Q 161, 240 S. *.
NA 2006, WAT 548, 240 S.
– **Der Protagonist**
Roman. A. d. Ital.
Alice Vollenweider. 1989,
WAT 166, 160 S. *. NA
2002, WAT 429, 160 S. *
– **Silberkopf**
Erzz. A. d. Ital. Karin
Fleischanderl. 1989, Q 168,
128 S. *

– **Wahrhaftige Gespenster**
*Geschichten aus den
eingebildeten Wissenschaften*
1990, *SVLTO* 22, 96 S. *
– **Das griechische Feuer**
Roman. A. d. Ital. Iris
Schnebel-Kaschnitz. 1991,
Qb, 220 S. NA 2001, Akt,
224 S. *. NA 2002, WAT
437, 224 S.
– **Die fliegenden Steine**
Roman. A. d. Ital. Moshe
Kahn. 1992, Qb, 240 S.
– **Die Entdeckung des
Alphabets**
Erz. A. d. Ital. Joachim
A. Frank. 1993, WAT 218,
192 S. *
– **Die nackten Masken**
Roman. A. d. Ital. Iris
Schnebel-Kaschnitz. 1995,
Qb, 304 S. *. NA 2004,
Akt, 246 S. *. NA 2007,
WAT 565, 288 S. 2013, eb
– **Närrische Welt**
*Von Lustgurkenfresserinnen
und der Sehnsucht nach
Metall*
Erz. 1997, Akt, 128 S. *
– **König Ohneschuh**
Roman. A. d. Ital. Iris
Schnebel-Kaschnitz. 1997,
Qb, 224 S. *
– **Elianes Glanz**
Roman. A. d. Ital. Moshe
Kahn. 2000, Qb, 192 S. *
– **Der Traum als Kunstwerk**
A. d. Ital. Moshe Kahn.
2002, *SVLTO* 112, 112 S. *
– **Der geheime Zirkel von
Granada**
Roman. A. d. Ital. Iris
Schnebel-Kaschnitz. 2003,
Qb, 200 S. *
– **Römische Gespenster**
Roman. A. d. Ital. Iris
Schnebel-Kaschnitz. 2007,
Qb, 240 S. *

– **66 nachdenkliche Hühner**
A. d. Ital. Elke Wehr und
Iris Schnebel-Kaschnitz.
2020, Qb, DaCapo, 80 S.

**Malerba, Luigi/Guerra,
Tonino**
**Von dreien, die auszogen,
sich den Bauch zu füllen**
Roman aus dem Jahre 1000
A. d. Ital. Moshe Kahn.
1996, *SVLTO* 60, 192 S.

Mallorca
Eine literarische Einladung
Hrsg. Margit Knapp. 2000,
SVLTO 90, 128 S. mit
vielen Abb. *. NA 2019,
SVLTO 244, 144 S mit
vielen Abb.

Malouf, David
Das Wolfskind
Roman. A. d. Engl. Helga
Herborth. 1998, WAT 316,
160 S. *

**Mandel, Ernest/Wolf,
Winfried**
**Ende der Krise oder Krise
ohne Ende**
*Bilanz der Weltwirtschafts-
rezession und der Krise in der
Bundesrepublik*
1977, P 78, 240 S. *

Manetti, Antonio
**Die Novelle vom dicken
Holzschnitzer**
Einf. Matteo Burioni. A. d.
Ital. Marianne Schneider.
2012, *SVLTO* 189, 96 S. *

Manganelli, Giorgio
– **Niederauffahrt**
A. d. Ital. Toni Kienlechner.
1967, Q 20/21, 144 S. *
– **Omegabet**
A. d. Ital. Toni Kienlechner.
1970, Q 40/41, 132 S. *
– **Unschluß**
A. d. Ital. Iris Schnebel-
Kaschnitz. 1978, Q 92,
144 S. *

– Irrläufe
100 Romane in Pillenform
Mit Zeichnungen von
Tullio Pericoli und einem
Interview. A. d. Ital. Iris
Schnebel-Kaschnitz. 1980,
Q 107, 208 S. *. NA 1989,
SVLTO 14, 144 S. *. NA
2000, *SVLTO* 94 *. NA
2022 mit Nachw. Klaus
Wagenbach, Oh, 160 S.
2022, eb
– Amore
A. d. Ital. Iris Schnebel-Ka-
schnitz. 1982, Q 118, 128 S. *
– An künftige Götter
6 Gesch. A.d. Ital. Toni
Kienlechner. 1983, Q 123,
160 S. *
– Manganelli furioso
*Handbuch für unnütze
Leidenschaften*
A. d. Ital. Marianne Schnei-
der. 1985, AP, 160 S. *
– Aus der Hölle
A. d. Ital. Iris Schnebel-
Kaschnitz. 1986, Q 151,
144 S. *
– Lügenbuch
OA 1987, mit Zeichnungen
von Tullio Pericoli. Hrsg.
Klaus Wagenbach. WAT
146, 160 S. *. NA 2000,
WAT 374 *
– Brautpaare und ähnliche
Irrtümer
A. d. Ital. Marianne Schnei-
der. 1988, Q 160, 144 S. *
– Geräusche und Stimmen
A. d. Ital. Iris Schnebel-
Kaschnitz. 1989, Q 166,
144 S. *
– A und B. *Dialoge und
unmögliche Interviews*
A. d. Ital. Daniel dell'Agli,
Renate Heimbucher, Ma-
rianne Schneider, Barbara
Villiger Heilig und Alice
Vollenweider. 1991, Q 178,
144 S. *
– Der endgültige Sumpf
Roman. A. d. Ital. Iris
Schnebel-Kaschnitz. 1993,
Q 185, 112 S. *

– Das indische Experiment
A. d. Ital. Marianne
Schneider. 1994, Q 190,
96 S. *
– Kometinnen und andere
Abschweifungen
A. d. Ital. Marianne Schnei-
der. 1997, Qb, 160 S.

Mansfield, Katherine
Funkenregen
*Die schönsten Geschichten
von der Liebe*
A. d. Engl. Elisabeth
Schnack. Ausw. Susanne
Schüssler. 2005, WAT 517,
144 S. *

Mantelli, Brunello
Kurze Geschichte des
italienischen Faschismus
A. d. Ital. Alexandra
Hausner. Dt. EA 1998,
WAT 300, 192 S. mit vielen
Abb.

Manzini, Antonio
Spitzentitel
Roman. A. d. Ital. Antje
Peter. 2018, *SVLTO* 230,
80 S.

Mao Tse-Tung
Über Praxis und Wider-
spruch
Nachw. Hansmartin Kuhn.
1968, R 5, 96 S. *

Maraini, Dacia
– Zeit des Unbehagens
Roman. A. d. Ital. Heinz
Riedt. 2000, WAT 375,
192 S. *
– Mein Mann
Zwölf Erzz. A. d. Ital.
Gudrun Jäger. 2002,
SVLTO 107, 144 S. *

Marat, Jean Paul
Ich bin das Auge des
Volkes
*Ein Portrait in Reden und
Schriften*
Hrsg. Aglaia Hartig. OA
1987, WAT 148, 160 S. *

Marcenaro, Pietro/Foa,
Vittorio
Tempo, Tempo.
*Dialog über die Zukunft der
Arbeit*
A. d. Ital. Gisela Bonz. Mit
einer Vorbemerkung von
Thomas Schmid. Dt. EA
1983, WAT 95, 160 S. *

Marías, Javier
– Während die Frauen
schlafen
A. d. Span. Renata Zuniga.
1999, *SVLTO* 84, 160 S. *.
NA 2001, Akt *
– Während die Frauen
schlafen
Gelesen von Otto Sander.
2000, LO, MC/CD, Lauf-
zeit 60 Min. *
– Das Leben der Gespenster
A. d. Span. Renata Zuniga.
2001, *SVLTO* 96, 128 S. *

Marlowe, Christopher/Fried,
Erich
Der Jude von Malta
Mit Essays von Stephen
Greenblatt und Karl Marx
sowie einem Nachw. von
Friedmar Apel. 1991, WAT
190, 168 S. *. NA 2003,
WAT 460 *

Marsé, Berta
Der Tag, an dem Gabriel
Nin den Hund seiner
Tochter im Swimming-
pool ertränken wollte
A. d. Span. Angelica
Ammar. 2008, Qb, 176 S. *

Marsé, Juan
– Der zweisprachige Lieb-
haber
Roman. Revidierte
Übersetzung a. d. Span.
Hans-Joachim Hartstein.
2007, WAT 571, 208 S. *.
NA 2011, WAT 660, 208
S. *. NA 2022, WAT 571,
208 S. 2022, eb

- **Liebesweisen in Lolitas Club**
  Roman. A. d. Span.
  Dagmar Ploetz. 2007, Qb,
  256 S. *
- **Letzte Tage mit Teresa**
  Roman. A. d. Span. Andrea
  Rösler. 2008, WAT 587, 456
  S. *. NA 2020, WAT 834
- **Kalligraphie der Träume**
  Roman. A. d. Span.
  Dagmar Ploetz. 2011, Qb,
  352 S. *
- **Gute Nachrichten auf Papierfliegern**
  Roman. A. d. Span. Dagmar Ploetz. 2016, *SVLTO*
  216, 112 S. *. NA 2022,
  WAT 849, 112 S. 2022, eb

Marseille und die Provence
Eine literarische Einladung
Hrsg. Daniel Winkler. 2013,
SVLTO 194, 144 S. mit Abb.

Martell, Owen
  Intermission
  Roman. A. d. Engl. Anke
  C. Burger. 2014, Qb, 160 S.
  *. 2014, eb

Märtin, Ralf-Peter
  Dracula. *Das Leben des Fürsten Vlad Tepes*
  OA 1980, WAT 65, 192 S.
  *. NA 1996, WAT 266 *.
  NA 2001, WAT 396, 208 S.
  * 2013, eb

Masi, Edoarda
  Die chinesische Herausforderung. *Beiträge zu einer sozialistischen Strategie*
  A. d. Ital. Christel Schenker. 1970, R 17, 176 S. *

Masuccio
  Novellino. *Renaissancenovellen aus Neapel und dem Süden Italiens*
  A. d. Ital. Hanns Floerke.
  Einleitung von Gianni
  Celati. Nachw. Alice
  Vollenweider. 1988, *SVLTO*
  8, 2 Bände, 240 S. *. NA
  2000, WAT 384, 240 S.

Mauvignier, Laurent
  Von Menschen
  Roman. A. d. Franz.
  Annette Lallemand. 2023,
  WAT 857, 304 S. 2023, eb

Mayr, Suzette
  Der Schlafwagendiener
  Roman. A. d. kanadischen
  Engl. Anne Emmert. 2023,
  Qb, 240 S. 2023, eb

McAdam, Colin
- **Ein großes Ding**
  Roman. A. d. Engl. Eike
  Schönfeld. 2004, Qb,
  384 S. *
- **Fall**
  Roman. A. d. kanadischen
  Engl. Eike Schönfeld. 2010,
  Qb, 392 S. *
- **Eine schöne Wahrheit**
  Roman. A. d. kanadischen
  Engl. Eike Schönfeld. 2013,
  Qb, 336 S. * 2013, eb

McVeigh, Paul
  Guter Junge
  Roman. A. d. Engl. Hans-
  Christian Oeser und Nina
  Frey. 2016, Qb, 256 S.
  2016, eb

Meckel, Christoph
- **Tullipan**
  Erz. Mit 2 Zeichnungen des
  Autors. 1965, Q 2, 84 S. *.
  NA 1980, WAT 75, 144 S. *
- **Die Notizen des Feuerwerkers Christopher Magalan**
  Einschließlich zahlreicher
  Lebenszeugnisse aus
  Briefen, Tagebüchern und
  Dokumenten sowie einer
  grundlegenden Einführung
  von C. E. McKell, samt
  Zeichnungen, durchkommentiert von Professor L.
  Kuchenfuchs. 1966, Q 12,
  72 S. *
- **Bei Lebzeiten zu singen**
  Ged. 1967, Q 18, 84 S. *
- **Eine Seite aus dem Paradiesbuch**
  Hörspiel. Mit 4 Zeichnungen des Autors. 1969, Q 36,
  72 S. *

- **Der wahre Muftoni**
  Erz. 2018, WAT 800, 128 S.

Meienberg, Niklaus
  Es ist kalt in Brandenburg
  Ein Hitler-Attentat
  1990, WAT 186, 184 S. *

Meier, Christian
  Die Welt der Geschichte und die Provinz des Historikers
  3 Überlegungen. 1989, KKB
  15, 104 S. *

Meier, Christian/Veyne, Paul
  Kannten die Griechen die Demokratie?
  2 Studien. 1988, KKB 2,
  96 S. *

Meinhof, Ulrike Marie
- **Bambule**
  Fürsorge – Sorge für wen?
  Nachw. Klaus Wagenbach.
  1971, R 24, 108 S. *. Veränderte NA 1987, WAT 147,
  136 S. *. NA 994, WAT 238.
  *. NA 2002, WAT 428,
  144 S. *. NA 2018, ℙ, 136 S.
- **Die Würde des Menschen ist antastbar**
  Aufsätze und Polemiken
  OA 1980, WAT 62, 192 S. *.
  NA 1992, WAT 202 *. NA
  1994, Akt *. NA 2004, ℙ,
  192 S. NA 2021. 2021, eb
- **Deutschland, Deutschland unter anderm**
  Aufsätze und Polemiken
  OA 1995, Zus. und mit
  Nachw. Susanne Schüssler.
  WAT 253, 176 S. *. NA
  2012, ℙ, 144 S.

Melandri, Francesca
- **Alle, außer mir**
  Roman. A. d. Ital. Esther
  Hansen. 2018, Qb, 608 S.
  *. 2018, eb
- **Eva schläft**
  Roman. A. d. Ital. Bruno
  Genzler. 2018, WAT 805,
  440 S. 2018, eb

– Über Meereshöhe
Roman. A. d. Ital. Bruno
Genzler. 2019, WAT 812,
208 S. 2019, eb

Melchor, Fernanda
– Saison der Wirbelstürme
Roman. A. d. mexika-
nischen Span. Angelica
Ammar. 2019, Qb, 240 S.
*. NA 2020, WAT 826.
2019, eb
– Paradais
Roman. A. d. mexika-
nischen Span. Angelica
Ammar. 2021, Qb, 144 S.
2021, eb

Melo, Patrícia
Wer lügt gewinnt
Roman. A. d. brasilia-
nischen Portug. Barbara
Mesquita. 2012, WAT 682,
256 S. *

Memmi, Albert
Die Salzsäule
Roman. Vorw. Albert
Camus. A. d. Franz.
G. M. Neumann. 2002,
WAT 435, 368 S. *

Mendels, Josepha
– Du wusstest es doch
Roman. A. d. Niederl.
Marlene Müller-Haas. 2018,
Qb, 192 S. 2018, eb
– Rolien & Ralien
Roman. A. d. Niederl.
Marlene Müller-Haas.
Nachw. Roos van Rijswijk.
2020, Qb, 192 S. 2020, eb

Meneghello, Luigi
– Die kleinen Meister
Roman. A. d. Ital.
Marianne Schneider. 1990,
Qb, 260 S. *
– Wieder da!
Roman. A. d. Ital. Mari-
anne Schneider. 1993, Qb,
220 S. *

Menéndez Salmón, Ricardo
Medusa
Roman. A. d. Span. Carsten
Regling. 2014, Qb, 144 S. *.
2014, eb

Mentalitäten-Geschichte
*Zur historischen Rekonstruk-
tion geistiger Prozesse*
Hrsg. Ulrich Raulff. OA
1987, WAT 152, 192 S. *

Merzmensch
KI-Kunst
*Kollaboration von Mensch
und Maschine*
2023, DBK, 80 S. mit
vielen Abb.

Mesa, Sara
– Quasi
Roman. A. d. Span. Peter
Kultzen. 2020, Qb, 144
S. *. NA 2022, WAT 854.
2020, eb
– Eine Liebe
Roman. A. d. Span. Peter
Kultzen. 2022, Qb, 192
S. *. NA 2023. WAT 864.
2022, eb

**Meschkat, Klaus/Rohde,
Petra/Topper, Barbara**
Kolumbien
*Geschichte und Gegenwart
eines Landes im Ausnahme-
zustand*
OA 1980, WAT 67, 192 S. *

Mevissen, Katharina
– Ich kann dich hören
Roman. 2019, Qb, 168 S.
2019, eb
– Mutters Stimmbruch
Erz. Mit 7 Monotypien v.
Katharina Greeven. 2023,
Qb, 128 S. 2023, eb

Meyer, Roland
Gesichtserkennung
*Vernetzte Bilder, körperlose
Masken*
2021, DBK, 80 S. mit vielen
Abb. 2021, eb

Meyer-Wehlack, Benno
Modderkrebse
Stück über einen Bau
Unter Mitarbeit von Irena
Vrkljan. 1971, Q 52, 72 S. *

Meynaud, Jean
**Bericht über die Abschaf-
fung der Demokratie in
Griechenland.** *Analyse der
griechischen Klassenstruktur
von C. T. Aris*
A. d. Franz. Renate Sami.
1969, R 1, 160 S. *

Millar, Erica
Happy Abortions
*Mein Bauch gehört mir –
noch lange nicht*
A. d. australischen Engl.
Stephanie Singh. 2018, ▌,
224 S.

Missiroli, Marco
– Treue
Roman. A. d. Ital. Esther
Hansen. 2021, Qb, 256 S. *.
2022, WAT 851, S., 2021, eb
– Alles haben
Roman. A. d. Ital. Esther
Hansen. 2023, Qb, 176 S.

Moliner, Empar
Verführung mit Aspirin
Erzz. A. d. Katalanischen
Theres Moser. EA
2006, WAT 544, 144 S. *

Molino, Sergio del
Leeres Spanien. *Reise in ein
Land, das es nie gab*
A. d. Span. Peter Kultzen.
2022, AP, 304 S. *. NA
2023, WAT 865. 2022, eb

Möller, Kolja
**Volksaufstand und Kat-
zenjammer.** *Zur Geschichte
des Populismus*
2020, ▌, 160 S. 2020, eb

Möllers, Christoph
**Demokratie – Zumutun-
gen und Versprechen**
2008, ▌, 128 S.

Momigliano, Arnaldo
– Die Juden in der alten
Welt
Einf. Karl Christ. A. d. Ital.
und Engl. Martina Kemp-
ter. 1988, KKB 5, 96 S. *

– **Wege in die Alte Welt**
A. d Ital. Horst Günther.
Einleitung Karl Christ.
1991, AP, 240 S. *

Montanari, Massimo
Spaghetti al pomodoro
Kurze Geschichte eines
Mythos
A. d. Ital. Victoria Lorini.
2020, *SVLTO* 255, 144 S.

Montandon, Alain
Der Kuß
Eine kleine Kulturgeschichte
A. d. Franz. Sonja Finck.
2006, WAT 549, 144 S.

Moor, Margriet de
Der Virtuose
Roman. A. d. Niederl.
Helga van Beuningen.
2005, WAT 512, 160 S. *

Moore, Lisa
Und wieder Februar
Roman. A. d. kanadischen
Engl. Kathrin Razum.
2020, WAT 833, 336 S.

Morante, Elsa
– **Arturos Insel**
Roman. A. d. Ital. Susanne
Hurni-Maehler. 1997,
WAT 277, 424 S. *. NA
1999, Akt, 432 S. *. NA
2002, mit einem biogra-
phischen Nachw. von Maja
Pflug. WAT 441 *. NA
2005, WAT 514 *. NA 2023,
WAT 866. 2016, eb
– **Aracoeli**
Roman. A. d. Ital. Ragni
Maria Gschwend. 1997,
WAT 293, 432 S. *. NA
2021, WAT 845. 2021, eb
– **Eine frivole Geschichte**
über die Anmut und
andere Erzählungen
A. d. Ital. Maja Pflug. 2003,
SVLTO 117, 144 S. *
– **Das heimliche Spiel**
Erzz. A. d. Ital. Susanne
Hurni-Maehler, neu durch-
gesehen Maja Pflug. 2005,
Qb, 200 S. 2020, eb

– **Das heimliche Spiel und**
andere Erzählungen
Erzz. A. d. Ital. Susanne
Hurni-Maehler und Maja
Pflug. WAT 853, 320 S.
– **La Storia**
Roman. A. d. Ital. Maja
Pflug und Klaudia Rusch-
kowski. 2024, Qb, 768 S.
2024, eb

Moravia, Alberto
– **Agostino**
Roman. A. d. Ital. Doro-
thea Berensbach. 2000,
WAT 377, 128 S. *. NA
2005, WAT 511 *
– **Ehe Liebe**
Roman. A. d. Ital. Doro-
thea Berensbach. 2001,
WAT 401, 144 S.
– **Ach, die Frauen**
Die schönsten Erzählungen
Ausw. Klaus Wagenbach.
2003, *SVLTO* 115, 128 S.
– **Cosma und die Briganten**
Novelle. A. d. Ital. Marian-
ne Schneider. 2007, *SVLTO*
149, 96 S.
– **Die Verachtung**
Roman. A. d. Ital. Piero
Rismondo. 2007, WAT
570, 240 S. *
– **La Noia**
Roman. A. d. Ital. Percy
Eckstein und Wendla
Lipsius. 2007, WAT 562,
336 S. *. NA 2009,
WAT 612 *. NA 2020,
WAT 828. 2020, eb
– **Der Konformist**
Roman. A. d. Ital. Percy
Eckstein und Wendla
Lipsius. 2009, WAT 620,
320 S. 2021, eb
– **Der Ungehorsam**
Roman. A. d. Ital. Lida
Winiewicz. 2010, WAT 645,
144 S. 2019, eb

Moreno, Marvel
Im Dezember der Wind
Roman. A. d. kolumbia-
nischen Span. Rike Bolte.
2023, Qb, 432 S. 2023, eb

Möring, Marcel
Modellfliegen
Novelle. A. d. Niederl.
Helga van Beuningen. 2016,
WAT 757, 128 S. *

Moskovich, Yelena
Virtuoso
Roman. A. d. Engl. Conny
Lösch. 2022, Qb, 272 S.
2022, eb

Mühsam, Erich
Fanal. *Aufsätze und*
Gedichte 1905–1932
Hrsg. Kurt Kreiler. OA
1977, WAT 22, 192 S. *

Mulisch, Harry
Schwarzes Licht
Roman. A. d. Niederl.
Gregor Seferens. 2016,
WAT 760, 144 S. *. 2016, eb

Müller, Lothar
– **Die zweite Stimme**
Vortragskunst von Goethe
bis Kafka
2007, KKB 76, 160 S. mit
Abb. und CD
– **Adrien Proust und sein**
Sohn Marcel. *Beobachter*
der erkrankten Welt
2021, AP, 224 S. mit ca.
40 Abb.

Müller-Helle, Katja
Bildzensur
Infrastrukturen der Löschung
2022, DBK, 80 S. mit
vielen Abb. 2022, eb

Müller-Wieland, Birgit
Das neapolitanische Bett
Roman. OA 2005, WAT
522, 240 S. *

Mulsow, Martin
Aufklärungs-Dinge
Zweifler und Verzweifelte im
Umbau des Wissens um 1700
2024, DBK, 304 S. mit sehr vielen
Abb.

Munro, Alice
Der Bär kletterte über
den Berg
Drei Dreiecksgeschichten
A. d. Engl. Heidi Zerning.
2008, WAT 593, 144 S. *

Münster, Arno
Chile – friedlicher Weg?
Historischer Bericht, politische Analyse
1972, R 44, 200 S. *

Muraca, Barbara
Gut leben
Eine Gesellschaft jenseits des Wachstums
2014, **P**, 96 S. NA 2020

Murgia, Michela
– **Accabadora**
Roman. A. d. Ital. Julika Brandestini. 2010, Qb, 176 S. *. NA 2017, WAT 768
– **Camilla im Callcenterland**
A. d. Ital. Julika Brandestini. Dt. EA 2011, WAT 667, 144 S.
– **Elf Wege über eine Insel**
Sardische Notizen
A. d. Ital. Julika Brandestini. 2012, *SVLTO* 184, 168 S.
– **Murmelbrüder**
Eine Geschichte aus Sardinien
A. d. Ital. Julika Brandestini. 2014, *SVLTO* 206, 120 S. *. NA 2017, WAT 780, 112 S. * 2017, eb
– **Chirú**
Roman. A. d. Ital. Julika Brandestini. 2017, Qb, 208 S. 2017, eb
– **Faschist werden**
Eine Anleitung
Mit Faschistometer. A. d. Ital. Julika Brandestini. 2019, **P**, 112 S.
– **Drei Schalen**
Erzz. A. d. Ital. Esther Hansen. 2024, Qb, 160 S. 2024, eb

Mury, Gilbert
Schwarzer September.
Analysen, Aktionen und Dokumente
Hrsg. und a. d. Franz. Wolfgang Dreßen. 1974, P 48, 128 S. *

N

Nach Italien!
Anleitung für eine glückliche Reise
Hrsg. Klaus Wagenbach. 1999, Akt, 144 S. mit vielen Abb. *. NA 2000, *SVLTO* 89, 144 S.

Nachrichten aus Berlin
Ged., Prosa u. ein Lied. 1969, Qp 5, 17 cm, 33 UpM. *

Naldini, Nico
Pier Paolo Pasolini
Eine Biographie
A. d. Ital. Maja Pflug. Mit vielen unbekannten Quellen, Zeugnissen und Photos. 1991, AP, 352 S. *. NA 2012, aktualisiert und neu bebildert, WAT 679, 384 S.

Nanz, Patrizia
Wahrheit und Politik in der Mediengesellschaft
Anmerkungen zu Hannah Arendt
2013, eb

Neapel
Eine literarische Einladung
Hrsg. Dieter Richter. 1998, *SVLTO* 73, 144 S. mit zahlr. Photos. NA 2004, mit Illustr. v. Franziska Neubert. Überarb. NA 2023.

Negri, Antonio
Die wilde Anomalie
Spinozas Entwurf einer freien Gesellschaft
A. d. Ital. Werner Raith. 1982, AP, 288 S. *

Nelson, Deborah
Denken ohne Trost
Arbus, Arendt, Didion, McCarthy, Sontag, Weil
A. d. Amerik. Birthe Mühlhoff. Nachw. Merve Emre. 2022, KKB 91, 240 S. 2022, eb

Neuweiler, Gerhard
Und wir sind es doch – die Krone der Evolution
2008, KKB 77, 256 S. mit Abb. *

New York
Eine literarische Einladung
Hrsg. Beatrice Faßbender. 2014, *SVLTO* 208, 144 S.

Niffoi, Salvatore
Redenta Tiria
Eine sardische Legende
A. d. Ital. Sigrid Vagt. 2015, WAT 735, 176 S.

Nirumand, Bahman
Iran Israel Krieg. *Der Funke zum Flächenbrand*
2012, **P**, 112 S.

Nissen, Hans J./Heine, Peter
Von Mesopotamien zum Irak. *Kleine Geschichte eines alten Landes bis heute*
OA 2003, WAT 483, 208 S. mit zahlr. Abb. *. NA 2014, WAT 732, 224 S.

Nolte, Thomas
Stockfotografie. *Pathosformeln des Spätkapitalismus*
2024, DBK, 80 S. m. vielen Abb. 2024, eb

Nooteboom, Cees
Turbulenzen
Reisegeschichten. A. d. Niederl. Helga van Beuningen. 2016, WAT 756, 112 S. *

Nora, Pierre
Zwischen Geschichte und Gedächtnis
A. d. Franz. Wolfgang Kaiser. 1990, KKB 16, 104 S. *

Nori, Paolo
Weg ist sie!
Roman. A. d. Ital. Olaf Roth. 2000, Qb, 160 S. *

Northey, Anthony
Kafkas Mischpoche
1988, KKB 6, 96 S. mit Abb. *

Nova, Alessandro
Bild/Sprachen
*Kunst und visuelle Kultur in
der italienischen Renaissance*
OA 2014, WAT 727, 208 S.
mit vielen, teils farbigen
Abb.

O

Olmi, Véronique
Ein Mann – eine Frau
Roman. A. d. Franz.
Claudia Steinitz. 2017,
WAT 778, 112 S. *

Oloixarac, Pola
– **Kryptozän**
Roman. A. d. argentini-
schen Span. Timo Berger.
2016, Qb, 192 S. 2016, eb
– **Wilde Theorien**
Roman. A. d. argenti-
nischen Span. Matthias
Strobel. 2021, Qb, 256 S.
2021, eb

**On the Road/Über die
Straße**
*Automobilität in Literatur,
Film, Musik und Kunst*
Hrsg. Erik Wegerhoff. OA
2016, WAT 764, 208 S.

Onetti, Juan Carlos
Ein verwirklichter Traum
Erzz. Ausw. Jürgen Dor-
magen. Nachw. Heinrich
von Berenberg. 2001,
SVLTO 102, 128 S. *

Orgambide, Pedro
Ein Tango für Gardel
Eine Romanbiographie
Nachw. Jorge Aravena
Llanca. A. d. argentinischen
Span. Carsten Regling. Dt.
EA 2010, WAT 640, 160 S.

Origo, Iris
– **Byrons Tochter: Allegra**
A. d. Engl. Gertraude
Krüger. 1993, *SVLTO* 40,
96 S. *

– **›Im Namen Gottes und
des Geschäfts‹.** *Lebensbild
eines toskanischen Kauf-
manns der Frührenaissance*
A. d. Engl. und Ital.
Uta-Elisabeth Trott. 1997,
WAT 290, 504 S.

Ortese, Anna Maria
Iguana
Ein romantisches Märchen
A. d. Ital. Sigrid Vagt.
2000, WAT 372, 208 S. *

Orths, Markus
Das Zimmermädchen
Roman. 2018, WAT 798,
112 S. *

Osborne, Lawrence
Denen man vergibt
Roman. A. d. Engl.
Reiner Pfleiderer. 2017, Qb,
272 S. *. 2017, eb

Oshima, Nagisa
Die Ahnung der Freiheit
Schriften. A. d. Franz.
Grete Osterwald und Uta
Goridis. 1982, AP, 192 S. *

Oster, Christian
Meine Putzfrau
Roman. A. d. Franz. Lis
Künzli. 2017, WAT 777,
192 S. *. 2017, eb

Otele, Olivette
Afrikanische Europäer
Eine unerzählte Geschichte
A. d. Engl. Yasemin Dinçer.
2022, AP, 304 S. 2022, eb

Otto, Isabell
TikTok
*Ästhetik, Ökonomie und
Mikropolitik überraschender
Transformationen*
2023, DBK, 80 S. mit
vielen Abb.

Ozouf, Mona
Das Pantheon
*Freiheit, Gleichheit, Brüder-
lichkeit*
A. d. Franz. Hans Thill.
1996, KKB 56, 94 S. *

P

Pagano, Emmanuelle
– **Der Tag war blau**
Roman. A. d. Franz. Natha-
lie Mälzer-Semlinger. 2008,
Qb, 176 S.
– **Die Haarschublade**
Roman. A. d. Franz.
Nathalie Mälzer-Semlinger.
2009, Qb, 144 S. *
– **Bübische Hände**
Roman. A. d. Franz.
Nathalie Mälzer-Semlinger.
2011, Qb, 144 S. *

Page, Kathy
– **All unsere Jahre**
Roman. A. d. Engl. Beatrice
Faßbender. 2019, Qb,
304 S. *. NA 2021, WAT
843, 336 S. 2019, eb
– **Alphabet**
Roman. A. d. Engl. Beatrice
Faßbender. 2021, Qb, 320 S.
2021, eb

Page, Martin
– **Antoine oder die Idiotie**
Roman. A. d. Franz. Moshe
Kahn. 2002, Qb, 144 S. *.
NA 2004, WAT 489, 144 S.
NA 2005, WAT 516, 144 S. *
– **Die Libelle des achten
Jahres**
Roman. A. d. Franz. Lis
Künzli. 2003, Qb, 220 S. *
– **An Weltuntergänge
gewöhnt man sich**
Roman. A. d. Franz.
Marcus Seibert. 2006, Qb,
256 S. *

Palazzeschi, Aldo
**Freudenschrei und Regen-
schirm**
Roman. A. d. Ital.
Charlotte Birnbaum. 1998,
WAT 322, 144 S. *

Pariani, Laura
**Das Schwert und der
Mond**
Roman. A. d. Ital. Annette
Kopetzki. 1998, Qb, 240 S. *

Paris
Eine literarische Einladung
Hrsg. Katrin Uttendörfer
und Annette Wasser-
mann. Illustr. v. Franziska
Neubert. 2007, SVLTO 145,
144 S.

Parise, Goffredo
– **Alphabet der Gefühle**
A. d. Ital. Dirk J. Blask und
Christiane von Bechtols-
heim. Nachw. Natalia
Ginzburg. 1996, Qb, 336 S.
*. NA 1998, WAT 304,
336 S. *. NA 2009,
WAT 616 *
– **Alphabet der Gefühle**
Gelesen von Peter Fitz.
2001, LO, CD/MC,
Laufzeit 70 Min. *
– **Der Padrone**
Roman. A. d. Ital. Astrid
Claes und Sigrid Gori.
1997, WAT 279, 280 S. *
– **Der schöne Priester**
Roman. A. d. Ital. Hellmut
Ludwig. 1998, WAT 295,
272 S. *
– **Versuchungen**
Erzz. A. d. Ital. Marian-
ne Schneider. 1998, Qb,
160 S. *
– **Die Frau im Sattel**
Erotische Geschichten
Ausw. Susanne Schüssler.
2000, SVLTO 92, 96 S. *

Parrella, Valeria
 Der erfundene Freund
Erzz. A. d. Ital. Suse
Vetterlein. 2006, Qb,
128 S. *

Paso doble
Junge spanische Literatur
Hrsg. und Vorw. Marco
Thomas Bosshard. 2008,
WAT 595, 144 S. *

Pasolini, Pier Paolo
– **Freibeuterschriften**
*Die Zerstörung der Kultur
des Einzelnen durch die
Konsumgesellschaft*
A. d. Ital. Thomas Eisen-
hardt. Mit einer Biographie
und Anmerkungen von
Agathe Haag sowie einem
Vorw. von Maria-Antoniet-
ta Macciocchi. 1978, Q 96,
144 S. *. NA 1988, Q 96
*. NA 1998, neu hrsg. und
mit Vorw. Peter Kammerer,
WAT 317, 176 S. 2016, eb
– **Unter freiem Himmel**
Ausgew. Ged. A. d. Ital.
Toni und Sabine Kienlech-
ner. 1982, Q 112, 160 S. *
– **Barbarische Erinnerungen**
A. d. Ital. Maja Pflug. 1983,
Q 120, 112 S. *
– **Amado mio. Unkeusche
Handlungen.** *Zwei Romane
über die Freundschaft*
A. d. Ital. Maja Pflug.
1984, Q 130, 208 S. *. NA
1997, Akt *. NA 2002,
WAT 425 *
– **Amado mio**
Roman. A. d. Ital. Maja
Pflug. 2011, WAT 663, 96
S. 2021 eb
– **Das Herz der Vernunft**
Ged., Gesch., Polemiken,
Bilder. Hrsg. Burkhart
Kroeber. OA 1986, WAT
134, 224 S. *
– **Literatur und Leiden-
schaft**
Über Bücher und Autoren
Nachw. Thomas Schmid. A.
d. Ital. Annette Kopetzki.
1989, AP, 160 S. *
– **Ragazzi di vita**
Roman. A. d. Ital. Moshe
Kahn. 1990, Qb, 240 S. *.
NA 2000, a. d. Ital. und
mit einer Nachbemerkung
Moshe Kahn. Nachw.
Umberto Eco. WAT 392,
240 S. *. NA 2009,
WAT 614. 2022, eb

– ›**Ich bin eine Kraft des
Vergangenen … ‹**
Briefe 1940–1975
Hrsg. Nico Naldini. A. d.
Ital. Maja Pflug. 1991, AP,
320 S. *
– **Große Vögel, kleine Vögel**
Mit dem Drehbuch, den
Prosaentwürfen, Aufs.,
Bildern. Nachw. Peter
Kammerer. A. d. Ital. Karin
Fleischanderl. 1992, AP,
208 S. mit vielen Photos *
– **Petrolio**
Roman. Hrsg. Maria Careri,
Graziella Chiarcossi und
Aurelio Roncaglia. A. d.
Ital. Moshe Kahn. 1994,
Qb, 720 S. NA 1997, WAT
287 *. NA 2015, WAT 742
– **Wer ich bin**
*Mit einer Erinnerung von
Alberto Moravia*
A. d. Ital. Peter Kammerer
und Bettina Kienlechner.
1995, SVLTO 56, 80 S. *
– **Geschichten aus der Stadt
Gottes**
A. d. Ital. Annette Kopetz-
ki. 1996, SVLTO 61, 80 S. *
– **Rom, Rom**
Erzz. A. d. Ital. Annette
Kopetzki u. a. 2014,
SVLTO 207, 120 S. mit
vielen Fotos
– **Pier Paolo Pasolini in
persona.** *Gespräche und
Selbstzeugnisse*
A. d. Ital. Martin Hall-
mannsecker u. a. Hrsg. und
Vorw. Gaetano Biccari.
2022, AP, 208 S. mit vielen
Fotos
– **Teorema oder Die nackten
Füße**
Roman. A. d. Ital. Heinz
Riedt. 2022, WAT 847,
192 S. 2022, eb
– **Ein Unfall im Kosmos**
112 Sonette
Zweisprachige Ausgabe.
A. d. Ital. und Nachw.
Theresia Prammer. 2023,
Oh, 256 S. mit Abb.

Pastoureau, Michel
– **Blau**
Die Geschichte einer Farbe
A. d. Franz. Antoinette
Gittinger. Dt. EA 2013,
WAT 718, 176 S.
– **Alle unsere Farben**
Eine schillernde Kultur-geschichte
A. d. Franz. Andreas Jandl.
2023, AP, 240 S. 2023, eb

Pelzer, Birgit/Reith, Reinhold
Margarine
Die Karriere der Kunstbutter
2001, AP, 192 S. mit über
70 farbigen Abb. *

Perec, Georges/Bober, Robert
**Geschichten von Ellis
Island oder Wie man
Amerikaner macht**
A. d. Franz. Eugen Helmlé.
1997, 160 S. mit 70 Photos
in Duotone *

Perotti, Simone
Atlas der Mittelmeerinseln
A. d. Ital. Julika Brandesti-ni. 2018, AP, 144 S. mit 43
farbigen Karten

Perrignon, Judith
Kümmernisse
Roman. A. d. Franz. Karin
Uttendörfer. 2011, Qb,
192 S. *

Pessoa, Fernando
– **Ein anarchistischer
Bankier**
Eine Fiktion
A. d. Portug. und mit
einem Nachw. Reinhold
Werner. 1986, Q 146, 80 S.
*. NA 2006, *SVLTO* 137,
96 S.
– **Ein anarchistischer
Bankier**
Gelesen von Hanns Zisch-ler. 2006, LO, CD, Laufzeit
86 Min. *

– **Ein anarchistischer
Bankier/Ein ganz ausge-fallenes Abendessen**
Nachw. und a. d. Portug.
und Engl. Reinhold Wer-ner. 1988, *SVLTO* 6, 96 S. *

Petrucci, Claudia
Die Übung
Roman. A. d. Ital. Mirjam
Bitter. 2022, Qb, 304 S.
2022, eb

Das pfeifende Schwein
Über weitergehende Interes-sen der Linken
Hrsg. Thomas Schmid. OA
1985, WAT 126, 144 S. *

Pfisterer, Ulrich
Kunst-Geburten
Kreativität, Erotik, Körper
2014, KKB 87, 192 S. mit
vielen, teils farbigen Abb.

Pflug, Maja
Natalia Ginzburg
Eine Biographie
1995, AP, 192 S. *. NA 2011,
WAT 674

Piglia, Ricardo
– **Brennender Zaster**
Roman. A. d. argenti-nischen Span. Leopold
Federmair. 2001, Qb, 192
S. *. NA 2010, WAT 635.
2021, eb
– **Künstliche Atmung**
Roman. A. d. argentini-schen Span. Sabine Giers-berg. 2002, Qb, 224 S. *
– **Falscher Name**
Hommage an Roberto Arlt
Ein kurzer Roman A. d.
Span. Sabine Giersberg.
Einf. Hanns Zischler.
Nachw. Leopold Federmair.
2003, Qb, 112 S.
– **Der Goldschmied**
Erzz. Ausw. Carsten Reg-ling. A. d. argentinischen
Span. Carsten Regling und
Sabine Giersberg. 2010,
SVLTO 175, 144 S. *

– **Ins Weiße zielen**
Roman. A. d. argenti-nischen Span. Carsten
Regling. 2010, Qb, 256 S.
2021, eb
– **Munk**
Roman. A. d. argenti-nischen Span. Carsten
Regling. 2015, Qb, 256 S.
2015, eb

Pinget, Robert
– **Monsieur Traum**
Eine Zerstreuung
A. d. Franz. Gerda Scheffel.
1986, Q 149, 128 S. *
– **Der Feind**
Roman. A. d. Franz. Gerda
Scheffel. 1989, Q 164, 144
S. *
– **Kurzschrift.** *Aus Monsieur
Traums Notizheften*
A. d. Franz. Gerda Scheffel.
1991, Q 175, 128 S. *
– **Theo oder die neue Zeit**
Roman. A. d. Franz.
Gerda Scheffel. 1992, Q 182,
80 S. *
– **Ohne Antwort**
Roman. A. d. Franz. Gerda
u. Helmut Scheffel. 1994,
SVLTO 49, 112 S. *
– **Tintenkleckse.** *Monsieur
Traums letztes Notizheft*
A. d. Franz. Gerda Scheffel.
1997, Qb, Bleisatz und
Buchdruck, 64 S. *
– **Befreie uns**
Roman. A. d. Franz. Gerda
Scheffel. 1998, WAT 310,
256 S. *

Pintor, Luigi
– **Servabo.** *Erinnerung am
Ende des Jahrhunderts*
A. d. Ital. Michael Becker
und Petra Kaiser. 1992, Qb,
120 S. NA 1998, WAT 325
– **Der Mispelbaum**
A. d. Ital. Friederike
Hausmann. 2002, *SVLTO*
105, 96 S. *

Piore, Michael J./Sabel, Charles F.
  **Das Ende der Massenpro-
  duktion.** *Über die Requali-
  fizierung der Arbeit und die
  Rückkehr der Ökonomie in
  die Gesellschaft*
  A. d. Amerik. Jürgen Beh-
  rens. 1985, AP, 376 S. *

Piper, Ernst
– **Der Aufstand der Ciompi**
  *Über den Tumult, den die
  Wollarbeiter im Florenz der
  Frührenaissance anzettelten*
  OA 1978, WAT 49, 128 S. *.
  NA 1990, WAT 175 *
– **Savonarola.** *Umtriebe eines
  Politikers und Puritaners im
  Florenz der Medici*
  OA 1979, WAT 60, 160 S. *

Pirandello, Luigi
– **Feuer ans Stroh**
  Sizilianische Novellen
  A. d. Ital. Johanna Borek,
  Hans Hinterhäuser,
  Michael Rössner und Wolf-
  gang Westermann. 1997,
  WAT 282, 240 S. 2021, eb
– **Das dritte Geschlecht**
  *Novellen von Frauen,
  Männern und Ehefrauen*
  1999, WAT 336, 192 S. *
– **Mattia Pascal**
  Roman. A. d. Ital. Piero
  Rismondo. 2000, WAT 379,
  288 S. *. NA 2008, überar-
  beitet von Michael Rössner,
  WAT 603. 2016, eb
– **Die Ausgestoßene**
  Roman. A. d. Ital. Johannes
  Thomas. 2002, WAT 443,
  192 S. *
– **Einer nach dem anderen**
  Novelle. A. d. Ital.
  Sabine Schneider. 2006,
  SVLTO 135, 120 S. *

Pitol, Sergio
– **Eheleben**
  Roman. A. d. mexikani-
  schen Span. Petra Strien.
  Nachw. Antonio Tabucchi.
  2002, SVLTO 106, 144 S.
  NA 2005, WAT 513 *

– **Eheleben**
  Gelesen von Monica
  Bleibtreu. 2006, LO, CD,
  Laufzeit 229 Min. *
– **Defilee der Liebe**
  Roman. A. d. mexikani-
  schen Span. Petra Strien.
  2003, Qb, 272 S. *
– **Die Reise.** *Ein Besuch Ruß-
  lands und seiner Literatur*
  A. d. Span. Christian Han-
  sen. 2003, AP, 160 S. *
– **Mephistowalzer**
  Erzz. A. d. mexikanischen
  Span. Angelica Ammar.
  2005, SVLTO 131, 120 S.
– **Die göttliche Schnepfe**
  Roman. A. d. mexika-
  nischen Span. Angelica
  Ammar. 2006, Qb, 208 S. *
– **Drosseln begraben**
  Die schönsten Erzählungen
  A. d. mexikanischen Span.
  Angelica Ammar. 2013, Qb,
  160 S. *

Pla, Josep
  Die Schmuggler
  A. d. Katalanischen und
  Nachw. Eberhard Geisler.
  2014, SVLTO 205, 96 S. *

Plath, Sylvia
  Die Glasglocke
  Roman. A. d. Engl.
  Reinhard Kaiser. 2003,
  WAT 472, 192 S. *

**Pohl, Friedrich Wilhelm/
Turcke, Christoph**
  Heilige Hure Vernunft
  Luthers nachhaltiger Zauber
  OA 1983, WAT 102, 144 S. *

Pomjan, Krzysztof
– **Der Ursprung des Muse-
  ums.** *Vom Sammeln*
  A. d. Franz. Gustav Rößler.
  1988, KKB 9, 112 S. *. NA
  1993, WAT 227 *. NA 1998,
  WAT 302, 112 S. mit vielen
  Abb.
– **Europa und seine
  Nationen**
  A. d. Franz. Matthias Wolf.
  1990, KKB 18, 144 S. *

Popcorn unterm Zuckerhut
  Junge brasilianische Literatur
  Hrsg. Timo Berger. OA
  2013, WAT 707, 144 S. *

Porter, Roy
  **Kleine Geschichte der
  Aufklärung**
  A. d. Engl. Ebba D. Drols-
  hagen. Dt. EA 1991, WAT
  192, 112 S. *

Prag
  Eine literarische Einladung
  Hrsg. Petra Knápková.
  2019, SVLTO 243, 144 S.
  mit vielen Abb.

Preciado, Beatriz
  Pornotopia
  *Architektur, Sexualität und
  Multimedia im ›Playboy‹*
  A. d. Span. Bettina Engels
  und Karen Genschow.
  2012, KKB 82, 168 S. mit
  Farbtafeln

Preuß, Ulrich K.
– **Revolution, Fortschritt
  und Verfassung.** *Zu einem
  neuen Verfassungsverständnis*
  1990, KKB 24, 104 S. *
– **Krieg, Verbrechen,
  Blasphemie**
  *Zum Wandel bewaffneter
  Gewalt*
  2002, KKB 68, 160 S. *.
  Erweiterte NA 2003, WAT
  473, 240 S.

Prévost, Cédric
  Liebesschwindel
  Roman. A. d. Franz. Lis
  Künzli. 2005, WAT 510,
  144 S. *

Price, Roger
  **1848. Kleine Geschichte
  der europäischen
  Revolution**
  A. d. Engl. Christa Schuen-
  ke. Dt. EA 1992, WAT 210,
  128 S. *

Probst, Carsten
  Träumer
  Roman. 2001, Qb, 152 S. *

Prose, Francine
Völlerei. *Die köstlichste*
Todsünde
A. d. Amerik. Friederike
Meltendorf. Dt. EA 2009,
WAT 624, 96 S. *

Prüwer, Tobias
Welt aus Mauern
Eine Kulturgeschichte
OA 2018, WAT 796, 152 S.

Puenzo, Lucía
– **Das Fischkind**
Roman. A. d. argentini-
schen Span. Rike Bolte.
2009, Qb, 160 S. *
– **Der Fluch der Jacinta**
Pichimahuida
Roman. A. d. argentini-
schen Span. Rike Bolte. Dt.
EA 2010, WAT 641, 288 S. *
– **Wakolda**
Roman. A. d. argentini-
schen Span. Rike Bolte.
2012, Qb, 192 S. *. eb. NA
2013, WAT 715, 208 S.
– **Die man nicht sieht**
Roman. A. d. argentini-
schen Span. Anja Lutter.
2018, Qb, 208 S. *. NA
2020, WAT 824. 2018, eb

Q

Queiroz, Rachel de
Die drei Marias
Roman. A. d. brasilia-
nischen Portug. Ingrid
Führer. 2013, WAT 704,
176 S. *. 2014, eb

Queneau, Raymond
– **Intimes Tagebuch der**
Sally Mara
A. d. Franz. Eugen Helmlé.
2000, WAT 394, 240 S. *
– **Die blauen Blumen**
Roman. A. d. Franz. Eugen
Helmlé. 2001, WAT 423,
240 S. *
– **Man ist immer zu gut zu**
den Frauen
Roman. A. d. Franz. Eugen
Helmlé. 2001, WAT 409,
144 S.

– **Vom Nutzen und Nachteil**
der Beruhigungsmittel
A. d. Franz. und mit einem
Nachw. Hans Thill. 2002,
Qb, 144 S. *
– **Sonntag des Lebens**
Roman. A. d. Franz. Eugen
Helmlé. 2003, WAT 458,
192 S. *
– **Unwahrscheinliche Flau-**
sen bekehrter Sodomiten
Die schönsten Texte. Ausw.
und Vorw. Hans Thill.
2003, *SVLTO* 113, 128 S. mit
Photos *

R

Raith, Werner
– **Spartacus**
Wie Sklaven und Unfreie
den römischen Bürgern das
Fürchten beibrachten
OA 1981, WAT 84, 176 S. *
– **Das verlassene Imperium**
Über das Aussteigen des
römischen Volkes aus der
Geschichte
OA 1982, WAT 92, 208 S. *
– **Die ehrenwerte Firma**
Der Weg der italienischen
Mafia unter ›Paten‹ zur
Industrie
OA 1983, WAT 99, 192 S. *
– **In höherem Auftrag**
Der kalkulierte Mord an
Aldo Moro
OA 1984, WAT 111, 208 S. *

Ramos, Graciliano
– **Karges Leben**
Roman. A. d. brasiliani-
schen Portug. Willy Keller.
2013, WAT 703, 144 S. *
– **Kindheit**
Roman. A. d. brasiliani-
schen Portug. Inés Koebel.
Dt. EA 2013, WAT 712, 256
S. * 2013, eb

Rath, Christian
Der Schiedsrichterstaat
Die Macht des Bundesverfas-
sungsgerichts
2013, ℙ, 96 S. 2013, eb

Rebane, Gala
Emojis. *Geschichte, Ge-*
genwart und Zukunft einer
digitalen Bilderschrift
2021, DBK, 80 S. mit vielen
Abb. 2021, eb

Refugees Worldwide
Literarische Reportagen
Hrsg. Luisa Donnerberg
und Ulrich Schreiber. OA
2017, WAT 783, 224 S.
2019, eb

Refugees Worldwide 2
Neue Reportagen
Hrsg. Eva Philippi und
Ulrich Schreiber. OA 2019,
WAT 813, 256 S. 2019, eb

Refugees Worldwide 3
Reportagen
Hrsg. Charlotte Rauth und
Ulrich Schreiber. OA 2022,
WAT 850, 240 S. 2022, eb

Rehrmann, Norbert
Simón Bolívar
Lebensgeschichte des Mannes,
der Lateinamerika befreite
2009, AP, 240 S. mit Abb.
*. NA 2023, WAT 860,
224 S. mit Abb. 2023, eb

Reichert, Kolja
Krypto-Kunst. *NFTs und*
digitales Eigentum
2021, DBK, 80 S. mit vielen
Abb. 2021, eb

Reichholf, Josef H.
– **Die falschen Propheten**
Unsere Lust an Katastrophen
OA 2002, WAT 442, 144
S. *
– **Der Tanz um das goldene**
Kalb. *Der Ökokolonialismus*
Europas
2004, AP, 256 S. *. NA
2006, WAT 532, 216 S. *.
Veränderte NA 2011, ℙ,
152 S. *

Reimann, Brigitte
Ankunft im Alltag
Roman. 2008, WAT 591,
264 S. *

Reinig, Christa
– **Feuergefährlich**
*Gedichte und Erzählungen
über Frauen und Männer*
Hrsg. Klaus Wagenbach.
OA 1985, WAT 125, 144 S. *
– **Feuergefährlich**
Neue und ausgewählte
Ged. Klaus Wagenbachs
Oktavhefte. Ausw. und
Nachw. Klaus Wagenbach.
2010, Qb, 80 S.

Reizpartie
*Variationen über eindeutige
Absichten*
Hrsg. Lena Luczak. OA
2011, WAT 661, 192 S. *

Rey Rosa, Rodrigo
Der Henker des Friedens
Roman. A. d. guatemalte-
kischen Span. Erich Hack,
2003, WAT 474, 144 S. *

Ribeiro, João Ubaldo
Sargento Getúlio
Roman. A. d. brasiliani-
schen Portug. Curt Meyer-
Clason. 2013, WAT 706,
176 S. *. 2014, eb

Rice, Waubgeshig
– **Mond des verharschten
Schnees**
Roman. Aus dem kana-
dischen Engl. Thomas
Brückner. Dt. EA 2021,
WAT 842, 224 S. 2021, eb
– **Mond des gefährten Laubs**
Roman. Aus dem kana-
dischen Engl. Thomas
Brückner. Dt. EA 2024,
WAT 868, 304 S. 2024, eb

Richard, Yann
Der verborgene Imam
*Die Geschichte des Schiismus
in Iran*
A. d. Franz. Beate Seel.
1983, AP, 160 S. *. NA
1989, *Die Geschichte der
Schia in Iran*, WAT 167,
192 S. *

Richter, Dieter
– **Carlo Collodi und sein
Pinocchio.** *Ein weitgereister
Holzbengel und seine toska-
nische Geschichte*
2004, WAT 495, 144 S. *
– **Neapel**
Biographie einer Stadt
OA 2005, WAT 509, 304 S.
mit Abb.
– **Der Vesuv**
Geschichte eines Berges
2007, AP, 224 S. mit
zahlr. Abb. *. NA 2018,
WAT 807, 240 S. mit
zahlreichen Abb.
– **Der Süden**
*Geschichte einer Himmels-
richtung*
2009, AP, 208 S. mit
zahlreichen Abb.
– **Goethe in Neapel**
2012, *SVLTO* 186, 144 S.
mit Abb.
– **Das Meer**
*Geschichte der ältesten
Landschaft*
2014, AP, 240 S. mit vielen
Abb.
– **Die Insel Capri**
Ein Portrait
OA 2018, WAT 795, 224 S.
mit vielen Abb.
– **Fontane in Italien.** *Mit
zwei Stadtbeschreibungen aus
dem Nachlass*
2019, *SVLTO* 249, 144 S.
mit Abb.
– **Con gusto**
*Die kulinarische Geschichte
der Italiensehnsucht*
2021, *SVLTO* 263, 168 S.
mit ca. 30 Abb.
– **Costiera Amalfitana**
Geschichte einer Landschaft
2024, *SVLTO* 282, 160 S.
mit vielen Abb.

Richter, Hans Werner
– **Menschen in freundlicher
Umgebung**
Sechs Satiren. 1965, Q 5,
84 S. *

– **Im Etablissement der
Schmetterlinge.** *21 Portraits
aus der Gruppe 47*
2004, WAT 499, 280 S.
mit Photos von Renate
von Mangoldt und einer
Chronik der Tagungen.
NA 2018
– **Ein Julitag**
Roman. Nachw. Hans
Mayer. 2006, WAT 543,
192 S. 2017, eb
– **Geschichten aus Bansin**
Nachbemerkung Klaus
Wagenbach. 2008,
WAT 594, 144 S. 2021, eb
– **Die Stunde der falschen
Triumphe**
Roman. 2010, WAT 642,
128 S.
– **Die Geschlagenen**
Roman. Nachw. Hans-
Dieter Zimmermann. 2018,
WAT 792, 340 S. 2018, eb

Ridgway, Keith
– **Wolkenpferde**
Roman. A. d. Engl. Jürgen
Schneider. Dt. EA 2006,
WAT 541, 96 S. *
– **Normalzeit**
Erzz. A. d. Engl. Jürgen
Schneider. 2007, Qb,
240 S. *

Riechers, Hans-Christian
Europas letzte Festungen
Reise nach Ceuta und Melilla
OA 2022, WAT 855, 176 S.
mit Abb.

Riley-Smith, Jonathan
Wozu heilige Kriege?
*Anlässe und Motive der
Kreuzzüge*
Nachw. des Autors zur dt.
Ausgabe. A. d. Engl. Mi-
chael Müller. Dt. EA 2003,
WAT 480, 192 S. *

Rio de Janeiro
Eine literarische Einladung
Hrsg. Marco Thomas Boss-
hard und Marcos Machado
Nunes. 2013, *SVLTO* 196,
144 S.

Ritsos, Jannis
Gedichte
A. d. Neugr. Vagelis Tsakiri-
dis. 1968, Q 32, 72 S. *

Rodari, Gianni
– Das fabelhafte Telefon
Wahre Lügengeschichten
A. d. Ital. Marianne
Schneider. 1997, *SVLTO* 65,
128 S. *. NA 1999, Akt *.
NA 2002 mit neuen Texten,
SVLTO 108, 144 S. *
– Das fabelhafte Telefon
Gelesen von Kornelia
Boje. 2002, LO, MC/CD,
Laufzeit 65 Min. *

Rodney, Walter
Afrika. *Die Geschichte einer
Unterentwicklung*
A. d. Engl. Gisela Walther.
1975, P 56, 240 S. *

Roeck, Bernd
Gelehrte Künstler
*Maler, Bildhauer und
Architekten der Renaissance
über Kunst*
2013, AP, 240 S. mit vielen,
teils farbigen Abb.

**Roeck, Bernd/Tönnesmann,
Andreas**
Die Nase Italiens. *Federico
da Montefeltro, Herzog von
Urbino*
2005, AP, 240 S. mit vielen
Abb. NA 2007, WAT 558

**Röhrbein, Karin/Schultz,
Reinhard**
Puerto Rico. Inselparadies
der Wallstreet oder unab-
hängiger Staat? *Geschichte,
Kultur, Gegenwart*
OA 1978, WAT 53, 128 S. *

Rom
Eine literarische Einladung
Vorw. Luigi Malerba.
Hrsg. Margit Knapp. 1996,
SVLTO 57, 144 S. * NA
1999, Akt *. Überarbeitete
NA 2020, *SVLTO* 254,
144 S. mit Abb.

Roman, Eva
– Siebenbrunn
Roman. 2014, Qb, 128 S. *.
2014, eb
– Pax
Roman. 2020, Qb, 240 S.
2020, eb

Romano, Giovanni
Landschaft und Landle-
ben in der italienischen
Malerei
A. d. Ital. Thomas Frank.
1989, KKB 19, 112 S., Abb. *

Rosa, João Guimarães
Miguilim
Roman. A. d.
brasilianischen Portug.
Curt Meyer-Clason. 2013,
WAT 705, 144 S.

Rosenberg, Otto
Das Brennglas
Aufgezeichnet von Ulrich
Enzensberger. Vorw. Klaus
Schütz. Nachw. Petra
Rosenberg. 2012, WAT 692,
160 S. mit vielen Fotos

**Roter Kalender 1972 für
Lehrlinge und Schüler**
1971, AP, 128 S. *

**Roter Kalender 1973 für
Lehrlinge und Schüler**
1972, AP, 160 S. *

Roubaud, Jacques
– Die schöne Hortense
Roman. A. d. Franz. Eugen
Helmlé. 2006, WAT 547,
240 S. *
– Der verlorene letzte Ball
Roman. A. d. Franz. Elisa-
beth Edl. 2009, *SVLTO* 165,
120 S.
– Der Verwilderte Park
Erz. A. d. Franz. Tobias
Scheffel. 2010, Qb, 128 S. *

Ruby, Christian
Einführung in die politi-
sche Philosophie
A. d. Franz. Bernd Schwibs.
Dt. EA 1997, WAT 291,
160 S. *

Rücker, Günter
– Herr von Oe
Novelle. 1985, Q 138,
128 S. *
– Alles Verwandte
Acht Novellen. 1987, Q 154,
144 S. *

Rudiš, Jaroslav
Grand Hotel
Roman. A. d. Tschechi-
schen Eva Profousová. 2018,
WAT 801, 208 S. *

Rudolph, Horst
Karnickel und andere
Hasen
2022, Qb, DaCapo, 80 S.
mit vielen Illustr.

Rueb, Franz
Ulrich von Hutten
*Ein radikaler Intellektueller
im 16. Jahrhundert*
OA 1981, WAT 76, 192 S. *

Rühmkorf, Peter
– Lombard gibt den Letzten
Ein Schauspiel. 1972, Q 54,
84 S. *
– Der Ziegenbock im Unter-
rock
111 Verse, Geschichten,
Litaneien, Abzählreime und
Geräusche von Kindern.
1973, Qp 11, 17 cm, 33
UpM. *
– Die Handwerker kommen
Ein Familiendrama
1974, Q 69, 72 S. *
– Komm raus!
Gesänge, Märchen,
Kunststücke. Hrsg. Klaus
Wagenbach. 1992, WAT
207, 176 S. *

Rutschky, Katharina
Im Gegenteil
*Politisch unkorrekte Ansich-
ten über Frauen*
Vorw. Ina Hartwig. OA
2011, WAT 675, 144 S.

S

**Saage-Maaß, Miriam/
Kaleck, Wolfgang**
  Unternehmen vor Gericht
  *Globale Kämpfe für
  Menschenrechte*
  2016, ▐, 128 S.

Sabato, Ernesto
  Der Tunnel
  Roman. A. d. argentini-
  schen Span. und neu durchgesehen Helga Castellanos.
  2010, WAT 639, 160 S.
  *. NA 2017, WAT 772.
  2017, eb

Sacchetti, Franco
– Die wandernden Leucht-
  käfer. *Renaissancenovellen
  aus der Toskana*
  A. d. Ital. Hanns Floerke,
  neu durchgesehen Ma-
  rianne Schneider. Einl.
  Luigi Malerba. Nachw.
  Alice Vollenweider. 1988,
  2 Bände, *SVLTO* 7, 336
  S. mit Illust. *. NA 1991,
  WAT 197, 320 S. *
– Toskanische Novellen
  Einl. Luigi Malerba.
  Nachw. Alice Vollenweider.
  1998, WAT 308, 328 S. mit
  Illustr. *

Sackville-West, Vita
– Zwölf Tage in Persien
  *Reise über die Bakhtiari-
  Berge*
  A. d. Engl. und mit Nachw.
  Irmela Erckenbrecht. 2011,
  SVLTO 181, 144 S. NA 2016
– Unerwartete Leidenschaft
  Roman. A. d. Engl. Hans
  B. Wagenseil. Nachw.
  Renate Schostack. 2015,
  WAT 740, 240 S. *. NA
  2016, WAT 754 *. NA 2021.
  2016, eb

Saer, Juan José
  Die Gelegenheit
  Roman. A. d. argentini-
  schen Span. Erich Hackl.
  2010, WAT 638, 208 S.

Sagan, Françoise
– Ein gewisses Lächeln
  Roman. A. d. Franz. Helga
  Treichl. 2011, WAT 668,
  144 S. 2017, WAT 775, 144
  S. * 2017, eb
– Lieben Sie Brahms …
  Roman. A. d. Franz. Helga
  Treichl. 2011, WAT 664,
  144 S. *. NA 2023,
  WAT 797.
– Blaue Flecken auf der
  Seele
  Roman. A. d. Franz. Eva
  Brückner-Pfaffenberger.
  2022, *SVLTO* 267, 144 S.

Sahlins, Marshall
  Der Tod des Kapitän
  Cook
  *Geschichte als Metapher
  und Mythos als Wirklichkeit
  in der Frühgeschichte des
  Königreichs Hawaii*
  A. d. Amerik. Hans Medick
  und Michael Schmidt.
  1986, AP, 144 S. mit Abb.
  *. NA mit Nachw. Karsten
  Kumoll 2021, WAT 844,
  208 S. mit vielen Abb.
  2021, eb

**Sahlins, Marshall/Graeber,
David**
  Über Könige
  *Versuche einer Archäologie
  der Souveränität*
  A. d. Engl. Daniel Fastner.
  2022, KKB 93, 208 S.
  2022, eb

Der Salpeterer
  ›Freie, keiner Obrigkeit
  untertane Leut‹ auf dem
  Hotzenwald‹
  Hrsg. Thomas Lehner. OA
  1977, WAT 36, 128 S. *

*SVLTO! 99 Luftsprünge,
Purzelbäume und andere
Kunststücke*
  Zus. Susanne Schüssler
  und Maren Arzt. 2001,
  SVLTO 100, 128 S. *

Salvadori, Massimo L.
  Fortschritt – die Zukunft
  einer Idee
  A. d. Ital. Rita Seuß. 2008,
  ▐, 128 S. *

Samonà, Carmelo
– Brüder
  A. d. Ital. Marianne Schnei-
  der. 1980, Q 104, 144 S. *
– Der Aufseher
  Roman. A. d. Ital. Marian-
  ne Schneider. 1984, Q 128,
  144 S. *
– Casa Landau
  Roman. A. d. Ital. Marian-
  ne Schneider. 1991, Q 177,
  144 S. *

Sánchez, Carmen
  Kunst & Erotik in der
  Antike
  A. d. Span. Anja Lutter
  und Katharina Uhlig. 2013,
  SVLTO 192, 168 S. mit
  Abb. *

Sánchez, Luis Rafael
  First Dog. *Enthüllungen
  eines Präsidentenhundes*
  A. d. puertoricanischen
  Span. Stefanie Gerhold.
  2011, *SVLTO* 176, 144 S. *

Sanyal, Mithu M.
  Vulva. *Die Enthüllung des
  unsichtbaren Geschlechts*
  2009, AP, 240 S. mit Abb. *.
  NA 2017, WAT 769, 256 S.
  mit vielen Abb. Aktualisierte
  NA 2019 mit neuem Nachw.
  256 S. mit Abb. 2018, eb

Sardar, Ziauddin
  Der fremde Orient
  Geschichte eines Vorurteils
  A. d. Engl. Matthias
  Strobel. Dt. EA 2002,
  WAT 451, 192 S. *

Sardinien
  Eine literarische Einladung
  Hrsg. und mit Vorw. Mi-
  chela De Giorgio und Otto
  Kallscheuer. Fotografien
  von Stefan Melchior. 2011,
  SVLTO 178, 144 S.

Sarthou-Lajus, Nathalie
Lob der Schulden
A. d. Franz. Claudia
Hamm. 2013, *SVLTO* 200,
96 S. *

Sartre, Jean-Paul
Brüderlichkeit und
Gewalt
Ein Gespräch mit Benny
Lévy
Nachw. Lothar Baier. A.
d. Franz. Grete Osterwald.
Dt. EA 1993, WAT 219,
96 S. *

Savater, Fernando
Die Zehn Gebote im 21.
Jahrhundert. *Tradition und*
Aktualität von Moses' Erbe
A. d. Span. Sabine Giers-
berg. 2006, AP, 160 S. *.
NA 2007, WAT 576, 192 S.

Scarpa, Tiziano
– **Amore***
A. d. Ital. Olaf Roth. 2001,
Qb, 160 S. *
– **Venedig ist ein Fisch**
A. d. Ital. Olaf Roth. OA
2002, WAT 433, 120 S. m.
Abb. NA 2009, WAT 610
*. 2019, eb. Erweiterte und
aktualisierte NA 2024,
WAT 871, 160 S. mit vielen
Abb.
– **Was ich von dir will**
A. d. Ital. Olaf Roth. Dt.
EA 2004, WAT 493, 160 S.
– **Körper**
A. d. Ital. Olaf Roth. 2005,
Qb, 160 S.
– **Stabat mater**
Roman. A. d. Ital. Olaf
Roth. 2009, Qb, 144 S.
*. NA 2022, *SVLTO* 271.
2014, eb

Schaeffer, Ute
Ukraine
Reportagen aus einem Land
im Aufbruch
Dt. OA 2015, WAT 734,
160 S. *

Schankweiler, Kerstin
Bildproteste
Widerstand im Netz
2019, DBK, 80 S. mit vielen
Abb. 2019, eb

Schattenwirtschaft
Die Macht der illegalen
Märkte
Hrsg. Matías Dewey,
Caspar Dohmen, Nina
Engwicht und Annette
Hübschle. 2019, ▐, 176 S.

Scheller, Jörg
Body-Bilder
Körperkultur, Digitalisierung
und Soziale Netzwerke
2021, DBK, 80 S. mit vielen
Abb. 2021, eb

Schenk, Johannes
– **Zwiebeln und Präsidenten**
35 Gedichte. 1969, Q 33,
60 S. *
– **Die Genossin Utopie**
30 Gedichte. 1973, Q 67,
56 S. *
– **Zittern**
45 Gedichte. 1977, Q 86,
96 S. *

Schérer, René
Das dressierte Kind
Sexualität und Erziehung:
Über die Einführung der
Unschuld
A. d. Franz. Carola Lang-
mann und Uli Laukat. 1975,
P 57, 128 S. *

Schiffrin, André
Verlage ohne Verleger
Über die Zukunft der Bücher
Nachw. Klaus Wagenbach.
A. d. Amerik. Gerd Burger.
Dt. EA 2000, WAT 387,
128 S.

Schily, Otto
Vom Zustand der
Republik
OA 1986, WAT 140, 128 S. *

Schinderhannes. *Kriminal-*
geschichte, voller Abentheuer
und Wunder und doch streng
der Wahrheit getreu, 1802
Wiederaufgefunden, hrsg.,
mit Dokumenten und Bil-
dern versehen von Manfred
Franke. OA 1977, WAT 34,
160 S. *

Schivelbusch, Wolfgang
Geschichte der Eisen-
bahnreise. *Zur Industriali-*
sierung von Raum und Zeit
im 19. Jahrhundert
2023, WAT 861, 256 S. mit
vielen Abb.

Schlereth, Einar
Länderkunde Indonesien
Die Menschen, das Land,
die Kultur und was die
holländischen Räuber daraus
gemacht haben
OA 1975, WAT 4, 128 S. *

Schmid, Sil
Freiheit heilt
Berichte über die demokrati-
sche Psychiatrie in Italien
OA 1977, WAT 41, 128 S. *

Schmidt, Gunnar
Weiche Displays
Projektionen auf Rauch,
Wolken und Nebel
2011, KKB 80, 160 S. mit
Farbtafeln und Abb. *

Schmierer, Joscha
Keine Supermacht,
nirgends
Den Westen neu erfinden
2009, ▐, 112 S. *

Schneider, Peter
Ansprachen
Reden. Notizen. Gedichte
1970, Q 47, 80 S. *. NA
2018, ▐, 96 S. *

Schnell, Robert Wolfgang
– **Die heitere Freiheit und**
Gleichheit
Vier Geschichten von der
festen Bindung
1978, Q 95, 80 S. *

– **Sind die Bären glücklicher
geworden?**
15 Autobiographien. 1983,
WAT 98, 128 S. *

**Schoeller, Wilfried F.
Schubart.** *Leben und Meinungen eines schwäbischen
Rebellen, den die Rache
seines Fürsten auf den Asperg
brachte*
Mit einer Auswahl
seiner Schriften. OA 1979,
WAT 54, 192 S. *

**Schoen, Ernst
Tagebuch einer Deutsch-
landreise 1947.** *Aufzeich-
nungen eines Emigranten*
Hrsg. und mit einer biogr.
Notiz Sabine Schiller-Lerg
und Wolfgang Stenke. 2023,
WAT 858, 176 S. mit Abb.

Schubert, Alex
– **Stadtguerilla. Tupamaros
in Uruguay.** *Rote Armee
Fraktion in der BRD*
1971, R 26, 128 S. *
– **Panama**
*Geschichte eines Landes und
eines Kanals*
OA 1978, WAT 48, 128 S. *
– **Erdöl**
Die Macht des Mangels
OA 1982, WAT 78, 192 S. *

**Die Schülerschule von Bar-
biana (Scuola di Barbiana)**
*Brief über die Lust am
Lernen*
Vorw. Peter Bichsel. Nachw.
Lisa Brink und Nora Thies.
A. d. Ital. Alexander Langer
und Marianne Andre 1970,
R 21, 166 S. *. NA 1984,
WAT 113, 192 S. *

**Schulz-Dornburg, Ursula/
Zimmermann, Martin
Die Teilung der Welt**
*Zeugnisse der
Kolonialgeschichte*
2020, AP, 160 S. mit
ca. 30 Fotos

**Schumacher, Joachim
Leonardo da Vinci**
*Maler und Forscher in anar-
chischer Gesellschaft*
1981, AP, 288 S. mit vielen
Abb. *

Das schwarze Brett
*Ein Lesebuch mit Geschich-
ten, Bildern und Gedichten
anläßlich des 25. Geburtstages
des Verlages*
Hrsg. Klaus Wagenbach.
1989, AP, 256 S. *

Das Schwein des Häuptlings
*6 Aufsätze zur historischen
Anthropologie*
Hrsg. Rebekka Habermas
und Nils Minkmar. A. d.
Amerik. Robin Cackett u.
Judith Elze. Dt. EA 1992,
WAT 212, 192 S. *

Schweizer Reise
Hrsg. Alice Vollenweider.
1993, Q 186, 192 S. *

Schweizer, Stefan
– **André le Nôtre und die
Erfindung der französi-
schen Gartenkunst**
2013, SVLTO 199, 144 S. *
– **Die Hängenden Gärten
von Babylon**
*Vom Weltwunder zur grünen
Architektur*
Mit einem Beitrag von
Frank Maier-Solgk. 2020,
AP, 240 S. mit sehr vielen,
großteils farbigen Abb.

Sciascia, Leonardo
– **Mein Sizilien**
A. d. Ital. Martina Kempter
und Sigrid Vagt. 1995,
SVLTO 53, 144 S. mit vielen
Photos
– **Der Ritter und der Tod/
Ein einfacher Fall**
Zwei Kriminalromane. A.
d. Ital. Peter O. Chotjewitz.
1996, WAT 256, 128 S. *.
NA 2016, WAT 763

– **Das weinfarbene Meer**
Erzz. A. d. Ital. Sigrid
Vagt. 1997, Qb, 160 S. *.
NA 2003, WAT 478 *. NA
2009, WAT 611 *. NA 2016,
SVLTO 220, 168 S.
– **Das Verschwinden des
Ettore Majorana**
A. d. Ital. Ruth Wright
und Ingeborg Brandt.
2003, SVLTO 119, 96 S. mit
zahlr. Photos *. NA 2011,
WAT 652, 96 S.
– **Jedem das Seine**
*Ein sizilianischer
Kriminalroman*
A. d. Ital. Arianna Giachi.
2008, WAT 597, 144 S. *.
NA 2012, WAT 687 *. NA
2023, WAT 597. 2014, eb
– **Der Tag der Eule**
*Ein sizilianischer
Kriminalroman*
A. d. Ital. Arianna Giachi.
2009, WAT 619, 144 S.
NA 2023. 2014, eb
– **Der Zusammenhang**
*Ein sizilianischer
Kriminalroman*
A. d. Ital. Helene Moser.
2010, WAT 644, 128 S.
2015, eb
– **Ein einfacher Fall**
*Ein sizilianischer
Kriminalroman*
A. d. Ital. Peter O. Chotje-
witz. 2016, eb
– **Der Ritter und der Tod**
*Ein sizilianischer
Kriminalroman*
A. d. Ital. Peter O. Chotje-
witz. 2016, eb
– **Einmal in Sizilien**
A. d. Ital. Sigrid Vagt. 2020,
SVLTO 261, 144 S.

**Scott, Paulo
Unwirkliche Bewohner**
Roman. A. d. brasiliani-
schen Portug. Marianne
Gareis. 2013, Qb, 256 S. *.
2013, eb

Sebastián, Javier
– Der Radfahrer von Tscher-
nobyl
Roman. A. d. Span. Anja
Lutter. 2012, Qb, 224 S. *.
NA 2013, WAT 711. 2013, eb
– Thallium
Roman. A. d. Span. Ursula
Bachhausen und Anja Lut-
ter. 2015, Qb, 208 S. *

Serna, Ramón Gómez de la
– Die Wahrheit über Picasso
und den Kubismus
A. d. Span. Elke Wehr.
1990, *SVLTO* 16, 96 S. *
– Madrid. *Spaziergänge*
Ausw. und Nachw. Fritz
R. Fries. A. d. Span. Gerda
Schattenberg. 1992, *SVLTO*
32, 144 S. mit Abb. *

Settis, Salvatore
– Giorgiones ›Gewitter‹
*Auftraggeber und verborgenes
Sujet eines Bildes in der
Renaissance*
A. d. Ital. Maja Pflug.
1982, AP, 208 S. mit vielen
Abb. *
– Die Zukunft des
›Klassischen‹
*Eine Idee im Wandel der
Zeiten*
A. d. Ital. Friederike
Hausmann. 2005, KKB 72,
112 S.
– Wenn Venedig stirbt
*Streitschrift gegen den Aus-
verkauf der Städte*
A. d. Ital. Victoria Lorini.
2015, AP, 160 S. *. 2019,
WAT 811

**Die sexuelle Gewalt in der
Geschichte**
Hrsg. Alain Corbin. A. d.
Engl. und Franz. Wolfgang
Kaiser, Marie-Luise Knott
und Nicola Volland. Dt. EA
1992, WAT 216, 160 S. *

**Shakespeare, William/Fried,
Erich**
– Das Trauerspiel von König
Richard dem Zweiten. Das
Leben von Heinrich dem
Fünften
1969, AP, 136 S. *
– Antonius und Kleopatra/
Perikles, Fürst von Tyrus
1970, AP, 136 S. *
– Ein Sommernachtstraum/
Zwölfte Nacht oder Was
ihr wollt
1970, AP, 104 S. *. NA
1999, WAT 341, 144 S.
– König Cymbelin/Zwei
Herren aus Verona
1970, AP, 128 S. *
– Viel Getu um Nichts/
Die lustigen Weiber von
Windsor
1970, AP, 128 S. *. NA
2000, WAT 382, 168 S. *.
NA 2014, Vorw. Friedmar
Apel, WAT 722, 176 S.
– Hamlet/Othello
1972, AP, 160 S. *. NA
1999, WAT 347, 192 S. *.
NA 2014, Vorw. Friedmar
Apel, WAT 720, 232 S.
– Maß für Maß/Romeo und
Julia
1974, AP, 128 S. *. NA
1999, WAT 355, 184 S.
– Troilus und Cressida/
Timon von Athen
1981, AP, 132 S. *
– Der Kaufmann von
Venedig/Der Sturm
1984, AP, 112 S. *. NA
2014, Vorw. Friedmar Apel,
WAT 723, 176 S.
– Titus Andronicus/Julius
Caesar
1985, AP, 120 S. *
– Kaufmann von Venedig
Mit einem Essay von
Friedmar Apel. 1986,
WAT 137, 128 S. *. NA
2002, WAT 445, 160 S. mit
vielen Abb. *

– König Heinrich IV.
1986, AP, 144 S. *
– Gesamtausgabe
Shakespeare
27 Stücke in der Überset-
zung von Erich Fried. Hrsg.
Friedmar Apel. Mit einem
Begleitbuch: *Der Autor, die
Stücke, der Übersetzer*. Zus.
Friedmar Apel. 1989, AP, 3
Bände, 1808 S. *
– König Lear/Der Sturm
2003, WAT 475, 192 S. *
– Wie es euch gefällt/
Verlorene Liebesmühe
2004, WAT 501, 168 S. *
– Richard III/König Lear
Vorw. Friedmar Apel. 2014,
WAT 721, 224 S.

**Shelley, Mary/Foerster,
Susanne**
Die Geschichte des
Doktor Frankenstein und
seines Mordmonsters
OA 1975, WAT 8, 128 S. *

Sichtermann, Barbara
– Vorsicht Kind. *Eine
Arbeitsplatzbeschreibung für
Mütter, Väter und andere*
OA 1982, WAT 87, 216 S.
*. NA 1992, WAT 209 *.
NA 1998, WAT 315, mit
einem neuen Vorw., 224 S.
*. Überarbeitete NA 2014,
WAT 725, 224 S. mit Abb.
– Weiblichkeit
Zur Politik des Privaten
OA 1983, WAT 106, 128 S.
*. NA 1991, WAT 194 *
– FrauenArbeit. *Über wech-
selnde Tätigkeiten und die
Ökonomie der Emanzipation*
OA 1987, WAT 144, 144 S. *
– Wer ist wie? *Über den
Unterschied der Geschlechter*
OA 1987, WAT 153, 112 S. *
– Der tote Hund beißt
Karl Marx, neu gelesen
OA 1990, WAT 184, 176
S. *

– **Fernsehen**
OA 1994, WAT 228,
144 S. *

Siena
Eine literarische Einladung
Hrsg. Donatella Germane-
se. 2011, *SVLTO* 180, 144 S.
mit vielen Abb.

Signora, Signorina
*24 Geschichten über Italiens
Frauen*
Zus. Susanne Schüssler und
Hans-Gerd Koch. 2005,
SVLTO 129, 144 S. *

Signora, Signorina
*10 Geschichten über Italiens
Frauen*
Gelesen von Hanns Zisch-
ler. 2005, LO, CD, Laufzeit
70 Min. *

**Sigrist, Christian/Guha,
Amalendu/Hauck, Gerhard/
Sarma, Maria V.**
Indien. *Bauernkämpfe: Die
Geschichte einer verhinderten
Entwicklung von 1757 bis
heute*
1976, P 71, 160 S. *

**Silone, Ignazio
Der Fuchs und die
Kamelie**
Roman. A. d. Ital. Hanna
Dehio, überarbeitet von
Marianne Schneider. 1998,
WAT 301, 160 S. *

Simmel, Georg
– **Philosophische Kultur**
*Über das Abenteuer, die
Geschlechter und die Krise
der Moderne*
Gesammelte Essays. Nachw.
Jürgen Habermas. 1983, AP,
256 S. *. NA 1986, WAT 133
*. NA 1998, WAT 324 *
– **Das Individuum und die
Freiheit**
Essays. 1984, AP, 224 S. *
– **Das Abenteuer des Lebens**
Philosophische Versuche
Ausw. Linus Guggenberger.
2018, WAT 808, 160 S.

**Sitwell, Edith
Englische Exzentriker**
*Eine Galerie höchst merk-
würdiger und bemerkenswer-
ter Damen und Herren*
A. d. Engl. mit einem Vorw.
und Nachbem. von Kyra
Stromberg. 1987, AP, 176 S.
mit vielen Abb. *. NA 1991,
WAT 188 *. NA 1995, Akt *.
NA 2000, *SVLTO* 93 *. NA
2009, *SVLTO* 93, 160 S.

Sizilien und Palermo
Eine literarische Einladung
Hrsg. Katharina Bürgi.
Photographien von Enzo
Sellerio. 2008, *SVLTO* 152,
144 S. *. Überarbeitete NA
2018, *SVLTO* 239

**Smith, James
Biotreibstoff.** *Eine Idee
wird zum Bumerang*
A. d. Engl. Hans-Gerd
Koch. Überarbeitete
Ausgabe. 2012, P, 144 S. *
2013, eb

**Soboul, Albert
Kurze Geschichte der
französischen Revolution**
Mit einem Nachw. zum
deutschen Jakobinismus.
A. d. Franz. Bernd Schwibs
und Joachim Heilmann.
Dt. EA 1977, WAT 23, 160
S. *. NA 1996, WAT 265,
160 S. mit Abb. *. NA
2000, WAT 365, 144 S. *

**Sofri, Adriano
Kafkas elektrische
Straßenbahn**
*Wie die »Verwandlung«
verwandelt wurde – ein
philologischer Krimi*
A. d. Ital. Annette Kopetz-
ki. 2019, AP, 160 S.

Sohn-Rethel, Alfred
– **Das Geld, die bare Münze
des Apriori**
Vorw. Jochen Hörisch.
1990, KKB 27, 88 S. *

– **Industrie und Nationalso-
zialismus.** *Aufzeichnungen
aus dem ›Mitteleuropäischen
Wirtschaftstag‹*
Hrsg. und Einl. Carl
Freytag. OA 1992,
WAT 204, 192 S. *

Soldati, Mario
– **Briefe aus Capri**
Roman. A. d. Ital. Herbert
Schlüter. 1999, WAT 330,
320 S. *
– **Die amerikanische Braut**
Roman. A. d. Ital. Heinz
Riedt. 1999, WAT 349,
224 S.
– **Die grüne Jacke**
Erz. A. d. Ital. Fritz Jaffé.
2000, WAT 381, 128 S. *
– **Die Fälle des Maresciallo**
A. d. Ital. Catherine
Rückert. 2006, *SVLTO* 138,
120 S.

**Sombart, Werner
Liebe, Luxus und
Kapitalismus**
*Über die Entstehung der
modernen Welt aus dem
Geist der Verschwendung*
1983, WAT 103, 208 S. *.
NA 1992, WAT 215 *

**Soriga, Paola
Wo Rom aufhört**
Roman. A. d. Ital. Antje
Peter. 2014, Qb, 160 S. *

Sozialistisches Jahrbuch 1
Hrsg. Wolfgang Dreßen.
1970, R 20, 272 S. *

Sozialistisches Jahrbuch 2
*Gegen den Dogmatismus in
der Arbeiterbewegung*
1970, R 23, 240 S. *

Sozialistisches Jahrbuch 3
1971, R 28, 204 S. *

Sozialistisches Jahrbuch 4
1972, R 41, 192 S. *

Sozialistisches Jahrbuch 5
1973, P 47, 176 S. *

Jahrbücher 6–8: *siehe unter*
Jahrbuch Politik

Spanische Liebesgeschichten
Hrsg. Heinrich von
Berenberg. 1993, *SVLTO* 36,
144 S. *
– Spanische Liebes-
geschichten
Gelesen von Max Tidof.
2005, LO, CD, Laufzeit
79 Min. *

Spanische Reise
*Literarischer Führer durch
das heutige Spanien*
Hrsg. Heinrich von Beren-
berg/Iguscio Echeverria/
Claudio Lopez de Lama-
drid. 1987, Q 155, 192 S. *.
NA 1995, Akt, 208 S. NA
1998, Qb *

SPD und Staat
*Geschichte, Reformideologie,
›Friedenspolitik‹*
Hrsg. von Mitarbeitern der
›Darmstädter Studenzenzei-
tung‹. 1974, P 51, 192 S. *

Spence, Jonathan D.
**Die Geschichte der Frau
Wang**
*Leben in einer chinesischen
Provinz des 17. Jahrhunderts*
A. d. Engl. und Chin.
Sabine Peschel und Edgar
Wang. 1987, AP, 176 S. mit
vielen Abb. *

**Spielplatz 1. Jahrbuch für
Theater 71/72**
Hrsg. Karlheinz Braun
und Klaus Völker. 1972,
Q 60/61, 216 S. *

Stajano, Corrado
Der Staatsfeind
*Leben und Tod des Anarchis-
ten Franco Serantini*
A. d. Ital. Peter O. Chotjewitz. Dt. EA 1976, WAT
26, 160 S. *

Stänner, Paul
**Agatha Christie in
Greenway House**
2020, SVLTO 252, 120 S.

Staritz, Dietrich
**Sozialismus in einem
halben Lande**
*Zur Programmatik und
Politik der KPD/SED in der
Phase der antifaschistisch-
demokratischen Umwälzung
in der DDR*
1976, P 69, 200 S. *

Starnone, Domenico
Im Vertrauen
Roman. A. d. Ital. Martin
Hallmannsecker. 2021,
SVLTO 258, 168 S.

Stelzer, Franco
**Das erste, merkwürdige,
feierliche Weihnachten
ohne sie**
Roman. A. d. Ital. Marianne Schneider. Dt. EA 2004,
WAT 502, 128 S. *

Stiller, Klaus
**Tagebuch eines Weih-
bischofs**
1972, Q 56, 84 S. *

Stockenström, Wilma
**Der siebte Sinn ist der
Schlaf**
Roman. A. d. engl. Fassung
von J. M. Coetzee übers.
von Renate Stendhal.
Nachw. André Brink. 2020,
Oh, 160 S. 2020, eb

Störung im Betriebsablauf
*77 kurze Geschichten für den
öffentlichen Nahverkehr*
Hrsg. Klaus Wagenbach.
2014, Qb, 144 S.

Strachey, Lytton
– **Das Leben, ein Irrtum**
Acht Exzentriker
A. d. Engl. Robin Cackett.
1999, *SVLTO* 87, 96 S. mit
Abb. *
– **Französische Paradiese**
*Voltaire, Madame du
Deffand, Mademoiselle de
Lespinasse und Stendhal*
A. d. Engl. Hans Reisiger
und Helene Weyl. Nachw.
Heinrich von Berenberg.
2002, *SVLTO* 110, 96 S. *

Strausfeld, Michi
Gaumenfreuden
*Eine kulinarische Kultur-
geschichte Lateinamerikas*
Mit Rezepten von Sabine
Hueck. 2023, *SVLTO* 276,
160 S.

Stroczan, Katherine
**Der schlafende DAX
oder das Behagen in der
Unkultur**
*Die Börse, der Wahn und das
Begehren*
2002, KKB 67, 112 S. *

Strohmeyer, Klaus
Warenhäuser
*Geschichte, Blüte und Unter-
gang im Warenmeer*
OA 1980, WAT 70, 192 S. *

Stromberg, Kyra
Djuna Barnes
*Leben und Werk einer
Extravaganten*
Mit vielen Photos und
unveröffentlichten Texten.
1989, AP, 168 S. *. Überarb.
NA 1999, AP, 192 S.

Stuckler, David/Basu, Sanjay
Sparprogramme töten
*Die Ökonomisierung der
Gesundheit*
A. d. Engl. Richard Barth.
2014, **P**, 224 S. mit vielen
Grafiken. *. 2014, eb

Südliches Afrika
*Geschichte, Befreiungskampf
und politische Zukunft. Ein
kritisches Handbuch*
Hrsg. Peter Ripken. 1978,
P 76, 286 S. *

Svevo, Italo
– **Der alte Herr und das
schöne Mädchen**
A. d. Ital. Barbara Kleiner.
1998, *SVLTO* 76, 112 S.
– **Der alte Herr und das
schöne Mädchen**
Gel. von Kornelia Boje.
2003, LO, CD, Laufzeit
79 Min. *

– **Ein Mann wird älter**
Roman. A. d. Ital.
Piero Rismondo. Vorw.
Daniele Del Giudice. 2000,
WAT 368, 312 S. *

Swiss Made
*Junge Literatur aus der
deutschsprachigen Schweiz*
Hrsg. Reto Sorg und
Andreas Paschedag. OA
2001, WAT 419, 192 S. *

T

Tabori, George
– **Autodafé.** *Erinnerungen*
A. d. Amerik. Ursula
Grützmacher-Tabori. 2002,
Qb, 112 S. *. NA 2007,
WAT 573, 96 S. *
– **Autodafé.** *Der Autor erzählt
aus seinem Leben*
2003, LO, CD, Laufzeit
64 Min. *
– **Meine Kämpfe**
A. d. Amerik. Ursula
Grützmacher-Tabori. 2002,
WAT 449, 160 S.
– **Mein Kampf**
Hörspiel. Mit George
Tabori in der Rolle des
Schlomo Herzl. 2002, LO,
CD, Laufzeit 78 Min. *
– **Mutters Courage**
Zwei Prosafarcen. A. d.
Amerik. Ursula Grütz-
macher-Tabori. 2003,
WAT 462, 96 S.
– **Mutters Courage**
Gelesen von Senta Berger.
2010, LO, CD, Laufzeit 70
Min. *
– **Son of a bitch**
Roman eines Stadtneurotikers
A. d. Amerik. Ursula
Grützmacher-Tabori. 2003,
WAT 482, 96 S. *
– **Der Spielmacher**
Gespräche mit George Tabori
Hrsg. und mit Vorw. W.
Kässens. 2004, AP,
160 S. mit vielen Photos in
Duotone *

– **Bett & Bühne.** *Über das
Theater und das Leben*
Essays, Artikel, Polemiken.
Hrsg. und mit Vorw. Maria
Sommer. 2007, AP, 192 S. *
– **Autodafé und Exodus**
Erinnerungen
A. d. amerik. Engl. Ursula
Grützmacher-Tabori. 2014,
Qb, 160 S.

Tabucchi, Antonio
– **Die Frau von Porto Pim.**
*Geschichten von Liebe und
Abenteuer*
A. d. Ital. Karin Fleischan-
derl. 1993, *SVLTO* 38, 80 S. *
– **Piazza d'Italia**
Roman. A. d. Ital. Karin
Fleischanderl. Nachw. des
Autors. 1998, Qb, 192 S.
*. NA 2007, WAT 567,
192 S. *

Tantner, Aton
Die ersten Suchmaschinen
*Adressbüros, Fragämter,
Intelligenz-Comptoirs*
2015, AP, 176 S. 2015, eb

Taut baut. *Geschichten zur
Architektur von Max Taut*
Hrsg. Deutscher Werkbund
Berlin. Vorw. Annette
Menting. Mit Beiträgen
von Max Dudler, Gert Hei-
denreich, Vittorio Magnago
Lampugnani, Martin Mo-
sebach, Jenny Schily, Wim
Wenders, Hanns Zischler
u. a. Fotografien von Stefan
Müller. 2011, AP, 80 S. mit
vielen Abb.

Teodorescu, Irina
**Der Fluch des schnauz-
bärtigen Banditen**
Roman. A. d. Franz. Birgit
Leib. 2015, Qb, 144 S. *.
2015, eb

Terkel, Studs
Der amerikanische Traum
*44 Gespräche mit
Amerikanern*
A. d. Amerik. Andreas
Hamburger und Wolfgang
Heuss. Dt. EA 1981, WAT
80, 288 S. *

Thelen, Sibylle
**Die Armenierfrage in der
Türkei**
2010, ℙ, 96 S.

Thomas, Keith
**Vergangenheit, Zukunft,
Lebensalter**
*Zeitvorstellungen im Eng-
land der frühen Neuzeit*
A. d. Engl. Robin Cackett.
Vorw. Peter Burke. 1988,
KKB 10, 112 S. *

Tintenfisch 1
Jahrbuch für Literatur
Hrsg. Michael Krüger und
Klaus Wagenbach. 1968,
Q 27, 120 S. *
Tintenfisch 2
Hrsg. Michael Krüger und
Klaus Wagenbach. 1969,
Q 34, 128 S. *
Tintenfisch 3
Hrsg. Michael Krüger und
Klaus Wagenbach. 1970,
Q 39, 128 S. *
Tintenfisch 4
Hrsg. Michael Krüger und
Klaus Wagenbach. 1971,
Q 49, 128 S. *
Tintenfisch 5
Hrsg. Michael Krüger und
Klaus Wagenbach. 1972,
Q 55, 128 S. *
Tintenfisch 6
Hrsg. Michael Krüger und
Klaus Wagenbach. 1973,
Q 66, 128 S. *
Tintenfisch 7
Hrsg. Michael Krüger und
Klaus Wagenbach. 1974,
Q 68, 128 S. *
Tintenfisch 8
Hrsg. Michael Krüger und
Klaus Wagenbach. 1975,
Q 73, 128 S. *
Tintenfisch 9
Hrsg. Michael Krüger.
1976, Q 79, 128 S. *
Tintenfisch 10
Regionalismus
Hrsg. Lars Gustafsson.
1976, Q 80, 128 S. *

Tintenfisch 11
Hrsg. Klaus Wagenbach.
1977, Q 85, 128 S. *
Tintenfisch 12. Natur
*Oder: Warum ein Gespräch
über Bäume heute kein
Verbrechen mehr ist*
Hrsg. Hans Christoph
Buch. 1977, Q 87, 128 S. *
**Tintenfisch 13. Alltag des
Wahnsinns**
Hrsg. Hans Jürgen Hein-
richs, Michael Krüger und
Klaus Wagenbach. 1978,
Q 91, 128 S. *
**Tintenfisch 14. Jahrbuch:
Deutsche Literatur 1978**
Hrsg. Michael Krüger.
1978, Q 94, 128 S. *
Tintenfisch 15. Deutschland
Das Kind mit den 2 Köpfen
Hrsg. Hans Christoph
Buch. 1978, Q 97, 144 S. *
**Tintenfisch 16. Literatur in
Österreich.** *Rot ich Weiß Rot*
Hrsg. Gustav Ernst u.
Klaus Wagenbach. 1979,
Q 99, 128 S. *
**Tintenfisch 17. Jahrbuch:
Deutsche Literatur 1979**
Hrsg. Michael Krüger und
Klaus Wagenbach. 1979,
Q 102, 128 S. *
**Tintenfisch 19. Jahrbuch:
Deutsche Literatur 1980**
Hrsg. Michael Krüger und
Klaus Wagenbach. 1980,
Q 109, 128 S. *
**Tintenfisch 20. Jahrbuch:
Deutsche Literatur 1981**
Hrsg. Michael Krüger und
Klaus Wagenbach. 1981,
Q 114, 128 S. *
**Tintenfisch 21. Jahrbuch:
Deutsche Literatur 1982**
Hrsg. Michael Krüger und
Klaus Wagenbach. 1982,
Q 117, 128 S. *
**Tintenfisch 22. Jahrbuch:
Deutsche Literatur 1983**
Hrsg. Michael Krüger und
Klaus Wagenbach. 1983,
Q 121, 128 S. *

**Tintenfisch 23. Jahrbuch:
Deutsche Literatur 1984**
Hrsg. Michael Krüger und
Klaus Wagenbach. 1984,
Q 127, 128 S. *
**Tintenfisch 24. Jahrbuch:
Deutsche Literatur 1985**
Hrsg. Michael Krüger und
Klaus Wagenbach. 1985,
Q 135, 128 S. *
**Tintenfisch 25. Jahrbuch:
Deutsche Literatur 1986**
Hrsg. Michael Krüger und
Klaus Wagenbach. 1986,
Q 148, 160 S. *
**Tintenfisch 26. Jahrbuch:
Deutsche Literatur 1987**
Hrsg. Michael Krüger und
Klaus Wagenbach. 1987,
Q 153, 128 S. *
**Tintenfisch. 10 Jahrbücher
zur deutschen Literatur**
Neudruck in 2 Bänden
Hrsg. Klaus Wagenbach.
Band 1: 1967–1971. Band
2: 1972–1976. 1981, AP,
1248 S. *

Todorov, Tzvetan
– **Abenteuer des Zusam-
menlebens.** *Versuch einer
allgemeinen Anthropologie*
A. d. Franz. Wolfgang Kai-
ser. 1996, AP, 190 S. *
– **Einführung in die fantas-
tische Literatur**
A. d. Franz. Karin Kersten,
Senta Metz und Caroline
Neubaur. 2013, WAT 698,
224 S. 2013, eb

Tomeo, Javier
– **Der Marquis schreibt
einen unerhörten Brief**
Roman. A. d. Span. Elke
Wehr. 1984, Q 125, 128 S.
*. NA 1991, *SVLTO* 24,
104 S. *
– **Mütter und Söhne**
Roman über Monster
A. d. Span. Elke Wehr.
1986, Q 144, 128 S. *. NA
1997, *SVLTO* 66, 128 S. *

– **Mütter und Söhne**
Sprecher: Ulrich Wildgru-
ber, Gustl Halenke, Fritz
Schediwy. 2000, LO, MC/
CD, Laufzeit 73 Min. *
– **Der Löwenjager**
Roman. A. d. Span. Elke
Wehr. 1988, Q 158, 112 S. *
– **Der Mensch von innen
und andere Katastrophen**
In vier Abteilungen
A. d. Span. Elke Wehr.
Nachw. Raphael Conte.
1989, Q 167, 96 S. *. NA
1998, WAT 318
– **Zoopathologie**
Mit Zeichnungen des Au-
tors. Ausgew. u. a. d. Span.
Heinrich von Berenberg.
1789 numerierte Exemplare.
1994, AP, 64 S. *
– **Die Taubenstadt**
A. d. Span. Peter Schwaar.
1991, Q 179, 80 S. *
– **Das umstrittene
Testament des Gaston de
Puyparlier**
A. d. Span. Peter Schwaar.
1992, Q 184, 128 S. *
– **Unterhaltung in D-Dur**
Roman. A. d. Span. Hein-
rich von Berenberg. 1995,
Qb, 144 S. *
– **Das Verbrechen im Ori-
entkino**
Roman. A. d. Span. Hein-
rich von Berenberg. 1996,
Qb, 160 S. *
– **Der Gesang der Schild-
kröten**
Roman. A. d. Span. Fritz
Rudolf Fries. 1999, Qb,
192 S. *
– **Napoleon VI.**
Roman. A. d. Span. Fritz
Rudolf Fries. 2000, Qb,
128 S. *
– **Hotel der verlorenen
Schritte**
Erzz. A. d. Span. und
Nachw. Heinrich von Be-
renberg. 2007, *SVLTO* 142,
96 S.

– **Die Silikonliebhaber**
Roman. A. d. Span. Heinrich von Berenberg. 2010,
Qb, 144 S. *

Tönnesmann, Andreas
– **Monopoly.** *Das Spiel, die
Stadt und das Glück*
2011, KKB 81, 144 S. mit
Farbtafeln und vielen Abb.
*. NA 2024, WAT 867,
176 S. mit vielen Abb.
– **Pienza**
Städtebau und Humanismus
2013, WAT 717, 288 S. mit
Quellen, Plänen, einer
Ausklapptafel und vielen
Photos von Gerhard Weiß

Törne, Volker von
– **Wolfspelz**
Gedichte, Lieder, Montagen. Mit 5 Graphiken
von Peter Schwandt. 1968,
Q 30, 72 S. *
– **Kopfüberhals**
48 Gedichte. Mit Graphiken von Natascha Ungeheuer. 1979, Q 98, 80 S. *
– **Im Lande Vogelfrei**
Gesammelte Gedichte.
Mit einem Nachw. von
Christoph Meckel. 1981,
Q 115, 224 S.

Tour de France
Junge französische Literatur
Hrsg. Annette Wassermann. OA 2005, WAT 508,
192 S. *

Tozzi, Federigo
Mit geschlossenen Augen
Roman. A. d. Ital. Ragni
Maria Gschwend. 2011,
WAT 669, 192 S.

Traditionen deutscher Justiz
*Große politische Prozesse der
Weimarer Zeit*
Hrsg. Kurt Kreiler. 1978, P
80, 312 S. *

Trauern
*Von persönlichem Verlust und
politischer Veränderung*
Hrsg. Brigitte Kölle. 2022,
AP, 160 S.

Trempler, Jörg
Katastrophen
Ihre Entstehung aus dem Bild
2013, KKB 85, 160 S. mit
vielen, teils farbigen Abb. *

Triest
Eine literarische Einladung
Hrsg. Gaby Wurster. 2009,
SVLTO 163, 144 S.

Triolet, Elsa
Die Frau im Nerz
Zwei Romane. A. d.
Franz. Lydia Babilas. 2003,
WAT 464, 96 S. *

Trotha, Hans von
– **Der Englische Garten**
*Eine Reise durch seine
Geschichte*
1999, SVLTO 81, 128 S.
mit vielen Abb. NA 2021,
SVLTO 81, 144 S. mit sehr
vielen Abb.
– **A Sentimental Journey**
*Laurence Sterne in Shandy
Hall*
2018, SVLTO 231, 144 S.
mit Abb.
– **Pollaks Arm**
Roman. 2021, SVLTO 260,
144 S.
– **Der französische Garten**
Rund um Paris
2022, SVLTO 274, 168 S.
mit vielen Abb.

Turaschwili, Dato
Westflug
Roman. A. d. Georgischen
Anastasia Kamarauli. Dt.
EA 2014, WAT 728, 176 S.
mit Fotos. NA 2022

Turckheim, Émilie de
– **Im schönen Monat Mai**
Roman. A. d Franz. Brigitte Große. Dt. EA 2012,
WAT 688, 112 S. *. NA
2013, WAT 702. *. 2013, eb
– **Popcorn Melody**
Roman. A. d. Franz.
Brigitte Große. 2017, Qb,
208 S. *. 2017, eb

Turin
Eine literarische Einladung
Hrsg. Margit Knapp und
Maria Carmen Morese.
2005, SVLTO 133, 120 S.
mit Abb. *. Überarbeitete
NA 2022, SVLTO 269,
144 S. mit Abb.

Tusquets, Esther
Aller Sommer Meer
Roman. A. d. Span.
Monika López. 2002,
WAT 436, 192 S. *

U

Ullrich, Wolfgang
– **Uta von Naumburg**
Eine deutsche Ikone
1998, KKB 59, 144 S. mit
zahlr. Abb. *. NA 2005,
WAT 523, 192 S.
– **Mit dem Rücken zur
Kunst.** *Die neuen Statussymbole der Macht*
2000, KKB 64, 128 S. mit
zahlr. Abb.
– **Die Geschichte der
Unschärfe**
2002, KKB 69, 160 S.
mit 72 Abb. *. Veränderte
und ergänzte NA 2009,
WAT 626, 192 S.
– **Tiefer hängen**
Über den Umgang mit Kunst
OA 2003, WAT 479, 192 S.
– **Bilder auf Weltreise**
2006, KKB 74, 144 S. mit
zahlr. Abb.
– **Gesucht: Kunst!**
Phantombild eines Jokers
OA 2007, WAT 577, 304 S.
mit Abb.
– **Raffinierte Kunst**
Übung vor Reproduktionen
2009, KKB 78, 160 S. mit
zahlr., teilw. farbigen Abb.
– **An die Kunst glauben**
OA 2011, WAT 673, 176 S.
mit Abb.
– **Alles nur Konsum**
*Kritik der warenästhetischen
Erziehung*
OA 2013, WAT 699, 208 S.

– **Des Geistes Gegenwart**
  Eine Wissenschaftspoetik
  OA 2014, WAT 729, 160 S.
  mit Abb.
– **Siegerkunst**
  Neuer Adel, teure Lust
  2016, AP, 168 S. mit Abb. *
– **Wahre Meisterwerte**
  Stilkritik einer neuen
  Bekenntniskultur
  2017, AP, 176 S. mit Abb.
– **Selfies.** *Die Rückkehr des*
  öffentlichen Lebens
  2019, DBK, 80 S. mit vielen
  Abb. 2019, eb
– **Feindbild werden**
  Ein Bericht
  2020, , 160 S mit Abb.
  2020, eb
– **Die Kunst nach dem Ende**
  ihrer Autonomie
  2022, KKB 90, 192 S.
  mit 40 teils farbigen Abb.
  2022, eb

Vom Umschreiben der
Geschichte
Neue historische Perspektiven
Hrsg. Ulrich Raulff. OA
1986, WAT 131, 160 S. *

Unferth, Deb Olin
Happy Green Family
Roman. A. d. Amerik.
Barbara Schaden. 2022, Qb,
288 S. 2022, eb

Unger, Roberto Mangabeira
Wider den Sachzwang
Für eine linke Politik
A. d. Amerik. Matthias
Wolf. Dt. EA 2007, WAT
555, 176 S. *

Das Unvermögen der
Realität
Beiträge zu einer anderen
materialistischen Ästhetik
Hrsg. von Peter Brückner,
Chris Bezzel, Gisela Disch-
ner, Michael Eckelt, Peter
Gorsen, Alfred Krovoza,
Gabriele Ricke, Matthias
Sell, Alfred Sohn-Rethel.
1974, P 55, 208 S. *

Urry, John
Grenzenloser Profit
Wirtschaft in der Grauzone
A. d. Engl. Hans Freundl.
2015, ▐, 224 S.

Uslucan, Hacı-Halil
Dabei und doch nicht
mittendrin. *Die Integration*
türkeistämmiger Zuwanderer
2011, ▐, 112 S. 2011, eb

V

Valabrega, Luciano
Puntarelle & Pomodori
Die römisch-jüdische Küche
meiner Familie
A. d. Ital. Marianne Schneider. 2015, *SVLTO* 214,
144 S. mit vielen Abb.

Vasari, Giorgio
– **Kunstgeschichte und**
  Kunsttheorie
  Eine Einführung in die
  Lebensbeschreibungen
  berühmter Künstler
  Bearb. Matteo Burioni u.
  Sabine Feser. Hrsg. Ales-
  sandro Nova. Dt. EA 2004,
  kt., 288 S. mit zahlr., z. T.
  farbigen Abb. Erweiterte
  und aktualisierte NA 2010,
  312 S.
– **Das Leben des**
  Parmigianino
  Bearb. Matteo Burioni.
  Neue Übers. Matteo Buri-
  oni u. Katja Burzer. Hrsg.
  Alessandro Nova. Dt. EA
  2004, kt., 96 S. mit 20, z. T.
  farbigen Abb.
– **Das Leben des Raffael**
  Bearb. Hana Gründler.
  Neue Übers. Hana Gründ-
  ler u. Victoria Lorini.
  Hrsg. Alessandro Nova.
  Dt. EA 2004, kt., 192 S.
  mit 30, z. T. farbigen Abb.
  Erweiterte und aktualisierte
  NA 2011. 208 S.
– **Das Leben des Pontormo**
  Neue Übers. u. Bearb. Katja
  Burzer. Hrsg. Alessandro
  Nova. Dt. EA 2004, kt., 144
  S. mit 20, z. T. farbigen Abb.

– **Das Leben des Sebastiano**
  del Piombo
  Bearb. Christina Irlen-
  busch. Hrsg. Alessandro
  Nova. Dt. EA 2004, kt.,
  96 S. mit vielen, z. T.
  farbigen Abb.
– **Das Leben des Rosso**
  Fiorentino
  Bearb. Sabine Feser. Hrsg.
  Alessandro Nova. Dt. EA
  2004, kt., 96 S. mit vielen,
  z. T. farbigen Abb.
– **Mein Leben**
  Bearb. Sabine Feser. Hrsg.
  Alessandro Nova. Dt.
  EA 2005, kt., 192 S. mit
  vielen, z. T. farbigen Abb.
  Erweiterte und aktualisierte
  NA 2011
– **Das Leben des Tizian**
  Bearb. Christina Irlen-
  busch. Hrsg. Alessandro
  Nova. Dt. EA 2005, kt.,
  144 S. mit vielen, z. T.
  farbigen Abb.
– **Das Leben des Giulio**
  Romano
  Bearb. Matteo Burioni.
  Neue Übers. Victoria Lorini
  u. Matteo Burioni. Hrsg.
  Alessandro Nova. Dt. EA
  2005, kt., 96 S. mit vielen,
  z. T. farbigen Abb.
– **Das Leben des Andrea del**
  Sarto
  Bearb. Sabine Feser. Hrsg.
  Alessandro Nova. Dt. EA
  2005, kt., 144 S. mit vielen,
  z. T. farbigen Abb.
– **Das Leben der ausge-**
  zeichneten Steinschneider,
  Glas- und Miniaturmaler
  Valerio Belli, Guillaume
  de Marcillat und Giulio
  Clovio
  Bearb. Anja Zeller. Hrsg.
  Alessandro Nova mit Sabi-
  ne Feser, Matteo Burioni,
  Katja Lemelsen. Dt. EA
  2006, kt., 224 S. mit vielen,
  z. T. farbigen Abb.

- **Das Leben des Leonardo da Vinci**
  Bearb. Sabine Feser. Hrsg. Alessandro Nova mit Sabine Feser, Matteo Burioni, Katja Lemelsen. Dt. EA. 2006, kt., 144 S. mit vielen, z. T. farbigen Abb. Erweiterte und aktualisierte NA 2011, 152 S.
- **Einführung in die Künste der Architektur, Bildhauerei und Malerei**
  Die künstlerischen Techniken der Renaissance als Medien des disegno
  Bearb. Matteo Burioni. Hrsg. Alessandro Nova mit Sabine Feser, Matteo Burioni, Katja Burzer, Hana Gründler. Dt. EA 2006, kt., 176 S. mit vielen, z. T. farbigen Abb. NA 2012
- **Sodoma und Beccafumi**
  Bearb. Katja Lemelsen u. Jessica Witan. Hrsg. Alessandro Nova mit Sabine Feser, Matteo Burioni, Katja Lemelsen. Dt. EA 2006, kt., 160 S. mit vielen, z. T. farbigen Abb.
- **Das Leben der Bildhauer des Cinquecento**
  Bearb. Sabine Feser, Martina Minning, Christina Irlenbusch, Katja Lemelsen, Daniel Mädler. Neue Übers. Sabine Feser u. Victoria Lorini. Hrsg. Alessandro Nova mit Sabine Feser, Matteo Burioni, Katja Lemelsen. Dt. EA 2007, kt., 320 S. mit vielen, z. T. farbigen Abb.

- **Das Leben des Sansovino und des Sanmicheli mit Ammannati, Palladio und Veronese**
  Bearb. Katja Lemelsen u. Jessica Witan. Neue Übers. Katja Lemelsen u. Sabine Feser. Hrsg. Alessandro Nova mit Sabine Feser, Matteo Burioni, Katja Lemelsen. Dt. EA. 2007, kt., 272 S. mit vielen, z. T. farbigen Abb.
- **Das Leben des Bramante und des Peruzzi**
  Bearb. Sabine Feser. Hrsg. Alessandro Nova mit Sabine Feser, Matteo Burioni, Katja Lemelsen. Dt. EA 2007, kt., 160 S. mit vielen, z. T. farbigen Abb.
- **Die Künstler der Raffael-Werkstatt**
  Bearb. Sabine Feser, Hana Gründler, Christina Irlenbusch, Anja Zeller. Neue Übers. Victoria Lorini u. Sabine Feser. Hrsg. Alessandro Nova mit Matteo Burioni, Sabine Feser, Katja Lemelsen. Dt. EA 2007, kt., 256 S. mit vielen, z. T. farbigen Abb.
- **Das Leben des Giorgione, Correggio, Palma il Vecchio und Lorenzo Lotto**
  Bearb. Sabine Feser u. Hana Gründler. Neue Übers. Victoria Lorini u. Hana Gründler. Hrsg. Alessandro Nova mit Matteo Burioni, Sabine Feser, Katja Lemelsen. Dt. EA 2008, kt., 176 S. mit vielen, z. T. farbigen Abb.

- **Das Leben des Piero di Cosimo, Fra Bartolomeo und Mariotto Albertinelli**
  Bearb. Christina Irlenbusch u. Katja Lemelsen. Neue Übers. Victoria Lorini u. Sabine Feser. Hrsg. Alessandro Nova mit Matteo Burioni, Sabine Feser, Katja Lemelsen. Dt. EA 2008, kt., 160 S. mit vielen, z. T. farbigen Abb.
- **Das Leben des Perino del Vaga**
  Bearb. Christina Irlenbusch. Hrsg. Alessandro Nova mit Matteo Burioni, Sabine Feser, Katja Lemelsen. Dt. EA 2008, kt., 128 S. mit vielen, z. T. farbigen Abb.
- **Das Leben des Montorsoli und des Bronzino sowie der Künstler der Accademia del Disegno**
  Bearb. u. neue Übers. Hana Gründler u. Katja Lemelsen. Hrsg. Alessandro Nova mit Matteo Burioni, Sabine Feser, Katja Lemelsen. Dt. EA 2008, kt., 256 S. mit vielen, z. T. farbigen Abb.
- **Das Leben des Francesco Salviati und des Cristofano Gherardi**
  Bearb. Sabine Feser. Hrsg. Alessandro Nova mit Matteo Burioni, Sabine Feser, Katja Lemelsen. Dt. EA 2009, kt., 240 S. mit vielen, z. T. farbigen Abb.
- **Das Leben des Daniele da Volterra und des Taddeo Zuccaro**
  Bearb. Christina Irlenbusch. Hrsg. Alessandro Nova mit Matteo Burioni, Sabine Feser, Katja Lemelsen. Dt. EA. 2009, kt., 200 S. mit vielen, z. T. farbigen Abb.

- **Das Leben des Baccio Bandinelli**
Bearb. Hana Gründler.
Hrsg. Alessandro Nova mit
Matteo Burioni, Katja Burzer, Sabine Feser. Dt. EA
2009, kt., 160 S. mit vielen,
z. T. farbigen Abb.

- **Das Leben des Michel-angelo**
Bearb. Caroline Gabbert.
Hrsg. Alessandro Nova mit
Matteo Burioni, Katja Bur-
zer, Sabine Feser. Dt. EA.
2009, kt., 512 S. mit vielen,
z. T. farbigen Abb.
- **Das Leben des Sandro Botticelli, Filippino Lippi, Cosimo Rosselli und Alesso Baldovinetti**
Bearb. Damian Dombrow-
ski, Michael Hoff u. Anja
Zeller. Hrsg. Alessandro
Nova mit Matteo Burioni,
Katja Burzer, Sabine Feser.
Dt. EA 2010, kt., 240 S.
mit vielen, z. T. farbigen
Abb.
- **Das Leben des Tribolo und des Pierino da Vinci**
Bearb. Sabine Feser u.
Christina Irlenbusch. Hrsg.
Alessandro Nova mit Mat-
teo Burioni, Katja Burzer,
Sabine Feser. Dt. EA 2010,
kt., 160 S. mit vielen, z. T.
farbigen Abb.
- **Das Leben der Sangallo-Familie**
Bearb. Matteo Burioni
u. Daniel Mädler. Hrsg.
Alessandro Nova mit Mat-
teo Burioni, Katja Burzer,
Sabine Feser. Dt. EA 2010,
kt., 224 S. mit vielen, z. T.
farbigen Abb.

- **Das Leben des Jacopo della Quercia, Niccolò Aretino, Nanni di Banco und Luca della Robbia**
Bearb. Johannes Myssok.
Hrsg. Alessandro Nova
mit Matteo Burioni, Katja
Burzer, Sabine Feser, Hana
Gründler. Dt. EA 2010,
kt., 128 S. mit vielen, z. T.
farbigen Abb.
- **Das Leben der Bellini und des Mantegna**
Bearb. Rebecca Müller.
Hrsg. Alessandro Nova
mit Matteo Burioni, Katja
Burzer, Sabine Feser, Hana
Gründler. Dt. EA 2010,
kt., 176 S. mit vielen, z. T.
farbigen Abb.
- **Das Leben des Perugino und des Pinturicchio**
Bearb. Rudolf Hiller v.
Gaertringen. Hrsg. Ales-
sandro Nova mit Matteo
Burioni, Katja Burzer, Sa-
bine Feser, Hana Gründler.
Dt. EA 2011, kt., 192 S. mit
vielen, z. T. farbigen Abb.
- **Das Leben des Masolino, des Masaccio, des Gen-tile da Fabriano und des Pisanello**
Bearb. Christina Posselt.
Hrsg. Alessandro Nova
mit Matteo Burioni, Katja
Burzer, Sabine Feser, Hana
Gründler. Dt. EA 2011,
kt., 128 S.mit vielen, z. T.
farbigen Abb.
- **Das Leben des Lorenzo Ghiberti**
Bearb. Birgit Witte. Hrsg.
Alessandro Nova mit
Matteo Burioni, Katja
Burzer, Sabine Feser, Hana
Gründler. Dt. EA 2011,
kt., 96 S. mit vielen, z. T.
farbigen Abb.

- **Das Leben des Filippo Lippi, des Pesello und Francesco Peselli, des Andrea Castagno und Domenico Veneziano und des Fra Angelico**
Bearb. Jana Graul u. Heiko
Damm. Hrsg. Alessandro
Nova mit Matteo Burioni,
Katja Burzer, Sabine Feser,
Hana Gründler. Dt. EA
2011, kt., 248 S. mit vielen,
z. T. farbigen Abb.
- **Das Leben des Verrocchio und der Gebrüder Pollaiuolo**
Bearb. Katja Burzer. Hrsg.
Alessandro Nova mit
Matteo Burioni, Katja
Burzer, Sabine Feser, Hana
Gründler. Dt. EA, 2012,
kt., 112 S. mit vielen, z. T.
farbigen Abb.
- **Das Leben des Brunelleschi und des Alberti**
Bearb. Matteo Burioni.
Hrsg. Alessandro Nova
mit Matteo Burioni, Katja
Burzer, Sabine Feser, Hana
Gründler. Dt. EA 2012,
kt., 144 S. mit vielen, z. T.
farbigen Abb.
- **Das Leben des Giuliano da Maiano, Antonio und Bernardo Rossellino, Desiderio da Settignano und Benedetto da Maiano**
Bearb. Sabine Feser u.
Christina Irlenbusch.
Hrsg. Alessandro Nova
mit Matteo Burioni, Katja
Burzer, Sabine Feser, Hana
Gründler. Dt. EA 2012,
kt., 168 S. mit vielen, z. T.
farbigen Abb.

Watt, William Montgomery
- **Der Einfluß des Islam auf das europäische Mittelalter**
  A. d. Engl. Holger Fliessbach. Vorw. Ulrich Haarmann. 1988, KKB 4, 96 S. *. NA 1992, WAT 199, 128 S. *. NA 2001, WAT 420
- **Kurze Geschichte des Islam**
  A. d. Engl. Gennaro Ghirardelli. Dt. EA 2002, WAT 454, 144 S. *

Wawrzyn, Lienhard
- **Der Automaten-Mensch.**
  E. T. A. Hoffmanns Erzählung vom ›Sandmann‹
  OA 1976, WAT 24, 160 S. *. NA 1990, WAT 177 *. NA 1994, WAT 236 *
- **99 romantische Gedichte**
  Liebesleid und Natursehnsucht: Die Antiträume des Bürgers
  Mit einem Essay und Kurzbiographien. OA 1978, WAT 37, 192 S. *. NA 1989, WAT 172 *. Überarb. NA 2002
- **Romantische Gedichte**
  Natursehnsucht und Liebesleid
  2002, WAT 453, 208 S. mit vielen Abb. u. Illustr. v. Franziska Neubert *
- **Der Blaue**
  Das Spitzelsystem der DDR
  OA 1990, WAT 180, 168 S. *

Wegerhoff, Erik
- **Das Kolosseum.** *Bewundert, bewohnt, ramponiert*
  2012, AP, 240 S. mit Abb.
- **Automobil und Architektur**
  Ein kreativer Konflikt
  2023, AP, 240 S. mit sehr vielen Abb.

Weihnachten
Geschichten aus Italien
Hrsg. Susanne Schüssler. 2020, Qb, DaCapo, 80 S.

Weil, Jiří
- **Mendelssohn auf dem Dach**
  Roman. A. d. Tschechischen Eckhard Thiele. 2019, Oh, 288 S. 2019 eb
- **Leben mit dem Stern**
  Roman. A. d. Tschechischen Gustav Just. 2020, WAT 825, 256 S. 2020, eb

Weinstock, Nathan
Das Ende Israels?
Nahostkonflikt und Geschichte des Zionismus
Hrsg. und eingeleitet von Eike Geisel u. Mario Offenberg. 1975, P 61, 272 S. *

Weinzweig, Helen
- **Schwarzes Kleid mit Perlen**
  Roman. A. d. kanadischen Engl. Brigitte Jakobeit. 2019, Qb, 192 S. 2019, eb
- **Von Hand zu Hand**
  Roman. A. d. kanadischen Engl. Hans-Christian Oeser. Nachw. James Polk. 2020, Qb, 160 S. 2020, eb

Weis, Diana
Modebilder
Abschied vom Real Life
2020, DBK, 80 S. mit vielen Abb. Aktualisierte und überarbeitete NA 2024. 2020, eb

Die weite Reise
Mittelmeergeschichten
Hrsg. Klaus Wagenbach. OA 2002, WAT 432, 160 S. *

Welch, Denton
Freuden der Jugend
Roman. A. d. Engl. Carl Weissner. Mit einer Empfehlung von Edith Sitwell und Nachw. William S. Burroughs. 2016, Oh, 176 S. 2020, eb

Weldon, Fay
Kleine Schwestern
A. d. Engl. Ingrid Dressler-Lewis. 2015, WAT 737, 256 S. *

Wetterbericht. *68 und die Krise der Demokratie*
Mit einer Liste der bei Wagenbach erschienenen Politik-Titel
Hrsg. Susanne Schüssler. Mit Beiträgen von Sibylle Thelen, Barbara Sichtermann, Joscha Schmierer, Otto Schily, Mithu M. Sanyal, Ulrich K. Preuß, Bahman Nirumand, Christoph Möllers, Albrecht v. Lucke, Claus Leggewie, Tom Koenigs, Otto Kallscheuer, Wolfgang. 2017, **P**, 208 S.

Wex, Michael
Die Abenteuer des Micah Mushmelon, kindlicher Talmudist. *Ein Comic-Strip-Epos in Prosa*
A. d. Engl. Heiko Lehmann. OA 2005, WAT 505, 96 S. *

Wiazemsky, Anne
Paris, Mai '68
Ein Erinnerungsroman
Aus dem Franz. Jan Rhein. 2018, SVLTO 232, 168 S.

Widerstand in Chile
Aufrufe, Interviews und Dokumente des M.I.R.
Hrsg. Volker Petzold. 1974, P 54, 128 S. *

Wie Geschichte geschrieben wird
Mit Beiträgen von Fernand Braudel, Natalie Zemon Davis, Lucien Febvre, Carlo Ginzburg, Jacques Le Goff, Reinhart Koselleck, Arnaldo Momigliano. 1998, WAT 326, 128 S. mit Abb. *

Wie komme ich über die Alpen? Nach Italien!
Zus. und gelesen von Klaus Wagenbach. 2001, LO, MC/CD, Laufzeit 76 Min. *

Wiedeking, Wendelin
Das Davidprinzip. *Macht und Ohnmacht der Kleinen* Zusammengetragen von Anton Hunger und Horst Brandstätter. 2003, WAT 481, 192 S. mit farbigen Bildern von Johannes Vennekamp *

Wieder lügt Odysseus. *Geschichten aus dem neuen Griechenland* Zus. Annette Wassermann. OA 2002, WAT 438, 144 S. *

Wieder vereinigt. *Neue deutsche Liebesgeschichten* Hrsg. Margit Knapp. 2005, WAT 515, 160 S. *

Wien *Eine literarische Einladung* Hrsg. Margit Knapp. 2004, SVLTO 123, 120 S. mit vielen Illustr. v. Franziska Schaum. Überarbeitete und erweiterte NA 2018, SVLTO 234, 144 S.

Wieso Bücher? Wie und mit welchen Absichten überlebt man gute Bücher, Zimmerbrände, deutsche Umgebung? *Oder: Anstiften von Denken und Laune* Hrsg. Klaus Wagenbach. Mit Beiträgen von Inge Feltrinelli, Michael Krüger, Rainer Nitsche, Lothar Baier u. v. a. 1994, AP, 144 S. *

Willkomm und Abschied *Gedichte des jungen Goethe* Kommentiert und mit Materialien. Hrsg. Peter Fischer. OA 1984, WAT 116, 192 S. *

Willst du dem Sommer trauen? *Deutsche Naturgedichte aus den letzten hundert Jahren* Hrsg. Hanns Zischler. 2004, SVLTO 122, 120 S. *

Wihl, Tim
Wilde Demokratie *Das Recht auf Protest* 2024, ▐, 144 S. 2024, eb

Winters, Michelle
Ich bin ein Laster Roman. A. d. kanadischen Engl. Barbara Schaden. 2020, SVLTO 253, 144 S.

Witte, Wilfried
Tollkirschen und Quarantäne *Geschichte der Spanischen Grippe* 2008, AP, 128 S.*. NA mit neuem Vorw. des Autors 2020, WAT 633, 144 S. 2020, eb

Wohnblockblues mit Hirtenflöte *Rumänien neu erzählen* Hrsg. Michaela Nowotnick und Florian Kühler-Wielach. OA 2018, WAT 794, 240 S.

Wolf, Ror
Raoul Tranchirers Taschenkosmos Zus. und Nachw. Günter Kämpf. OA 2005, WAT 525, 128 S. mit 24 Collagen

Wolff, Kurt
Autoren/Bücher/Aben-teuer. *Betrachtungen und Erinnerungen eines Verlegers* 1965, Q 1, 120 S. *. NA 2004, WAT 488, 144 S.

Woolf, Virginia
– **London.** *Bilder einer großen Stadt* A. d. Engl. und m. einem Nachw. Kyra Stromberg. 1992, SVLTO 31, 96 S. mit vielen Photos *
– **Die schmale Brücke der Kunst** A. d. Engl. und m. einem Nachw. Kyra Stromberg. 1994, SVLTO 43, 112 S. mit Abb. *

Wünsche, Konrad
Bauhaus: Versuche, das Leben zu ordnen 1989, KKB 17, 128 S. mit vielen Abb. *

Y

Yates, Frances A.
Giordano Bruno in der englischen Renaissance A. d. Engl. u. mit einem Vorw. Peter Krumme. 1989, KKB 12, 112 S. *

Yerushalmi, Yosef Hayim
– **Sachor: Erinnere dich.** *Jüdische Geschichte und jüdisches Gedächtnis* A. d. Amerik. Wolfgang Heuss. 1988, AP, 144 S. *. NA 1996, WAT 260. *. Aktualisierte NA 2023, mit Nachw. Michael Brenner, WAT 859, 176 S. 2023, eb
– **Freuds Moses.** *Endliches und unendliches Judentum* A. d. Amerik. Wolfgang Heuss. 1992, AP, 192 S. *
– **Ein Feld in Anatot** *Versuche über jüdische Geschichte* A. d. Amerik. Wolfgang Heuss und Bruni Röhm. 1993, KKB 44, 96 S.

Younger Than Yesterday
1967 als Schaltjahr des Pop
Hrsg. Gerhard Kaiser,
Christoph Jürgensen und
Antonius Weixler. Mit Bei-
trägen von Moritz Baßler,
Heinrich Detering, Vea
Kaiser, Frank Witzel u. a.
2017, AP, 256 S.

Yu, Cheung-Lieh
Der Doppelcharakter des
Sozialismus
Zur politischen Ökonomie
der Volksrepublik China 1.
Teil: Die Revolution auf
dem Land
1975, P 60, 96 S. *. *2. Teil:*
Die Revolution in der Stadt.
1975, P 63, 96 S. *

Z

Zanker, Paul
Eine Kunst für die Sinne
Zur Bilderwelt des Dionysos
und der Aphrodite
1998, KKB 62, 128 S. mit
vielen Abb. *

Zapperi, Roberto
Annibale Carracci
Bildnis eines jungen
Künstlers
A. d. Ital. Ingeborg Walter.
1990, AP, 160 S. mit vielen
Abb. *

Zarbo, Viviana
Die wahre Geschichte des
Wilden Westen
A. d. Ital. Moshe Kahn. OA
1997, WAT 278, 128 S. mit
vielen Abb. *

Zaslavsky, Victor
– **In geschlossener Gesell-**
schaft
Gleichgewicht und Wider-
spruch im sowjetischen Alltag
A. d. Amerik. Rosemarie
Farkas. 1982, AP, 180 S. *
– **Das russische Imperium**
unter Gorbatschow
Seine ethnische Struktur und
ihre Zukunft
A. d. Amerik. Holger Fliess-
bach. 1991, KKB 30, 96 S. *

– **Klassensäuberung**
Das Massaker von Katyn
A. d. Ital. Rita Seuß. Dt.
EA 2007, WAT 579, 144 S.
– **Der Sprengprofessor**
Lebensgeschichten
A. d. Ital. Rita Seuß, Judith
Elze und Sylvia List. 2013,
SVLTO 193, 144 S. *

Zeppelin, Ilka v.
Dieses Gefühl, daß etwas
nicht stimmte
Eine Kindheit zwischen 1940
und 1948
2005, Qb, 160 S. NA 2006,
WAT 542, 144 S. *

Zimmermann, Anja
Brust
Geschichte eines politischen
Körperteils
2023, AP, 272 S. mit vielen
Abb. 2023, eb

Zöllner, Frank
Leonardos Mona Lisa.
Vom Portrait zur Ikone der
freien Welt
2006, veränderte und
aktualisierte NA, WAT 552,
112 S. mit zahlr. Abb. *

Zum Glück gibt's Österreich
Junge Autorinnen und Auto-
ren aus Österreich erzählen
OA 2003, WAT 456,
144 S. *

Zwetajewa, Marina
– **Gedichte**
A. d. Russ. Christa Reinig.
Mit Biographie und Mate-
rialien. 1968, Q 28, 72 S. *
– **Vogelbeerbaum**
Ausgewählte Ged. Hrsg.
und mit einem Nachw.
Fritz Mierau. A. d. Russ.
Christa Reinig, Adolf End-
ler, Rainer Kirsch, Karl Mi-
ckel und Richard Pietraß.
Mit einer Lebensbeschrei-
bung und vielen Photos.
OA 1986, WAT 135, 128 S.
*. NA 1993, *SVLTO* 41 *

Autoren- und Quellenverzeichnis

Ernst Jandl (S. 36) Werke in 6 Bänden (Neuausgabe), herausgegeben von Klaus Siblewski © 2016, Luchterhand Literaturverlag, München, in der Verlagsgruppe Random House GmbH. Jurek Becker (S. 110) *Mein Vater die Deutschen und ich* Aufsätze, Vorträge, Interviews, herausgeben von Christine Becker © 2007, Suhrkamp Verlag, Frankfurt am Main. Alle Rechte vorbehalten durch Suhrkamp Verlag, Berlin A. L. Kennedy *Gleißendes Glück* (S. 178) © A. L. Kennedy 1997, © 2016 dtv Verlagsgesellschaft, München

Bildnachweis

Heinz Ohff/Der Tagesspiegel, Berlin: S. 12; Toni Richter: S. 14 (links); Leonore Mau: S. 14 (mitte); Charles Leirens: S. 15; Karin Voigt: S. 16; Boris Spahn: S. 18; Roger Melis (Mathias Bertram): S. 19; Bernd Oeburg: S. 21 (unten); Catherine Fried, London: S. 21 (mitte); Nelly Hämig: S. 32; Günter Bruno Fuchs: S. 35, S. 45; Isolde Ohlbaum: S. 44, S. 83 (rechts), S. 84, S. 123, S. 129 (unten), S. 132, S. 153 (rechts), S. 171 (oben); Tullio Pericoli: S. 43, S. 152 (2. von links); Alfred Hrdlicka: S. 42; Atelier Lilo Berger: S. 46 (links); Werner Bern: S. 48; Arwed Gorella: S. 49; Carla Cerati: S. 55; Frank Roland-Beeneken, GRIPS-Archiv: S. 57 (rechts); Stefan Moses: S. 60; Uwe Rau: S. 74; Peter M. Sokol: S. 79; Reinhard Stangl: S. 83 (links); Libero Grandi: S. 91 (oben); Marla Mulas: S. 96; Effigie: S. 103, S. 137, S. 152 (2. von rechts), S. 153 (oben links); Brigitte Friedrich: S. 131 (2. von rechts); Antonio Gálvez: S. 105 (unten rechts); Roland Allard: S. 105 (2. Zeile rechts); Marianne Fleitmann (Dimitrios Orlof): S. 114; Werner W. Wittke: S. 117; Arpad Bondy: S. 121; Cecil Beaton: S. 124; Oneworld Publications: S. 100 (2. von oben); Jaques Robert Gallimard: S. 129 (2. von unten); Claus Gretter: S. 131 (links); Enno Kaufhold: S. 145; Djuna Barnes: S. 147; Susanne Schleyer/autorenarchiv.de: S. 150, S. 190; Axel Scheffler: S. 159; Rossa (Postkarte) Verlag Schnell & Steiner München: S. 164; Ekko v. Schwichow: S. 166; Cordula Giese: S. 168; Anne-Marie Adda: S. 170 (links); Basso Cannarsa: S. 170 (2. von rechts), S. 136 (oben links), S. 207; Sebastian Maiwind: S. 170 (rechts); David Farrel: S. 171 (unten); Eduardo Grossman: S. 171 (Mitte); Ulrich Weichert: S. 172 (oben Mitte); Barbara Herrenkind: S. 172 (rechts oben); Grazia Neri: S. 173 (2. von rechts); Ezzelino v. Wedel: S. 173 (oben rechts); Franco Bottini: S. 179; Picture Alliance/efe: S. 183; Wolfgang Jahnke: S. 187; Staatsbibliothek München: S. 189; Tobias Bohm: S. 195 (rechts); S. Krajci: S. 196 (unten rechts); Olivier Metzger: S. 201; Laura Ortego: S. 203 (unten); Knut Mueller: S. 211; Daniela Renzo: S. 213. Tobias Neumann: S. 218; Denise Giovanelli: S. 222 (links); Denise Sterr: S. 222 (2. von links), S. 255 (oben); Eline Spek: S. 222 (2. von rechts); Martin Prskawetz: S. 222 (rechts); Giliola Chiste: S. 232; Wilhelm W. Reinke: S. 241; Hélène Bamberger: S. 243 (links); Billie Woods: S. 243 (2. von links); Marie Vuillet: S. 243 (3. von links); Valentina Vasi: S. 243 (2. von rechts); Adrian Sherratt: S. 243 (rechts); Jan Düfelsiek: S. 248; Rolf Walter: S. 250; Timo Lindemann: S. 251; Elisabette Claudio: S. 252; El País: S. 256; Luca di Benedetto: S. 257
Die Karnickel zeichnete Horst Rudolph